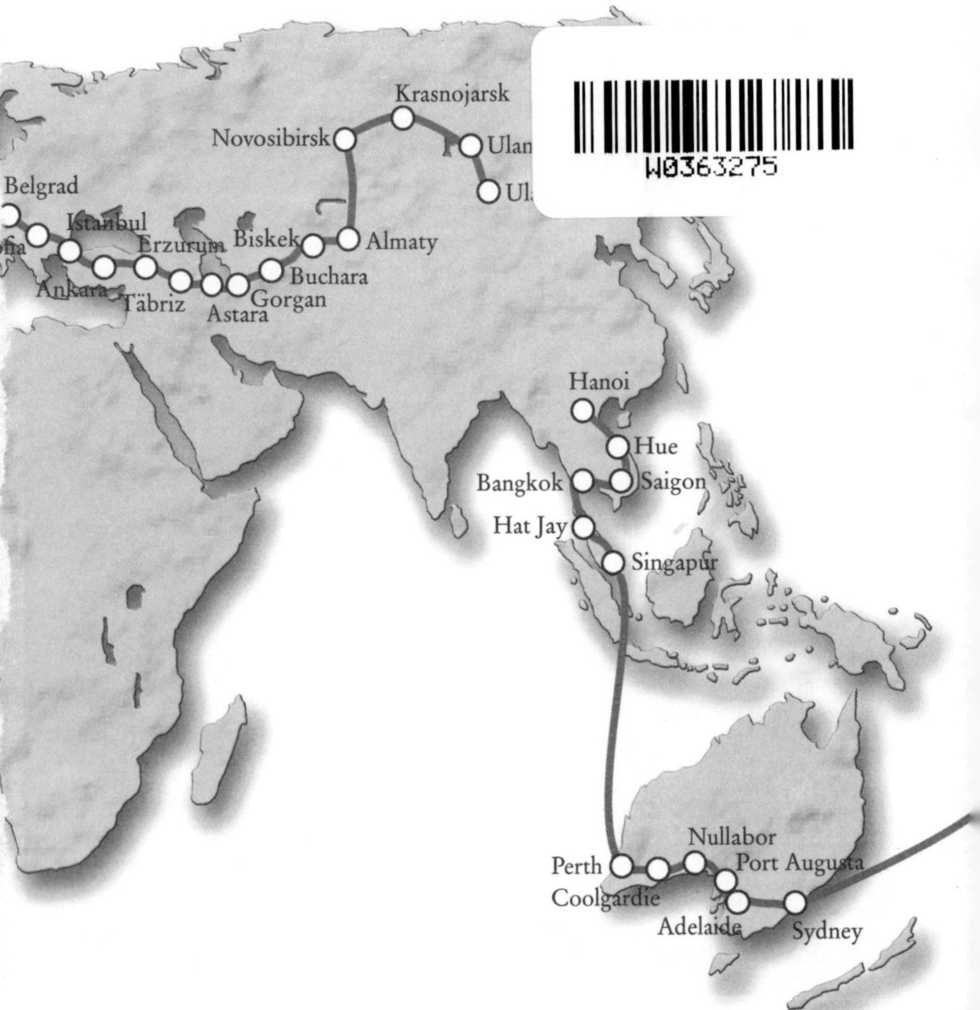

Türkei:
Istanbul – Ankara – Yozgat – Sivas – Erzurum – Dogubuyazit

Iran:
Gurbulac – Maku – Täbriz – Meshginshahr – Ardabil – Astrara – Lahijan
Gorgan – Quchan – Baigiran

Turkmenistan:
Aschchabad – Kaka – Mary – Zachmet – Cargev

Usbekistan:
Buchara – Nawoij – Samarkand – Taschkent

Kasachstan:
Tschimkent – Taraz – Merke – Biskek(Kirgistan) – Almaty

Bahnreise: Kasachstan – Russland – Mongolei
Semipalatinsk – Rubskov (Russland)
Novosibirsk – Krasnojarsk – Irkutsk – Ulan Ude – UlanBator (Mongolei)

Gerhard & Jutta Krauss

WELTerfahrung

Widmung

Dieses Buch wollen wir den vielen Menschen widmen,
die unsere Reise durch ihre Hilfe, durch
freundliche Zuwendung oder durch
wohlwollendes Interesse
bereichert haben.

Gerhard & Jutta Krauss

WELTerfahrung

128 Jahre und jung genug für ein Abenteuer

Weltsichten

Reihe Weltsichten

Inhalt

KAPITEL EINS

Über die Alpen auf den Balkan

Warum machen die das?! Mit dem Fahrrad um die Welt. Das sollten sie doch besser jugendlichen Abenteurern überlassen, die der Nervenkitzel des Risikos reizt, die nicht zurückschrecken vor den Gefahren, überfallen und ausgeraubt zu werden, die mit gefährlichen Erkrankungen rechnen, die sich in islamische Länder wagen, wo überall fanatische Moslems lauern und Jagd auf Ungläubige machen.

Ganz zu schweigen von den Entbehrungen und den körperlichen Strapazen! Das können sich junge Menschen zumuten, aber doch nicht die beiden in ihrem Alter. Da muss man doch abraten. Wer allerdings den Gerhard kennt, traut ihm einiges zu. Aber würde seine Frau Jutta da mitmachen?

Sie wollte nicht - zunächst jedenfalls. Aber sie wusste auch, dass es mein Lebenstraum war. Sie war dabei, als ich eine große Weltkarte kaufte und daheim an die Wand hängte. Sie sah, wie ich oft davor stand und mit den Fingern Linien zog, wie ich Landkarten am Boden ausbreitete und mich in Reise- und Radlbücher vertiefte, wovon ich einen ganzen Stapel neben meinem Sessel liegen hatte. Als sie mir schließlich dabei half, das Internet für aktuelle Informationen zu erschließen, war sie meinem Vorhaben innerlich schon ein ganzes Stück näher gekommen.

»Wenn ich das nur gewusst hätte, als ich dich vor sieben Jahren dazu überredet habe, wieder mehr Rad zu fahren. Vielleicht wärst du ohne mich gar nicht auf die Idee gekommen, dir deinen Lebenstraum mit dem Fahrrad zu erfüllen«, sagte sie eines Tages.

»Der entscheidende Anstoß war unsere Radtour durch Amerika. Und die hast du vorgeschlagen«, wandte ich ein.

»Ja, aber du willst ja immer weiter, und dich reizt das Risiko.«

»Nein, die körperliche und die geistige Herausforderung. Und weil wir beide Leistungssportler sind, haben wir die große Chance, das auch zu schaffen. Wir beide mit unseren 128 Jahren!«

Ich zog sie zur Weltkarte und erklärte ihr die möglichen Ost- und Westrouten.

»Ich weiß ja ... wenn du dir etwas in den Kopf gesetzt hast, willst du es auch durchsetzen. Ich komme mit, aber nur, weil ich dich nicht alleine fahren lassen kann.«

Damit waren die Würfel gefallen. Ihre Zusage war die wichtigste Voraussetzung für die beginnende Planung.

Die erste Frage war: Wieviel Zeit wollen wir uns nehmen? Schnell waren wir uns einig, dass wir vor dem Winter des nächsten Jahres zurück sein wollten. Also Abreise im zeitigen Frühjahr 2002, Rückkehr im Oktober 2003. Die Routensuche hatte mich wochenlang, ja monatelang beschäftigt. Ich hatte die Überlegungen und meine Vorschläge immer wieder auf den Prüfstand gestellt. Start nach Ost oder West? Für beide Richtungen gab es gute Argumente. Ein besonderer Gag wäre gewesen, vor der Haustür eine Münze zu werfen, um dann zehn Meter entfernt nach links gen Osten oder nach rechts gen Westen abzubiegen.

Für die Westroute hatte ich zunächst vorgeschlagen, nach Frankreich, England und Irland zu fahren, dann über den großen Teich zu fliegen, Kanada zu durchqueren und nach der Überwindung des nordamerikanischen Kontinents hinunter nach Australien weiterzureisen. Dann kam mir die Idee, über Spanien nach Marokko und Südafrika zu starten - schließlich sollten alle Kontinente dabei sein. Für die Westroute lockte die Erwartung, dass die Chancen, wenigstens Australien zu erreichen, recht gut waren. Höhere Chancen jedenfalls als andersherum - wenn es auch auf dieser Route bis ›Down Under‹ nicht so viele Landkilometer waren.

Jetzt jedoch hatte ich mich für die Ostroute entschieden, und das mit voller Zustimmung meiner Frau. Das heißt, wir nahmen uns die schwierigste und längste Teilstrecke, die Asienroute, als Erstes vor. Wir versuchten, den Stier bei den Hörnern zu packen.

Unsere ›Stunde Null‹ schlug um 9:40 Uhr. Es war der 12. März 2002, ein Tag, der uns in Erinnerung bleiben wird für den Rest des Lebens. Vorbei die Vorbereitungen, die uns monatelang beschäftigt hatten. Vorbei der wochenlange Abschied von Bekannten, Verwandten und Freunden. Vorbei die Interviews für Presse und Rundfunk, die in den letzten Tagen stark zugenommen hatten. Schluss mit den Bedenken, ob es nicht besser gewesen wäre, heimlich loszufahren, weil man nie weiß, wie weit man kommt. Hinfort mit den Zweifeln, ob wir die tausend Herausforderungen da draußen würden meistern können.

Wenn man sich für eine so lange Zeit verabschiedet, geht das emotional sehr tief. In diesem Moment empfand ich große Bewunderung für meine Frau, die sich aus Liebe zu mir entschlossen hatte, diese Reise mitzumachen. Nun waren ihr die Tränen über beide Wangen gekullert, als wir uns auf die Räder schwangen und in die Pedale traten, ohne uns umzuschauen. Wir hatten in den letzten Tagen vor dem Start sehr viel Sympathie und Zuwendung erfahren, was uns wirklich überraschte. Es hätte genauso gut sein können, dass nur wenige für ein solch waghalsiges Unternehmen, das doch kaum gut gehen könne, Verständnis zeigen. Nein, im Gegenteil: Die meisten Menschen wünschten uns Glück und Erfolg und unsere Freunde wollten an uns denken. Wir verabschiedeten uns für lange Zeit. Es war, als ob wir auswanderten. Und doch behielten wir eine starke Bindung an unser Zuhause. Wir hatten Partner, die auf uns vertrauten, wie den Weltsichten-Verlag mit Axel Brümmer und Peter Glöckner, der unser ›Hauptquartier‹ bildete.

Die Voraussetzungen für unseren Start konnten besser nicht sein. Schon an den Vortagen hatten wir beständiges, sonniges Wetter mit idealen Temperaturen, nicht zu warm, nicht zu kalt. Es war ein echtes Glück, im März bei solchem Wetter losfahren zu können. Wir werteten das als gutes Vorzeichen für unsere Reise.

Wir schauten hinüber zum Starnberger See und hinauf zum ersten Berg. Hier waren wir einige Tage vorher zum Test schon einmal durchgefahren, auch mit Gepäck. Dicke Aktenordner hatten wir als Ballast in die Taschen versenkt. Mit der vollständigen, originalen Beladung waren unsere Räder noch schwerer geworden. Noch am Vortag der Abreise kam einiges hinzu, prallvoll waren alle Packtaschen. Hier in dieser Gegend waren wir auf unseren leichten Rennrädern oft zum Triathlon-Training die Berge hinaufgekurvt. Nun war es ein ganz anderes Radfahren. Im ganzen Raum Bad Tölz erfasste uns auf einer Schnellstraße starker Autoverkehr. Da wird einem Radfahrer erst richtig bewusst, wie schnell auf unseren Straßen gerast wird. Und wir schoben erstmals einen Berg hinauf, den wir früher im kleinen Gang noch locker hinaufgekommen waren.

Ich war in Sorge um meine Frau. Ihr Puls ging zu schnell hoch, das war kein gutes Zeichen. Da erkannte ich, dass wir es sehr, sehr viel schwerer haben würden als vier Jahre zuvor, als wir quer durch Amerika radelten. Immer wieder verlangsamte ich das Tempo, um meine Frau heranzulassen und ihr den Windschatten zu gönnen, aber an jedem Anstieg fiel sie wieder zurück.

Meine Fitness hatte in den letzten Wochen durch die Tourvorbereitungen gelitten. Der steile Anstieg kam und mir ging die Luft aus. Bei einer Pulsfrequenz von 146 Schlägen musste ich absteigen. Noch konnte ich meine Umgebung kaum genießen, denn Gerhard machte das Tempo. Er war immer etwa hundert bis 150 Meter voraus. Zwischen Bad Tölz und Miesbach waren Autoverkehr und Anstiege am schlimmsten. Würde das so weitergehen? Ich könnte es nicht durchstehen. In meinem Hinterkopf war der noch vor uns liegende Tauernpass. Beim bloßen Gedanken daran bekam ich Bauchschmerzen. Berge waren noch nie so recht mein Ding.
Während der Fahrt verglichen wir nach den Aufstiegen unsere Pulsfrequenzen. Meine lag fünfzehn bis zwanzig Schläge höher als die von Gerhard. Dieser Mann besaß eine unglaubliche Organkraft. Während ich am Limit den Berg hochkurbelte, ruhte er sich auf der Höhe schon aus. Sollte ich ihn für seine Stärke bewundern oder beneiden?

Als wir durch das Leitzachtal fuhren, erinnerte ich mich an die Kajakfahrten auf der Leitzach, die ich 35 Jahre zuvor mit meinem Sohn Peter unternommen hatte. Die Wildwasserfahrten waren so etwas wie ein erster Schritt in meine sportliche Karriere. Doch eigentlich fing alles noch viel früher an.

Schwimmen lernten wir Buben im Eigenunterricht im nahen Fischweiher. Jahre später, nach dem Krieg, wurde ich Gründungsmitglied des örtlichen Schwimmvereins und lernte das Kraulen. Ich versuchte auch einige Wettkämpfe, war aber nicht schnell genug. Meine Ausdauerfähigkeit deutete sich erst beim Wasserball an. Da konnte ich lange im Wasser bleiben.

Auf dem Rad zu sitzen, war damals für einen Zehnjährigen nicht einfach, denn es gab keine Kinderräder. Unter dem Holm seitlich auf die Pedale des großen Rades, das sah schon ulkig aus. Wenn wir dann auf den Sattel kamen, mussten wir hin- und herrutschen, um die Pedale bis nach unten durchtreten zu können. Mein Bruder Walter hatte einen Rennlenker dran. Darum beneidete ich ihn. Bei einem der ersten Radausflüge versagte bei ihm die Bremse und er landete kopfüber in den Brennnesseln. Vater hatte wohl zu üppig geölt.

Mein Vater war ein Radfan, er erzählte uns von seinen Raderlebnissen um die Jahrhundertwende. Da gab es noch keinen Freilauf. Beim Bergabfahren musste man die Beine nach oben ziehen, denn die Pedale rotierten mit. Für ihn war der Freilauf von Fichtel & Sachs mit Rücktrittbremse eine technische Meisterleistung. Sorgfältig zerlegte, reinigte und ölte er diese Freiläufe. Jeder von uns drei Buben bekam sein Fahrrad - aber nicht vom Radladen. Er baute sie alle selbst zusammen. Die Teile dazu holte er aus der Alteisensammlung. Er war von Beruf Schmiedemeister und liebte Eisen. Es dauerte natürlich einige Zeit, bis er alles zusammen hatte und es auch passte. Schläuche und Reifen waren rar. Poröse Reifen wurden mit Flicken über- oder unterlegt.

Wann immer wir Zeit hatten, unternahmen wir Radausflüge. Im Kriegsjahr 1942 machten wir uns in den Ferien auf den Weg nach Passau. Zu fünft unterwegs, gingen uns nach einigen Tagen Essen und Geld aus. Total erschöpft kamen wir abends am Bahnhof Neumarkt an. Ein Soldat, der von der Front auf Heimaturlaub war, bezahlte uns großzügig die Fahrkarten. Es war ihm anzusehen, wie er uns um unsere Kindheit fernab vom Kriegsgetöse beneidete.

Auch in den vom Lebensmittelmangel geprägten Nachkriegsjahren mochte ich mich nicht auf kurze Tagestouren beschränken. Im Urlaub wollte ich die Alpen erreichen. Monatelang sammelte ich Nahrung, hauptsächlich Mehl und Fett. Aus den Behältern meiner Mutter zweigte ich oft ganz wenig ab, so dass es nicht auffiel.

Das Radfahren auf den Sand- und Schotterstraßen war sehr anstrengend. Das Rad war auch nicht das beste, eine Schaltung gab es nicht. Ich schaffte es nur bis zum Chiemsee. Dort kapitulierte ich vor dem Regen und fuhr mit dem Zug wieder heim. Dabei kam ich zum ersten Mal in die Münchner Innenstadt. Sie war genauso restlos zerbombt wie Nürnberg. Beschädigte Häuser, Ruinen, Trümmer, Schutt, wo ich auch hinschaute.

Nach der Währungsreform kaufte ich mein erstes Rad, mit Vorbaulenker und Dreigangschaltung. Und ich war richtig stolz darauf. Für die folgenden Jahre plante ich dann längere Radreisen. Ich war jeweils drei bis vier Wochen unterwegs. Alle Urlaubstage kratzte ich dafür zusammen, dazu das Urlaubsguthaben aus dem Jahr der Währungsreform. Damals arbeiteten wir in der Sparkasse im Dauereinsatz. Und mein Chef drückte auch noch ein Auge zu.

Während ich in Gedanken meinen früheren Erlebnissen nachhing, rief mir meine Frau zu: »Jetzt ist Schluss, ich mag nicht mehr.«

Ein alter Gasthof in dem unscheinbaren Ort Großholzhausen wurde unser erstes Nachtquartier. Wir stiegen vom Rad, und Jutta stöhnte:

»Ich will eine heiße Dusche und ein Bett.«

»Essen müssen wir auch«, warf ich ein.

»Eigentlich habe ich keinen Hunger, nur Durst«, sagte sie leise, mehr zu sich selbst als zu mir.

Ich hatte mir unseren ersten Tag auch leichter vorgestellt.

Unsere Bleibe hatten wir jedoch schnell gefunden.

»Das ist doch ganz gemütlich«, sagte ich, als wir die Tür aufgestoßen hatten. Jutta nickte.

»Wir brauchen keinen Luxus, da wird noch ganz anderes auf uns zukommen.«

Erstmals schleppten wir unsere Packtaschen hoch. Es waren zehn.

»Das ist alles wahnsinnig schwer«, stöhnte ich, nachdem wir auch unsere Räder hochgestemmt hatten. Vor dem Zimmer stellten wir sie ab und schlossen sie vorsorglich noch an. Dann nahm ich meine Frau in die Arme und tröstete sie.

»Es war schwer, ich weiß, wir müssen erst den Stress der letzten Tage abbauen.«

Im Chiemgau saßen uns am nächsten Tag in einem kleinen Wirtsgarten zwei Ehepaare gegenüber, die klassischen Rentnerurlauber. Sie schauten etwas teilnahmslos drein und erzählten sich Dinge aus der Vergangenheit. Dann kamen wir doch ins Gespräch. Sie interessierten sich für unsere Räder und unser Vorhaben. Dann erklärte uns einer: »Ja, wenn man so jung ist wie ihr, dann kann man das schon machen.«

Es stellte sich heraus, dass wir derselbe Jahrgang waren, geboren 1928.

»Ich kann nicht mehr, du musst die Tour allein machen, ich bin nicht die richtige Partnerin für dich.« Jutta hatte Tränen in den Augen, als sie mich erreichte.

Auf dem Weg nach Aufham, wo wir eine schöne Unterkunft auf einem Bauernhof fanden, hatten wir uns einen steilen Berg hinaufquälen müssen. Jutta musste schon sehr früh aus dem Sattel und schob. Ich kurbelte ein gutes Stück hinauf und wartete auf sie. Das war psychologisch wohl nicht richtig. Ich hatte sie ausgepowert und sie war verzweifelt, als sie mich erreichte. Ich hatte ein fürchterlich schlechtes Gewissen. Was tat ich meiner Frau hier an?

Jetzt im Bauernhof angekommen, öffnete ich die Tür zu unserem

Zimmer. Es war geschmackvoll eingerichtet, Blumen vor dem Fenster, der Blick auf den uns beiden bekannten Hochstaufen.

»Ist es nicht schön hier?«, rief ich meiner Frau aufmunternd zu. Sie ließ sich erleichtert in einen Sessel fallen und schaute sich um.

»Ja, schön ist es.«

Ihr Gesicht verriet mir einen Hauch von entspannter Zufriedenheit. »Wir haben's geschafft.« Zögernd ergänzte ich: »Du warst stark!«

»Ach hör auf, du machst doch das Tempo.«

Es klang nicht wie ein Vorwurf. Wir küssten uns, sie sagte »Loverman« und die Welt war wieder in Ordnung.

»Jetzt gehen wir erst mal essen. Schau hinüber, da ist doch ein einladendes Gasthaus.«

Als wir in eine gemütliche Eckbank gerutscht waren, unsere Blicke über den behaglichen Gastraum schweifen ließen und auf der Speisekarte gute Schmankerl ausgemacht hatten, nahm ich ihre Hand.

»Wollen wir uns ein Weißbier leisten?«

»Freilich, das haben wir uns verdient!«

Ihre Augen blitzten, als die Wirtin die schlanken Weißbiergläser mit der schäumenden Haube auf den Tisch stellte. Wir stießen an, und nach einem tiefen Zug, während ich mir den Schaum von den Lippen wischte, sagte sie seufzend: »Das letzte bayerische Weißbier für sehr lange Zeit.«

Sie sollte Recht behalten.

Über Grödig und Hallein ging es hinunter nach Bischofshofen und weiter im vorletzten Gang hinauf in Richtung Radstadt. Immer wieder gab es Hinweise auf den Tauernradweg. Es fiel uns auf, dass die Beschilderung für Fernradler in Österreich viel besser war. Noch rechtzeitig vor der Nacht kamen wir nach einem langen Anstieg im Wintersportort Eben an.

An das Packen unserer Taschen musste ich mich erst gewöhnen. Es nervte mich.

»Ich bringe die Taschen nicht zu, jeden Tag diese Plage«, murrte ich vor mich hin.

»Was maulst du denn herum? So chaotisch, wie du dein Zeug da hineinstopfst«, kam es tadelnd von meiner Frau zurück.

»Wir müssen Ballast abwerfen, das ist zu viel und zu schwer, was wir dabeihaben.«

Darauf Jutta mit erhöhter Stimmlage: »Du mit deinem Gewichtstick!

Wir haben doch nichts Überflüssiges dabei. Du wirst die Wärmekleidung noch brauchen.«

»Da gibt es einiges, was nicht nötig ist«, beharrte ich. Dabei dachte ich auch an die überschweren Waschbeutel mit Toilettenartikeln. Das wagte ich jedoch nicht auszusprechen.

»Was haben wir denn mehr als auf der Amerikatour?«, fragte sie.

»Unsere Räder sind schwerer, dann haben wir mehr Ersatzteile und das Werkzeug. Und die Kamera ist um einiges schwerer, dazu das Teleobjektiv und achtzig Diafilme.«

Für Amerika hatten wir viel weniger benötigt, da gab es überall Bikeshops.

»Dann musst du dich halt daran gewöhnen, dass wir langsamer vorankommen.«

Gerhard klagte immer über das schwere Gepäck und schwor, die Hälfte nach Hause zu schicken. Er wollte mir außerdem etwas abnehmen.
»Nein danke, mein Gepäck transportiere ich selber«, war meine ständige Antwort. Es regte mich auf.
Alles, was er in die Hand nahm, wog er ab und stellte lakonisch fest: »Zu schwer.«
Er hatte die falschen Vorstellungen in seinem Kopf. Kilometer machen - es trieb ihn förmlich voran. Wo war bis jetzt der Genuss? Ich wollte wahrnehmen und verarbeiten können, was ich sah.

Jetzt hatten wir den Tauernpass vor uns; die erste richtige Gipfeltour, spannend wie eine Erstbesteigung.

Mein Sohn Peter hatte mir zuvor prophezeit: »Dort hatte schon Hannibal seine Schwierigkeiten mit der Alpenüberquerung.«

Der hatte Elefanten, wir jedoch überschwere Räder. Fünfzig Kilo musste jeder von uns hinaufwuchten, dazu unser Eigengewicht. Bei mir waren das 68 Kilo, bei Jutta sechzig.

Zuerst hatten wir einen kurzen Horrortrip auf einer Schnellstraße, die wir eigentlich gar nicht befahren durften. Aber dann waren wir am Fuße der Passstraße, wo wir noch einmal die Getränkeflaschen auffüllten. Und los ging's.

Die ersten zehn Kilometer seien flach, sagte ein Tankwart, dann werde es steil. Ja, einem Autofahrer, der nur sachte aufs Gaspedal steigt, mag das flach erscheinen. Wir dagegen mussten uns ganz schön plagen.

Aber wir kamen ohne Absteigen in Untertauern an. Der Blick ging immer wieder zurück. Wo war die gelbe Jacke meiner Frau?

Wir kamen an ein Steilstück und wussten, es waren elf Kilometer hinauf. Dieser Tauernpass ist keine flache Serpentinenstraße, sondern es geht recht steil bergan. Das konnte man im Sattel nicht schaffen. Wir mussten uns eben allmählich daran gewöhnen, dass wir, anders als beim leichten Rennrad, durch unser Gewicht wie von unsichtbarer Hand unerbittlich zurückgehalten wurden.

Immer mehr waren wir links und rechts vom Schnee umgeben. Noch deutlich waren die Reste der Langlaufloipen zu erkennen. In diesem Gebiet waren wir die letzten Jahre oft zum Training und zu Wettkämpfen. Ich erinnerte mich daran, dass ich bei einem Tauernlauf einen Stockbruch hatte und in Untertauern einen Ersatzstock bekam.

Wir keuchten weiter bergan. Es wurde merklich kühler und wir kamen im Winter an. Ich traute meinen Augen nicht und rief meiner Jutta zu: »Ja, was ist denn das? Eine Loipe, frisch gespurt für klassischen Langlauf und Skating! Da müssen wir jetzt mal anhalten.«

Jutta kam langsam heran und stützte sich zum Ausschnaufen am Sattel ab.

»Das wäre mir jetzt lieber, als dieses schwere Monstrum von Rad da hochzuwuchten. Richtig neidisch kannst du da werden. Schau, da hinten kommen zwei um die Kurve!«

»Ideale Bedingungen, Fluor HWK 9MO50, für hohe Luftfeuchtigkeit.«

»Ja, du Profi, da denkst du gleich an deine Wachskiste«, gab sie mir zurück.

Wir betrieben vor unserer Reise das Gleiten auf den schmalen Brettern als Leistungssport mit Meisterschaftsambitionen. Deswegen musste ich mich intensiv mit dem Material und den Wachsbedingungen beschäftigen. Die Lauftechnik brachte ich im Spezialtraining über viele Jahre auf einen recht hohen Stand. Meine Jutta ließ sich davon mitziehen.

»Weißt du noch, wie du als süßes Skihaserl das erste Mal die Bretter unter den Beinen hattest?«

»Ja, hilflos und unsicher bin ich da herumgetapst.«

»Und jetzt kannst du locker und fast so ästhetisch laufen wie die beiden da drüben.«

»Schade, dass wir beide bei der nächsten Weltmeisterschaft in Kanada passen müssen«, meinte Jutta.

»Das können wir verschmerzen, Schatz, unsere Welttour ist wichtiger. In zwei Jahren werden wir wieder mitmischen.«

Beharrlich zogen wir weiter nach oben. Wir hatten ein Streckenmittel von drei bis vier Kilometern, wir wussten ja, dass wir noch viele Höhenmeter zu überwinden hatten. Auf 1740 Meter mussten wir hoch. Da erkannten wir weit oben die Schilder ›Skizirkus Obertauern‹. Hotelburgen an der Passhöhe und ringsum Liftbetrieb. Wir keuchten bergan, während wenige Meter neben uns die Snowboarder zu Tal schwangen. Der Lift brachte sie schnell wieder hinauf.

Endlich angekommen auf der Passhöhe, empfanden wir es als komisch, mitten im typischen Erscheinungsbild eines Skiortes zu sein. Hotels, Cafés, die Leute saßen im Freien, Werbung, Hinweise auf Skischulen, die Verlockungen des Après-Ski, Folklore und Nachtbars - all das, was offenbar für viele wichtiger ist als der Sport selbst.

Wir entspannten uns auf einer moderaten Abfahrt. In Tamsweg fragte ich schüchtern bei meiner Frau an: »Wollen wir noch weiter?«

»Du kannst wohl den Hals nicht voll kriegen. Wir bleiben hier!«

Da gab es keinen Widerspruch. Kurze Zeit später saßen wir beide zusammen im wohltuend heißen Wasser einer Eisenwanne. Diesen Genuss hatten wir uns verdient. Eine erleichterte, angenehme Stimmung wie nach einem schweren Wettkampf erfasste uns. Und wenn mir dann meine Jutta mit sexy zugespitztem Mund zuraunt: »Mein Liebster, ich liebe dich« und mir dabei zart über die Wangen streichelt, was eine unverkennbare Gefühlssteigerung nach ›Loverman‹ ist, dann muss sich geradezu weiteres Verlangen in mir regen. Das ist auch bei mir noch ganz normal, dass der Trieb den Gefühlen folgt.

»Typisch Mann!«, höre ich dann von ihr. »Können wir denn nicht zärtlich sein, ohne gleich an Sex zu denken?«

Wie ich mich während und nach Extrembelastungen, vor allem nach Wettkämpfen fühle, ist für mich wichtig, weil ich dabei nach Signalen suche, ob ich meinem Körper noch so viel abverlangen kann. Diese Gedanken gehen mir schon ab und zu im Kopf herum, vor allem wenn ich sehe, wie Gleichaltrige leistungsmäßig abbauen oder gesundheitlich angeschlagen sind. Die allgemeinen Ratschläge lauten schließlich: Nicht überanstrengen im Alter, Herz und Kreislauf nur mäßig belasten. Wenn ich mich jedoch nach den Körper- und Organbelastungen im

Grenzbereich der Leistungsfähigkeit besonders wohl fühle, dann sehe ich darin eigentlich ermutigende Signale. Kann ich das nicht so verstehen, dass meine Körperorgane, weil sie darauf trainiert sind, auch gefordert werden wollen? Ich registriere aber auch, wenn sie mir ab und zu durch vorübergehende Leistungsverweigerung sagen: »Na, alter Junge, alles was recht ist, aber jetzt mal ein bisschen langsamer. Morgen oder übermorgen wollen wir dann wieder richtig loslegen.«

Daran musste ich während unserer Weltreise denken, wenn ich mal einen schlechten Tag hatte. Auch Jutta ging das so.

Eine wichtige Voraussetzung für außerordentlich lang anhaltende Belastungen ist die mentale Stärke. Du musst dich vom Kopf her darauf einstellen, innerlich aufbauen und vorbereiten zum festen Willen. Dann kann der Körper schier Unmögliches leisten und die Trainingsleistungen umsetzen, wenn er ausreichend mit Kohlehydraten, Elektrolyten und Flüssigkeit versorgt wird. Ich habe mir früher nicht vorstellen können, hundert Kilometer im Laufschritt durchzustehen, schon gar nicht einen ›Ironman‹ mit den gigantischen Distanzen im Schwimmen, Radfahren und im abschließenden Marathonlauf - und dies alles in einem Wettkampf ohne Pause! Dreimal in zwei Jahren habe ich mir das als Siebzigjähriger abverlangt und ich war hernach ziemlich geschafft, aber glückselig. Meine Frau hat schon Monate vorher in der Trainingsphase mitgefiebert.

Bei meinem ersten ›Ironman‹ in Roth hatte sie mich auf den letzten dreißig Kilometern mit dem Fahrrad begleitet und betreut. Sie rief mir zu: »Du schaffst eine Zeit unter vierzehn Stunden!«, als ich zu meiner eigenen Überraschung noch recht flott laufen konnte. Dann musste sie jedoch hilflos zusehen, wie ich auf den allerletzten Kilometern von Rückenschmerzen geplagt einige Male stehen bleiben musste und nur mit äußerster Anstrengung das ersehnte Ziel erreichen konnte.

Auf Hawaii war solche Betreuung jedoch nicht zulässig. Beim ›Ironman Hawaii‹, wo die Triathleten das absolute Gipfelglück suchen, nachdem sie sich in einem vorausgegangenen Wettkampf mit eben diesen Distanzen qualifiziert hatten, dort auf der Zielgeraden von Kona vor einer imposanten Zuschauerkulisse, die in aufgepeitschter Hochstimmung jede Ankommende und jeden Ankommenden wie einen Sieger feiern, hat meine Frau lange und erregt nach mir ausgeschaut. Dahin, wo ich aus der Nacht heraus ins Scheinwerferlicht kommen musste. Und ich kam. War es ein kleines Wunder?

Nach stechenden Krämpfen beim für mich ungewohnten Schwimmen im offenen Meer, wo ich als Allerletzter nach 3,9 Kilometern aus dem Wasser taumelte. Dann hatte ich sie verblüfft, als ich auf dem Rad nach einem gewagten Parforceritt über 180 Kilometer 120 Konkurrenten überholt und schon auf den dritten Platz in meiner Altersklasse aufgeholt hatte. Und sie hatte gesehen, wie ich nach zehn Kilometern dieses gnadenlosen Marathonlaufes mit stechenden Muskelkrämpfen stehen bleiben musste, ohne dass sie mir helfen konnte. Wie ich dann doch befreit weiterlief, hinaus auf die unendlich lange Straße in die beginnende Dämmerung hinein.

Ich tauchte auf aus der Nacht nach knapp fünfzehneinhalb Stunden.

»Ja, das ist mein Gerhard!«, rief Jutta.

Sie fasste nach meiner Hand, und wir beide liefen gegen die Scheinwerfer durch die brandende Menschenmenge und umarmten uns glücklich im Ziel vor laufenden Kameras. Sie war bei mir, als ich auf der Massagebank lag und zitterte um mich, als mir kurzfristig der Kreislauf wegkippte. Sie klaubte mich von der Massagebank, schleppte mich ins Taxi. Dann duschte sie mich und legte mich ins Bett. Mit einem wohligen Empfinden spürte ich noch das weiche Bett und ihren Kuss, bevor mich der Schlaf übermannte. Nach dieser Daueranstrengung, die ziemlich alles, was ich mir vorher zugemutet hatte, in den Schatten stellte, verlangte der Körper absolute Ruhe.

Aber auch ich hatte im Ziel schon öfter voll Unruhe und Ungeduld auf meine Frau gewartet. Ich erinnere mich an einen Hundert-Kilometer-Lauf in Biel, wo wir gemeinsam losgelaufen waren, sie mich aber nach 45 Kilometern vorauslaufen ließ. Oder an den Vasa-Lauf vor einigen Jahren, diesen in Schweden so populären Skilanglauf über neunzig Kilometer in der klassischen Technik. Ich war in Sorge, ob sie das überhaupt schaffen konnte, da wir meistens in der Skating-Technik trainierten und sie in der Klassik noch einiges nachzuholen hatte. Während ich markante Streckenpunkte passierte, ging mir durch den Kopf: Wo mag sie jetzt wohl sein? Einige tausend Skilangläufer waren zwischen uns. Sie aber meisterte den Lauf bravourös. Ihr Vorsatz war, noch bei Tageslicht anzukommen. Ich traute meinen Augen kaum, als ich sie viel früher als erwartet im Zielbereich in einem Pulk ankommender Läufer sichtete.

»Ja, sie ist es!«, jubelte ich. »Meine Jutta hat es geschafft.«

Sie war noch viel glücklicher als ich, denn sie hatte mit ihrem ›Biss‹, wie sie selbst sagt, ein hoch gestecktes Ziel erreicht.

Knapp hundert Kilometer vor der österreichisch-slowenischen Grenze war Jutta nach mehreren mühsamen, kraftraubenden Anstiegen am Ende. Ich kurbelte bei einem Puls von 140 Schlägen drei Kilometer hoch. Mir war klar, dass meine Frau da absteigen musste. Ich lief ihr entgegen und wollte ihr Rad schieben, so wie ich das auf dem letzten Stück des Tauernpasses auch schon getan hatte.

Sie hatte das dort geschehen lassen und mir ihren Respekt ausgedrückt: »Wo nimmst du, Mann, diese Kraft her?«

Aber diesmal wollte sie nicht.

»Hau ab, ich kehr um! Wo ist ein Bahnhof? Idiotisch, was du da ausgesucht hast.«

Jetzt musste ich ganz ruhig sein, das wusste ich. Ich entschuldigte mich und redete ihr gut zu. Nach einer Weile fuhren wir langsam wieder los. Gemächlich und mit mehreren Pausen schafften wir den Höhenrücken und erreichten unseren Zielort Brückl. Nach vierhundert schweren Kilometern in fünf Tagen standen wir fünfzig Kilometer vor der slowenischen Grenze. Eigentlich hatten wir uns einen Ruhetag verdient, doch die Unrast trieb uns weiter. Es war die Neugierde auf Neues, hinüber nach Slowenien, eine aufregende Vorstellung.

Wir waren überrascht, wie ruhig es auf den letzten österreichischen Kilometern auf den Straßen zuging. Ideales Wetter, wenig Verkehr, eine interessante Landschaft, unsere Räder schnurrten - das war Genussradeln pur. Von einer mürrisch blickenden österreichischen Grenzbeamtin wurden wir nach Einsicht in unsere Pässe bei Lavamünd aus der Europäischen Union entlassen. Ein Stück weiter winkten uns die lustig dreinblickenden Slowenen locker durch. Sie beruhigten uns: Ja, es gebe Übernachtungsmöglichkeiten und Essen genug auf der Strecke.

Die erste Begegnung mit einem slowenischen Wirt war überwältigend.

»Essen, Trinken, Schlafen, kein Problem«, sagte er. »Kommen Sie, kommen Sie, kommen Sie!«

Unsere Räder sicher verwahren?

»Kein Problem. Wir stellen in Garage. Frau macht Zimmer. Kommen zum Essen.«

Es war sechzehn Uhr und wir saßen schon auf der Privatterrasse im Garten. Dass wir großen Hunger hatten, hätte ich nicht sagen sollen.

»Kein Problem. Sie essen, essen, essen.«

Seine Frau kam hinzu und umarmte uns. Sie sprudelte vor Freude. Schnell hatte sie das Zimmer gerichtet. Der Wirt war viele Jahre als Schiffskoch in der Fremde - und er konnte kochen. Bald standen zwei große, dampfende Suppenschüsseln auf dem Tisch, genug für zehn Personen. Und dann die Hauptspeise mit köstlichem Braten, da konnten wir nicht widerstehen, obwohl wir Fleisch sonst meiden.

»Jetzt duschen, dann schlafen und abends wir erzählen und guten Wein trinken.«

Abends war die Tochter dabei, achtzehn Jahre jung. Sie besuchte eine Touristikschule und sprach perfekt Deutsch. Es gab den besten Wein, den ich seit langer Zeit getrunken hatte, eine Spätlese aus heimischen Rebgärten und eine Kostbarkeit aus dem Privatkeller unseres Wirtes.

Die Straße folgte am nächsten Tag dem Fluss. Das ist immer gut für Radler. Wieder hatten wir einen schönen Tag und fuhren in den erwachenden Frühling hinein. Narzissen in voller Blüte, zart sprießendes Grün. Ptuj, dreißig Kilometer hinter Maribor, ist ein schönes altes Städtchen. Mit dem letzten Tageslicht kamen wir in einer Therme an. Ich handelte ein ebenerdiges Zimmer aus und wir schoben unsere bepackten Räder durch die Tür.

Während ich bei den Rädern blieb, regelte Gerhard in den jeweiligen Unterkünften die nötigen Dinge. Meine Aufgabe war es, die verschwitzten Kleidungsstücke zu waschen und in die Nähe einer Heizung zu hängen. Nach so einem Tagesritt waren wir total kaputt. Es ist unglaublich schwer, geistig noch zu arbeiten, wenn man körperlich erschöpft ist. Man hat viele Gedanken im Kopf, aber sie lassen sich nicht mehr in Worte fassen.

Unsere Tage begannen morgens um neun Uhr mit dem Start. Fünf bis sechs Stunden pedalierten wir, und nach dem Ankommen brauchte ich drei Dinge: gutes Essen, eine heiße Dusche und ein sauberes Bett. Gute hygienische Verhältnisse sind für mich von elementarer Bedeutung. Ich kann Schmutz nur schwer ertragen, mein Mann sieht das etwas großzügiger.

In diesen Tagen seit unserem Start blieb ich in der Leistung immer hinter Gerhard. So manches Mal kam es mir vor, als wenn der Teufel hinter ihm her wäre. Schnell fuhr er voraus, während ich mit jedem Anstieg kämpfte und dankbar für jede Pause war. In meinem Kopf versuchte ich, die mentale Einstellung zu dieser Weltradeltour zu gewinnen, und so ganz allmählich konnte ich mir das als möglich vorstellen.

Hinter Varazdin erreichten wir über eine Nebenstraße die kroatische Grenze. Es war richtig idyllisch hier. Die Grenzer wollten unsere Pässe gar nicht sehen. So rollten wir völlig stressfrei nach Kroatien hinein und kamen auf flacher Straße schnell voran. Je weiter wir nach Süden kamen, um so mehr fielen wir beiden Radler auf. Aus den entgegenkommenden Trucks wurde uns munter zugehupt. Wir schauten den Bauern bei der Feldarbeit zu, die den Mist mit der Gabel auf dem Feld abluden. Das war eine harte Arbeit, an die ich mich noch aus meiner Kindheit erinnerte. Auf dreißig Kilometer überholten wir mehrmals einen Traktor mit Hänger. Vorne saß ein junges Paar. Die staunten und lachten, als wir vorbeizogen. Dort, wo sich die Straße nach Westen wendete und wir den heftigen Wind gegen uns hatten, holten sie uns wieder ein. So ging das einige Male. Einen Anhalter haben wir auf diese Weise dreimal passiert. Das war ein komischer Eindruck, als er nach zwanzig Kilometern wieder dastand und den Daumen reckte.

Wenn wir Stopps machten, musste ich mir immer eine Mauer, einen Baum oder einen kräftigen Pfahl aussuchen, damit ich mein schweres Rad anlehnen konnte. Juttas Rad hielt der Radständer, meiner hatte sich durchgebogen, war gebrochen und ich hatte ihn weggeworfen.

Die Dörfer waren langgezogen und alle Häuser zur Straße gerichtet. Alte Häuschen mit sehr schmaler Giebelfront wie in Russland, aber Steinhäuser, Holzhäuser gibt es hier nicht. Da war auch nicht viel Wald rundum. Die vorherrschende Feldfrucht ist der Körnermais. Das erkannte ich an den Maiskolbendepots bei den Bauernhäusern.

Obst und Saft kauften wir in kleinen ›Tante-Emma-Läden‹, wie es sie bei uns schon längst nicht mehr gibt. In den Dörfern, die eine friedliche Stimmung ausstrahlten, werkelten die Frauen in den Vorgärten, Kinder waren auf dem Schulweg, an den Bushaltestellen warteten geduldig Leute. Wenn wir abstiegen und fotografierten, gab es einladende Gesten. Als ich zwei alte Frauen aus der Nähe porträtierte, warteten sie geduldig, bis ich aus verschiedenen Richtungen abgedrückt hatte. Häufig sahen wir jetzt verlassene oder im Rohbau stecken gebliebene Häuser. Welche Schicksale verbargen sich dahinter? Waren das Häuser von Serben, die ihre Heimat verlassen hatten? Ich war diesbezüglich gespannt auf Osijek und Vukovar, denn wir näherten uns dem einst mörderisch umkämpften Südostzipfel von Kroatien.

Ein einziges Hotel gibt es in Koprivnica. Wir schleppten die Packtaschen hoch und mit letzter Kraft wuchtete ich auch die Räder nach oben. Wir waren zwar müde, aber die Harmonie zwischen uns beiden konnte besser kaum sein.

An private Unterkünfte war nicht zu denken, wo wir auch fragten. Irgendwo an der Haustür zu klingeln, war mir persönlich zu unsicher. Wer weiß, auf welche Menschen man treffen würde? Also blieb als einzige Möglichkeit eines dieser Hotels aus Titos Zeiten. Sofern sie nicht in privater Hand waren, waren sie ziemlich herunterkommen. Ein Kriterium erfüllten sie aber allesamt: ein sauberes Bett und saubere Handtücher.

Wenn ich aufwachte, erfasste mich ein Gefühl des Unbehagens, nicht Angst, aber Sorge, wie es weitergehen sollte. Die Schwerarbeit auf dem Rad in diesen ersten Tagen hatte mich verunsichert, für Jutta war es noch härter.

»Wo liegt der Sinn dieser Reise, wenn wir uns den ganzen Tag schinden müssen und todmüde ins Bett fallen?«, klagte sie mich an.

Wir hatten noch keinen Streit miteinander, keine heftige Auseinandersetzung. In den ersten schweren Tagen dieser großen Tour waren wir glücklich miteinander. Wir küssten uns, und wenn ich fragte: »Liebst du mich noch?«, dann kam ein überzeugtes: »Freilich, immer!«

Im Bett hielten wir uns oft die Hände und ich sagte: »Wo du neben mir bist, bin ich zu Hause.«

In der Nacht wurde ich von einem prasselnden Geräusch geweckt. Regen donnerte auf das Vordach. Also hatte uns das schlechte Wetter eingeholt! Noch um sieben Uhr regnete es heftig. Dann war es schnell vorbei und ich erkannte an den Wolken, dass wir wahrscheinlich ohne Regen fahren konnten. Wir hatten uns schon tapfer darauf vorbereitet, gegen Regen, Wind und Kälte ankämpfen zu müssen. Doch dann kam es ganz anders, kein Tropfen fiel und wir hatten kräftigen Schiebewind. Es wurde unsere erste richtige Genussetappe - 88 Kilometer in vier Stunden.

Es war erst Viertel nach eins, eigentlich hätten wir noch weitere sechzig Kilometer geschafft, dann wären wir aber in Serbien gelandet. Wir wollten jedoch nach Vukovar hinein, in diese Stadt, die ich aus der Berichterstattung über den Balkankrieg kannte. Ich hatte dort jede Menge Militärpatrouillen der internationalen SFOR-Truppen erwartet. Davon war aber nichts zu sehen. Nur noch einige Verbindungsoffiziere sollten sich in der Stadt aufhalten.

»Es gibt keine Probleme zwischen Serben und Kroaten«, wurde uns gesagt.

Eigentlich konnte ich das nicht glauben. Nach meiner Erinnerung waren alle Kroaten aus der Stadt geflohen oder vertrieben worden. Die Stadt selbst war nach dreimonatigen heftigen Kämpfen in weiten Teilen zerstört und selbst kühne Optimisten konnten nicht daran glauben, dass es je wieder ein harmonisches Miteinander geben könnte.

Die Spuren des Krieges waren unübersehbar und erinnerten mich an den Zweiten Weltkrieg. Einschläge von schweren und leichten Artilleriegeschossen waren zu sehen. Von allen Seiten muss da geschossen worden sein, wie man an den Einschussnarben erkennen konnte. Doch die Stadt befand sich im Aufbau. Schäden wurden repariert und viele neue Häuser waren zu sehen.

Wir befragten einige Kroaten und drei Serben. Alle erklärten uns übereinstimmend, dass es keine Probleme mehr zwischen den beiden Volksgruppen gebe. Einer sagte, das reduziere sich inzwischen auf heftige Diskussionen an der Biertheke.

Im Restaurant sprach ich den Kellner an.

»Ich bin Serbe«, erklärte er eher beiläufig, als er uns die Speisekarte vorlegte.

»Haben Sie keine Nachteile als Serbe in Kroatien?«

Er zuckte mit den Schultern.

»Hier bin ich geboren, das ist meine Heimat. Warum soll ich weggehen? Ich kann hier gut leben.«

Dabei schaute er zum Nachbartisch hinüber.

»Sind das Kroaten?«, fragte ich.

Er nickte, erkannte leere Gläser und ging los, um den ›kroatischen Erzfeinden‹ eine weitere Runde Bier zu servieren.

Die Kroaten waren erst vor etwa vier Jahren in ihre Stadt zurückgekehrt, bei weitem nicht alle. Dafür hatten einige Serben die Stadt verlassen, weil sie keine gute Zukunft für sich sahen. Inzwischen ist die Stadt je zur Hälfte von Serben und Kroaten bewohnt. Eine Frage bleibt jedoch: Warum dieser Krieg, der so viel Leid über die Menschen dieser Region gebracht hat?

»Morgen wird es spannend«, sagte ich so vor mich hin. »Einen freundlichen Empfang können wir in Serbien nicht erwarten.«

»Willst du mir jetzt Angst machen?«, herrschte mich Jutta an.

»Nein«, gab ich laut zurück. »Sie werden uns schon nicht dafür haftbar machen, dass deutsche Soldaten vor drei Jahren am Bombenkrieg der Nato beteiligt waren.«

»Du bist ein Abenteurer und brauchst den Nervenkitzel«, schloss Jutta die Betrachtung ab.

Dennoch war uns etwas mulmig zumute, als auf einer Nebenstraße der kleine Grenzübergang bei Tovarnik in Sichtweite kam. Der kroatische Grenzbeamte winkte uns lässig durch. An den Schlagbäumen auf serbischer Seite dagegen wurden wir von streng militärisch blickenden Grenzbeamten erwartet. Meine gezückte Kamera musste ich sofort einpacken, die abweisenden Gesten waren eindeutig. Wir empfanden uns als Bittsteller, als uns der Offizier die Pässe abnahm und lange darin blätterte. Er schüttelte den Kopf und telefonierte lange. Dann erklärte er uns korrekt, aber immer noch unnahbar: »Alles in Ordnung!«

Nun mussten wir auf den Bankbeamten warten, der in einem kleinen Häuschen seine Kasse hatte, wo wir umgerechnet etwa dreizehn Euro für unsere Visa bezahlen mussten. Aber der Bankbeamte war beim Brotzeitholen, offenbar gab es nur einen kleinen Grenzverkehr und Deutsche kamen selten vorbei. Wir froren derweil erbärmlich, aber an den Kanonenofen ihrer Stube wollten uns die Uniformierten nicht heranlassen.

Ein Zollbeamter sprach gut Deutsch, er unterhielt sich mit Gerhard. Mir war nicht nach Unterhaltung, denn die Kälte kroch in mir hoch und ich zitterte. Dann fragte der Beamte nach Kopfschmerztabletten. Gerhard gab die Frage an mich weiter. Also, jetzt die Tasche auspakken und in meiner Apotheke nach Schmerzmitteln suchen - genau das wollte ich nicht. Ich dachte nur: Soll er weniger rauchen, dann hat er weniger Kopfschmerzen.

Nach einer Stunde durften wir uns in die Sättel schwingen. Wir hatten die erste ›echte‹ Grenze hinter uns. Bisher waren wir von der ganzen Abfertigungsbürokratie verschont geblieben, waren von mehr oder weniger freundlichen Beamten durchgewunken worden. Das sollte sich im Laufe der Tour freilich noch ändern.

KAPITEL ZWEI

Zwischen Belgrad und Sofia

Was war anders in Serbien? Die Dörfer befanden sich in ähnlicher Anordnung zur Straße hin wie in Kroatien. Beiderseits der Straße tiefe Wassergräben, wenig Autoverkehr, aber keine neuen Häuser. Wir beide auf unseren Rädern wurden viel mehr beachtet. Es war nicht zu übersehen: Die Menschen freuten sich, dass da zwei Ausländer auf Rädern vorbeikamen. Als wir eine Trinkpause machten, staunten uns einige Kinder von der anderen Straßenseite an. Nur ein kleiner Junge hatte den Mut, ganz nah heranzukommen, aber er sagte nichts. Wir nickten ihm freundlich zu.

Wenn man sich einer Großstadt nähert, wächst der Autoverkehr. Auf Empfehlung von Einheimischen hatten wir riskiert, auf dem ›Autoput‹, der Autobahn, nach Belgrad zu fahren. Man könne auf dem Randstreifen fahren, hatten sie gesagt. Wir waren an die erste Mautstelle gekommen und dort gönnerhaft vorbeigewunken worden. An der zweiten Mautstelle dasselbe Spiel.

Der Wind hatte inzwischen nach Osten gedreht und setzte uns zu. Autofahrer hupten immer häufiger. Das waren keineswegs nur aufmunternde Grüße. Wir durften hier nicht fahren. Dabei hatte uns der Autoverkehr zunächst nicht gestört. Es waren wenige Lastwagen unterwegs, und wir rollten sicher auf dem breiten Randstreifen. Für uns galt nur, voranzukommen, fünfundsechzig Kilometer nach Belgrad. Natürlich war es nicht sonderlich einladend, auf dem kilometerlang einsehbaren Straßenband in eintöniger Umgebung dem Wind ausgesetzt zu sein. Keine Dorfdurchfahrten, keine Bauern auf den Feldern, keine gärtnernden Frauen und auch keine Frühlingsblumen.

Noch fühlten wir uns auf dem Randstreifen sicher. Je näher wir aber Belgrad kamen, umso mehr Zubringerstraßen ließen die Automenge beängstigend anschwellen. Endlich nur noch drei Kilometer. Konnten wir das bis zum Zentrum riskieren? Ich sorgte mich um Jutta, die mit großem Abstand folgte. Sie fuhren sehr, sehr schnell, diese Belgrader, mit ihren kleinen Flitzern. Und auf einmal war der Randstreifen verschwunden und wir mittendrin in der Raserei. Die Busse drängten uns an die Begrenzungssteine. Das kurze Stück bis zur letzten Abfahrt war die Hölle, die rasenden und dröhnenden Blechkisten um uns herum. Sie kamen mir vor wie der Zug der Lemminge, die am Ende massenweise ins Meer stürzen. Wir wollten heraus aus diesem Gewühl!

Als wir zwanzig Kilometer vor Belgrad eine Ausfahrt erreichten, schlug ich Gerhard vor, abzufahren. Er meinte, wir könnten ruhig noch auf dem Autoput bleiben. Innerlich war ich wütend auf ihn. Mir war überhaupt nicht wohl dabei, aber ich gab nach. Es kam so, wie ich es befürchtet hatte: Fünf Kilometer vor Belgrad gerieten wir mitten in den großstädtischen Berufsverkehr. Keine Standspur mehr. Busse fuhren handbreit und hupend an mir vorbei. Mein Rufen nach Gerhard verhallte, denn er fuhr hundert Meter voraus. Ich hatte unglaubliche Angst, hier nicht heil herauszukommen. Endlich: ein Abzweig zur Stadt.

Da hielt vor uns auf dem schmalen Trennstreifen ein Polizeiauto. Pässe zeigen, das Übliche, wenn man sich nicht ordnungsgemäß verhalten hat. Ohne Pass bist du gar nichts. Der Polizist wollte uns eine Geldstrafe von über eintausend Dinar aufbrummen. Er verhalte sich korrekt, sagte er und tippte auf den Bußgeldkatalog. Gerhard redete so lange auf ihn ein, bis er uns ohne Strafzahlung fahren ließ. Glück gehabt! Noch einmal werde ich so etwas nicht mitmachen.

Eine halbe Stunde später genossen wir die Stille des Belgrader Kalemegdan-Parks und staunten über die Eleganz der Fußgängerzone Knez Mihailova. Dieser Prachtboulevard ist eine noble Flaniermeile, ganz so wie in westlichen Großstädten. Die Unterschiede zur Königsallee in Düsseldorf oder zur Münchner Maximilianstraße waren erst bei näherem Hinsehen erkennbar. Vor allem in den spärlichen Auslagen der Geschäfte und am Putz, der von den historischen Fassaden bröckelte. Und doch demonstrierte sie nach elf Jahren westlicher Sanktionen die Vitalität dieser Stadt und ihrer Bewohner.

Schon vor unserer Abreise hatten wir uns beim Goethe-Institut angemeldet. Irina war unsere telefonische Gesprächspartnerin. Sie sprach perfekt Deutsch. Mit angenehm sympathisch Stimme hatte sie uns zum Besuch eingeladen und uns ein Privatquartier vermittelt, welches wir schnell fanden. Es lag gleich um die Ecke, neben dem Goethe-Institut. Unsere Vermieterin sprach etwas Deutsch, die recht muntere Tochter gut Englisch. Dieses Haus hatte schon bessere Zeiten gesehen, großzügige

Wohnungen wohlhabender Bürger. Wir wurden in einen großen Wohn- und Schlafraum geführt. Die Flügeltüre war zwei Meter hoch, an der hohen Decke prangte wie ein Baldachin eine herrlich renovierte Stuckdecke. Wir kamen ausgefroren an und fühlten uns gleich wohl in unserem Zuhause für zwei Nächte. Morgen sollte der erste Ruhetag sein. Im Bad merkten wir, dass es Versorgungsprobleme in dieser Stadt gab. Zeitweise kam das Wasser nur tropfenweise aus der Leitung. Die Dame entschuldigte sich dafür, für sie war es offenbar seit Jahren nichts Ungewöhnliches.

Sie zeigte uns stolz ein Gruppenbild, auf dem sie mit Serbiens Premier Zoran Djindjic zu sehen war. Sie erzählte von Studentendemonstrationen und dass sie nie Angst hatte, als sie die jungen Menschen mit Kaffee versorgte.

»Ich hoffe sehr, dass es besser wird in Serbien und dass wir irgendwann Teil der Europäischen Union sind.«

Das klang wie der hoffnungsvolle Trost dafür, dass das große Jugoslawien auseinandergefallen ist. Djindjic, jüngster Hoffnungsträger für viele Serben, wurde im März 2003 auf dem Weg zu seinem Auto von Angehörigen der ehemaligen Geheimpolizei Slobodan Milosevics erschossen.

Am nächsten Morgen trafen wir Irina und eine ihrer Kolleginnen im Goethe-Institut. Sie hatten sich Zeit für uns genommen. Temperamentvoll erzählten die beiden aus ihrem Leben. Da klang patriotischer Stolz durch, als sie schilderten, wie sie das Leben in den zurückliegenden Jahren trotz der durch die westlichen Sanktionen ausgelösten Einschränkungen meisterten. Sie erzählten vom Umgang mit Kroaten und kritisierten deren intoleranten Nationalismus. Belgrad sei immer eine multikulturelle und multiethnische Großstadt gewesen, liberal und offen. Sie sprachen auch über die Bombenangriffe der NATO vor drei Jahren, als die Flugzeuge von allen Seiten so schnell einflogen, dass nicht mehr gewarnt werden konnte, sie sprachen von den Ängsten der Mütter und Kinder, als die Bomben krachten.

Die Milosevic-Herrschaft beschäftigt die Menschen bis heute. Im Gespräch mit einem jungen Belgrader war deutlich zu spüren, wie sehr diese Thematik das Denken noch bestimmt. Der Mann sprach von der Suche der Serben nach ihrer nationalen Identität. Durch jahrhundertelange Fremdherrschaft sei sie behindert worden. Er sprach vom Missbrauch der nationalen Gefühle durch Machtpolitiker, wie Milosevic einer war. Das serbische Gefühl der Überlegenheit sei zum Herrschaftsanspruch erhoben worden, mit den bekannten Folgen.

»Wir sollten diese Schandtaten, die von Militärverbänden begangen wurden, nicht leugnen. Wir sind verpflichtet, das aufzuarbeiten.«

Wir beide erkannten Parallelen zur deutschen Geschichte der Nazizeit.

Kriegserinnerungen

Wenn ich mich an den Kriegsbeginn im September 1939 zu erinnern versuche, sehe ich gespenstische Stille vor mir und gedrückte Stimmung bei den Erwachsenen in meiner Umgebung. Unser Klassenlehrer Zeus hat in der Schule auch keine Kriegsjubelstimmung verbreitet. Die Propaganda kam vom Lehrplan und aus den Schulbüchern, und er setzte sie nur verhalten um. Vielleicht hat ja auch er innere Konflikte ausgetragen, weil er sich arrangiert hatte, um seine Existenz nicht zu gefährden.

Es folgten die Jahre der Sondermeldungen im Radio von den Erfolgen in den Blitzkriegen. »Das Oberkommando der Wehrmacht gibt bekannt.« Da haben wir uns schon mitziehen lassen. Auch mein Vater war beeindruckt, wie schnell der ›Erzfeind‹ Frankreich besiegt wurde, wenn er an den Stellungskrieg im Ersten Weltkrieg dachte. Er sagte aber auch: »Die siegen sich zu Tode, wie im ersten Krieg.«

Unser tägliches Leben hat der Krieg zunächst kaum beeinflusst. Es gab zwar Lebensmittelkarten, aber keine spürbaren Mängel. Die strenge Verdunkelung wurde eingeführt, die wenigen Autos, die noch fuhren, hatten schwarze Hauben über den Scheinwerfern, die nur einen schmalen Schlitz für ein wenig Licht ließen.

Ich ging gern zur Schule. Das Lernen fiel mir leicht, und ich entwickelte mich, ohne es eigentlich angestrebt zu haben, zum Klassenprimus. Dann kamen die strengen Winter mit monatelangem Frost und Schnee. Einige Jahre war uns schon im Dezember die Wasserleitung eingefroren und wir mussten das Wasser mit dem Schlitten vom Brunnen holen. Das kleine Schlafzimmer im Dachgeschoss, das ich mit meinem Bruder Walter teilte, war extrem kalt. Im wochenlangen Dauerfrost im Zimmer hatten sich die Wände mit einer zentimeterdicken Reifschicht überzogen. Die Eisblumen am einfachen Fenster hatten sich schon bald in einen dicken Eispanzer verwandelt.

Wenn es sehr kalt war, sind wir beide in ein Bett gekrochen, unter Betten und Decken. Unser Vater hat ab und zu nachgeschaut, ob wir richtig zugedeckt waren. Und doch war es eine schöne Zeit. Jeden Tag waren wir stundenlang draußen, haben mit Schnee Eisburgen gebaut. Unser Vater hatte für jeden von uns gebrauchte Schlittschuhe organisiert; das waren die ›Absatzreißer‹, denn sie wurden auf den Schuhen mit Vierkantschlüsseln angeschraubt und nicht selten sind sie eben abgerissen. Am besten haben sie gehalten, wenn alles eingefroren war. So sind wir kilometerlang auf den Straßen und Wegen gelaufen, die alle von einer festgefahrenen Schnee- und Eisschicht überzogen waren. Und Eisstockschießen war unser Sport. Die Eisstöcke hatten wir zu Weihnachten bekommen, eine Riesenüberraschung.

Im Winter hatten wir wochenlang Kohleferien. Ich erinnere mich, dass uns ein Nachbar, den wir überhaupt nicht mochten, eines Tages zurief: »Am Montag geht die Schule an.« Wir bekamen eine richtige Wut auf ihn, denn wir hatten gerade eine neue Schneeburg gebaut.

Es war der erste Russlandwinter für die deutschen Armeen im Russlandfeldzug, der mich jungen Buben schon bei seinem Beginn Schlimmes ahnen ließ. Der Krieg rückte näher in unser Bewusstsein. Immer mehr Männer wurden zu den Soldaten eingezogen und immer häufiger hörten wir von Gefallenen und Vermissten aus dem Bekanntenkreis. Unsere Mutter war heilfroh, dass wir für das Kanonenfutter noch zu jung waren.

Mein großer Bruder Willi war mit achtzehn Jahren doch noch dran zum Militärdienst. Er hatte sich freiwillig zur Kriegsmarine gemeldet. Mein Vater war zur See gefahren, das hatte ihn angeregt. Und es war sein Glück. Er kam zur Marine-Artillerie nach Holland und später nach Südfrankreich. Dadurch blieb ihm Russland erspart.

Mein um viereinhalb Jahre älterer Bruder war in meinen Augen groß und mit den wattierten Schultern im Mantel sah er wie ein starker Mann aus. Ich als Kleiner schaute zu ihm hoch. In dieser Zeit begann ich, mich regelmäßig zu messen. In die Wand machte ich kleine Ritze, um mein Wachstum zu dokumentieren. Es ging nur langsam voran. Meine Mutter hatte nichts dagegen und sagte lachend: »Ich bin so froh, dass du noch ein Kleiner bist!«

Soldaten habe ich in meiner Verwandtschaft ansonsten selten gesehen. Einer davon war Onkel Riedelsberger. Er war von der Ostfront auf Genesungsurlaub heimgekommen. Als er uns besuchte, ging ich mit stolzgeschwellter Brust neben ihm her, denn er hatte das Band des Eisernen Kreuzes an der Uniform. Aber er war nur Stabgefreiter.

Warum war er denn nicht wenigstens Unteroffizier? Sanitäter war er in einer Sanitätskompanie. Das eiserne Kreuz wurde ihm verliehen, weil er zwei Schwerverwundete aus feindlichem Feuer herausgeholt hatte. Er war ein ernster Mann mit tief liegenden, dunklen Augen, ein praktizierender Christ. Ich erinnere mich an düstere Äußerungen, die er zum Krieg machte.

»Ihr wisst ja nicht, was da draußen los ist.« Und leise, kaum hörbar fügte er hinzu: »Diesen Krieg haben wir schon verloren.«

Als Herzkranker wurde er an die Front zurückgeschickt, und seine angedeutete Ahnung, dass er nicht zurückkehren werde, erfüllte sich. Vermisst im Winter 44 - für die Angehörigen ein noch schlimmeres Schicksal als der registrierte Tod.

Ich musste schließlich doch noch in den Krieg ziehen. Zuvor war auch noch mein zweiter Bruder eingezogen worden. Ich war fünfzehneinhalb Jahre alt, als ich zum Luftwaffenhelfer bestimmt und nach Nürnberg abkommandiert wurde. Obwohl ich nun doch nicht zu klein war für das Soldatenleben, war ich enttäuscht und traurig. Ich hatte mich auf die zweite Klasse der Berufsschule gefreut, die Bankfachklasse in Nürnberg.

Im Jahr davor hatte ich als Stift, wie man damals sagte, die Lehre in der Sparkasse begonnen. Dabei hatte mein Vater geholfen, der ein Schulfreund des Sparkassenleiters war. Meine kompletten Einsernoten im Schulabschluss hätten allein nicht ausgereicht. Ja, ich war begierig aufs Lernen - und nun Flakhelfer.

Angst hatte ich nicht, obwohl ich wusste, dass ich da ins Feuer geraten würde, denn die alliierten Feindmächte hatten ihre Bombenangriffe verstärkt. Auch Nürnberg wurde immer häufiger angegriffen. Der Krieg zog immer engere Kreise. In der Sparkasse waren nur noch Frauen, ein kriegsbeschädigter Mann und der schon ältere Sparkassenchef.

Die Frauen äußerten sehr mutig ihre Kritik: »Jetzt holen sie auch noch die Kinder, diese Verbrecher.« Die Propagandisten hämmerten über Radio und Zeitung noch heftiger die Durchhalteparolen. »Bis zum Endsieg!«

Ja, der Endsieg wurde beschworen. Von Wunderwaffen war die Rede, die bald die Wende bringen würden.

Ich fand im Wald einige Flugblätter. Es waren die ersten Botschaften, die mich von draußen erreichten, vom Feind. Es war sehr einleuchtend und logisch, was ich da las. Vom Feind, der nach der Nazi-Propaganda nur ein Ziel habe: uns restlos zu vernichten. Diese Flugblätter zeigten jedoch die Ausweglosigkeit der deutschen Kriegsführung auf und weckten zugleich die Hoffnung auf eine Zukunft danach.

In der Flakstellung mussten wir Neuankömmlinge beim ersten Alarm in den Luftschutzbunker, weil wir noch nicht eingekleidet waren. Mir wollte keine Uniform passen, denn ich war mit 1,57 Meter der Kleinste in der 4. S-Flakabteilung. Ich wurde dem FuMG zugeteilt, einem Vorläufer des Radar. Aber auch dafür war ich zu klein. Wenn ich in den Trichter schauen wollte, musste er extra heruntergeklappt werden.

Wir hatten sehr oft den Ernstfall. Großangriffe bei Tag und Nacht. Wir waren mittendrin im Kriegsgetöse mit freier Sicht auf das Geschehen. Der Erdwall rund um das Gerät bot wenig Schutz. Doch ich hatte nie richtig Angst, so sehr hat mich das dramatische Geschehen in Anspruch genommen. Einmal hatte ich in der Aufregung den Stahlhelm vergessen. Daraufhin musste ich meinen Eltern versprechen, immer den Helm aufzusetzen.

In der Batteriestellung waren wir nämlich nicht nur den Bomben ausgesetzt, es hagelte auch Flaksplitter herunter. Nach den Angriffen war das Gelände übersät davon. Bei den wenigen Tagesangriffen konnten wir die Flugzeugverbände anfliegen sehen. Auf großer Höhe kamen sie, aber doch erreichbar für die Flak bei achttausend Meter. Die Geschützrohre richteten sich zu den Zielen aus, und wir warteten auf den Feuerbefehl aus dem nahen Gefechtsstand des Batteriechefs. Möglichst gleichzeitig sollten alle Rohre feuern.

Nur wenige Flugzeuge wurden tatsächlich abgeschossen. Bei Tagangriffen hatte ich zwei abstürzen sehen. Bei Nacht war unser Funkmessgerät praktisch ausgeschaltet. Die herabregnenden Metallfolien erzeugten Flimmern und verhinderten eine genaue Peilung. Dann wurde einfach Sperrfeuer geschossen. Ein gigantisches Schauspiel, dieses schaurigschöne, aber Tod bringende Feuerwerk, wie es der beste Dramaturg nicht hätte inszenieren können. Es begann mit den so genannten Christbäumen, flimmernde Leuchtkörper, die sich langsam von oben herabsenkten und die Bombenziele absteckten. Die Luft war erfüllt vom Dröhnen der in der Nacht tiefer fliegenden Kampfbomber. Dann fielen die Bomben. Ein Pfeifen, Bersten und Krachen in sehr dumpfen und hellen Tönen. Besonders gefürchtet waren die Luftminen. Eine davon zerbarst nicht weit von uns im Wald. Der Luftdruck warf uns an die Wand.

Unsere Stellung lag in der Nähe des Rangierbahnhofs und des MAN-Werkes, wo die Panzer gebaut wurden. Das waren wichtige strategische Angriffsziele. Dorthin, aber auch mitten in die Altstadt, warfen sie ihre Bombenlast. Die Brände stiegen auf mit rötlichem Licht und beleuchteten die ziehenden Rauchschwaden. Eine kurze Folge von aufblitzenden Detonationen, begleitet vom Donner der Flakkanonen unmittelbar um uns herum. Es war ein wütendes, aber vergebliches Ballern, so vergeblich, als wenn ein Hund den Mond anbellt.

Meine Eltern konnten mich nur selten besuchen. Ab und zu durfte ich mir in der Schreibstube einen Ausgangsschein abholen. Mit einem solchen Ausgangsschein stürmte ich einmal freudig in die Barackenstube, rutschte aus und schlug dabei meinen Fuß an eine eiserne Bettkante. Der Fuß schwoll an, und die Wunde eiterte nach einigen Tagen. Ich fühlte mich krank, doch der UvD, der Unteroffizier vom Dienst, schickte mich zum Morgenappell. Dort kippte ich nach einigen Minuten bewusstlos um und wurde auf die Stube gebracht - nicht auf die Krankenstube, dafür war mein Zustand offenbar nicht ernst genug. Ich blieb in meiner Koje, obwohl ich erkennbar Zeichen von Blutvergiftung hatte. Die Eiterwunde hat mir der Sanitäter mit Krepppapier notdürftig umwickelt. Die Tage, bis ich wieder aufstehen konnte, war ich darauf angewiesen, dass mir Stubenkameraden das Essen brachten. Nach einigen Monaten wurde ich als Flakhelfer entlassen, doch die fällige Einberufung zur Wehrmacht erreichte mich nicht mehr. So erlebte ich das Kriegsende in meiner Heimatstadt Hersbruck.

Wann würden die Amis bei uns sein? Der Kanonendonner war unüberhörbar. Ich erinnere mich, dass ich mich im Garten vor den jungen Gemüsepflanzen auf den Boden setzte. Dann kam mir in den Sinn, dass das alles zerschossen wird. Komisch, nicht an das Haus habe ich in diesem Moment gedacht, nicht an uns selbst, sondern an Grünzeug. Es nahte der 15. April, an dem der Krieg unsere Stadt erreichen sollte. Die Flieger hatten die Altstadt mit Brandbomben angegriffen. Wir sahen Flammen und Rauch. Mein Vater sagte zu mir: »Da müssen wir beim Löschen helfen.«

Wir gingen los, es waren eineinhalb Kilometer. Auf halbem Weg hörten wir Flugzeuggeräusche und stellten uns unter ein Dach. Bald darauf fielen Bomben, begleitet vom Bordkanonenfeuer. Als es wieder ruhig wurde, gingen wir weiter, nur wenige hundert Meter zur Brücke über das Hochwasserbett. Zunächst sah ich nur zwei Bombentrichter, doch dann ein Bild des Grauens, als wir von der Brücke hinterunterschauten. Zerfetzte Menschenleiber lagen übereinander, abgetrennte Gliedmaßen, verspritzte Hirnmasse, und wir hörten Wimmern. Da war noch Leben unter toten Leibern. Zunächst durchzuckte es uns, dass wir auch unter den Opfern sein könnten, wenn wir uns vorher nicht untergestellt hätten. Diese Leute hatten unter den Brückengewölben Schutz gesucht. Es waren Fremdarbeiter, die auf dem Durchzug waren, und auch einheimische Zivilisten. Wie so oft hatte es völlig Unschuldige getroffen. Die Splitterbombe war in kurzer Entfernung detoniert und hatte die Menschen umgefegt. Die anrückenden Sanitäter habe ich bedauert. Wir beide, mein Vater und ich, waren nicht in der Lage zu helfen.

Es wäre naheliegend gewesen, panikartig umzukehren und Schutz zu suchen. Aber wir gingen, nein, wir eilten weiter. Noch mehr Brandfackeln loderten in der Altstadt. Sofort packten wir mit an, eine Schlauchleitung in ein Haus hochzulegen, um von oben das Übergreifen der Flammen vom Nachbarhaus zu verhindern. Das gelang auch. Wenn ich an diesem stattlichen, hochgiebeligen Haus vorbeigehe, erinnere ich mich noch heute.

Am nächsten Tag lief ich wieder zur Sparkasse. Da gab es Hindernisse. Die Stadttore waren mit Holzbalken verrammelt. Damit sollten die Panzer der Amis aufgehalten werden.

Der kriegsbeschädigte Sparkassenbeamte Maier war Volkssturmführer. In dieses allerletzte Aufgebot war auch mein Vater berufen worden. Mit seinem von schwerer Arbeit gebeugten Rücken hatte er einige Appelle mit Instruktionen mitmachen müssen. An diesem allerletzten Tag einer möglichen, aber vergeblichen Gegenwehr hatten sich alle Volkssturmmänner verdrückt. Ganze sechs Männer waren übrig geblieben. Sie versammelten sich im Kassenvorraum der Sparkasse. Ich schaute zu, wie sie mit zitternden Händen die scharfen Patronen in die Panzerfäuste einlegten. Aber da waren sieben Panzerfäuste und nur sechs Männer.

Eine dieser etwa eineinhalb Meter langen Wunderwaffen zum Panzerknacken lag am Boden. Ich machte eine unbewusste Bewegung dahin, vielleicht geleitet von der plötzlichen Eingabe: Diese Panzerfaust ist doch zum Abschießen da und nicht zum Rumliegen. Da hatte mich auch schon die Kassiererin am Kragen, zog mich zurück: »Du bleibst da.«

Das letzte Aufgebot der sechs zog dem Feind entgegen, und wir, das Sparkassenpersonal, kletterten über die Barrikaden und liefen nach Hause. Dabei sah ich die letzten deutschen Soldaten. Sie waren auf eiligem Rückzug und bewegten sich mit Abständen zueinander am Straßenrand, immer auf dem Sprung, vor anfliegenden Jabos in den angrenzenden Häusern und Gärten Schutz zu suchen. Dann herrschte trügerische Ruhe.

Als einige Tage später der erste Ami-Panzer langsam an mir vorbeirollte, gefolgt von einem Jeep mit einigen GI's drin, war das gar nicht mehr so aufregend. Die Amis quartierten sich etwas später in den Hallen ein, die vorher geplündert worden waren. Meine Mutter wusch und bügelte Hemden für die Soldaten. Mein Vater fand auch zeitweise Beschäftigung dort, denn in seine Fabrik konnte er noch nicht gehen. Schnell hatten die Amis ihr anfängliches Misstrauen überwunden. Da war ja zunächst die Angst vor dem ›Werwolf‹.

Die deutschen Fanatiker hatten zu Partisanen-Anschlägen hinter den feindlichen Linien aufgerufen, doch es gab keine solchen Werwölfe. Alle waren froh, dass es endlich zu Ende war. Das war der ›Zusammenbruch‹, wie er genauso in den Sprachgebrauch einging wie die spätere Wende in der DDR. In das Vakuum hinein etablierte sich die Militärregierung mit ihren Gesetzen und Anordnungen.

Bei der einsetzenden Völkerwanderung waren wir nur Beobachter. Soldaten auf der Flucht, entlassene Kriegsgefangene auf dem Heimweg, das Heer der Fremdarbeiter und die ankommenden deutschen Flüchtlinge aus dem Osten. Wir hatten monatelang das Haus voll mit ehemaligen Soldaten, deren Weg in ihre Heimat versperrt war.

In zögerlichem Neubeginn ging es zunächst nur ums Überleben. Wir hatten die Hungerjahre zu überstehen. Meine Brüder waren nach einigen Monaten aus der Gefangenschaft heimgekehrt. So hatten meine Eltern die hungrigen Mäuler ihrer inzwischen großgewachsenen Buben zu stopfen. Wir alle waren bei der Nahrungsbeschaffung beteiligt, denn das Angebot auf den Lebensmittelmarken war äußerst dürftig und unsere angelegten Vorräte waren auch schnell aufgebraucht. Meine Eltern waren zwar zum Skelett abgemagert, aber schließlich haben wir uns alle ohne Schäden über diese Zeit gebracht.

Ich hatte mit Feuereifer begonnen, Englisch zu lernen und nahm Privatunterricht bei einem suspendierten Oberstaatsanwalt. Das eröffnete mir ein Fenster über die noch hermetisch abgeschlossene Landesgrenze hinaus, und ich träumte davon, hinauszukommen in die Welt oder auszuwandern in die USA. Wenn sich uns in diesen Jahren auf unserer Radreise um die Welt die Kontinente öffnen, dann erinnere ich mich manchmal an das damalige Eingesperrtsein.

Die Erinnerungen meiner Jutta reichen nicht so weit zurück. Im September des Hungerjahres 1946 ist sie vorwitzig zu früh angekommen, als sie in den Händen der Hebamme erstmals in die Welt krähte. Zwanzig Jahre darauf war sie Hebamme geworden und später meine Frau.

Durch die City von Belgrad mit dem Rad - unvorstellbar! Rechts die Straßenbahn, links ein Bus, hupende Autos hinter uns. Ich versuchte, den Schlaglöchern im Katzenkopfpflaster auszuweichen. Dabei brach mir der Schweiß aus. Schalten, Verkehr beachten, Slalom fahren - das hält der Stärkste nicht aus. Gerhard radelte wieder hundert Meter vor mir, als wenn nichts wäre. Alles reine Nervensache.
Endlich, nach dreizehn Kilometern, wurde es ruhiger. Es wurde wieder angenehmer, wenn man vom vielen Auf und Ab einmal absieht. Während wir dahinfuhren, wurden wir von einem Konzert von Hundegebell begleitet. Gott sei Dank waren die Kläffer auf der anderen Straßenseite. Sie wussten wohl, wenn sie zum Sprung zu uns herüber angesetzt hätten, wäre es vielleicht ihr letzter gewesen. In diesen Tagen waren die Straße und der Rand mit überfahrenen wilden Hunden gepflastert - bis zur Unkenntlichkeit plattgefahren. Ebenso oft gab es Gedenktafeln für verunglückte Menschen. Die Tafeln entsprechen unseren Grabsteinen in Deutschland, versehen mit einem Foto des Verunglückten. Auch die Friedhöfe lagen meistens direkt an der Straße, häufig mit Plastikblumen in Bonbonfarben.

Die Kirschen waren in voller Blüte, Äpfel und Birnen mit aufbrechenden Knospen, und die Weinreben sorgfältig geschnitten und angebunden. Wir fuhren in den Obstgarten Serbiens hinein. In der weitgezogenen bergigen Landschaft herrscht ein fruchtbares Klima. Wir waren topfit und genossen die Ausblicke in den Frühling. Jutta kurbelte unbekümmert die Anstiege hinauf. In wenigen Tagen hatte sie sich enorm gesteigert.

»Mein lieber Schatz, du bist wahnsinnig stark heute«, sagte ich beim Zwischenstopp an einem Abzweig. »Du warst auch am Berg immer dicht hinter mir.«

Bis Pozarevac war es noch ein ganzes Stück. Wir waren spät gestartet, die Uhr zeigte fünf. Juttas Augen blitzten unternehmungslustig.

»Ja, es geht mir gut heute.«

»Also pass auf. Nach Smederevo müssten wir einen seitlichen Umweg fahren, aber nur fünf Kilometer.« Dann deutete ich auf einen Berg. »Da geht es nach Pozarevac, das sind gut zwanzig Kilometer. Können wir das riskieren? In einer Stunde ist die Sonne weg.«

Jutta zeigte cool nach rechts zum Anstieg. »Das? Das schaffen wir noch.«

Der Abschnitt wurde noch einmal zehn Kilometer länger, weil es an der Straße keine Unterkünfte gab. Beim Fahren gegen die seitlich schräg stehende Sonne waren wir ziemlich allein. Während der flotten Abfahrt in die Flussebene beobachtete ich die tief stehende Sonne und schaute besorgt auf die Uhr. Im Rückspiegel sah ich, dass Jutta abgestiegen war. Oh Gott, nicht jetzt noch einen Platten! Ich kehrte um, Jutta hielt eine Hand am Kopf. Hatte sie etwas ins Auge bekommen?

»Ich mache noch schnell ein Foto vom Sonnenuntergang.« Sie suchte das passende Motiv und fotografierte die fast schon abgetauchte Sonne im Rückspiegel. Die Autos fuhren schon mit Licht. Wir hatten nur ein beleuchtetes Rücklicht.

»Du hast aber Nerven. Jetzt aber los, volle Fahrt voraus«, drängelte ich.

Mit dem allerletzten Tageslicht erreichten wir Pozarevac. Es gab nur ein Hotel, wir hatten keine Wahl. Die Räder durften wir selbstverständlich nach oben ins Zimmer mitnehmen. Ein hohes Niveau beim Service und den Speisen erwartete uns im Restaurant, und billig war es auch noch, wie überall in Serbien. Wir hatten uns daran gewöhnt, als einzige Gäste verwöhnt zu werden. Der Kellner in Frack und Fliege bediente uns elegant, wie in einem First-Class-Hotel. Das Traditionsgericht Cevapcici hatten wir in den letzten Tagen häufig auf dem Teller. Aber an der Suppe, die immer sehr reichlich und auch zum Nachfassen serviert wird, und dem Schopska, Salat mit Gurken, Zwiebeln, Tomaten und Ziegenkäse darüber, wollten wir schon festhalten. Nach dem Hauptgericht gab es noch Palatschinken, sofern der Magen noch aufnahmefähig war.

Am nächsten Tag hatten wir eine wichtige Routenentscheidung zu treffen: Der direkte Weg nach Negotin an der bulgarischen Grenze war auf unserer kleinen Karte mit sehr vielen Windungen eingezeichnet. Das bedeutete viele Auf- und Abstiege. Da standen wir mit unseren aufgepackten Vehikeln und hatten schnell ein halbes Dutzend Ratgeber zur Seite.

Sie diskutierten schon seit einigen Minuten in ihrer Landessprache, welches der bessere Weg in die Grenzstadt Negotin sei. Die kürzere Strecke war die anspruchsvollere, auf der es laut Karte oft bergauf und bergab ging. Für die warf sich der Hotelportier ins Zeug.

»Da seid ihr schneller da.«

Die andere Hälfte plädierte begeistert für die leichtere, aber längere Donauroute.

»Dort entlang ist es viel schöner.«

Jutta wurde ungeduldig: »Komm, wir fahren los.«

Wir waren schon fahrbereit, als sich zwei weitere Disputanten hinzugesellten und ihrerseits ein kleines Streitgespräch zum Thema auf Serbisch führten.

»Ich komme in dieser Gegend viel herum«, sagte der eine schließlich in gut verständlichem Deutsch. »Die Donauroute ist in jedem Fall die bessere, dort gibt es auch schöne Hotels direkt am Fluss.«

Das klang überzeugend. Also auf zur Donau!

Die Straße wurde zum Genuss für uns. Eine lange Abfahrt hinunter nach Velice Gradiste. Fast ungestört von Autos und unbehelligt von schwerem Verkehr rollten wir auf guten Straßen dahin. Manchmal konnten wir sogar nebeneinander fahren.

»Hättest du das gedacht? Ausgerechnet in Serbien ein Radlerparadies!«

Wenn ich ins Schwärmen gerate, dann holt meine Frau mich meist mit einer dämpfenden Bemerkung zurück auf den Boden.

»Freue dich nicht zu früh, noch sind wir nicht durch.«

Irgendwann würde schon eines dieser schönen Hotels an der Donau auftauchen, dachte ich.

Es tauchte keines auf. Hatte unser Ratgeber womöglich einen ganz anderen Abschnitt gemeint? In Dobra war auch nichts in Sicht. Bis nach Donji Milanovac waren es noch einmal mindestens 35 Kilometer. Das schwindende Tageslicht setzte uns wie am Vortag unter Druck, das Tal lag schon im Schatten. Wir traten mächtig in die Pedale, Jutta war dicht hinter mir. Der Tacho zeigte zwischen 22 und 27 Stundenkilometer. Die Straße war menschenleer, als wir vor uns einige Tunnel entdeckten, in welche die Straße direkt hineinführte. Es gab keine Ausweichmöglichkeit.

Manche dieser Tunnel waren kurz, das Licht, das von beiden Seiten hineinfiel, reichte aus. Doch in zwei der Röhren wurden wir vollkommen von der Dunkelheit verschluckt. Da war kein Licht am Ende des Tunnels, aber gerade noch der weiße Mittelstreifen erkennbar. Als der auch verschwand, wurde es richtig unheimlich.

»Halte dich an mein Rücklicht«, rief ich Jutta zu.

Wir erreichten ohne Sturz das rettende, helle Loch am anderen Ende, dabei war ich offenbar Schlangenlinien gefahren.

Es waren fünfzehn Tunnel zu durchfahren. Vier von ihnen hatten eine Länge, bei der man für kurze Zeit in totaler Finsternis war. Eine Irritation für das Auge. Ich fühlte eine totale Orientierungslosigkeit. Ich rief nach Gerhard, hatte Angst und glaubte, jeden Moment vom Fahrrad zu fallen. Es kam kein Auto. War das Glück für uns oder Pech? Diese Frage konnte ich nicht beantworten.

Im Ort angekommen mussten wir noch einen Berg hinauf, an dessen Ende sich das Hotel befand, ein Prestigeobjekt aus Titos Zeiten. Im Speisesaal war Platz für mindestens fünfhundert Gäste. Diesen Komplex konnte man in einem Grenzort mit 15.000 Einwohnern zwischen Serbien und Rumänien auf der anderen Seite der Donau nicht wirtschaftlich betreiben. Neunzig Sportstudenten aus Bosnien waren hier zu Gast. Außer ihnen waren wir die einzigen Gäste.

Wir verließen die Donau, machten einen Schwenk nach Süden und fuhren einem kleinen Flusslauf nach, der sich zwischen blühenden Wiesen und Feldern durch die Landschaft schlängelte. Ich hatte mir vorgenommen, nicht mehr so schnell vorauszupreschen, denn ich machte mir leise den Vorwurf, Jutta mit dieser Tour zu überfordern. Sie war in der Nacht mit schmerzenden Kniegelenken aufgewacht.

Zwischen blühenden Apfelbäumen bestellten Bauern mit Handgeräten die Felder. Das konnte ich nicht unkommentiert lassen.

»Ist das nicht eine herrliche bäuerliche Idylle?«

Jutta sagte nichts.

»Hier ist die Welt noch in Ordnung.«

»Du alter Romantiker.«

Da waren sie wieder, die relativierenden Worte meiner Frau.

»Schau mal auf die Häuser. Das ist doch sehr bescheiden. Wasser vom Brunnen und Plumpsklo.«

Irgendwo hatte sie Recht. Hinter dieser Idylle steckt viel körperliche Arbeit - tagein, tagaus.

Mein Sohn Peter ist vor zwanzig Jahren als Biobauer in die Landwirtschaft eingestiegen, zu einer Zeit, als viele schon wieder ausgestiegen waren. Damit hatte er sich als Quereinsteiger ein recht undankbares Berufsfeld ausgesucht und unter ähnlichen Bedingungen wie hier begonnen. Ich half ihm beim Existenzaufbau und verbrachte in den ersten Jahren viel Freizeit auf dem Hof. Mit Mistgabel und Schubkarre half ich beim Ausmisten, trieb Kühe von der Weide ein, reparierte Weidezäune, erlebte mit, wie einer Kuh beim Abkalben geholfen werden musste und war bei der Heuernte dabei, wenn die letzte Fuhre noch vor dem drohenden Gewitterguss in die Scheune kommen musste. Dabei konnte ich ein wenig Abstand zum hektischen Berufsalltag des Bankers finden. Mein Sohn hatte zwar einen ökonomisch wenig einträglichen Beruf gewählt. Ein wenig beneidete ich ihn trotzdem um das Landleben, wenn ich auf die in der Hügellandschaft friedlich grasenden Kühe schaute und auf die wogenden Getreidefelder, die eine gute Ernte versprachen.

Inzwischen hat er den Betrieb hochgradig rationalisiert. Rund 45 Stück Vieh hält er in Mutterkuhhaltung im Hanggelände rund um den Hof und angrenzendem Pachtgrund auf der Weide. Die Herde ist sich selbst überlassen wie in freier Wildbahn, Kühe, Stiere, Jungvieh, alle zusammen. Die Kälber saugen Muttermilch. Zum Entmisten des von ihm selbst gebauten, halb offenen Laufstalls, zur Feldbestellung und zur Ernte setzt er jeweils für einige Tage angemietete Großgeräte ein. So bewirtschaftet er mit seiner Frau im Nebenerwerb in nur wenigen Wochen vierzig Hektar Land zum Anbau von Biogetreide und Winterfutter für die Rinder. Obwohl auch der Biolandbau zunehmend unter Preisdruck gerät, soll sich das für ihn rechnen. Die restliche Zeit des Jahres sitzt er im Büro am Computer und arbeitet mit seinen Mitarbeitern selbstständig im Marketing und an Neuentwicklungen im Software-Bereich.

Ist er ein moderner Bauer? Die Suche nach immer neuen Herausforderungen hat er vielleicht von seinem Vater.

Der Vater gondelte derweil auf dem Fahrrad die Donau entlang. Nach unserem Donau-Ausflug waren wir wieder auf die ursprünglich geplante Straße zurückgekehrt. Die führte in Serpentinen auf und ab. Bergab mussten wir zeitweise stark abbremsen, um die Kurven zu überwinden. Gegenüber sahen wir das steil in die Höhe reichende Straßenband. Aber die Gegend hier war reizvoll. Eigentlich sollten wir uns mehr Zeit nehmen, dies alles zu genießen. Die Schluchten und Steilanstiege erinnerten uns an den Pass über die Tauern.

Am Hotel in Negotin beäugten mich Kinder und Erwachsene wie eine Exotin, während mein Mann die Modalitäten an der Rezeption klärte. Unsere Räder mussten wir in die dritte Etage schleppen. Der Aufzug war kaputt. Es war ein Kraftakt, wie wir ihn uns vor Antritt unserer Weltreise nicht vorgestellt hatten. Aber er ließ sich nicht vermeiden, und es würde nicht der letzte bleiben. Zunächst mussten wir alle Taschen von den Rädern herunternehmen und sie nacheinander am Fuß des Treppenaufganges aufreihen. Das war meist der Moment, in dem man schon die Folgen vor Augen hatte. Man sah sich mehrmals ächzend Taschen und Räder ins dritte Stockwerk hinaufhieven und konnte den Schweiß und die Erschöpfung schon vorher fühlen. Manchmal mussten wir unsere letzten Kräfte mobilisieren, nach einer Tagestour von über hundert Kilometern.
Fahrstühle, wenn sie funktionierten, waren ohnehin oft zu klein für die Räder. Jedes Rad wog, mit allem was noch drauf war, allein etwa neunzehn Kilo, und je steiler der Bauherr die Treppe eingebaut hatte, umso schwieriger war es, sie um die Ecken herum zu manövrieren, auch ohne Gepäck. Wir wurden einige Male davon überrascht, dass noch ein Zwischengeschoss zu überwinden war. Dann wurde es eben eine Etage mehr. Oft fanden sich jedoch starke Männer, die mir die Last abnahmen.

Das Wichtigste für die Menschen in Serbien schien die tägliche Versorgung und die Bewältigung der Alltagsprobleme zu sein. Die Serben waren bei weitem nicht so interessiert an politischen Veränderungen, wie es Medienberichte oft glauben machen wollen. Das galt nach unseren

Erfahrungen für viele der postkommunistischen Länder. Wir hatten eigentlich damit gerechnet, zumindest auf unterschwellige Ablehnung zu stoßen. Stattdessen erlebten wir die traditionelle slawische Gastfreundschaft. Deutschland war bei der Hoffnung auf bessere Zeiten oft sogar Vorbild.

Eine Fata Morgana in Bulgarien

Weder die Serben noch die Bulgaren erlauben das Fotografieren an der Grenze. Der bulgarische Grenzer sprach etwas Englisch. Er las in unseren Pässen wie in einem Buch und versuchte, die diversen Visa zu entziffern.

»Iran?«, zeigte er fragend auf einen Stempel.

Ich nickte. Er schüttelte den Kopf. Mit dem Fahrrad?

Mit der Verständigung wurde es schwieriger, je weiter wir auf dem Balkan nach Südosten vorankamen. Die Speisekarten waren nur kyrillisch, auch die Straßenschilder - wir mussten uns endlich mit dem Entziffern des kyrillischen Alphabetes beschäftigen. Ansätze dafür waren von unseren Russlandreisen vorhanden.

Doch jetzt wechselten wir erst einmal in eine andere Welt. Der Kontrast hinter dem Grenzübergang war gewaltig. Vollkommen marode Häuser säumten die Straße, der bröckelnde Lehmputz legte die schlichte Holzbauweise frei. In den Vorgärten lag Unrat und verrottendes Material. Der Wind hatte die Bäume massenhaft mit bunten Plastiktüten drapiert »Abfallentsorgung auf bulgarische Art«. Autos begegneten uns kaum.

Die Menschen leben in bescheidenen Verhältnissen. Die wichtigsten Fortbewegungsmittel sind Pferd, Muli und Ochse, der wichtigste Energielieferant das Holz. Holz nicht etwa aus Baumstämmen ofengerecht zerkleinert: Wir sahen einen Mann mit gewaltigem, grauen Schnauzbart, der mit einem stumpfen Beil kleine Bäumchen am Straßenrand umhackte. Eine Frau mit rotem Kopftuch lud Äste, Zweige und Baumstümpfe auf den Karren. Die beiden schauten nicht einmal auf, als wir vorbeifuhren.

Ein paar Kilometer weiter überholten wir ein Muli, das gemächlich vor sich hintrippelte. In dem kleinen Wägelchen, das es zog, kauerten vier Leute. Ihre entspannten Gesichter deuteten darauf hin, dass dies der ganz normale Alltag war. Ob sie zufrieden waren? Zeigte sich nicht auch Besitzerstolz in den Mienen der Bauern, wenn sie eine Kuh am Seil nachzogen, einige Ziegen vor sich her trieben oder ein halbes Dutzend Schafe weiden ließen? Reichte ihnen das oder sehnten sie sich nach mehr, dem uns Menschen angeborenen Triebe nach? Pure Armut war es jedoch, als ich sah, wie zwei Buben am Steilhang morsche kleine Baumstümpfe weghackten. Am Straßenrand hatten sie zwei winzig kleine Kinderwägelchen zum Abtransport des Holzes bereitgestellt.

»Trostlos«, sagte Jutta nach den ersten Kilometern. »So krass hätte ich mir den Unterschied zu Serbien nicht vorgestellt. Hier ist die Zeit vor fünfzig Jahren stehen geblieben.«

»Aber schau doch mal, auch hier blühen in den Gärten Narzissen, Tulpen und der Flieder. Wenigstens der Frühling ist hier einige Tage weiter als in Serbien«, hörte ich mich sagen.

Wir fuhren auf breiter, guter Straße mit dem Wind im Rücken hinüber zur Donau. Die Grenzstadt Vidin ließen wir liegen. Eine andere Stadt, eine andere Währung, und dann noch Bulgarien, wo die Kriminalität sehr hoch sein soll. Wir waren davor gewarnt worden, Bulgarien zu durchfahren! Das baute natürlich Anspannung und Nervosität auf. Wo würden wir heute Nacht schlafen?

Montana, wo es ein Hotel geben sollte, konnten wir nicht erreichen. Wir hatten heftigen Seitenwind und Berge vor uns. Noch hundert Kilometer am Nachmittag waren unter solchen Umständen für uns viel zu viel. Wir entschieden uns für die Donauroute nach Lom, dort sollte es eine Herberge geben. Aber die Grenzstadt sei ziemlich verwahrlost, wurde uns angedeutet. Wenn das selbst die Bulgaren sagen, dann musste es etwas heißen. Es wäre ein Umweg von über dreißig Kilometern.

Da tat sich nach eineinhalb Stunden eine Kreuzung auf, die sich auf unserer dürftigen Karte nicht gefunden hatte. Rechts nach Montana, fünfzig Kilometer, links auf erkennbar schlechter Nebenstraße nach Lom, 35 Kilometer. Ehe wir uns entschieden hatten, zeigte meine Frau nach rechts.

»Schau mal da hinüber.«

Ich las: »Motel und Restaurant.«

Die Buchstaben waren nicht kyrillisch und das Haus war im oberbayerischen Stil erbaut.

»Das gibt‘s doch nicht. Ist das eine Fata Morgana?«, rief ich.

Zwei flinke schwarzhaarige Burschen kamen uns entgegen, winkten uns herbei, redeten auf Bulgarisch auf uns ein. Die Räder wollten sie gleich in die Garage bringen, die aber von außen offen war.

Ich winkte ab: »No garage.«

Da tauchte plötzlich eine ältere Frau auf. Aber was heißt älter? Ich war nur zwei Jahre jünger als sie, wie wir später erfuhren. Einer der Burschen deutete auf sie. »Chefin«, erklärte er.

Und die Chefin sprach leidlich Deutsch. Leicht gebeugt, mit einem müden, warmherzigen Lächeln, stand sie vor uns. Wir spürten, dass wir uns diesen Menschen anvertrauen konnten. Sie erzählte uns, das Haus gehöre ihrer Tochter, die lange in Bayern gelebt habe und mit einem Deutschen verheiratet war. Das Haus hieß ›Werner‹. Wir nahmen die Bleibe wie ein Geschenk des Himmels an. Über die Mängel in der Dusche und in der Einrichtung konnten wir da hinwegsehen.

In das Bad war eine Dusche ohne Abtrennung eingebaut. Wenn man geduscht hatte, waren alle Sanitärobjekte nass, sozusagen eine Ganzraumdusche. Das Spritzwasser hatte die Badezimmertür im Laufe der Zeit faulen lassen. Eine Neonbeleuchtung an der Decke erhellte das Zimmer. Zum Schreiben unserer Berichte setzten wir unsere Stirnlampen auf. Die Betten boten unterschiedlichen Liegekomfort. Gerhards Bett gab Geräusche wie ein herannahender Donner von sich, wenn er sich bewegte. Meines war bretthart im wahrsten Sinne des Wortes. Ich kam mir vor wie eine alte Frau, alle Knochen taten mir weh.

Zum Frühstück am nächsten Morgen stellte sich ein Freund des Hauses vor, der gut Deutsch sprach. Er war Vermessungsingenieur und mit der Rückübertragung der ehemals kollektivierten Landwirtschaft an die früheren Eigentümer beschäftigt. Auf unserer Weiterfahrt wurden die Gegensätze der Agrarstruktur zu Serbien sehr augenscheinlich. Tito hatte die Landwirtschaft nicht kollektiviert, was sich als Segen erwies. In Bulgarien sahen wir in öden Brauntönen über weite Flächen Brachland.

Auf meine Frage, warum dieses Land ärmer als das benachbarte Serbien sei, gab unser Gesprächspartner eine zunächst verblüffende Antwort.

»Wir haben schon zu lange Demokratie.«

Auch in Bulgarien tat sich offenbar nach dem Wandel ein wirtschaftliches, ans Chaotische grenzende Vakuum auf, wie ich es in den neunziger Jahren bei meinen Besuchen im Ural erlebt hatte. Es wuchert die Korruption und viele Gelder aus westlicher Hilfe fließen auch in Bulgarien nicht immer in die richtigen Hände. Auf meine Frage, wie die privaten

Bauern ihren Existenzaufbau bewältigten, antwortete er: »Maschinen können finanziert werden.«

Das überraschte mich, denn es waren nur wenige Kleintraktoren zu sehen. Er war davon überzeugt, dass die Jugend, die nicht arbeiten wolle, das weitaus größere Problem sei.

»In diesem Land suchen zu viele junge Menschen den unbeschwerlichen Weg zu schnellem Geld und schnellen Autos.«

Scherzhaft bemerkte er noch: »Jetzt hat das Land eine kommunistische Monarchie.«

Der ehemalige König wurde nach dem Wahlsieg seiner Partei Ministerpräsident, zum Präsidenten haben die Bulgaren einen Ex-Kommunisten gewählt. Keiner von den beiden hat jedoch die Machtkompetenz, die nötig wäre.

Die Roma seien ein soziales Problem, sagte mein Gegenüber. Ein Roma war inzwischen in die Wirtsstube gekommen und bot eine alte Münze zum Kauf an. Auf unserer Durchreise sind uns viele arme Roma begegnet. Keiner hat uns jedoch belästigt, so wie es uns prophezeit worden war. Uns haben diese Menschen einfach nur Leid getan.

Über die Berge mussten wir hinüber nach Sofia. Die Gebirgskette hieß ›Starije Gori‹, die alten Berge. Sie erstreckte sich wie ein Band von West nach Ost, in den Höhen vergleichbar mit unseren Voralpen. Der Pass bei 1420 Metern war in den Vortagen noch tief verschneit gewesen. Aus der Niederung der Donau, die es von hier nicht mehr weit zum verzweigten Delta hatte, mussten wir Höhe gewinnen, in diesen Tagen auf über eintausend Höhenmeter. Es waren zunächst noch viele Abfahrten dabei, aber auch viele Straßenlöcher, die zusätzlich Kraft kosteten.

Die Dörfer mit den kleinen viereckigen Häuschen machten einen besseren, etwas gepflegteren Eindruck, je weiter wir im Land vorankamen. Wir stießen auf die E 79, eine mit EU-Geldern gebaute Europastraße nach westlichem Standard. Moderne Tankstellen säumen die Straße, welche die Globalisierung offenbar voranbringt. Es waren auffallend mehr Westautos unterwegs als in Serbien. Auch aus diesen Autos heraus erlebten wir Sympathiebekundungen, ganz im Gegensatz zu den Tankstellen, an denen die Tankwarte herablassend auf uns hinunterschauten, wenn wir nur eine Flasche Mineralwasser kauften.

Wenn junge Leute aus ihren neuen Autos ausstiegen, gingen ihre Blicke arrogant über uns hinweg. Nur manchmal hatten sie ein müdes, mitleidiges Lächeln für uns übrig. Sie wollten wohl das Gefühl vermitteln, dort angekommen zu sein, wo alle anderen hinstreben. Ich dagegen habe mein Auto für zwei Jahre gegen ein Fahrrad getauscht, das mich um die Welt bringen soll.

Nach einer Tagestour bevorzugte mein Mann nach Möglichkeit ein Bad. Hin und wieder wurde uns das geboten. Regelmäßig fehlte jedoch der Wannenstöpsel, was mich erfinderisch werden ließ. Ich füllte einen Zahnputzbecher oder ein Glas mit Wasser und setzte es über den Ausguss. Dann ließ ich Badewasser einlaufen. Das Patent funktionierte. Später fiel mir noch etwas Besseres ein: Im Iran ließ ich einen Stöpsel mitgehen. Ich habe eben mein schlechtes Gewissen einfach überwunden.

Von der Karte wussten wir, dass die E 79 direkt in eine Autobahn einmündet, die von Norden kommt. Da gab es lange Tunnel, die wir allerdings nach den Erfahrungen an der Donau umgehen wollten. Wir hatten es nicht leicht, die alte Straße Nummer eins zu finden, weil sie nicht mehr ausgeschildert war. Ich hatte Sorge, an irgendeinem Punkt nicht mehr weiterzukommen, vielleicht an einer eingestürzten Brücke, und den ganzen Weg wieder zurückfahren zu müssen. Deshalb versuchte ich, mich unterwegs immer wieder zu informieren.

Es gab nur lokalen Verkehr und es standen Bauern herum, die nur Bulgarisch sprachen. Wir verstanden aber, dass es hier nach Sofia ging. Irgendwann sollte ein Viadukt kommen, an dem wir rechts abbiegen mussten.

Nach einer halben Stunde sahen wir vor uns die Viadukte der Autobahn. Sie ragten steil nach oben. Die Lastwagen sahen wie Spielzeugautos aus. Wir mussten auch so weit hinauf, aber auf anderen Wegen, auf unserer alten Straße. Vor uns fuhr ein Auto. Es waren die beiden Bauern, die wir vorher gefragt hatten. Sie wollten sich offenbar vergewissern, dass wir richtig abzweigten und zeigten uns den Weg noch einmal. Es war unheimlich, denn wir waren abgesehen von diesen beiden praktisch allein auf der Straße. Nur ca. alle zwanzig Minuten kam ein Auto vorbei.

Wir radelten geradewegs ins Zentrum der Hauptstadt und kamen im Stadtverkehr ganz gut zurecht. Am nächsten Tag liefen wir einige Stunden im

Zentrum von Sofia herum und besuchten die riesige Kathedrale. Wir konnten uns bereits in kurzer Zeit einen guten Überblick verschaffen, so als ob wir schon einige Zeit hier gewesen wären. Wir saßen in einem stilvollen alten Lokal und hatten keine Sorge, dass wir in der Dunkelheit den Weg zum Hotel nicht mehr finden würden.

Wir überlegten, ob wir nicht ein Stück mit dem Zug fahren sollten, etwa nach Plovdiv, das wären gut 180 Kilometer. Auf unserem Weg nach Iran und Turkmenistan waren wir gegenüber unserer Planung in Zeitverzug, denn die Laufzeit unserer Visa war knapp bemessen. Im Bahnhof saß eine Deutsch sprechende Frau am Schalter und erklärte uns, dass wir die Räder nach Plovdiv im Personenzug nicht mitnehmen könnten. Nur im Nachtzug nach Istanbul sei das möglich, denn dort hätten wir ein eigenes Abteil für uns. Also kauften wir die Tickets.

Wir fuhren am nächsten Tag mit unseren Rädern zum Bahnhof und Jutta orakelte: »Wenn das mal gut geht.«

Ich suchte eine Möglichkeit, unser schweres Gepäck und die Räder über die Treppen hinunter- und hinaufzubringen. Da kam eine junge Frau auf uns zu. Sie hatte unsere deutsche Unterhaltung gehört und bot ihre Hilfe an. Sie organisierte mit ihrem Freund schnell zwei Träger. So kamen wir also am Bahnsteig an.

Ausgerechnet der allerletzte Bulgare, der uns auf unserem Weg in die Türkei begegnete, machte uns Schwierigkeiten.

Der Zug war schon da und der zu unserem Abteil gehörende Schaffner ebenfalls. Als er hörte, dass wir mit unseren Rädern in das Abteil wollen, sagte er: »No baggage.« Sie sollten ins hintere Gepäckabteil. Die Studentin übersetzte für uns, er erzählte von gesetzlichen Bestimmungen. Nein, wir wollten uns von unseren Rädern, unserem Kapital, nicht trennen. Wir diskutierten, so schnell ließen wir uns nicht klein kriegen. Ich argumentierte: »Wir zwei haben ein Abteil für uns und behindern niemanden mit den Rädern.« Deutlich war das Machtgehabe dieses Schaffners zu spüren. Ich kochte vor Wut. So ein Mops. Mit seinem sanierungsbedürftigen Esszimmer spielte er sich hier auf.

Gerhard eilte mit der Studentin zum Schalter, in der Hoffnung, auf dieselbe Beamtin zu treffen, die uns die Fahrkarten ausgestellt hatte. Ich stand mit den Gepäckträgern geduldig bei unseren Rädern. Vorsorglich hatten wir sie nicht ausbezahlt, denn vielleicht brauchten wir

ja noch ihre Hilfe. Ich ließ nicht locker und redete teils Deutsch, teils Englisch auf den Schaffner ein. Auch wenn er mich nicht verstand, er wusste trotzdem, was ich sagen wollte. Noch zwanzig Minuten bis zur Abfahrt des Zuges. Die Minuten zogen sich endlos wie ein Gummiband.
Endlich kamen die Studentin und Gerhard. Alles klar, er hatte zusätzlich noch zwanzig Dollar bezahlt, wegen des Übergewichts. Nun hatte dieser aufgeblasene Schaffner keine Argumente mehr und drohte damit, dass uns die türkischen Beamten Schwierigkeiten machen würden. Gerhard entlohnte die Träger höher als verabredet. Die Studentin umarmte ich herzlich und sagte ihr ein »Vergelt's Gott!« Die hatte uns der Himmel geschickt. Ohne ihre Hilfe wäre es viel schwieriger geworden.

Als der Zug anfuhr, bedauerten wir beide, dass wir bei diesem herrlichen Wetter am Morgen nicht auf unsere Räder gestiegen waren. In unserem Abteil war es mit den beiden Rädern etwas eng. Jutta musste akrobatische Klimmzüge machen, um in ihr oberes Stockbett zu gelangen. Im Schlafwagen schläft man nicht durch, aber wir hatten ja viel Zeit. Um sieben Uhr abends fuhren wir los.

KAPITEL DREI

UNTER ALLAHS SCHUTZ

Istanbul! Wir kamen in einem großen Sackbahnhof an. Das war praktisch, denn wir mussten mit unseren Rädern keine Treppen überwinden. Nun waren wir also in der Türkei, unter Muslimen. Einige Monate würden wir nun durch islamische Länder reisen. Bis jetzt hatten wir viel Glück gehabt. Gott hatte uns Schutzengel mitgeschickt, die schwer auf Draht waren. Es machte ihnen offenbar Spaß, uns vor Gefahren und Ärger zu bewahren. Ob auch Allah für uns zuständig sein würde?

Nur wer Istanbul kennt, weiß, was es bedeutet, vom Hauptbahnhof aus zum Taksim-Platz hinaufzufahren. Ein Gewimmel von Autos, hupend bis zum Verrücktwerden. Straßen kreuz und quer, ohne erkennbares Prinzip. Jeden Moment sah ich mich angefahren auf der Straße liegen, und meinen Angetrauten ebenfalls, der im Straßenverkehr äußerst stabile Nerven zeigte. Die Straßen sind ungewöhnlich schmal, mit hohen Bordsteinen, ebenso wie die Gehwege. Der Platz reicht kaum für zwei Personen nebeneinander. Es ist einfach chaotisch auf den Straßen, pausenloses Hupen, Stop and go. Ein Auto touchierte mich, Gott sei Dank ist nichts passiert.
Oben auf dem Berg kamen wir in eine großzügige Fußgängerpassage mit freundlichen Menschen. Ich wurde mehrmals auf Deutsch angesprochen. Kein Wunder: Hinten an meinem Rad flatterte die bayerische Fahne.

Der nun einsetzende Dauerregen verleidete uns eine ausgiebige Stadtbesichtigung. Orientalische Gerüche, bunte Marktstände, selbst der nie abreißende Verkehrslärm - alles wurde vom Regen erstickt. Wir wollten deshalb möglichst bald weiter. Nur für den Gedanken, im Dauerregen auf stark befahrenen Straßen endlos durch Vorstädte zu fahren, konnten wir uns absolut nicht erwärmen. Also beschlossen wir, wieder mit dem Zug zu fahren.

Im Bahnhof erfuhren wir, dass es nicht möglich war, die Räder mit ins Abteil zu nehmen. Zum Glück bot sich wieder ein Englisch sprechender junger Mann an, uns zu helfen. Er diskutierte mit dem Stationsvorsteher.

Schließlich meinte er resignierend: »Nein, da ist wirklich nichts zu machen.«

Aber unsere Fahrräder würden mit dem gleichen Zug fahren. Das wäre ja noch schöner, wenn nicht einmal das nicht möglich wäre, dachten wir.

Eine Stunde vor Abfahrt des Zuges goss es aus Kübeln und wir mussten unter dem schützenden Vordach hervor. Aber es ging dann doch sehr viel besser als gedacht. Wir hatten immerhin erreicht, dass unsere Räder und wir beide dazu auf einen Kleinwagen geladen wurden. Wir wurden direkt zu unserem Zugabteil gefahren, und ich durfte mit dem Fahrzeug bis zum Gepäckwagen mitkommen und mich davon überzeugen, dass unsere Räder in einem Extraabteil, das vergittert war, am Boden gelagert wurden.

Dann erlebten wir eine angenehme Überraschung: Dass Bahnfahren in der Türkei luxuriös sein kann, daran hätten wir im Traum nie gedacht. Die Tickets, die wir hatten, waren nicht nur preiswert, wir reisten auch noch absolut ›Erste Klasse‹! So ein modernes, angenehmes Schlafwagenabteil haben wir noch nie benutzt, auch nicht in Europa. Ich konnte in der Nacht schlafen wie zu Hause in meinem Bett.

Wir kamen deshalb wunderbar ausgeruht in Ankara an. Leider regnete es auch hier. Dafür war der Verkehr aus der Stadt heraus relativ erträglich. Und schließlich hörte auch der Regen auf. Doch nun kam das Wasser von unten. Es musste in der Nacht sintflutartig geregnet haben, denn die Flüsse waren über die Ufer ausgebrochen. Wir erlebten wieder etwas Neues, nämlich Wildwasser auf einer Schnellstraße! Wir wateten durch Wasser mit starker Strömung, vorbei an einem umgestürzten Lastwagen.

In Kirikkale, unserem Etappenziel, fuhren wir mitten hinein in die Innenstadt und kamen auf Anhieb in einem kleinen, ordentlichen Hotel unter.

»Na also«, sagte ich, »auch in der Türkei müssen wir nicht ins Zelt.«

»Warte mal ab, wenn wir erst in die einsamen Gegenden kommen«, gab meine Jutta skeptisch zurück. Dabei schauten wir beiden auf die Straße hinunter, auf das muntere Einkaufstreiben mit den vielen Menschen.

»Wir müssen auch einkaufen«, meinte Jutta.

»Und ich muss versuchen, Geld aus einem Bankautomaten zu ziehen«, ergänzte ich.

Es war sehr einfach, mit der EC-Karte Geld in Landeswährung zu bekommen. Eine Vorstellung von der türkischen Währung hatten wir inzwischen: Eine Million türkische Lira waren etwa 85 Euro-Cent.

In der Einkaufsmeile lag Geschäft an Geschäft. Dort war alles zu haben. Wie bei uns zu Hause, dachte ich zuerst. Und doch war es anders als in Deutschland. Keine nüchtern sterilen Kaufhäuser, viele kleine Läden offerierten ein vielseitiges Warenangebot. Dazwischen die Kleinrestaurants mit den Kebab-Spießen und viele quirlige Kleinhändler an der Straße. Auch die Kleidung der Passanten war bunter als bei uns, von europäisch-modern bis konservativ-orientalisch. Frauen mit und ohne Kopftuch.

»Wir müssen für den Einkauf einige türkische Bezeichnungen lernen«, meinte meine Frau.

In einem Obstladen wollten wir das versuchen. Jutta deutete auf einige Früchte. Ob es Orangen, Bananen oder Pflaumen waren, weiß ich nicht mehr genau. Der Verkäufer strahlte uns an und sagte:

»Onkel Bochum.«

Wir versuchten es erneut und machten dazu das Handzeichen zum Aufschreiben. Und wieder hörten wir von ihm: »Onkel Bochum.«

»Das hat keinen Sinn«, sagte ich lachend, »der bleibt bei seinem Onkel in Bochum.«

Wir aßen seit der Einreise in die Türkei Kebab in jeder Form - alles Kebab oder was? Im Hotel musste ich Abstriche machen. Jetzt gab es nur noch sauberes Bett, gutes Essen und eine kalte Dusche. Bis jetzt waren wir gesund geblieben, hatten keinerlei Erkrankung, obwohl wir oft schwitzten und dann wieder kalt wurden. Die Menschen freuten sich über uns und ließen sich gern fotografieren.

Am nächsten Tag fuhren wir unsere bislang längste Tagesetappe. Wir hatten zwar viel Rückenwind, aber es war trotzdem eine stramme sportliche Leistung, und wir waren auch ein wenig stolz darauf. Auch meine Frau hielt stark mit. Bei einem Halt kamen ehemalige Gastarbeiter auf uns zu. Wir waren inmitten einiger Leute, die auf uns einredeten, und schon kam ein junger Mann mit einem Tablett mit Teetassen, mitten auf der Straße. Ich fragte einen der Deutsch Sprechenden, ob er noch in Deutschland arbeite.

»Ich haben gearbeitet in Darmstadt viele Jahre. Deutschland gut!«
Ich schaute ihn an und wollte wissen, ob er nun in der Türkei Arbeit gefunden habe. Dabei schlürfte ich genüsslich den heißen Tee und stellte die Tasse mit einer Dank ausdrückenden Verbeugung auf das Tablett zurück, das der junge Mann die ganze Zeit über geduldig gehalten hatte. Jutta stand daneben und fühlte sich im Kreis der uns umringenden Männer nicht ganz so wohl. Der Angesprochene antwortete: »Ich 48 Jahre. Ich alter Mann. Ich nicht mehr arbeiten.«

Wir beide schauten uns lachend an. Ich deutete auf mein Rad und sagte: »Ich bin ein junger Mann und arbeite auf dem Fahrrad.«
Zwei Stunden vorher waren wir schon einmal in den Nebenraum einer Tankstelle zum Tee eingeladen worden. Für Kunden und Gäste wurde kostenlos Tee angeboten. Wir konnten dort angenehm eine Weile sitzen und entspannen. So eine Pause am frühen Morgen tat uns gut.

Später kamen wir auf dem Randstreifen gut voran. Aber es gab auch sehr löchrige Abschnitte, die wir uns nicht zumuten wollten. Deshalb wichen wir auf die Fahrstraße aus. Zwei Polizisten hatten etwas dagegen und hielten ihr Fahrzeug vor uns an. Sie zögerten und wussten nicht recht, wie sie mit uns umgehen sollten. Ich reichte einem von ihnen unsere Visitenkarte. Das machte ihn etwas nachdenklich. Als ich auch noch das Empfehlungsschreiben des türkischen Konsulats in München herauskramte, war das offenbar zu viel. Er telefonierte und nickte uns dann ergeben mit dem Kopf zu. Offenbar hatte er den Auftrag erhalten, uns persönlichen Begleitschutz zu geben.

Auf dem folgenden Berganstieg von vier Kilometern fuhren die Polizisten im Schritttempo hinter uns her. Es war mir klar, dass meine Frau diesen Berg nun auf alle Fälle allein schaffen und nicht absteigen würde. Als wir oben angekommen waren, fuhren die Polizisten an uns vorbei und winkten uns noch einmal freundlich zu. Offenbar waren sie in Sorge, ob wir gesund den Berg hinaufkommen, ohne überfahren zu werden. 145 Kilometer sollten es an diesem Tag bis nach Yozgat werden. Die Tagesetappen waren insgesamt viel länger als noch vor einigen Wochen. Das ergab sich schon aus den Entfernungen zwischen den Städten, in denen wir gute Unterkünfte vermuteten. Aber wir waren auch beide konditionell viel stärker, vor allen Dingen meine Frau.

Am Berg schaltete mein Mann wieder mal seinen Turbo ein und zog davon. Mein Rad wurde plötzlich sehr schwer. Ich hörte ein Geräusch hinten und meinte zunächst, dass etwas mit der Schaltung nicht stimmte. Minuten später erkannte ich, dass der Hinterreifen platt war.

Einmal musste es ja wohl sein. Eine Schmiede mit Unmengen von gelagertem Eisen wurde nun unser Reparaturplatz. Ich hatte das Corpus delicti bald in der Hand, als ich in den Reifen langte. Es war eine Heftklammer, die wir vielleicht in irgendeinem Hotel aufgegabelt hatten und die sich langsam bis zum Schlauch durchgebohrt hatte. Richtig stolz war ich, als der Reifen schon nach kurzen, kräftigen Handgriffen über die Felge geschnappt war und auch die Luft hielt. Auch die Schaltung der Rohloff-Nabe funktionierte nach dem Einbau auf Anhieb. Eigentlich war das alles ziemlich simpel, doch bei unserer Amerikatour hatten wir es immer nur mit sehr großer Anstrengung geschafft, die zu knappen Reifen über die Felge zu wuchten, und dabei auch einige Male den Schlauch erneut kaputt gemacht.

Ich gebe freimütig zu, dass die Technik nicht meine Stärke ist. Dafür ist eher meine Frau zuständig. Ich kümmere mich zu wenig darum. Eine Kette auszutauschen, traue ich mir noch zu. Aber Speichen zu wechseln oder gar ein Rad neu einzuspeichen - das würde uns hoffentlich erspart bleiben. In der Not würden wir das vielleicht vereint schaffen, aber sicher war ich mir da nicht.

In der Vorbereitungsphase der Reise hatten wir die Technik vernachlässigt. Alles, was ich nicht so gerne mache, schiebe ich nach hinten. Und dann ist oft zu wenig Zeit dafür. Dabei war die Fahrradtechnik noch relativ einfach. Kompliziert wurde es erst bei den elektronischen Sachen.

Der modernen Elektronik können Weltumradler nicht entgehen. Das fängt schon mit dem Radcomputer an. Nur zwei Mal falsch drücken, und schon bist du genervt, wenn er zum Beispiel plötzlich Meilen statt Kilometer anzeigt. Wochenlang bin ich deswegen auf Meilenbasis gefahren und habe die Anzeige im Kopf umgerechnet. Meine Frau hat das Problem später ziemlich einfach hingekriegt. Unsere Polar-Pulsuhr ist auch so ein hoch intelligentes Gerät mit vielen Funktionen. Dabei interessierten mich in erster Linie die Uhrzeit und der aktuelle Pulswert. Die gespeicherten Daten rief jeden Abend meine Frau ab. Sie sagte mir, wie viele Kalorien ich tagsüber verbraucht hatte. Ich hatte durchaus gewisse Zweifel, ob der Computer das überhaupt richtig ausrechnen kann. Was weiß schon der Computer, wie ich mich fühle?

Auf Juttas Wunsch hatten wir anfangs Sprechgeräte dabei, damit wir uns auf dem Rad verständigen konnten. Doch sie bewährten sich nicht. Da hatte ich nach dem Einschalten immer ein lautes Piepsen im Ohr. Die Stimme meiner Frau kam mit krächzenden Nebengeräuschen und viel zu laut an. Später haben wir die schweren Dinger wieder heimgeschickt. Ich vertraute lieber auf den Sichtkontakt im Rückspiegel.

Mit der Profi-Fotokamera, die nicht nur sehr schwer ist, sondern auch vielseitige Möglichkeiten für anspruchsvolles Fotografieren bietet, kam ich ganz gut zurecht, hatte aber bei weitem nicht alle technischen Raffinessen ausgeschöpft. Allein die Bedienungsanleitung für das Blitzgerät enthielt neunzig Seiten. Die Digitalkamera, die ja auch tausend Möglichkeiten bot, gab mir ebenfalls noch Rätsel auf.

Ja, und dann noch das Handy. Ich gebrauchte es schon vor der Fahrt nur selten. Für die meisten Zeitgenossen ist es ja das wichtigste Gerät. Man trägt es Tag und Nacht bei sich und hat es ständig am Ohr. Gibt es eigentlich eine Statistik, wie viele Minuten der Durchschnittsbürger täglich telefoniert? Wenn man noch die Spielereien am Handy mitzählt, müssen das Stunden sein. Als ich jung war, hat man eine Telefonzelle nur in dringenden Fällen aufgesucht, wenn zum Beispiel schnell ein Doktor herbei musste. An der Telefonzelle prangte damals in Großschrift die Mahnung: ›Fasse dich kurz‹.

Mit Freunden oder Bekannten zu telefonieren, ging schon deshalb nicht, weil nur sehr wenige Leute Telefonanschluss hatten. Aus dieser Zeit muss mein innerer Widerstand gegen die moderne Telefonitis stammen, in der ich Verhaltensweisen einer Suchterkrankung zu erkennen glaube.

Auf unserer Weltreise war das Handy aber manchmal schon recht praktisch. Weil es jedoch ein recht teures Vergnügen wird, über tausende von Kilometern per Handy Verbindung zu halten, hat meine Frau auf Kurzmitteilungen umgestellt. Doch als wir später im Iran totale Funkstille hatten, freute ich mich insgeheim.

Und schließlich das Internet. Auch dagegen habe ich mich zunächst sehr gesträubt. Muss ich mir das noch antun, in meinem Alter? Meine Frau hatte sich mal wieder durchgesetzt und siehe da, bei der Vorbereitung der Reise habe ich das Internet als ergiebige Quelle für aktuelle Informationen entdeckt. Ich konnte surfen, beschränkte mich jedoch auf die von mir gesuchten Informationen, denn ich wollte nicht stundenlang am Computer sitzen. Ich konnte mailen, Texte schreiben und ein wenig mehr. Ab und zu jedoch machte ich einen falschen Klick und stand dann wie der Ochs vorm Berg.

Apropos Berg. Die vielen Hügel hatten sich allein an diesem Tag schon auf weit über eintausend Höhenmeter addiert, als wir in Akdagmadeni ankamen. Die Spätnachmittagssonne tauchte die Häuserzeilen in mildes Licht. Das einzige Hotel machte keinen sonderlich einladenden Eindruck.

Ich ging einen dunklen langen Gang nach hinten, eine Steintreppe hoch und kam in einen engen Vorraum. Ziemlich düster war es dort, die Türen zu den Zimmern mit den einfachen Feldbetten waren offen. Einige Männer standen lustlos herum. Einer hatte sich als Manager ausgegeben und zeigte mir das einzige Zweibettzimmer. Es war sehr knapp, kein Platz für die Räder, weder Toilette noch Dusche waren zu sehen. Ich schluckte. Na ja, einmal muss es ja sein, dachte ich. Besser als im Freien, und wir waren hundemüde. Als ich zu meiner Frau kam, die draußen bei den Rädern stand und von einer Menschenschar umringt wurde, sprach sie gerade ein junger Mann auf Englisch an.

»Er will uns nach Hause einladen. Aber das machen wir doch nicht?«, fragte mich Jutta zweifelnd.

Ich dachte kurz über meine Eindrücke in diesem Hotel nach und sagte: »Das nehmen wir an.«

Er stellte sich als Mahmut vor. Er sah gepflegt aus und machte einen seriösen Eindruck. Es machte ihm sichtlich Freude, den Umstehenden zu zeigen, dass er sich mit uns unterhalten konnte und ich verstand sehr schnell, dass er uns schon alleine wegen der Konversation als Gäste zu Hause haben wollte.

Auf dem Weg zu seiner Wohnung kam ich mir wie der Rattenfänger von Hameln vor, denn hinter uns zog eine Herde von Kindern her.

Vor einem fünfstöckigen Mietshaus nahmen wir unsere Packtaschen ab. So, und was sollte nun mit den Rädern geschehen? Sie wurden im Keller untergebracht, und ich hatte Sorge, ob alles ein gutes Ende nehmen würde. Die Mutter und die Schwiegertochter mit ihrem Kind kamen an und empfingen uns herzlich, so als ob sie auf uns gewartet hätten. Wir tranken Tee und versuchten, uns zu verständigen. Der Student, der uns angesprochen hatte, hatte fünf Geschwister - vier

Schwestern und einen Bruder. Er war der jüngste. Er lernte eifrig Englisch. Es war auffallend, dass er ganz offenbar das Sagen in der Familie hatte.

Die Mutter führte uns in ein zweites Wohnzimmer, in dem wir schlafen sollten. Ich wollte den Gastgebern keine Umstände machen und zeigte unsere Schlafsäcke. Ich war tief bewegt, mit welcher Hilfsbereitschaft und Gastfreundschaft diese Menschen auf uns zugingen. Dann kamen auch der Vater und der Bruder hinzu. Während wir uns unterhielten, bereiteten die Frauen das Abendessen. Sie hatten zuvor den Bullerofen im Wohnzimmer angemacht, der uns ausgepowerten Radlern angenehme Wärme spendete.

Ein Tisch, auf dem schon das Essen stand, wurde ins Wohnzimmer getragen. Da stand Suppe drauf, Ziegenkäse, Oliven, Gurken und Pommes frites. Zu trinken gab es Wasser. Alle aßen wir gemeinsam aus einer großen Schüssel. Dabei fiel mir auf, dass zuerst das Familienoberhaupt, dann die Gäste, die Söhne und das Enkelkind bedient wurden, während die Frauen nicht aßen. Wir lobten ihre Kochkunst und wurden aufgefordert, weiter zuzulangen. Diese Menschen, die wahrhaftig nicht viel hatten, teilten mit uns. Ich aß nur so viel, wie es die Höflichkeit verlangte. Mein Mann war etwas unbescheidener. Ich tadelte ihn auf Deutsch. In solchen Momenten fiel mir immer der Spruch meiner Großmutter ein: »Man kann einen Sack auch zubinden, wenn er nicht voll ist.«

Zur Frau des Hauses hatte ich einen guten Draht. Wir verstanden uns auch ohne Worte. Sie deutete mir an: Ach, die Männer, die sind doch alle gleich. Wir mochten uns sehr. Äußerlich war sie eine typische Mutter, die viele Kinder geboren, körperlich schwer gearbeitet und sicher auch viele Sorgen hatte. Sie war erst 48 Jahre alt, wirkte aber bedeutend älter. Ich kannte diesen Typ Frau aus meinem Berufsalltag als Hebamme. Mein Weltbild, das ich über diese Menschen im Kopf hatte, musste ich ab Istanbul gänzlich neu ordnen. Wir haben gebildete Menschen auf der einen Seite und einfache, aber mit großer Herzensbildung versehene Menschen auf der anderen Seite kennen gelernt. Auch die Ehrlichkeit dieser in Armut lebenden Menschen beeindruckte mich sehr.

Am Morgen des folgenden Tages bekamen wir noch ein Frühstück serviert. Wir wollten ihnen an Stelle eines Präsentes, das wir nicht hatten, Geld schenken. Aber der junge Mann des Hauses erklärte mit ernster Miene: »Geld ist nicht alles.« Zum Abschied umarmte ich die Hausfrau noch einmal. Sie war noch lange in meinem Kopf.

Am nächsten Tag trafen wir einen Radfahrer, hierzulande eine absolute Seltenheit. Weit über Kopfhöhe wehte die türkische Fahne, der Halbmond mit Stern. Nie zuvor hatte ich eine so leuchtende türkische Nationalflagge gesehen. Weit über Land konnte er eigentlich nicht kommen, denn er hatte kaum Gepäck dabei, dafür aber eine Saz, ein großes Instrument, das er spontan zu zupfen begann. Er fuhr ein ganz verrücktes Rad, Marke Türkei, wie er stolz betonte. Er hatte alles Mögliche dran, eine ganz grelle Hupe, das Vorderrad mit bunten Bändern umwickelt. Der Sattel war dick mit buntem Plüsch gepolstert. Ein tolles Museumsstück, dachte ich, aber es fuhr.

Wir hatten wieder einige dieser berühmten Hügel zu überwinden, einer davon 1700 Meter hoch. Ich ging an den Straßenrand, um mit dem Fotoapparat eine Viehherde ins Visier zu nehmen. Da näherten sich mir von drei Seiten einige Hirten mit dem Stock in der Hand. Sie kamen langsam auf mich zu. Das sah zunächst bedrohlich aus, aber dann erkannte ich an ihren Gesichtern, dass von diesen Menschen keine Gefahr ausging. Sie sagten kein Wort und ließen sich gern fotografieren. In ihren wettergegerbten Gesichtern mit scheinbar emotionslos unbewegten Mienen konnte ich wohlwollende Neugierde entdecken.

In Sivas machten wir die Bekanntschaft des türkischen Honorarkonsuls der Bundesrepublik Deutschland, der dieses Ehrenamt seit 24 Jahren sehr ernst nahm. Seit Jahrzehnten praktizierte er als nobler Rechtsanwalt im Strafrecht. Sein Beruf kam ihm bei der Ausübung seines Ehrenmandats oft zugute, wie er an einigen Beispielen schilderte. So hatte er einen Deutschen innerhalb von zwei Stunden aus dem Gefängnis geholt. Dieser Mann hatte angeblich mit seinem Mietwagen ein Mädchen totgefahren.

Er war stolz auf seine Stadt, in der nach seiner Einschätzung das moderne Europa den Traditionen des Orients begegnet. Wahrzeichen der Stadt waren die orientalische Fassade einer Moschee mit einem reich verzierten Portal, das ins Freie führte, und das auf die Gründung der Stadt zurückgehende, weithin sichtbare Minarett. Gemeinsam mit dem Honorarkonsul betraten wir beide auch erstmals die Gebetshalle einer Moschee. Er führte uns durch die aufregende Vielfalt der Basare, wo hunderte Kleinhändler ihre Waren anboten.

Zum Islam hatte der Konsul kein inniges Verhältnis. Er sprach die stark unterschiedlichen Religionsauslegungen an und verwies auf die religiösen Gegensätze zwischen Sunniten und Schiiten. Er kritisierte fundamentalistische Auswüchse und die teilweise rückständig ausgelegte Glaubenslehre.

Atatürk, der Gründer der Republik, hatte das erste Parlament nach Sivas einberufen. Im Ersten Weltkrieg war die Türkei in die Allianz mit dem deutschen Kaiserreich und dem österreichisch-ungarischen Vielvölkerstaat eingetreten. Nach dem verlorenen Krieg zerfiel das riesige, aber schon bei Kriegsbeginn morsche Imperium des Osmanischen Reiches.

In einem Anflug von Nationalstolz erzählte der Konsul, dass das türkische Reich sechshundert Jahre Bestand hatte und zu den Zeiten seiner größten Ausdehnung vom Balkan bis nach Ungarn hinaufreichte und im Südwesten eine Ausdehnung bis Marokko besaß. Nach dem Ersten Weltkrieg teilten die Siegermächte die Länderbeute auf, setzten sich auch im türkischen Kernland fest und stellten den Bosporus unter internationale Kontrolle.

Wenn man sich diesen chaotischen Niedergang des einstigen Riesenreiches vor Augen hält, kann man verstehen, warum der Staatsgründer Atatürk, der die Türkei aus der Rückständigkeit in die Neuzeit geführt hat, so verehrt wird.

Der Asphalt bestand in dieser Gegend aus Schutt und Kieselsteinen, die auf eine Teerschicht aufgeklebt waren. Das ergab einen unglaublichen Bremseffekt, der uns wenigstens fünf Stundenkilometer raubte. Die Alternative war ein hundert Mal geflickter, holpriger Straßenbelag mit unzähligen Schlaglöchern. Immer im Rückspiegel den herannahenden Autoverkehr beobachtend, suchten wir nach relativ gut zu fahrenden Abschnitten. Das ging so weit, dass wir hin und wieder auf der anderen Straßenseite landeten. Den Schüttel- und Rütteleffekt spürte ich bis in meinen Kopf. Am Ende einer solchen Fahrt dröhnte mir jedes Mal der Schädel.

Vor uns lagen die schneebedeckten Bergriesen der Osttürkei. Wir wussten, dass wir auf dem Weg durch das Hochland Ostanatoliens einige Bergpässe bis hinauf in die Schneeregion zu überwinden hatten. Doch wir waren zuversichtlich, denn unsere Ausdauer und Zähigkeit waren in den letzten Wochen stark gewachsen.

Uns ging es gut, kaum Leiden oder Beschwerden. Ich musste nur ab und zu meinen Rücken entspannen, und Jutta klagte nach besonders harten Bergetappen über Knieschmerzen. Mein Körper, mit dem ich oft Zwiesprache hielt, hatte sich bereits auf dem Balkan mit der täglichen Dauerbelastung von vier bis acht Stunden einverstanden erklärt. Jutta ging es ähnlich. In den ersten Tagen hatten sie noch protestiert, unsere Körper: »Was soll das? Wochenlang werden wir kaum gefordert, und dann diese täglich höheren Ansprüche an uns.«

Auf dem Rad hatten wir uns eingerichtet und akzeptierten, dass das hohe Gesamtgewicht kein schnelles Tempo zuließ. Jutta hatte konditionell aufgeholt, unsere Pulswerte näherten sich immer mehr an. Auch das war ein gutes Zeichen. Wir starteten mit um die hundert Pulsschlägen, die sich dann auf etwa 95 einpendelten, in den Anstiegen auf 120 bis 130.

Eines Abends wollten wir im Bett unseren Ruhepuls ablesen. Wir lagen umschlungen kuschelnd und ich erschrak, als ich einen Puls von sechsundneunzig ablas. Ich setzte mich erschrocken auf und maß noch einmal nach. Sechsundneunzig - das war alarmierend! Doch es war die gemessene Pulsstärke unserer beider Herzen! Wir waren 128 Jahre alt und hatten einen gemeinsamen Ruhepuls von sechsundneunzig.

Im breiten Hochtal fuhren wir Richtung Erzurum. Hier erlebten wir erstmals wieder einen Hauch von Frühling. Auf der Straße kam uns ein Fernradler entgegen. Ein Thai, der nach Europa wollte und schon etwa anderthalb Jahre unterwegs war. Man sah es ihm und seinen Packtaschen an.

Jutta rief mir zu: »Das ist die Patina eines Reisenden, der lange unterwegs ist und ausschließlich im Zelt schläft.«

Er lud uns zum gemeinsamen Zelten ein. In bescheidenem Englisch verdeutlichte er uns, dass er alles dabei habe, auch Kocher und Lebensmittel, er würde uns also ein Abendessen zubereiten. Ein irrer Typ, der von uns allen ein Foto mit dem Selbstauslöser machte. Er kam mit dem Apparat sehr gut zurecht, obwohl ihm die rechte Hand fehlte. Auch sein Fahrrad war eine Schau. Da baumelten vorne zwei große Wasserflaschen an Schnüren herab. Die hintere Felge war durchgebremst, es drohte ihm in Kürze ein Felgenbruch. Er wollte damit noch bis Ankara kommen.

Er erzählte uns, dass es in Erzurum sehr kalt sei, und er keine sehr guten Erinnerungen an den Iran habe, denn dort wollten ihm einige Räuber den Hals durchschneiden. Es wäre sicher eine besondere Abwechslung gewesen, wenn wir mit ihm gezeltet hätten. Aber erstens fuhr er in die andere Richtung und zweitens war meine Jutta von dieser Idee gar nicht begeistert. Sie wollte noch weiter bis zum nächsten Hotel.

Am nächsten Morgen wurden wir schon früh wach.

»Guten Morgen Frau, wo bist du? Wir liegen schon wieder in getrennten Betten!«

»Guten Morgen Mann. Ja, du bist weit weg. Hast du gut geschlafen?«

»Ja, ziemlich heftig.«

»Ich hab's gehört, du hast wieder so laut gepustet. Was hast du denn geträumt?«

»Ach, nichts Besonderes, keine Alpträume.«

Nach kurzer Zeit meldete sich Jutta erneut.

»Wer macht das Frühstück?« Dann gab sie sich selbst meine Antwort: »Wie geht denn das?«

Auch diesmal stand sie, wie fast immer, als Erste auf. Die Steckdose für den Tauchsieder hatte sie schon am Vorabend gefunden.

»Der Tauchsieder ist Gold wert«, meldete ich mich.

Auf enger Fläche eines kleinen Tischchens richtete sie das karge Frühstück an. Fladenbrot vom Vortag, schon leicht ledrig und vom Radgurt etwas zerfleddert, dazu Gurke, Tomate, Käse und eine Banane.

»Die Dusche ist im nächsten Zimmer. Dafür habe ich zwei Dollar bezahlt.«

Jutta winkte ab: »Danke, darauf kann ich verzichten, da kommt nur kaltes Wasser.«

»Das Wetter wird schön heute, angenehm warm wie gestern«, versuchte ich sie aufzumuntern.

Jutta nickte und machte sich ans Aufräumen und Einpacken. Auch dabei ist sie immer die Erste. Zuversichtlich stiegen wir kurz darauf in die Pedale. Jutta machte mir heute einen entschlossenen Eindruck.

»Über wie viele Berge müssen wir?« fragte sie beiläufig.

»Wir sind schon ziemlich hoch«, entgegnete ich, »so schlimm kann das heute nicht werden. Etwa vierhundert Höhenmeter, schätze ich.«

»Ja, ja, ich weiß schon, aber fünfmal.«

Mit flotter Fahrt rollten wir im Hochtal. Zwischen Schneeresten schimmerte das Grün der Wintersaat. Doch schon bald war es mit dem angenehmen Rollen vorbei. Ein Passanstieg lag vor uns, der sich nach oben zu einer Schlucht verengte. Erstarrte Lava, zu bizarren Wülsten verformt, türmte sich in dunklen Brauntönen auf. Die Bergstraße wand sich durch das Felsenlabyrinth. In der Abfahrt wurde der Blick auf Halden von lockerem Gestein in Braun- und Schwarztönen frei, die wie Abraumhalden eines Bergwerkes aussahen. Zur Rechten tauchten Weidegründe auf. Der schnelle Wechsel von Landschaftsbildern beeindruckte uns immer wieder.

Wir näherten uns einem kleinen Dörfchen, in dem einige Männer schwarze Erde umschaufelten, die wie Torf aussah. Das interessierte mich. Als wir anhielten, kamen sogleich drei Männer auf uns zu. Einer begrüßte mich auf Deutsch - woran hatte er erkannt, dass ich ein ›Alman‹ war? Ich deutete auf die nebenstehenden, pyramidenartigen, etwa drei Meter hohen Gebilde aus schwarzer Masse.

»Das ist zum Trocknen aufgeschichteter Rindermist, das Brennmaterial für den Winter«, erklärte er.

Die Männer waren dabei, die Maische aus Mist zuzubereiten. Der konsistente ›Baaz‹, wie man in Bayern sagt, wird auf ein Holzgestell aufgetragen, geschichtet oder geklebt, jedenfalls soll er darauf halten. Die Schicht darf auch nicht zu dick sein, damit sie trocknen kann. Nur dann entfaltet sie ihren vollen Heizwert. Hier auf diesen Höhen bis zu zweitausend Meter werden die Winter sehr kalt. Wie stark muss die Heimatverbundenheit dieses Kurden sein, dachte ich, wenn er in die weltverlorene Gegend hinter vielen Bergen zu so bescheidenen Lebensverhältnissen zurückkehrt?

Auf meine Frage nach dem Verhältnis zwischen Kurden und Türken antwortete er spontan: »Wir sind alle Türken, kein Problem.«

Mit Rückenwind schafften wir die restlichen fünfzig Kilometer nach Erzurum. Mit 1853 Metern ist dies die kälteste und am höchsten gelegene Stadt der Türkei. Sie sei sehr trostlos, waren wir schon vor Tagen gewarnt worden. Wir haben die Stadt jedoch ganz anders erlebt. Noch am Spätnachmittag schmeichelte die Sonne und kündigte ein Frühlingserwachen in dieser Hochregion an, wo sich Kälte, Schnee, Wind und Regen eines unbarmherzigen Winters gewöhnlich nicht so schnell vertreiben lassen.

In Horasan, einem kleinen Städtchen, wurde uns der Kontrast innerhalb der Türkei drastisch vor Augen geführt. Wir kamen bei leichtem Regen an und standen auf der Straße schnell im Matsch. Das starke Wohlstandsdefizit gegenüber den Gegenden, die wir bisher gesehen hatten, war unübersehbar. Hier gab es offenbar kein Geld, um die Straßen auch nur dürftig sauber zu halten. Im Nu waren Kinder und Männer um uns und führten uns zu den Häusern mit der Aufschrift ›Otel‹. Aber es war schon von außen erkennbar, dass sie keinen hohen Standard hatten. Schon die Eingänge zu solch bescheidenen Herbergen waren überall gleich: Man ging durch eine Kneipe, in der Männer in schwarzer Kleidung saßen - es waren immer nur Männer, keine Frauen. Sie saßen an runden Eisentischen und tranken Tee. Dann ging es eine steile Steintreppe hinauf. Die Zimmer waren sehr klein, das WC extra mit einem Abtritt.

Es gab eine Gemeinschaftsdusche und eine Gemeinschaftstoilette. Oh Graus! Und wieder Männerwirtschaft. Seit drei Tagen plagte mich ein Herpes an der Lippe. Das ist die Folge des großen Ekels, den ich immer gegenüber Schmutz empfinde. Man muss entweder über vieles hinwegsehen oder verhungern. Diese Armut, dieser unendliche Schmutz. Im Esslokal war ich die einzige Frau. Das störte mich nicht, aber wo sind die anderen Frauen? Die Straßen waren nur voll von Männern. Manchmal hatte ich Wut auf diese muslimische Männerwelt.

Ja, ich weiß, meine Frau will es ordentlich und sauber haben. Weil wir beide aber vorher wussten, dass sie in vielen Ländern unserer geplanten Reise große Abstriche bei Sauberkeit und Hygiene würde machen müssen, stieß mein Reisevorhaben bei ihr zunächst auf nur sehr begrenzte Begeisterung.

Nun waren wir mittendrin im Schlamassel, wie sie es empfand. Doch sie arrangierte sich. Mitunter hatte sie kurze Temperamentsausbrüche, wenn sie Missstände beklagte, doch sie machte mir zum Glück keine Vorwürfe. Wenn ich jedoch gegen ihre Ordnungsliebe und Hygienebedingungen verstieß, was auch zu Hause nicht selten geschah, konnte sie mich sehr lautstark zur Ordnung rufen. Ich gelobte dann regelmäßig unter dem Eindruck des rauen Tadels Besserung. Doch sie wusste selbst, dass sie mich nicht mehr zum vorbildlichen ›Saubermann‹ erziehen konnte.

Wenn sie beim Hausputz ist, möchte ich mich eigentlich am liebsten in die hinterste Ecke verkriechen. Das gipfelt meist im penetranten Sirren des Staubsaugers. Ich hasse Staubsauger. Dieses schreckliche Gerät mit dem unangenehmen Geräusch ist für mich der Inbegriff häuslicher Ungemütlichkeit. Ich frage mich oft, was da zu saugen ist, wage aber meine Zweifel nicht auszusprechen. Es eskaliert schließlich, wenn ich zum Beispiel am Schreibtisch sitze und das Geräusch näher und näher kommt. Begleitet vom Rumpeln des Wägelchens, und wenn der Saugarm unter meinen angezogenen Beinen nach nicht vorhandenem Staub saugt. Diesem Höhepunkt folgt eine wohltuende Erleichterung, wenn endlich der Stecker gezogen ist und die Stille wiederkehrt.

Wir gingen zum Essen. Das war in all diesen Orten hier nicht schwierig, denn es gab viele Lokale. Wir wurden in die Küche geführt und konnten uns aussuchen, was wir haben wollten. Ich löffelte genüsslich aus einem großen Suppenteller.

»Also die Suppen sind immer gut.«

Jutta rümpfte die Nase.

»Du bist ja auch der Suppenkasper. Ich könnte das nicht essen, das ist doch ziemlich undefinierbar.«

Ich rührte im Teller.

»Das ist eine ausgesprochen köstliche Graupensuppe.« Ganz sicher war ich mir aber nicht.

»Ich könnte jetzt ein Bier vertragen. Immer nur Wasser oder Fanta«, meldete sich Jutta.

»Geduld, Geduld, liebe Frau. In Russland gibt es bestimmt wieder Bier und Wodka. Drei Monate wirst du schon noch warten müssen, bis wir die islamischen Länder hinter uns haben.« Und nach kurzem Nachdenken: »Mir täte jetzt auch ein Weißbier schmecken. Es könnte auch ein leichtes Weißbier sein.«

Als wir beim Hinausgehen wieder eine alkoholische Lösung auf die Hände geträufelt bekamen, sagte ich: »Schau mal, was die Kurden für die Hygiene tun.«

Jutta darauf: »Ein Schluck Wodka für die Mundhygiene wäre wirksamer.«

Als wir vom Essen zurückkamen, waren im Vorraum neben unserer Tür etwa dreißig Eisenstühle in Reih und Glied vor dem kleinen Fernseher aufgestellt. Mir schwante ein unruhiger Abend. Ein Fußballspiel begann, der Fernseher war lautstark eingestellt und das Publikum übertönte ihn sogar noch.

Jutta schickte mich aus unserem kleinen, benachbarten Zimmer.

Ich sollte Ruhe anmahnen. Doch da saßen so viele lärmende Leute, dass ich keine Chance hatte. Also kehrte ich unverrichteter Dinge wieder zurück. Schlafen konnten wir so nicht. Nur auf das Ende der Übertragung warten. Immerhin bekamen wir den Spielstand genau mit. Mit drei Toren gewann die Heimmannschaft. Jedes Mal wurde der Lärm ohrenbetäubend. Um halb zehn war der Spuk endlich vorbei. Doch dann krachte und schepperte es erneut. Ich erkannte durch den Türspalt, dass die Eisenstühle über den Steinboden weggezogen wurden. Als ich wieder hinaustrat, fegten drei Helfer den Schmutz zusammen. Ich dachte zuerst, es hätte eine Konfettiparade gegeben. So ähnlich sah auch der Kehricht nach dem Rosenmontagszug aus. Es waren jedoch große Haufen von Sonnenblumenspelzen. Die Kurden sind Meister darin, die Spelzen im Mund blitzschnell von den Kernen zu trennen, letztere zu schlucken und erstere auszuspucken. Es ist das abendliche Sonntagsvergnügen der einfachen Leute. Beruhigend fanden wir, dass nie Alkohol im Spiel war. Die Kurden tranken den ganzen Tag nur ihren Tee.

In der Nacht gab es noch einmal Krawall, als ein einzelner Gast kam. Ein anderer hustete in kurzen Abständen tiefgründig. Und um halb fünf weckte uns der Muezzin von der nahen Moschee mit seinem Gebetsgesang, verstärkt durch einen mäßig funktionierenden Lautsprecher. Jutta hatte am nächsten Morgen richtig schlechte Laune.

Um sieben Uhr früh waren die Leute wieder auf den Beinen, was wir von unserem Fenster aus gut beobachten konnten. Wir waren ja in der ›Inner City‹. Fahrbare Verkaufskarren waren aufgerichtet. Ein Pferdekarren voll mit den Einheitsweißbroten fuhr vor, ein flinker Bursche trug sie in die Läden und Häuser. Als wir uns eine Stunde später aufmachten, saßen unten in der Kneipe schon ein Dutzend Leute beim Tee und palaverten.

Unser Bedürfnis nach Kommunikation hielt sich morgens stets in Grenzen. Wenn wir später am Tag irgendwo ankamen, waren wir jedoch froh um die Aufmerksamkeit. Auf die Frage »Hotel?« wusste fast jeder eine Antwort und deutete in eine bestimmte Richtung. Meist liefen sie mit uns, bis wir da waren. Ich mochte diese Menschen. Ihre Augen leuchteten freudig beglückt, wenn ich Hände schüttelte. »Alman« riefen sie einander zu.

Die Deutschen waren in der Türkei sehr beliebt, das hatten wir schon wiederholt festgestellt.

Sensation im hinteren Kurdistan

Vor uns lag unser sportliches Meisterstück. Wir mussten den bisher höchsten Pass erklimmen. Bei über zweitausend Metern über dem Meeresspiegel würden wir in Schnee geraten. Am Beginn des Passanstieges hatten wir Gegenwind. Zwanzig Kilometer bergan, achthundert Höhenmeter hinauf, gegen teils heftig böigen Gegenwind und behindert durch eine für eine Fahrstraße sehr grobe Straßendecke aus Schotter. Jedes Steinchen war auf dem Asphalt aufgeklebt, eine straßenbautechnische Maßnahme gegen Rutschgefahr im Winter. Für unsere Räder war das ein holprig-bremsender Effekt.

Aber Jutta war in Hochform, obwohl sie schlecht geschlafen hatte. Zeitweise tourte sie in Front. Wenn sie so nach vorn geduckt pedalierte, verschwand das kleine Persönchen schier zwischen den hohen Packtaschen. Das Signal zum Ess- und Trinkstopp kam heute mehr von mir. Ich brauchte ohnehin mehr zu essen und zu trinken als sie.

Wir mühten uns durch die Schluchten des wilden Kurdistans, wo erstarrtes Urgestein bizarre Wülste und Verformungen bildete. Das hatten wir schon Tage zuvor gesehen. Hier ragten die rostroten Felsbarrieren jedoch weiter hinauf. Rechts von uns schoss Wildwasser in den gleichen dunklen Brauntönen einen Bachlauf entlang. Auch die Schafe trugen ihr Fell in den gleichen Brauntönen. Ob das Zufall war? Die Herden wurden bis zur Schneegrenze hinauf geweidet. Frisches Gras gab es hier nicht. Die kargen, dürren Stoppeln nach einem extrem harten Winter waren die einzige Nahrung der Tiere. Unglaublich, wie anspruchslos diese Viecher sein mussten.

Jutta dämpfte meine Hoffnung auf Erreichen der Passhöhe mit der Zwischenmeldung vom Höhenmesser: »Noch 190 Meter.«

Ich scherzte schon weiter unten: »Vielleicht haben sie die Bergkuppe inzwischen abgetragen.«

Vor uns lag tatsächlich die Passhöhe. Erst kurz zuvor waren wir beiden total erschöpft vom Rad gestiegen. Der Gegenwind wollte uns daran hindern, hochzukommen. Nun jubelte ich, als ich endlich das Schild ›2290 m‹ vor mir sah. Jetzt war auch die Sicht nach drüben frei. Unglaublich eindrucksvoll nach dieser Schinderei. Wir sahen nur weiße Schneeflächen in langen Fluchten, die bis auf 3500 Meter aufragenden, unbewaldeten Bergrücken, kein Fels oben wie in unseren

Alpen, das Schneeweiß der Berge ging über und vermischte sich mit den vorüberziehenden Wolken. Wir setzten zur Abfahrt an, doch kamen kaum voran. Die Böen brachten uns zum Stehen und wir mussten vom Rad, um nicht umgefegt zu werden. So ein Naturereignis kann nur ein Radfahrer so unmittelbar erleben und sich dabei gleichzeitig seiner Verletzlichkeit so bewusst sein.

In diesen von Wind und Kälte geprägten Stunden waren wir von der Zuwendung, die wir erfuhren, besonders beeindruckt. Bei einer Ansammlung von nur wenigen der flachen Bergbehausungen kamen sechs Kinder schüchtern auf uns zu. Langsam, erwartungsvoll schauten sie uns an. Sie sagten kein Wort. Mit dankbaren Augen nahmen sie die Kugelschreiber in die Hand, die Jutta schnell herausgekramt hatte.

Welche Zukunft werden diese Kinder haben? Wie kommen diese Leute durch die langen, kalten Winter? Auf minus vierzig Grad soll hier oben das Quecksilber sinken. Mit getrocknetem Mist als Heizung eigentlich unvorstellbar. Auf dem Weg hinunter wurden wir immer wieder auch von weither angerufen, von den Hirten auf den Berghängen, den Bauern auf den Traktoren, den Lenkern einiger Pferdefuhrwerke. Wir waren hier im hinteren Kurdistan die Sensation schlechthin.

Oft wurden wir gebeten, anzuhalten. Jutta drängte jedoch stets aufs Weiterfahren. Ich wollte eigentlich überall absteigen, Hände schütteln oder das Angebot zum Teetrinken annehmen.

Agri sollte die vorletzte Station in der Türkei werden, ehe es hinüber in den Iran ging. Als wir uns eine Unterkunft gesucht und die Räder abgestellt hatten, machten wir einen kleinen Stadtrundgang. Dabei trafen wir einen Studenten, der uns unbedingt in sein College mitnehmen wollte. Das wurde zum Ereignis.

Der Zugang zum Schulgebäude war ein glitschiger Weg über eine kleine Müllhalde. Auf dem Weg zum Gebäude riefen uns aus den Fenstern vielstimmig Studenten zu. Als wir die Treppen hinaufgingen, liefen die jungen Leute in blauen Schulhemden, Anzügen und Krawatte schon aufgeregt umher. Wir wurden zunächst ins Lehrerzimmer geleitet. Dort empfing uns eine Englischlehrerin. Mein Englisch war schon nicht besonders. Ihres war dagegen noch viel spärlicher. Sie führte uns in ihre Klasse. Alle kurdischen Studenten, etwa vierzig oder fünfzig, standen ohne Aufforderung stramm. Wir mussten sie erst zum Sitzen bewegen. Für mich wird der Anblick unvergesslich bleiben. Mehr als fünfzig dunkle Augenpaare starrten uns an, sie hatten alle pechschwarze Haare und sahen aus wie Brüder oder gar Zwillinge.

Wir wollten diskutieren, doch es wurde immer lauter. Die Lehrerin konnte sich mit ihren Dolmetschversuchen kaum mehr behaupten. Eine meiner Fragen, ob sie denn dem Staat vertrauen und Hoffnung auf eine gute Zukunft haben, erreichte die Schüler dennoch. Leidenschaftlich kamen da Ablehnung und Zustimmung auf. Alle waren emotional sehr stark bewegt.

Schließlich drängten auch von draußen immer mehr Studenten herein. Zunächst einige Wagemutige, dann eine ganze Klasse. Wir waren umringt von etwa achtzig jungen Leuten. Alle wollten uns aus der Nähe sehen, uns die Hand schütteln. Wir verursachten einen Aufruhr im College, dem die Lehrer nicht mehr gewachsen waren. Erst als wir ins Lehrerzimmer geleitet wurden, kehrte Ruhe ein. Das Lehrerzimmer war tabu für die Studenten.

Dort konnten wir uns in Ruhe unterhalten. Wir wollten so vieles wissen: ihre Meinung zur Rolle der Frauen hören, und ob es wirklich kein Kurdenproblem gab. Uns wurde erklärt, dass alle Kinder in der Türkei schulpflichtig waren. Wir hatten viele Kinder in blauen Schulhemden an Dorfschulen gesehen. Dabei fiel uns auf, dass dies überwiegend Buben waren. Auf dem College, das wir hier besuchten, waren auch nur vereinzelt Mädchen zu sehen.

Die Lehrerin erklärte dieses Missverhältnis.

»Für das College muss bezahlt werden. Sobald die Familien Geld dafür haben, werden die Söhne bevorzugt. Die Töchter werden mit fünfzehn Jahren verheiratet und werden damit in die Mutter- und Hausfrauenrolle geschickt. Wozu dann noch ein College?«

Die anwesenden Lehrerinnen nickten heftig, als wir feststellten, dass die Frauen unterdrückt werden. Sie werden ins Haus verbannt, auf den Straßen waren fast nur Männer und Buben zu sehen. Nur in den größeren Städten und häufiger auch in der West- und Mitteltürkei zeigten sich Frauen selbstbewusst und gut gekleidet.

Oft hatten wir an den Vortagen auch von Kurden gehört: »Türke, Kurde, no problem.« Oder: »Wir sind alle Türken.«

Benachteiligt werden die Kurden aber in den elementaren Dingen. In der Schule wird nur Türkisch gelehrt, Zeitungen gibt es nur in türkischer Sprache. Kurden haben jedoch ihre eigene Sprache, die vom Türkischen stark abweicht. Ältere Leute, die kein Türkisch sprechen, sind damit ausgegrenzt. Praktisch ist es aber auch nicht möglich, die kurdische Sprache angemessen zu pflegen, denn es gibt viele sehr stark abweichende Dialekte. Begrenzte Autonomie? Darauf setzen die Kurden nicht. Viele intelligente und beruflich ehrgeizige Kurden wandern in den Westen ab.

Die Osttürkei ist das Armenhaus der Türkei. Und das trifft alle dort lebenden Menschen, die Kurden und die Minderheit der Türken, gleichermaßen.

Vor uns lag ein weites Hochtal. Schneebedeckte Gebirgszüge begleiteten uns, abgerückt im Süden und Norden. Das Panorama erinnerte uns wiederholt an die Alpen. Im gleichmäßigen Anstieg schafften wir heute den Pass bei gut zweitausend Metern. Oben wurden wir von Soldaten angehalten. Erstmals in der Türkei wurden unsere Pässe verlangt. Ich gab dem Offizier unsere Visitenkarte und zeigte das Empfehlungsschreiben aus Deutschland. Daraufhin wich die zunächst misstrauische Distanz und wir wurden zum Tee in das Haus geladen. Also konnte ich nun so ein Haus mit Flachdach, die vorherrschende Behausung der Bergbewohner, einmal von innen sehen.

Man fiel mit der Tür ins Haus. In der Mitte stand der Ofen. Er spendete angenehme Wärme, die uns gut tat, denn draußen hatten wir es mit kaltem Wind zu tun. Abgetrennt mit einem Türeingang war nur ein kleiner Küchenraum, sonst war alles offen. Die Decke war mit Holzbrettern und Balken gestaltet, das Flachdach mit Lehm abgedichtet, wie uns der Offizier erklärte. Zur Wärmeisolierung kam dann Erde drauf. Und wenn doch Nässe durchkam, musste eine Plastikplane helfen, wie wir beobachtet hatten.

Auch hier sprach ich das Kurdenproblem an. Der Offizier hatte dazu eine kategorische Meinung.

»Es gibt nur Türken. Der Krieg mit der PKK ist seit drei Jahren vorbei, alles ist gut.«

Ein anderer Soldat, der gut Englisch sprach, deutete in die Runde.

»Er ist arabischer, dieser kurdischer und der dort ist türkischer Herkunft.«

Dann zeigte der Offizier auf uns.

»Und hier sind zwei Deutsche. Ich habe auch Verwandte in Deutschland.«

Alle seien wir Brüder und Schwestern, stellten wir gemeinsam fest. Nach zwei Gläsern Tee umarmten wir uns.

Ein Mosaiksteinchen fehlte offenbar noch in unseren Türkeierfahrungen. Peter und Axel hatten in ihrem Buch ›Weltsichten‹ ihre gefährlichen Auseinandersetzungen mit wilden Hunde beschrieben. Bisher waren wir davon verschont geblieben. Nur wenige Kilometer vor der Grenze hörte ich plötzlich den hysterischen Aufschrei meiner Frau hinter mir. Ich warf das Rad auf die Straße und rannte dem anstürmenden Hund entgegen. Schnell verdrückte er sich. Etwas später preschten uns einige dieser kräftigen Hirtenhunde hinterher. Doch wir gewannen das Rennen durch Tempobeschleunigung.

Man hatte uns vor den Hunden gewarnt. Sie seien nicht mehr unter Kontrolle. Mir rutschte schon damals das Herz in die Hose. Nun kamen tatsächlich zwei Wach- und Hofhunde angesprungen. Ich hatte Angst und schrie, denn sie kamen beängstigend nah an uns heran. Gerhard ist in so einer Situation immer ein Held. Das merken die Hunde: Sie spüren wohl tatsächlich, wer Angst hat und wer nicht.

Fünfzehn Kilometer vor unserem Zielort zeigte sich der Berg erstmals: Links von uns im hellen Licht wie eine himmlische Erscheinung von milchigen Wolkenschleiern umgeben, doch deutlich erkennbar die schneebedeckten Flanken des Ararat. Dominant stieg der Vulkankegel in die Höhe bis zu den Wolken. 5165 Meter ist er hoch. Wir fühlten uns in biblische Zeiten versetzt. Bis auf die Straße schien hier alles auszusehen wie vor Jahrtausenden, die auf den Rändern der kargen Felder aufgeschichteten Steinmauern, die zeitlosen Flachhäuser, die Schaf- und Ziegenherden und auch die Menschen. Auf der rechten Seite eine Kontrastansicht in dunklen Tönen, nicht minder eindrucksvoll. Über die im Schatten liegenden, kahlen Hügel hatten sich einige regenträchtige, dunkle Wolken geschoben. Das diffuse Licht strahlte stark genug, um das faszinierende Farbenspektrum um uns herum noch zu verstärken. Die baumlosen Hügel leuchteten in vielen Farbtönen von grün über weiß bis hin zu Brauntönen. Quer über die Berghänge waren schmale Gesteins- und Sandstreifen in unterschiedlichen Farben eingezogen.

In Dogubayazit legten wir einen Ruhetag ein, auch zum Verarbeiten unserer Türkei-Eindrücke. Wir konnten nur ein Loblied auf dieses Land singen. Es war nicht nur die grandiose Landschaft, die weit vielfältiger ist, als wir erwartet hatten. Wieder waren es vor allem die Menschen, ihre herzliche Hilfsbereitschaft und Gastfreundschaft, die wir so sehr zu schätzen gelernt hatten.

Schade, dass wir das Land schon verlassen mussten.

KAPITEL VIER

Khomeini, Schwarze Tschadors und menschliche Wärme

Wir hatten nur 35 Kilometer bis zur Grenze und spurten mit Rückenwind flott dahin. 25 bis 30 Stundenkilometer zeigte unser Tacho an. Erneut war das Gefühl von Freiheit und Unabhängigkeit sehr stark. Wieder lag Aufregendes vor uns; eine andere Welt.

»Auf in den Iran!«, rief ich übermütig mit einer halben Kopfdrehung zurück.

»Wie alt bist du eigentlich?«, rief sie laut und lustvoll.

Diesen Ruf hatte ich schon öfter gehört - meist dann, wenn es uns gut ging und ich besonders flott vor ihr herfuhr. Ich antwortete dann: »Ziemlich!« oder »Jung genug!«

Als Vorboten der Grenze kamen endlos lange stehende Truck-Kolonnen in Sicht. Auf der rechten Seite wurde uns eine letzte nationale Demonstration der Türkei geboten. Ein Hügel war mit einem großen Halbmond aus weißen Steinen verziert.

Ich befürchtete plötzlich Probleme und rief meiner Frau zu: »Heute ist Freitag, das ist doch ein Feiertag im Iran. Hoffentlich kommen wir über die Grenze.«

»Das wäre übel. Müssen wir dann noch mal zurück, gegen den Wind?«

Die umstehenden Trucker ermunterten uns jedoch, durchzufahren. Und schon kamen die Geldwechsler auf uns zu. Am Vortag hatte ich mich über die Wechselkurse informiert, über den ›Black Market‹ und das Risiko, Falschgeld einzutauschen. Ich hatte mir deshalb die gängigen Zehntausend-Rial-Scheine mit dem Bildnis Khomeinis gut eingeprägt und dreißig Dollar vorab getauscht. Im Iran zählt nur ›Cash‹. Weder Kreditkarte noch Reiseschecks werden akzeptiert. Die Währung des Erzfeindes USA ist die eigentliche Währung.

Wir schoben unsere Räder durch ein Gewirr wartender Menschen. Ein Grenzbeamter in Uniform führte uns zu einem Schalter vor dem Schlagbaum und im Nu hatten wir den türkischen Ausreisestempel in unseren Pässen. Dann wurden wir in einen düsteren, vergitterten Vorraum geleitet, wo eine weitere große Menschenmenge vor einem Tor wartete. Der Grenzbeamte nahm das Vorhängeschloss ab und die wartenden Türken machten eine Gasse für uns frei. Niemand beschwerte sich, als wir unsere Räder durch die schmale Tür bugsierten.

Im nächsten Raum erhaschten wir einen Blick auf ein Bildnis von Khomeini. Das war also der Iran. Meine Frau hatte mit sehr viel gemischteren Gefühlen zu kämpfen als ich.

Der Grenzbeamte demonstrierte zunächst staatliche Autorität. Er verschwand mit unseren Pässen und kam nach zehn Minuten zurück. Dann ging alles sehr schnell. Er interessierte sich für unsere Räder, unsere Tour und machte schließlich mit einer großzügigen Handbewegung den Weg in sein Land frei. Wir schauten uns verblüfft an.

»Das fängt doch gut an!«, sagte ich. »Das war eine Sonderabfertigung. Sind wir als Ausländer etwa privilegiert?«

Jutta, die inzwischen ein Kopftuch unter den Helm gezogen hatte, war skeptisch. »Du hast leicht reden als Mann. Schau dir die Frauen an, sie müssen sich unter schwarzen Tüchern verstecken.«

Das Straßenbild des ersten iranischen Städtchens unterschied sich sehr stark von dem der türkischen Grenzstadt. Dort wurden schon am Vormittag Herden von Ziegen und Schafen durch die Innenstadt getrieben, dazu ein bunter Auftrieb von Menschen und Zuspruch in den Teestuben. Im Iran war es anders. Wir hatten den Eindruck, dass die Menschen sich viel ruhiger und langsamer bewegten. Dann tauchten erstmals schwarz gekleidete Frauen auf.

Mit Betreten des Landes musste ich mich der Kleiderordnung beugen: Kopftuch und hoch geschlossene Kleidung waren Pflicht. Meine einheimischen Geschlechtsgenossinnen haben es schwerer. Sie sind von Kopf bis Fuß in schwarz gehüllt und tragen einen Tschador. In den ersten Wochen irritierte mich dieser Anblick. Viele Frauen zusammen sehen dadurch aus wie ein Nonnengeschwader, das vom Kloster Ausgang bekommen hat - und ich könnte mit meinem Kopftuch eine Putzfrau in einem Theaterstück abgeben.

Zunächst waren wir im Iran vom Frühling empfangen worden. Das frische Grün und die blühenden Obstgärten empfanden wir als wohltuend. Neben den Bewässerungsanlagen auf den Feldern waren viele Leute beschäftigt. In einigen kleinen Dörfern und auf den umliegenden

Äckern sahen wir Frauen in auffallend bunten Trachten. Sie gehörten sicher einer ethnischen Minderheit an, der der dunkle Tschador nicht vorgeschrieben ist.

Die Straße führte wieder bergan und die Landschaft wurde gelb - ganz so, wie ich mir den Iran vorgestellt hatte. Zu diesem Ödland gehörten Ziegen- und Schafherden, die geduldig und anspruchslos dürre Grasbüschel rupften, so wie wir es schon aus der Osttürkei kannten.

Aber nun hatten wir eine harte Phase vor uns. Wir hatten uns nicht ausreichend mit Wasser versorgt. Jutta war an diesem Tag sehr stark und kämpfte gegen den Wind an, bis wir ein Straßenschild sahen: ›Evowgkli‹. Dort sollte es Hotels geben, aber der Ort war noch ganze 120 Kilometer entfernt. Als wir ihn erreichten, waren wir ziemlich am Ende. Es stellte sich heraus, dass das Dorf nur aus einigen Häusern bestand; ein Hotel war jedenfalls nicht darunter. Wir erkundigten uns bei einem Polizisten, der mit uns zu einem Truck Stopp ging. Der Inhaber führte uns in einen Raum ohne Inventar. Er war mit einem großen Teppich ausgelegt - der Gebetsraum. Es drohte zu regnen und meine Frau war einverstanden.

»Besser hier drinnen schlafen als draußen zelten«, meinte sie.

Die Räder hatten am Teppichrand gerade noch Platz. Wir packten unsere Liegematten und Schlafsäcke aus. Der Koran lag griffbereit am Fenster. Ausgerechnet zwei Ungläubige schliefen in dieser Nacht auf dem Gebetsteppich.

Am nächsten Tag hatte ich ein Tief und war in Sorge. Mochte mein alter Körper nicht mehr? Jutta rieb mir daraufhin den Rücken ein. Das hatte eine Wärme erzeugende, Muskel entspannende Wirkung und tat richtig gut. Dann steckte sie mir homöopathische Mittel in den Mund und siehe da, es wirkte Wunder.

Für den Leser mag es inzwischen ermüdend sein, wenn ich schon wieder von der Mühsal am Berg spreche. Aber wenn eine Straße gleich nach dem Start dreieinhalb Kilometer unbarmherzig bergauf führt und keine Chance zum Verschnaufen bietet, dann prägt sich das ein. Wir fuhren direkt auf einen solch verschneiten Riesen zu. In den Hängen etwa zweihundert Meter über uns war noch der Neuschnee vom Vortag zu erkennen.

Kaum dass wir in Täbris die Räder gestoppt hatten, kamen schon die ersten Leute auf uns zu. Ein junger Student drängelte sich nach vorn, bot uns in gutem Englisch seine Hilfe an und begleitete uns mit seinem Fahrrad zu einem guten und preiswerten Hotel. Von dort aus konnten wir uns gleich auf den Weg machen und die Stadt erkunden.

Sofort fielen uns wieder die schwarz gekleideten Frauen auf. Hängende Tücher vom Kopf bis zu den Fußsohlen - da waren wirklich keine femininen Reize zu erkennen. Und doch gab es Unterschiede. Viele Frauen, vor allem die älteren, gingen mit gesenktem Kopf wie büßende Sünderinnen. Nicht wenige davon hielten das Tuch noch vor den Mund, um auch vom Gesicht einiges zu verbergen. Die jüngeren dagegen wollten auch Reize zeigen. Freche Haartollen waren unter den Kopftüchern zu sehen, ihre Trägerinnen wirkten offen, feminin und selbstbewusst. Als Ausländer fielen wir unter ihnen sofort auf und wurden besonders von den Jüngeren gegrüßt, die vor allem meiner Frau zulächelten. Jutta meinte später, es seien auch böse Blicke darunter gewesen, von streng religiösen Frauen. Dabei trug auch sie seit der Einreise ein Kopftuch: ein buntes, das gerade bis auf die Schulter reichte.

Nicht nur die Frauen trugen das schwarze Gewand, auch kleine Mädchen ab drei oder vier Jahren hatten ein Kopftuch auf. Sie werden auf ihre zukünftige Rolle früh vorbereitet. Wir werden nicht als Frau geboren, nein, wir werden dazu erzogen. Ich begegnete nicht vielen Frauen, von denen Selbstbewusstsein ausging. Die meisten wirkten verschüchtert und ängstlich. Selbst die Nachrichtensprecherin sah aus wie eine Ordensfrau. Nur ihr Gesicht war zu sehen.

Ein Student ging ein Stück des Weges mit uns. Er war ein attraktiver junger Mann, sportlich schlank, mit gut sitzendem schwarzen Anzug. Er antwortete sehr freimütig auf meine Fragen. Ja, die Jugend sei überwiegend unzufrieden. Sie wolle Veränderung, aber es fehle der Mut für offenen Protest. Er votierte für fortschrittlichen Wandel Schritt für Schritt und war überzeugt, die nachwachsende Jugend werde den Wandel erzwingen. Er sprach von einer notwendigen Reparatur der islamischen Kultur.

Jutta ging neben- oder hinterher und war stocksauer. Sie wusste, dass Moslems nur Männer begrüßen und einer Frau allenfalls zunicken. Und das auch nur, wenn sie zu den fortschrittlichen Männern gehörten. Meist werden Frauen ignoriert. Unser Student gab Jutta entgegen allen Regeln schließlich doch die Hand.

Beim Einkaufen hatten wir sofort eine Menschentraube um uns, auch wenn wir nur eine der von offenen Autos aus angebotenen Melonen kaufen wollten. Wir gingen in einen Laden mit auffallend großem Angebot. Der Inhaber, ein clever dreinschauender Geschäftsmann, wollte kassieren, ohne uns zuvor den Preis aufzuschreiben. Ich gab ihm einen Zehntausender-Schein, das waren etwa 1,25 Euro. Er wollte einen zweiten und machte nach einem Blick in meinen Geldbeutel die Geste für einen dritten Schein. Das war zu viel, wie mir auch der erstaunte Blick eines anderen Verkäufers bestätigte.

Ich zeigte mit dem Finger nach oben und sagte: »Allah.«

Darauf lächelte er verlegen, verzichtete auf den dritten Schein und gab mir sogar noch Geld zurück. Allah ist eben groß.

Nur einige Schritte weiter hatten wir schon einen ›neuen Freund‹ an unserer Seite. Er begrüßte uns förmlich und erklärte, er wolle uns gern die Stadt zeigen. Er habe genug Zeit und werde dafür auch kein Geld verlangen, das sei sein Privatvergnügen. Orkan redete schnell und wortreich, aber mit keiner guten Aussprache. Deswegen hatte ich anfangs große Mühe, ihn zu verstehen. In dem Taxi, in das er uns für die Fahrt durch die historische Altstadt hineinverfrachtete, saß schon jemand, der dann nach vorn wechselte. Hundert Meter weiter stieg noch jemand hinzu und zwängte sich neben den Fahrer. Auf diese Weise kann der Fahrtpreis geteilt werden und die Taxifahrten bleiben recht preiswert.

Ansonsten aber fährt jeder, wie er will. Mal links, mal rechts, selten geradeaus. An den Kreuzungen entstand regelmäßig ein Gewirr von Fahrzeugen, die in verschiedene Richtungen vorankommen wollten, alles in sehr knappen Abständen. Unser Taxifahrer fuhr natürlich wie die anderen. Jutta stieß Angstschreie aus, wenn ein Manöver gar zu krass ausfiel.

»Don‘t worry, no problem«, beruhigte sie Orkan mit seiner Bassstimme. Er war ein bulliger Typ, der in seiner Freizeit den im Land sehr beliebten Ringkampf betrieb.

»Deshalb die Muskeln und der Speck!«, lachte er.

Orkan wollte uns viel zeigen. Zunächst lotste er uns in ein historisches Restaurant am Stadtrand.

Im Iran wird ab acht Uhr abends gegessen. Das Essen wird auf dem Teppich serviert. Man sitzt in runden Nischen. Eine Plastikdecke wird ausgebreitet. Gerhard tat sich mit dem Schneidersitz schwer.

Mit gestreckten Beinen saß er verkrampft da. Ich wollte nicht ins Fettnäpfchen treten und setzte mich seitlich. Ich konnte ja schlecht fragen: »Wie setzt sich denn eine Frau anständig hin?«
Es gab Reis als Hauptgericht und gegrillten Fisch als Beilage. Eine Portion reichte für uns beide. Hier werden Unmengen von Reis verzehrt. Es gibt Reis, viel Reis. Gekochtes Gemüse fast gar nicht. Beinah ausschließlich gegrilltes Fleisch von Lamm, Rind oder Geflügel und immer die gleiche Suppe. Bisher fand ich das Essen einseitig und ernährungsphysiologisch nicht ausgewogen. Der Hunger trieb es trotzdem hinein. Schon eine Stunde nach dem Essen war ich wieder hungrig. Wir sättigen uns dann mit Obst.

Zwei Stunden führte uns Orkan durch die Basare der Altstadt und zu einer Moschee aus der Frühzeit des Islam. Vor Jahren war die Moschee durch ein Erdbeben stark beschädigt worden und seitdem ein Museum. Die Kuppel war inzwischen erneuert worden, doch die wertvolle Verblendung mit Mosaiken war weitgehend zerstört und konnte auch nicht renoviert werden.

Es war kalt geworden und eigentlich wollten wir zurück zum Hotel. Orkan schlug vor, zum Abschied einen Tee zu trinken. Der Park mit See, in den er uns lotste, mochte ja im Sommer sehr einladend sein. Jetzt empfing uns kalter Wind und leichter Regen. Ich schaute nach einer warmen Teestube. Laut Orkan ist es Tradition, den Tee im Freien zu trinken. Wir fröstelten und begannen, das heiße Getränk aus unseren Tassen zu schlürfen. Da lachten uns vom Nachbartisch drei junge Frauen zu. Sie kicherten und waren heiter - wie die jungen Leute bei uns. Uns irritierten nur ihre Nonnengewänder.

Eine schaute immer wieder bewundernd zu uns herüber, vor allem zu meiner Frau. Sie fänden uns sehr sympathisch, übersetzte unser junger Freund. Ich fragte sie, ob sie sich von mir würden fotografieren lassen. Zwei stimmten sofort zu, und eine wollte unbedingt auch mit Jutta abgebildet werden.

An einem anderen Nachbartisch saßen einige junge Männer und wollten flirtende Blicke von den Mädchen erhaschen. Diese aber waren ganz auf uns fixiert. Die menschliche Wärme ging auf uns über und ich fröstelte nicht mehr. Eigentlich wollte ich sie zum Abschied auf die Wange küssen, was aber doch eindeutig zu weit gegangen wäre.

Bis zum Kaspischen Meer mussten wir noch vierhundert Kilometer zurücklegen. Vor uns lag äußerst bergiges Hochland, weshalb ich mit mindestens vier Tagesetappen rechnete. Wir hatten Respekt vor dem, was in den nächsten Tagen noch kam. An die Berge hatten wir uns gewöhnt, aber das Wetter war zu dieser Jahreszeit unberechenbar und sehr wechselhaft. Nur zeitweise schien die Sonne, am Himmel zogen viele Wolken dahin, manchmal herrschte Windstille. Und plötzlich konnte ein Sturm mit aller Macht über uns herfallen, heftig und eiskalt.

Die glatten Asphaltstraßen waren gut. Unsere Räder schnurrten darauf spürbar leichter. Kein Vergleich zu den rauen Straßen Kurdistans. Auch auf den breiten Randstreifen fuhren wir richtig komfortabel. Dadurch ließen sich andere Widrigkeiten leichter ertragen.

Das Grün, das im Bergland den kommenden Frühling deutlicher ankündigte als jenseits der Grenze in Ostanatolien, lockerte das hier vorherrschende Ockerbraun auf. Pyramidenartig aufragende Felsengebilde rückten zusammen, wenn wir in Kurven bergab fuhren. Oft konnten wir aus der Ferne nicht erkennen, durch welche Spalte sich die Straße hindurchwand. Im Hintergrund erhoben sich hohe, mit leuchtendem Schnee bedeckte Bergketten. Weitab jeder menschlichen Ansiedlung säte ein Bauer auf einem schmalen Stück Acker mit der Hand etwas an. Sein Transportmittel, ein Muli, wartete in der Nähe. Wasser war genug vorhanden. Alle Bäche führten nach dem Regen Hochwasser - ockerbraun wie die Berge, die Hügel und der Ackerboden. In tieferen Lagen blühten schon die Obstbäume. Auf kleinen Flächen wurde Wein angebaut. Die Reben waren nicht hochgezogen, sondern lagen am Boden.

Die Ansiedlungen der Bauern bestehen aus schmalen Häusern mit Flachdach, höher als in Anatolien und mit größeren Fenstern. In der Nähe ist der getrocknete Rinderdung gestapelt, die Grundstücke werden mit Lehmmauern abgegrenzt. Im Bereich dieser Ansiedlungen war kein Grün zu sehen, auch keine Blumen.

Blieben wir mit unseren Rädern stehen, um nach Wegen oder Unterkünften zu fragen, lösten wir stets eine Männerversammlung aus, die sich ausschließlich an Gerhard wandte. Ich war für sie Luft. Ganz eindeutig: Frauen sind, zumindest in ländlichen Gegenden im Iran, Menschen zweiter Klasse; dazu da, Kinder zu gebären, den Haushalt zu besorgen oder niedrige Arbeiten zu verrichten.

In Geschäften, Restaurants oder Hotels waren nur Männer zu sehen, und auch die Unterkünfte sahen nach Männerwirtschaft aus. Frauen dürfen bestenfalls noch die Zimmer reinigen.
Mit der Ordnung und Sauberkeit sehen es die Iraner nicht so eng. Für Männer und Frauen gab es oft nur eine gemeinsame Toilette, eine Dusche und ein Handtuch. Hygiene kostet extra. Die Dusche war abgesperrt und wurde nur auf Bitten aufgeschlossen. Im Lauf der Reise geriet auch mein Haarschnitt etwas aus der Form. Vergeblich suchte ich nach einem Friseursalon für Frauen. Ein Iraner bestätigte meinen Verdacht, dass so etwas nicht existiert. Die Haare werden den Frauen zu Hause geschnitten.

Die Esskultur war bescheiden im Iran - jedenfalls für uns, die wir auf Wirtshäuser angewiesen waren. Sie waren nicht leicht zu finden. Ein Mann schickte seinen Sohn mit uns, der schließlich auf eine Tür deutete. Wir zögerten.

»Das ist doch ein Werkzeugschuppen und kein Restaurant«, stellte Jutta sarkastisch fest. »Willst du da hineingehen?«

»Hast du was Besseres gesehen?«, erwiderte ich. »Wir müssen doch etwas in unseren Bauch kriegen.«

In der dunklen Kneipe war niemand zu sehen, bis ein Mann auftauchte. Er beantwortete die Frage nach Essen eher lustlos mit einem Kopfnicken und deutete auf einige schwarze Bottiche. Nach erstaunlich kurzer Zeit hatten wir Suppe auf dem Tisch. Jutta verweigerte nach einigen Löffeln.

»Nein, das ist nicht essbar! Lieber gar nichts als diese scheußliche Brühe.«

Mir schmeckte die Suppe auch nicht besonders, aber ich wollte etwas im Magen haben und löffelte den Teller aus. Als ich mir den Salat vornehmen wollte, rief Jutta: »Lass das stehen! Hast du nicht gesehen, wie der Bauer das Grünzeug angebracht und der Kellner es ungewaschen auf den Teller gelegt hat?«

Nachts rumorte es in meinem Bauch heftig, ich hatte Blähungen und besuchte ein paar Mal die Gemeinschaftstoilette. Vorher hatte ich das richtige Benehmen auf dem Abtritt lernen müssen. Es gab kein Klopapier, dafür einen dünnen Wasserschlauch für die linke Hand, die deshalb als die unreine gilt. Mit ihr darf nie ein Mensch berührt werden.

Um halb fünf am Morgen meldete sich der Muezzin. Völlig unausgeschlafen bereitete ich das Frühstück vor, bestehend aus Nescafé, Joghurt mit Haferflocken, Äpfeln, Apfelsinen und Bananen. Um neun hatten wir gegessen und waren startklar. Hinter uns lag eine billige Nacht für fünf Dollar - und so fühlte ich mich auch.

Ich war ziemlich geschwächt, ziemlich ›hautig beinander‹, wie wir in Bayern sagen. Meine Frau gab mir einige homöopathische Kügelchen in den Mund und ich vertraute darauf, dass sie helfen würden. Es waren ja ›nur‹ sechzig Kilometer. Doch sie würden schwer werden für mich, das wusste ich.

Die Landschaft war offener, aber wie schon seit Wochen mussten wir Bergrücken überwinden. In meinem Zustand empfand ich diese als viel länger und höher als sonst. Jutta war ganz ungewohnt in Front. Sie nahm mich in den Windschatten und wartete, wenn sie am Berg vor mir war. Ich blickte oft auf den Fahrradcomputer. Wenn ein Kilometer sehr lange dauerte, war das ein Zeichen für eine harte Phase. Ich trank in kurzen Abständen, bis alle Flaschen leer waren und fühlte mich noch genauso durstig wie vorher. In einer Abfahrt kam ich vor Schwäche fast zum Sturz.

»Jetzt musst du dich aber zusammenreißen, Junge!«, sagte ich mir.

Also aufpassen und noch mal ran! Doch ich konnte einfach nicht mehr. Wieder lag ein langer, nicht enden wollender Anstieg vor uns. Völlig erschöpft blieb ich stehen und sah mich um. Von hinten näherte sich ein Laster. Ich hielt die Hand heraus und er hielt tatsächlich an. Drei Männer kletterten heraus. Wir konnten ihnen verdeutlichen, dass wir mit unseren Rädern, Sack und Pack mitgenommen werden wollten. Meshkinshahr lag nur zehn Kilometer weiter. Sie nickten zustimmend und mussten erst einige Eisenstangen gesondert verstauen. Schließlich passten wir mit allem, was unser war, hinten drauf. Es war Maßarbeit.

Die Männer fuhren uns zu einem Hotel, direkt bis vor die Tür. Nach dem Abladen sah mich einer von den dreien an und bedeutete mir, dass er mir helfen wolle. Er hatte erkannt, dass es mir nicht gut ging. Er war klein, schlank und unterschied sich von den anderen durch helle Haare und einen hellbraunen, gut sitzenden Anzug. Seine Augen blickten besorgt.

Er sagte: »Pharmacy.«

Ich deutete auf meine Frau: »She is a doctor.«

Das verstand er. Nach einer Stunde kamen die drei noch einmal zurück und boten uns erneut ihre Hilfe an. Aber ich hatte volles Vertrauen in meine Jutta; sie würde mich schon wieder hinkriegen.

Der Gang zu den Zimmern war mit ockerfarbenen Fliesen in Schachbrettmuster angelegt. Im Zimmer lagen zwar nur schmutzige Teppiche, aber wir mussten die Schuhe trotzdem vor der Tür ausziehen. Im Raum standen vier Eisenbetten, deren Lattenrost aus geflochtenem Metall bestand. Darauf lagen durchgelegene Schaumgummimatratzen. Das Betttuch war grau statt weiß. Gerhard hatte nur einen Wunsch: Er wollte sich hinlegen. Sein Darm hatte sich inzwischen mehrmals entleert. Bald schlief er ein. Ich setzte mich auf eines der freien Betten, das am Fenster stand, schaute dem munteren Treiben auf der Straße zu und dachte: Ich kriege gleich die Krise. Wieder Gemeinschaftsdusche, wieder Gemeinschaftsklo, da versiegt jedes menschliche Bedürfnis.

Am nächsten Morgen - mir ging es ein wenig besser - standen wir mit vielen anderen Menschen vor einer Backstube nach frischem Fladenbrot an. Vom Freien aus konnte man zusehen, wie der Teig ausgewalzt, zur Fladenform mit dickem Außenrand geformt und in den Ofen geschoben wurde. Schon nach wenigen Minuten konnte der frische, heiße Fladen wieder herausgeholt werden. In einer anderen Backstube wurde der gleiche Teig auf heiße Steine geworfen. Nach dem Herausholen hängte man dort die Fladen an einer Wand auf, um die im Brot eingegrabenen Schottersteine mit einem Stock herauszuschlagen. Vor der Backstube waren Gitterroste aufgestellt. Kunden legten dort die frischen und noch sehr heißen Brote zum Abkühlen hin. Wir waren als Käufer noch nicht ganz an der Reihe, als uns eine Frau in akzentfreiem Deutsch ansprach. Sie war von einem Passanten herbeigeholt worden, der ihr diese zwei Japaner oder Franzosen zeigen wollte, die dort nach Brot anstanden.

Nina war eine schöne Frau mit dunklen Augen und den tiefschwarzen Haaren einer Kurdin, einem ebenmäßigen, ovalen Gesicht und einer femininen, weichen Stimme. Sie hatte ihre zwei Töchter und den zweieinhalbjährigen Sohn dabei, den sie auf dem Arm trug. Zunächst wollte sie mit uns Brot kaufen, doch als es heftig zu regnen begann, sagte sie spontan: »Wir fahren zu uns nach Hause«, und lud uns alle in ein Taxi.

Hinter einem massives Eisentor verbarg sich ein hübscher, kleiner Vorgarten. Dahinter lag das Haus, in dem uns wohlige Wärme empfing. Ich hielt meine kalten Hände über den Ölofen - das tat gut! Welch eine glückliche Fügung. Ich fühlte mich sofort besser und lehnte mich in einem bequemen Stuhl zurück. Die Töchter, zwölf und acht Jahre alt, besorgten Brot und kochten eine Suppe.

Nina hat achtzehn Jahre lang in Berlin gelebt. Als Erzieherin hatte sie dort in ihrer Freizeit viel mit Kindern von türkischen Gastarbeitern zu tun. Ihr Mann, ein Ingenieur, hat ganze 24 Jahre in Berlin gelebt. Ursprünglich kamen beide aus Teheran. Hier in Meshkinshahr wollten sie nur für zwei Jahre bleiben, weil Ninas Mann ein Entwicklungsprojekt zur Wärmegewinnung aus vulkanischer Erdwärme leitete - ein bemerkenswerter Ansatz, der von einer weitsichtigen Energiepolitik für die Zeit nach dem Öl zeugt.

Unweit von hier ragt der mächtige Gebirgsblock des Sabalan empor, gekrönt von einem spitzen Vulkankegel. Ganz in der Nähe hatte man heiße Quellen gefunden, die uns Nina am nächsten Tag zeigen wollte. Sie freute sich sichtlich, nach vielen Jahren mit Deutschen sprechen zu können und erzählte uns aus ihrem Leben. Nur ab und zu mussten wir ihr dabei mit einigen Wörtern aushelfen.

Die Menschen, die hier leben, seien eigentlich keine Iraner, erzählte sie, sondern Türken, die ihre eigene Sprache sprechen. Die Menschen seien tief religiös und lebten auch streng danach.

»Aber Meshkinshahr ist das Ende der Welt«, meinte sie.

Ich fragte, warum die Frauen so verhüllt sein müssen.

»Das schreibt der Koran vor.«

»Aber welcher Gedanke steht dahinter?«

»Das ist eben so. Vor allem auf dem Lande.« In Teheran dagegen sei vieles lockerer.

Und dann versuchte sie uns zu erklären, dass die Frauen in der Familie weitgehende Rechte haben. Traditionell sei die Frau die Herrin des Haushaltes. Die Frauen lassen sich von ihren Männern mit Schmuck und kostbaren Kleidern beschenken und geizen in den eigenen vier Wänden auch nicht mit körperlichen Reizen.

»Warum sind sie nach achtzehn Jahren zurück in ihre Heimat gegangen?«

Nina machte uns auf die Probleme der bei uns lebenden Türken aufmerksam, wo die Angehörigen der nachkommenden Generation sich oft weder als Deutsche noch als Türken fühlen.

»Das wollte ich meinen Kindern ersparen.«

Zurück im Hotel wartete man schon auf uns. Die Polizei! Die Polizisten stellten nicht nur uns Fragen, auch Nina statteten sie einen Besuch ab. Als Frau dürfe sie uns nur tagsüber als Gäste bei sich haben. Wir hatten bereits gepackt, weil wir ursprünglich in ihr Gästehaus hatten umziehen wollen. Ins Hotel mochten wir nun auch nicht mehr zurück. Also radelten wir los.

Noch eine Rast, ich hatte sie nötig. Ich fühlte mich immer noch schlapp und spürte es in meinem Magen rumoren. Jutta wollte nur Wasser kaufen und dann weiterfahren. Doch ich ging in das kleine Lokal hinein und der Wirt trug Brot, Käse und Wabenhonig auf.

»Der Honig wird dir gut tun«, meinte Jutta.

Ich muss Mitleid erregend ausgesehen haben, denn der Wirt wollte partout kein Geld von uns nehmen. Als ich wieder auf dem Rad saß, kam ich mir vor wie in der Schlussphase eines Marathonlaufes, eines Hundert-Kilometer-Laufes oder eher noch wie gegen Ende eines ›Ironman‹. Ich mobilisierte alles, was in mir war und musste mich zusammenreißen, nicht aufzugeben. Jutta kämpfte mit mir im Schlepptau energisch gegen den immer stärker werdenden Wind an. Die letzten zehn Kilometer zogen sich endlos hin.

»Ich mag nicht mehr«, rief nun auch sie.

Offensichtlich war sie ebenso mit ihren Kräften am Ende wie ich. Außerdem nahmen die Regenwolken immer bedrohlichere Ausmaße an und verbreiteten Düsternis. Unter Aufbietung der letzten Kräfte ging ich in Front. So schafften wir die letzten Kilometer gemeinsam. Unglaublich erschöpft, aber glücklich und auch stolz auf diese Leistung erreichten wir den nächsten Ort.

Am nächsten Morgen schliefen wir in dem ruhigen Hotelzimmer lange aus und machten erst am Nachmittag unseren Rundgang durch die Straßen. Das Angebot hier war auf die bescheidenen Bedürfnisse der Menschen ausgerichtet. Immerhin entdeckten wir einen Friseur zwischen all den anderen Geschäften.

»Da musst du hinein, so wild, wie du ausschaust«, meinte Jutta. »Aber frag vorher nach dem Preis.«

»Ach was, so teuer kann das nicht werden.«

Als ich mich plötzlich so groß im Spiegel sah, war ich schockiert. Abgemagert, faltig, um Jahre gealtert. Was, diese ausgemergelte Gestalt will um die Welt radeln?! Wie soll das gehen? Ich sah ein, dass ich einen weiteren Ruhetag bitter nötig hatte.

Der Friseur, ein junger Mann, nahm sich viel Zeit. Er stutzte meinen Bart, rasierte ihn aus und schnitt mir die Haare, so noch vorhanden. Als ich bezahlen wollte, wehrte er ab. Als ich ihm einige Scheine vor die Nase hielt, hob er beschwörend die Hände vor die Brust und verneigte sich. Wie stand mir diese Ehre zu? War es die Referenz vor meinem Alter oder wurde ich gar für einen Geistlichen gehalten?

Einige Tage später erfuhr ich, dass ältere Männer mit grauen Bärten im Iran oft Wissenschaftler, Religionsführer oder hohe Geistliche waren. Der Staatsgründer und Revolutionsführer Khomeini, der jetzige Präsident Chatami und das religiöse Oberhaupt Chamenei waren mit diesen Bärten überall auf großen Plakatwänden, in Büros oder Hotels zu sehen.

»Du siehst, das Alter bietet auch Vorteile«, sagte ich übermütig zu meiner Frau.

»Für die Moslems siehst du altehrwürdig aus«, erwiderte sie und ergänzte: »Für mich bist du aber immer noch mein kleiner Löwe aus Afrika.«

Wenn sie mir diesen Vergleich zuruft, ist das ebenfalls eine hohe Stufe der Zuneigung. Den kleinen Löwen, mit dem sie mich da vergleicht, hatten wir in Swakopmund in Namibia gesehen. Das Bild an der Wand des kleinen Hotels habe ich noch in guter Erinnerung. Sie stand davor und sagte: »So siehst du aus mit deinen zerzausten Haaren.« Sie meinte die wenigen Haare, die mir noch geblieben sind.

Im grünen Norden des Iran

Als wir unsere Räder wieder anschoben, brannten wir beide auf Neues. Ich fühlte mich inzwischen wie neu geboren. Meine Frau hatte mich aufgepäppelt. Die letzte Etappe im Hochland lag vor uns. Das Kaspische Meer war unser Ziel, vierzig Meter unter dem Meeresspiegel.

Doch zuerst mussten wir, wie schon so oft, eine steile, endlose Bergstraße hinaufradeln. Auf der anderen Seite des Scheitelpasses blickten wir plötzlich auf ausgedehnte Laubwälder in üppigem Grün. Oben standen noch halbhohe Bäume, weiter unten hatten wir richtig dichten Laubwald um uns. Wir waren hellauf begeistert. Genau danach hatten wir uns schon wochenlang gesehnt! Die Straße wand sich zwischen den Bergflanken hinab, nur Teile der Serpentinen waren zu erkennen. Wir genossen eine traumhafte Abfahrt über 1700 Höhenmeter. Einige Male hielten wir während der Abfahrt an, damit die Bremsen nicht heiß liefen.

Oben waren wir mit doppelter Windbekleidung, Handschuhen und Mütze losgefahren. Allmählich nahm die Temperatur aber immer mehr zu und wir konnten unsere Wintersachen wieder wegpacken. Überall grünte und blühte es. In nur einer Stunde waren wir aus dem winterlich kalten Hochland im Frühsommer angekommen und die wohlige Wärme der Sonne umfing uns. Seit Deutschland hatten wir uns auf solche Temperaturen gefreut!

Nach gut 25 Kilometern genüsslicher Talfahrt blickten wir auf eine endlose, bleierne Fläche, das Kaspische Meer.

Es war gerade eine wichtige Zeit für die Feldbestellung angebrochen. Maschinen wurden nur zum Aufreißen der nassen, lehmigen Erde eingesetzt. Das Aufschichten der schmalen Dämme zur Regelung des Wasserzulaufes war schwere Handarbeit. Die Reispflanzen wurden unter Plastikabdeckungen gezogen und in Büscheln zum Pflanzen vorbereitet. Das klassische Bild vom Reisanbau waren Frauen beim Pflanzen. Sie standen nebeneinander im Sumpf und setzten blitzschnell die Pflanzen in exakten Abständen, immer in der gleichen Beugehaltung.

Die Menschen hier unten waren anders. Sie waren offener als oben in den Bergen. In Astara, der Grenzstadt zu Aserbaidschan, sprachen uns auf dem Basar einige Händler in Russisch an. Das Warenangebot war reichhaltiger und auf einem höheren Qualitätsniveau als oben im Hochland. Die Küstenstraße war aber auch stärker befahren als die einsamen Bergpisten. An der Küste, an der die Dörfer und Städte in nun viel kürzeren Abständen auftauchten, wurden wir von allen Seiten gegrüßt und im Vorbeiradeln auch beklatscht. Einige Male hielten wir und nahmen eine Einladung zum Tee an.

Ein junger Mann hatte uns aus seinem Auto angesprochen und wollte uns zwei Kilometer weiter in seiner Gaststätte empfangen. Dort stand er an der Straße und winkte heftig. Sein Restaurant war eine Gartenlaube unter Bäumen, recht idyllisch für die warme Jahreszeit. Auf dem Tisch standen einige Wasserpfeifen. Wir sollten auf dem Teppich sitzen. Der Vater servierte Tee. Er war Fischer und Reisbauer, nebenbei betrieb er noch das »Sommerrestaurant«. Er hatte zehn Kinder, die alle verheiratet waren. Die Jüngste, die noch studiert, kam eben dazu.

Ich dachte wieder einmal: Wie sieht die Zukunft dieser vielen jungen Leute aus, werden sie Arbeit finden?

In Lahijan stießen wir durch einen Zufall auf Hussein. Er hatte uns mit den Rädern in der Stadt ankommen sehen und ging auf uns zu. Spontan fragte ich ihn: »Sind Sie Deutscher?«

In perfektem Deutsch antwortete er: »Wie kommen Sie darauf?«

»Ich würde Sie für einen Norddeutschen halten. Sie sind groß, sportlich, schlank.«

»Ich bin Iraner, lebe aber seit Jahrzehnten im Rheinland und habe eine deutsche Frau«, antwortete er.

»Das ist ja ein Glücksfall für uns. Haben Sie Zeit, uns einiges über den Iran zu erzählen?«

»Ja, die habe ich, heute und morgen. Kommen Sie doch mit zu einer Wanderung in die Teeberge. Wir wollten in einer halben Stunde losgehen.«

Mit einem nach Zustimmung heischenden Blick hinüber zu meiner Frau antwortete ich: »Da wollen wir gern dabei sein. Wir haben zwar heute schon 120 Radkilometer hinter uns, aber diese Einladung können wir nicht ausschlagen.«

Hussein stellte uns seinen Bruder, seine Schwägerin und seine Schwester vor. Sie begrüßten uns herzlich, staunten und lobten uns, weil wir auf dem Fahrrad in ihr Land gekommen waren. Wir freuten uns auf die Fußwanderung, noch dazu in der Gesellschaft kundiger Menschen, die Deutsch sprachen - was wollten wir mehr?

Es wurde eine stramme Wanderung, bergauf, bergab, bis zum Sonnenuntergang noch dreieinhalb anstrengende Stunden. Wir stiegen steile Stufen zu einem Plateau nahe der Stadt hinauf, einem beliebten Aussichtspunkt. Dutzende Mädchen und junge Frauen kamen uns entgegen, die in ausgelassener Stimmung waren und uns auf Englisch Grüße zuriefen. Inzwischen hatten wir uns daran gewöhnt, dass die jungen Frauen ihre schwarze Kleidung nicht als Büßergewand empfinden.

Für den Teeanbau auf dem Plateau ist Lahijan berühmt. Wir wanderten durch die grünen Teefelder, die sich zu beiden Seiten des schmalen Bergkammes über weite Flächen ausdehnen. Die Teestauden sahen aus wie kurz gehaltene Büsche. Sie werden gut 25 Zentimeter hoch, nie gedüngt und nicht gewässert. Diese besonders robuste Staude liefert hier unter idealen Bedingungen über viele Jahre Teeblätter. Wir sahen den emsigen

Pflückern bei der Handarbeit zu. Ein Stück weiter lagen die gepflückten Blätter auf großen Tücher aufgehäuft. Dort wurden sie auch gewogen und in Säcke gestopft.

Natürlich wollten wir diesen Tee nun auch kosten. Ein alter Bauer winkte uns zu seinem Haus heran und lud uns zu einem in Handarbeit präparierten Tee ein. Die Bäuerin knetete die grünen Blätter bis zur blaugrauen Verfärbung. Nach eineinhalb Stunden beginnt die Trocknung, die in den verschiedenen Phasen acht Stunden dauert. Dann können die schwarzen Blätter aufgegossen werden. Wir kosteten den Tee mit Andacht, steckten zuerst ein Stück Würfelzucker in den Mund und schlürften den Tee darüber, wie es hierzulande üblich ist. Oft kamen wir in Konflikt, wenn uns am Nachmittag eine Einladung zum Tee angeboten wurde; die anregende Wirkung störte uns abends beim Einschlafen, manchmal selbst dann, wenn wir hundemüde waren.

Wir blieben zwei Tage in der Gesellschaft unserer neu gewonnenen iranischen Freunde. Hussein und sein Bruder erzählten uns viel, auch von ihrem persönlichen Schicksal. Beide verfügten über breites Wissen in der Geschichte Persiens, des Islams, in Wirtschaft und Politik.

Hussein war zum Medizinstudium nach Deutschland gegangen. Später wollte er als Facharzt für Urologie gemeinsam mit seiner deutschen Frau und den zwei Kindern in den Iran zurück und geriet dabei in die Mühlen des Geheimdienstes unter dem damaligen Schah-Regime, wo er demütigende Verhöre über sich ergehen lassen musste. Er gab sein Vorhaben, in seiner Heimat zu praktizieren, zunächst nicht auf und stellte sich einige Monate später erneut den Behörden. Nur konnte er keinen Nachweis für die Loyalität zum iranischen Regime erbringen. Also kehrte er nach Deutschland zurück.

Zum ›Glück‹ hatte, wenn man so will, Husseins deutscher Chefarzt in der Nazizeit hnliches durchgemacht und ließ ihn in der Klinik weiterarbeiten. Bald darauf eröffnete Hussein seine eigene Praxis, die er verkaufte, als er 55 Jahre alt wurde. Seither war er häufiger zu Besuch in seinem Heimatland, wo er ursprünglich Sportstätten finanzieren wollte. Als er den erbärmlichen Zustand der Schulgebäude sah, entschloss er sich, zusammen mit seinen Geschwistern das elterliche Erbe zur Finanzierung von zwei neuen Schulhäusern einzusetzen. Eines war zur Zeit unseres Besuchs gerade im Bau.

Der Iran müsse seine internationalen Beziehungen verbessern und Voraussetzungen für Investitionen aus dem Ausland schaffen, betonte

Hussein. Die Europäische Union, insbesondere Deutschland, müsse eine aktivere Politik auf wirtschaftlicher Ebene betreiben und das Feld nicht nur den USA und Russland überlassen.

Wir erfuhren auch, dass sich die iranische Bevölkerung in den zwanzig Jahren seit der Revolution von 35 auf siebzig Millionen Menschen verdoppelt hat. Empfängnisverhütung wird nicht nur geduldet, sondern stark gefördert, und das in der streng konservativen islamischen Republik.

Auf meine Frage, ob er schon in Mekka gewesen sei, antwortete Hussein mit einem Zitat aus dem Koran: »Gehe nicht nach Mekka, solange dein Nachbar hungert.«

Im Iran gibt es offenbar eine große Mehrheit für die Lockerung der strengen religiösen Vorschriften. Dazu tragen wie in Husseins Fall auch die individuellen verwandtschaftlichen Beziehungen nach Europa und in die USA bei. Die meisten gebildeten und an der Weltpolitik interessierten Iraner hören westliche Radiosender. Deutsche Technik hat einen ausgezeichneten Ruf. Schon vor hundert Jahren haben deutsche Ingenieure im Iran Brücken und Tunnel errichtet.

Später interviewte uns auf Husseins Initiative hin ein Zeitungsreporter ausführlich. Die Frage nach dem Zweck unserer strapaziösen Reise musste natürlich kommen. Zum Schluss interessierte sich der Journalist für die Botschaft unserer Tour.

Ich sagte spontan: »Gegen Fanatismus und Intoleranz. Wir wollen zur Verständigung unter den Menschen, zur Überwindung von Misstrauen und Vorurteilen beitragen.«

Als wir einige Tage später im ersten Kreisverkehr in Gorgan anhielten, kam Karim von der gegenüberliegenden Seite angerannt, ganz so, als fürchtete er, zu spät zu kommen. Schnell drängte er sich bis zu uns vor und sprach uns in gut verständlichem Englisch an.

»Fahrt mir mit euren Rädern hinterher«, meinte er. »Ich fahre mit meinem Taxi voraus zu einem günstigen Hotel.«

Noch vor einigen Wochen hätte Jutta mit dem Verdacht, er wolle nur ein Geschäft machen, misstrauisch abgewunken. Doch wir waren im Iran immer wieder eines Besseren belehrt worden.

Die Hotelsuche gestaltete sich wider Erwarten langwierig. Wir wollten einen Ruhetag einlegen und suchten deshalb eine Bleibe zum Wohlfühlen. Karim blieb geduldig, als wir nach der zweiten Besichtigung noch zögerten.

»No problem, we will find another hotel.«

Wir fuhren im dichten Stadtverkehr dreizehn Kilometer hinter ihm her, was nicht ungefährlich war. Karim verabschiedete sich erst, als wir wirklich ein passendes Zimmer gefunden und den Preis ausgehandelt hatten.

»Ihr müsst unbedingt den Dschungel sehen«, meinte er. »Ich hole euch morgen um neun Uhr ab.«

Der Dschungel war uns auch schon von anderen empfohlen worden, also nickten wir zustimmend.

Karim war pünktlich am nächsten Tag.

»Was kostet die Fahrt?«, fragten wir ihn vor dem Einsteigen.

»No problem, das könnt ihr selbst bestimmen. Ich bin für euch da. Wenn ihr wollt, den ganzen Tag.«

Karim war nicht gerade schlank, hatte graue Haare und ein dunkles Gesicht mit fülligen Pausbacken und gutmütigen Augen. Sein hellblaues Auto, das wir noch vom Vortag in guter Erinnerung hatten, war dreißig Jahre alt. Die Tür auf der Beifahrerseite ließ sich nicht mehr öffnen. Karim musste an zwei Stellen kräftig rütteln, damit sie überhaupt aufging.

Er erzählte unentwegt und war sichtlich glücklich, dass er seine Englischkenntnisse an uns ausprobieren konnte. Er hatte einen erstaunlich reichhaltigen Wortschatz, den er sich im Selbststudium erworben hatte. Das nötigte uns Respekt ab. Seinen Ansichten zur Weltpolitik, zu Umweltthemen und Religion konnten wir nur zustimmen. Er hasse den Krieg und das Militär, erzählte er, in die Moschee gehe er nur selten.

»Gott ist überall, ob Allah oder andere Götter.«

Unsere Nationalität beeindruckte ihn offenbar besonders. »Seid ihr wirklich echte Deutsche?«, fragte er immer wieder.

Wir fuhren hinauf in die Nebelsuppe des ›Dschungels‹, wie die Iraner den dichten, hier unter Naturschutz stehenden Wald nennen. In den vergangenen Tagen hatten wir zu unserer Rechten stets die gewaltigen Bergrücken im Blickfeld, immerhin achthundert Kilometer am Südufer des Kaspischen Meeres entlang. Die heimische Baumart, ein Baum mit Blättern wie die unserer Buche und einer platanenartigen Rinde, wächst nicht steil ins Holz, sondern verzweigt sich nach oben so stark, dass kaum Licht hindurchkommt.

Bei Nebelnässe kamen wir an einer Lichtung an, auf der Schüler Fußball spielten. Die dazugehörenden Lehrer kochten Tee. Sofort standen wir im Mittelpunkt und wurden in den von mir gar nicht sehr geliebten Schneidersitz genötigt. Und Karim drängte. Er wollte uns noch so viel zeigen.

Weit oben, wo sich der Wald noch einmal öffnete, bevor die Welt am steilen Bergkamm zu Ende war, lag eine dörfliche Idylle. Beim Geholper über Stock und Stein deutete Karim hinüber.

»Das ist mein Haus«, sagte er stolz.

Es war sicher nicht die beste Wohngegend und auch das Haus machte einen reparaturbedürftigen Eindruck. Ein schweres Eisentor öffnete sich vor einem Innenhof, in dem sein Auto gerade so Platz hatte. Rundherum hing Wäsche an den Leinen. Der achtzehnjährige Sohn empfing uns erwartungsvoll. Er zog uns die Treppe hinauf. Schuhe ausziehen, das war Pflicht im Iran. Wir kamen in ein Zimmer, das die ganze Breite des Hauses einnahm. Das Kostbarste und Dekorativste in den Wohnungen waren die Teppiche, auch in dieser. Ein großer Perserteppich füllte den ganzen Raum aus, alles spielte sich auf ihm ab. Wir mussten uns hinsetzen, natürlich im Schneidersitz. Karim saß uns gegenüber, legte die Hände zur Seite und sagte genüsslich: »Hier ist mein Heim, hier fühle ich mich wohl.« Die Nässeflecken an der Wand störten ihn nicht. Wir saßen gleichzeitig im Schlafraum. Das Bettzeug war nur in die Ecke gepackt.

Karims Ehefrau, eine Frau mit hübschem Gesicht und roten Pausbakken, trug das Essen auf. Der Sohn, der seiner Mutter half, entschuldigte sich, dass seine Familie nicht mehr zu bieten habe. Doch es war reichlich: der unvermeidbare Reis, Fleischspeisen und Salat. Etwas später gesellten sich noch zwei Töchter dazu, Studentinnen der Physik und Mathematik. Sie überreichten Jutta eine Rose. Die beiden sahen unter ihrem Kopftuch ausgesprochen lieb aus. Der stolze Vater übersetzte und sie schauten fasziniert auf uns - mehr auf Jutta als auf mich.

Sie wollten unsere Namen hören und fragten nach Beruf und Alter, dem Alter unserer Kinder und ob sie noch zur Schule gingen. Auch die Mutter schaute wohlwollend. Sie meinten, Jutta sähe aus wie dreißig. So ein Kompliment erregte natürlich auch meinen Stolz. So waren wir alle glücklich und guter Dinge, als uns Karim abends zu unserem Hotel zurückfuhr. War es ein Ausbruch seiner Gefühle, als er mir die dreißig Dollar zurückgeben wollte, die er am Nachmittag nur zögernd angenommen hatte? Geld sei ihm nicht so wichtig, meinte er.

Daran musste ich denken, als ich mich wieder an all die Warnungen vor dem Iran erinnerte. »Was, ihr traut euch in den Iran?«, wurden wir oft gefragt. »Kannst du das deiner Frau zumuten?«

Tatsächlich ging das öffentliche Meinungsbild von der Verfassung der islamischen Republik aus, die eine strenge Auslegung des Korans zum Gesetz erhebt und den Religionsführern ein Machtmonopol sichert. Das war auch das Problem für den im Volk relativ beliebten und recht weltoffenen Präsidenten Chatami. Die Mullahs können jedoch seine Gesetzesvorlagen unter Berufung auf die Verfassung kassieren. Deshalb sind verschiedene Gesetze noch immer gültig. Alkoholgenuss wird mit achtzig Stockschlägen bestraft, bei Ehebruch droht die Todesstrafe. Hinrichtungen durch Erhängen an einem Autokran sind öffentlich.

In den ersten Tagen unmittelbar nach unserer Einreise in den Iran schienen sich all die Vorurteile zunächst zu bestätigen. Der streng blickende Khomeini schaut nicht nur von jeder Zehntausend-Rial-Banknote herunter, er ist auch auf großen Postern abgebildet, auf Wandmalereien, Fotografien in den Läden, in Büros und damit allgegenwärtig. Die mit Kriegshelden bemalten riesigen Porträts wirkten fremd auf uns.

In dem kleinen Städtchen Shirvan fielen wir ganz besonders auf. Fast alle Frauen und Männer drehten sich nach uns um und sahen uns erstaunt an.

»Das ist doch kaum auszuhalten«, sagte Jutta, als wieder eine junge Frau direkt auf uns zukam.

Mit einiger Anstrengung brachte sie einige englische Wörter zusammen: »Come to my house.«

Sie und ihre Freundin schauten Jutta voller Begeisterung an. Aber Jutta zog mich weiter. »Komm, wir müssen einkaufen.«

Das Mädchen verstand unsere Ablehnung. Aber noch im Hotel hatte ich ihre enttäuschten Augen vor mir.

»Na gut, wir hätten mit ihr eine Verabredung für morgen treffen können«, meinte Jutta. Immerhin hatten wir einen Ruhetag vorgesehen.

Als wir am nächsten Nachmittag mit dem Aufarbeiten des Geschehenen beschäftigt waren, klingelte das Telefon. Das konnte nur ein fehlgeleiteter Anruf sein, dachte ich. Wer konnte schon wissen, dass wir hier waren? Nach dem dritten Klingeln nahm ich ab und hörte eine

Frauenstimme. Es war das Mädchen vom Vortag. Wieder konnten wir uns nur mühsam verständigen. Sie lud uns erneut ein und wollte ihre Adresse durchgeben. Hoffnungslos, bei den für uns so komplizierten Namen. Sie diskutierte mit jemandem im Hintergrund. Dann verstand ich, dass sie uns abholen wollte.

Jutta war zunächst nicht begeistert: »Du verfügst mal wieder über mich.«

Dann rief die junge Frau erneut an. Drei ihrer Brüder würden uns abholen und in wenigen Minuten beim Hotel sein. Es wäre sicher nicht anständig gewesen, wenn uns nur zwei Frauen abgeholt hätten.

Draußen kamen kurz darauf drei junge Burschen im Alter von vierzehn bis achtzehn angerannt. Ein Lachen überzog ihre Gesichter, als sie uns sahen. Diesen Burschen konnten wir uns ohne Zögern anvertrauen. Wild gestikulierend verfrachteten sie uns in ein herbeigewunkenes Taxi. Wir stiegen vor einem für diese Gegend auffallend dekorativen Haus wieder aus. In der Tür wartete das Mädchen, das so beharrlich um unseren Besuch geworben hatte. Sie war siebzehn Jahre alt. Vor allem ihre Augen unterschieden sie von den anderen Mädchen. Sie strahlten Klugheit und Durchsetzungskraft aus, was sie mit unserem Besuch nun ja all jenen bewiesen hatte, die sich auf dem Teppich um sie scharten. Wollte sie Emanzipation demonstrieren, obwohl sie eine gläubige Muslimin war, wie sie mir versichert hatte?

Ihre Eltern waren verreist, aber offenbar informiert und einverstanden mit unserer Anwesenheit. Die Wohnung, in die wir geführt wurden, war um einiges nobler als Karims Zuhause. Kostbare Teppiche in allen Räumen wirkten schon deshalb so dominant, weil keine Möbel darauf standen.

Es wurden unvergessliche Stunden. Drei junge Frauen bewirteten uns mit Obst, Tee und Kuchen. Später eröffnete uns einer der Brüder unter Zuhilfenahme eines Sprachlehrbuches, wir sollten hier übernachten. Das konnten wir nicht annehmen.

So hockten wir am Boden, zur Rechten die Mädchen, zur Linken die Buben. Und es wurden immer mehr. Pausenlos klingelte es an der Tür. Schließlich hatten sich etwa dreißig Jugendliche versammelt, einige kleinere Jungen waren auch dabei. Sie bemühten sich rührend um Verständigung. Die Mädchen an der Seite unserer Gastgeberin flüsterten ihr immer neue Fragen zu. Es waren wieder die von Herzen kommenden, persönlichen Fragen nach unseren Namen, dem Beruf, der Anzahl und dem Alter der Kinder, in welche Schule sie gehen. Als ich das Alter meiner Kinder nannte, fünfzig und siebenundvierzig, schauten sie zunächst verwundert und irritiert. Das war ja uralt! Da schob ich meine Enkel nach, fünfzehn und zwölf.

Ja, und wie heißen die?

Und so ging es weiter. Wir mussten in Hefte schreiben und fotografierten eifrig, genauso wie unsere Gegenüber.

Ich werde diese von Herzen kommende, wohlwollende Neugierde wohl nie vergessen, so wie ich die fünfzig Augenpaare der kurdischen Studenten in Erinnerung behalten werde. Wir waren für sie mit unserer körperlichen Anwesenheit wie ein aufregend offenes Fenster in die verschlossene Welt.

Jeden Tag erlebten wir ähnliche Beispiele persönlicher Zuwendung. Wir waren einfach eine Sensation. Aus den meisten Fahrzeugen wurde uns zugewunken, die Fahrer nahmen die Hand vom Steuer und klatschten, aus Schulbussen winkten uns Dutzende kleiner Kinderhände zu, an unserer Seite fuhren Mopedfahrer und alle redeten sie auf uns ein. Autofahrer beugten sich aus dem Beifahrerfenster zu uns herüber und steuerten unterdessen mit akrobatischen Verrenkungen ihr Fahrzeug. Da war es mir schon lieber, wenn sie auf offener Straße anhielten. Sie begrüßten uns mit Handschlag oder boten uns Obst an. Einer lud zum Mittagessen ein, ein anderer zum Abendessen. Bei vielen sollten wir unbedingt zu Hause wohnen.

Als wir eine der letzten kleinen Städte im Iran erreicht hatten, sah ich viele Körbe von frischen, goldgelben Orangen. Das kontrastierte farblich zu dem schwarzen Tschador der Frauen, die hinter den Obstkisten saßen. Es war eine Besonderheit, denn in den Läden wurden wir sonst ausschließlich von Männern bedient. Sofort waren wir von Menschen umgeben. Ich wollte einige Orangen kaufen. Da nahm ein Mann eine Plastiktüte, aus etwa zehn Körben der anbietenden Händler je eine Frucht und reichte mir den Beutel mit dem zustimmenden Lachen der Händler als Geschenk.

Als ich mich nach meiner Frau umsah, entdeckte ich eine riesige Menschenmenge mit den schwarz gekleideten Rücken der Männern und einiger Frauen. Zwei Taxis waren in die Traube eingekeilt und akzeptierten den kurzfristigen Verdienstausfall. Als ich mich durchgearbeitet und das Obst verstaut hatte, begann ich einfach, Hände zu schütteln und dabei das Rad anzuschieben, Jutta gleich hinter mir. So konnten wir den Kessel öffnen und winkten schnell noch, bevor wir in den Verkehr einbogen.

Noch vor der Grenze dachte ich mit Wehmut an die Menschen im Iran zurück. Daran, wie sie in den Wohnungen auf dem Teppich sitzend ein kaum zu überbietendes Wohlwollen und Interesse ausstrahlten, und an ihre traditionelle Gastlichkeit, die wir immer und immer wieder erfahren hatten. Wie viele Hände hatten wir geschüttelt - waren es hunderte? Und wie viele haben uns in den Straßen, Dörfern und Städten gegrüßt; respektvoll, freundlich, heiter? Alle waren dabei, Bauern, Hirten, junge Burschen auf Mopeds und Rädern, einfache arme Leute und gut gekleidete Intellektuelle. Wir oft wurden wir beschenkt und eingeladen: »Welcome to Iran.«

Die Iraner sind friedfertige und tolerante Menschen, ohne Spur von politisch motivierter Abneigung oder Hass. Auch nicht auf die USA oder deren Präsident George Bush. Aber sie leiden darunter, nach dem 11. September allesamt als potenzielle Terroristen verdächtigt zu werden. Sie leiden unter der internationalen Isolation ihres Landes. Und sie sind in Sorge, dass Bomben auch auf ihre Städte fallen könnten. Das Land hat mit rückläufigen Besucherzahlen zu kämpfen. Nur sehr langsam kommt der Tourismus wieder in Gang. In einem der Hotels waren wir seit den Anschlägen in den USA die ersten Ausländer.

Der 11. September habe die Welt verändert, es werde nichts mehr sein wie vorher, wurde damals verkündet. Ich bin überzeugt, nicht der Anschlag hat die Welt verändert, sondern die Reaktionen darauf; die Panikmache der Politiker und der Medien, die Ängste auch in den einsamsten Gebieten der Erde erzeugten. Warum sollten die Iraner nach dem 11. September für uns gefährlicher sein als zuvor?

Wir beide reisten in diesem Land sorgloser als in anderen Ländern, mit einem guten Gefühl. Immer durften wir mit Hilfe rechnen, ganz gleich, was uns zustoßen sollte.

Wie sagte noch unser Freund Hussein?

»Von der Gastfreundschaft der Iraner wird man schier erdrückt.«

KAPITEL FÜNF

SOMMERHITZE AUF DER SEIDENSTRASSE

Auf dem Weg nach Turkmenistan blieb uns nichts erspart. Bei einer Höhe von über 1600 Metern wähnten wir uns endlich auf dem Pass. Aber noch hatten wir fünfzig Kilometer bis zur Grenze vor uns. Die Straße führte durch eine sich stark verengende, spektakuläre Schlucht steil hinab. Ich jubelte: Eine so schöne Abfahrt hatten wir schon lange nicht mehr gehabt. Über eintausend Meter fuhren wir bergab! Aber der Hammer kam erst noch. Nicht nur einmal, sondern ganze drei Mal mussten wir hinauf und wieder hinab.

Völlig erschöpft erreichten wir den letzten Pass. Die Grenze lag ganz oben auf dem schmalen Bergkamm. Dort wurden wir von den freundlichen Grenzern abgefertigt. Ich blätterte in unseren Pässen und sagte nach einem Blick auf das turkmenische Visum: »Siebzehn Tage haben wir Zeit. Aber wir müssen früher über die nächste Grenze, weil wir Usbekistan spätestens am 15. Juni verlassen müssen.«

»Und dann wird es knapp in Kasachstan. Du willst ja auch noch nach Kirgistan, wofür wir noch gar kein Visum haben«, warf meine Jutta ein. »Immer diese Hetze, ich halte das nicht aus.«

»Denk doch mal positiv. Wir haben die Berge hinter uns. Bis Almaty wird es überwiegend flach sein.« Dann schob ich noch den freudigen Zuruf nach: »Jetzt rollen wir erst einmal genüsslich bergab nach Ashkhabad.«

»Ich glaub' das erst, wenn ich es sehe«, gab Jutta skeptisch zurück.

Wie Recht sie haben sollte! Nach zehn Kilometern trieb sich das Straßenband vor uns schon wieder hoch - fast bis in den Himmel. Da sollten wir hinauf? Ein harter Prüfstein für unsere mentale Stärke. Mit purer Verzweiflung kämpften wir uns hoch. Unsere Körper mussten die letzten Reserven angreifen. Aber dann endlich ging es wirklich nur noch abwärts in die warme Tiefebene, wo sich die Stadt zu unseren Füßen ausbreitete.

Auf dieser Tagesetappe erlebten wir innerhalb weniger Stunden krasse Gegensätze. Oben, in den abgelegenen Hochtälern des Iran, eingegrenzt zwischen den grandiosen Schluchten und Bergpässen, lebten Menschen wie im Mittelalter in Lehmhäusern und nutzten Esel als Reittiere. Die Stadt Ashkhabad dagegen, mit ihren verschwenderisch breiten Straßen, war eine Ansammlung hypermoderner Protzbauten.

Turkmenistan hat enorme Erdgasvorräte, die zwar erst bescheiden ausgeschöpft wurden, aber dennoch zur Verschwendungssucht verleiteten. Da wurden an einer Straßenfront vierzehn Prunkpaläste mit aufwändig zu pflegenden Parkanlagen errichtet. Ursprünglich sollten daraus Gästehäuser für internationale Konzerne werden, deren Investitionen man im Land erwartete. Die Architekten durften dafür ihre futuristisch-kühnen Ideen verwirklichen. Als die Investoren jedoch auch nach Jahren ausblieben, wurden aus den Gästehäusern Hotels. Nur eines davon war einigermaßen ausgelastet, aber auch alle anderen mussten unterhalten werden. Selbst für Laien war erkennbar, dass sich diese Bauten nie rentieren konnten.

Turkmenbashi überall

Der Staatspräsident, der eigentlich Saparmurat Nijazow heißt, hat sich zum Führer aller Turkmenen erklärt, zum Turkmenbashi, und ist in der Hauptstadt allgegenwärtig. Auf großen Postern an öffentlichen Gebäuden, Transparenten über der Straße und als Bildnis in allen Geschäften. Selbst in den kleinsten Dörfern war er präsent. Dabei hat Turkmenbashi das eigentlich nicht nötig. Zum Zeitpunkt unseres Besuchs saß er noch fest im Sattel, oppositionelle Bewegungen waren nicht erkennbar. Der Personenkult ist Turkmenbashis Versuch, sich vom einfachen Volk abzuheben. In den Darstellungen ist er unangreifbar, unfehlbar und mit überirdischen Kräften ausgestattet, geradezu Gott ähnlich. Ergeben sollen die Turkmenen zu ihm aufschauen. Dieser kaum zu überbietende Personenkult sollte uns bis zur usbekischen Grenze begleiten. Als wir später aus der Stadt herausfuhren, konnten wir das volle Ausmaß einer Parkanlage erkennen. Eine riesige, vergoldete Statue des Führers war umsäumt von mindestens hundert Wasserspielen. Die Diplomaten in der Hauptstadt rätseln, wie es nach ihm weitergehen wird, denn der Dreiundsechzigjährige hat drei Bypässe und trägt ein deutlich erkennbares Übergewicht mit sich herum.

In einer der noblen Hotelburgen konnten wir einen Sonderpreis aushandeln und genossen den Komfort nach den vorausgegangenen Billigunterkünften. Nach wochenlangen Reismahlzeiten aßen wir zur

Abwechslung Spaghetti und tranken dazu das erste Bier nach zwei Monaten! Es war ein Festival des Gaumens.
Nicht lange, nachdem wir uns zum Schlafen niedergelegt hatten, jammerte Gerhard über unerträgliche Muskelkrämpfe, die nicht nachließen. Rasch verpasste ich ihm eine doppelte Dosis Magnesiumtabletten und Mineralien. Mir wurde ganz bange um ihn, denn er verlor sogar für einige Sekunden das Bewusstsein. Gegen die starken Krämpfe bekam er zusätzlich noch ein homöopathisches Mittel. Die Sorge um meinen Mann ließ mich lange nicht einschlafen. Immer wieder kontrollierte ich seine Atmung. Am nächsten Morgen waren die Beschwerden wie weggeblasen.

Dass es nun mit den kühlen Tagen für Monate vorbei sein würde, spürten wir schon am nächsten Tag, als wir bei 35 Grad Celsius weiterradelten, zunächst noch durch grünes Ackerland. Doch recht bald wurde alles gelb und trocken. Die Bergrücken zur Rechten verschwanden im gelben Dunst. Zu dieser wüstenhaften Landschaft passten auch die ersten Kamele am Straßenrand.

Die ungewohnte Hitze und der kräftige Gegenwind kosteten uns viel Kraft. Doch statt Kühlung brachten die Böen heiße Backofenluft. Jutta fuhr vorn, sie kämpfte tapfer und übernahm die schwere Aufgabe des Führens und ›Windbrechens‹. Mehr als fünfzehn Kilometer in der Stunde waren unter solchen Bedingungen nicht zu schaffen. Doch bald hatten wir unseren Rhythmus gefunden. Nach zehn anstrengenden Stunden und 142 Kilometern erreichten wir Kaakhka.

Ein unauffälliger Flachbau war die einzige Unterkunft im Ort. Die Tür war verschlossen. Eine Frau machte uns verständlich, dass bald jemand mit dem ›Kljutsch‹, dem Schlüssel, kommen werde. Also setzten wir uns in den Schatten und warteten. Gedankenverloren betrachtete ich das heruntergekommene Hotel.

»Ist diese verkommene Bruchbude überhaupt noch in Betrieb«, argwöhnte Jutta.

»Ja, ziemlich abbruchreif«, murmelte ich und hatte schon ein bescheidenes Privathaus im Auge, wo ich am liebsten angeklopft hätte.

Endlich erschien ein alter Mann. Er schloss die Tür auf und wir betraten das Haus. Hatte es schon von außen nicht den allerbesten Eindruck gemacht, so war das Innere eine noch unangenehmere Überraschung. Primitive Ausstattung waren wir inzwischen gewohnt. Dass es aber kein fließendes Wasser gab, weil die Installation völlig verrostet und noch dazu demontiert war, war eine neue Erfahrung für uns.

Ich fragte nach einer Dusch- oder Waschgelegenheit. »Njet«, die gab es nicht. Die Toilette war auf dem Hof. Im Bretterboden ein Loch, darüber rechts und links zwei Backsteine, auf die man sich stellen musste. Das Toilettenpapier, sofern man welches mitgebracht hatte, wurde nach Gebrauch in einen Papierkorb deponiert.
Das restliche Mineralwasser mussten wir rationieren. Zwei Bananen und Trockenfrüchte teilten wir für Abendbrot und Frühstück. Völlig verschwitzt legte ich mich in meinen Schlafsack, der für die Wärme viel zu heiß war. Ein dröhnender Fernseher und Kindergeschrei ließen mich nicht schlafen. Am Morgen stand ich gerädert auf.
Zum Abschied fragte mich die Wirtin: »Charascho?«, »War es gut?« Was sollte ich darauf antworten? Also sagte ich: »Da, da«, »Ja, ja«, obwohl in Wahrheit nur ein entschiedenes ›Nein‹ angebracht gewesen wäre.

Welch ein Kontrast zum Luxus in Ashkhabad. Und das nach nur einer Radetappe ins Landesinnere. Ein einziger Springbrunnen weniger in der Hauptstadt und wie viele Leitungen könnten hier wenigstens provisorisch repariert werden?!

Am nächsten Morgen besuchten wir den kleinen Dorfbasar. Das Angebot war sehr spärlich. Nur Tomaten, Gurken, Kartoffeln und Getreide, kein Frischobst.

Die jungen Turkmeninnen aber überraschten uns auf sehr angenehme Weise. Sie waren zierlich, schlank und auf dem Land trugen sie fast alle eine Tracht: ein tailliertes, langes Kleid mit umlaufenden bunten Bordüren und eine Haube in Brauntönen. Sie hatten hübsche, schmale Gesichter und strahlten uns an, die wir als Exoten in ihr entlegenes Dorf gekommen waren. Sie bewegten sich anmutig in ihren leichten Gewändern, lächelten ganz natürlich und grüßten freundlich zurück. Das wäre doch ein Mittelweg für den Iran, dachte ich. Es gab keine übertriebene Freizügigkeit, wie sie in den islamischen Ländern verpönt war.

Über das Dörfchen Dushak radelten wir nach Tedzhen, wo es zwar eine Herberge, aber keine Gaststätte gab. Hungrig suchte ich nach etwas Essbarem. Hilfe bekamen wir von einem Russen, der hier, mitten in der zu weiten Teilen bewässerten Wüste, die Getreideernte überwachte. Er hatte für sich und zwei Kollegen eine große, ausgesprochen lecker duftende Fischpfanne in der Küche zubereitet. Er sei Hobbykoch, machte er mir deutlich. Dann überließ er uns die halbe Pfanne und ließ keinen Widerspruch zu. Dazu brachte er einen großen Teller dampfender Pellkartoffeln, ein paar Gurken, Grünzeug und Brot. Wir waren gerührt. Ohne zu übertreiben: Selten habe ich so guten, in Gemüse gedämpften Fisch gegessen. Unser ›Koch‹ nahm keinen Pfennig - pardon, keinen Manat, aber das wäre noch weniger

Wir fuhren immer mehr in die Einsamkeit. Allmählich wurde mir schon richtig unheimlich. Waren wir vom Weg abgekommen? Wir machten uns Sorgen. Plötzlich tauchten vor uns einige Baracken auf. Eine Polizeikontrolle. Es war das erste Mal, dass wir uns über so einen, in unseren Augen völlig nutzlosen Kontrollposten freuten. Ja, bestätigten uns die Uniformierten, dies sei der richtige Weg nach Mary. Doch bevor wir weiterfuhren, setzten wir uns erst für eine Weile in den wohltuenden Schatten, wo mein Blick auf unsere Räder fiel. Mit ihrem schweren Gewicht und ihren breiten Stollenreifen zahlten wir zwar einen hohen Preis, weil wir langsamer vorankamen, aber sie hatten sich bisher als außerordentlich robust erwiesen. Alle paar Tage säuberten wir die Kette und ölten ein bisschen, das war alles. Die Rohloff-Nabenschaltung arbeitete ausgesprochen zuverlässig, ebenso die Hydraulik-Bremsen von Magura.

Auch mit dem Sitzen hatten wir keine Probleme. Immer wieder waren wir danach gefragt worden, aber ich hatte nie Beschwerden. Auf der ganzen Reise bis nach Hause saß ich komfortabel auf dem Rad. Das waren immerhin 1400 Stunden. Jutta hatte es zeitweise etwas schwerer. Später polsterte sie ihren Sattel mit einer gelhaltigen Auflage. Wichtig war der richtige Sattel, nicht zu breit, damit wir unsere Sitzpositionen nach vorn und hinten wechseln, das Gewicht auf die Pedale und nach vorn auf den Lenker verlagern und ab und zu das Gesäß aufrichten konnten. Nur ab und zu musste ich eine Falte meiner Hose glatt streichen. Dabei trug ich nie eine spezielle Radhose. Wenn es wirklich einmal irgendwo zwickte, legten wir eine kleine Pause ein.

Auf Flachstrecken vermissten wir die Aerolenker unserer Rennräder. Da kann man die Arme in bequemer Haltung vorn ablegen und hat weniger Angriffsfläche für den Wind.

Mein Albtraum war jedoch das Abreißen der Brems- und Schaltzüge. Da wären wir in der Tat aufgeschmissen gewesen. Wer hätte uns da helfen können? Deshalb waren wir beim Verstauen der Räder und beim Hochwuchten über Treppenstufen immer besonders vorsichtig.

In der Provinzstadt Mary legten wir zum Auftanken einen Ruhetag ein, denn wir hatten eine Wüstenstrecke von 180 Kilometern vor uns. Die Stadt war nicht sehr einladend, eine Ansammlung von Plattenbauten aus der Sowjetzeit, im Zentrum ein großer Platz mit verdorrenden Rasenflächen.

Nach über achtzig strammen Kilometern ereignete sich etwas für mich sehr Denkwürdiges. Bei einem Trinkstopp an der Straße sagten uns einige Leute, dies sei die letzte Möglichkeit zum Einkauf und zur Übernachtung. Nach fünfzig Kilometern käme nur noch eine Polizeistation und sonst nur Wüste. Spätestens hier wurde unser Radtourismus, der bisher immer ein greifbares Ziel hatte, zum nicht mehr übersehbaren Abenteuer. In diesem Sand zu nächtigen, konnte uns zwar nicht schrecken, aber wie würde es mit der Versorgung werden?

Unbedacht fuhren wir weiter. Plötzlich schoss es mir durch den Kopf: Wir haben zu wenig Wasser dabei! Was waren denn schon drei Liter? Mindestens fünf Liter musste jeder von uns an heißen Tagen haben. Bisher konnten wir Mineralwasser immer am Straßenrand nachkaufen. Aber in der Wüste? In diesem Moment sah ich in weiter Ferne vor mir ein Dach. Wir waren kaum heran, da war auch schon der Besitzer bei uns, gab uns zu trinken und schob mein Rad über einen schmalen Weg zum Haus hinüber. Wir sollten hier schlafen. Nachdem wir unsere Schlafsäcke ausgebreitet hatten, setzte sich unser Wirt zu uns und erzählte von anderen Radlern, die er hier schon hatte nächtigen lassen, zwei Franzosen und zwei Italiener.

»Da haben wir mal wieder Glück gehabt«, sagte ich später, als wir in unseren Schlafsäcken lagen. Direkt neben uns standen die Räder. Daneben hatten wir sechs große Wasserflaschen gestapelt.

»Ganz geheuer ist mir das nicht. Wir sind hier ganz allein«, sagte Jutta.

Der Wirt und seine Familie hatten sich längst verabschiedet. Sie schliefen im abseits der Straße gelegenen Dorf.

»Heute Nacht kommen noch weitere Gäste«, sagte Jutta.

»Aber wir müssen sie nicht hereinlassen, sie schlafen draußen«, versuchte ich sie zu beruhigen. »Was mir Sorgen macht, ist der warme Wind morgen - von der falschen Seite.«

»Was soll das, willst du mir Angst machen? Jetzt ist aber Schluss!«

Noch in der Morgendämmerung zogen wir los. Ohne Frühstück. Ein Fehler, wie sich zeigen sollte. Beide spürten wir sehr bald, dass wir nicht in Topform waren. Gelbe Sanddünen mit dünnem Strauchwerk dazwischen bildeten die trostlose Kulisse für einen unserer härtesten Radtage. Selbst die Straße war zum Teil vom Sand verweht. Wir kämpften, schwitzten, fluchten - und kamen schließlich doch an; um eine wichtige Erkenntnis reicher: Ausreichend Wasser - wir hatten gerade einmal neun Liter dabei - ist lebensnotwendig und nutzt doch nicht viel, wenn man nicht entsprechend mit Kohlehydraten versorgt ist.

Die Armut und Schlichtheit auf dem Land erleben wir hautnah. Im Übermaß waren nur Polizeikontrollen vorhanden. Für den Fall, dass man vermisst wird, ist wenigstens klar, wo man das letzte Mal gesichtet wurde. Auf dem Weg in die nächstgrößere Stadt erfuhren wir intensiv, was Wüste heißt. Einsamkeit, Weite, unvorstellbar heißer Gegenwind. Abwechslung boten nur die gelegentlich vorbeifahrenden Autos. Erschwerend waren die hundert Mal geflickten Straßen.
In Cargev, der letzten Stadt vor der Grenze, beginnt das Leben mit dem Sonnenuntergang. Dann blüht der Straßenhandel. Frauen bieten Brot an, das sie zum Warmhalten in Decken schlagen und in Kinderwagen transportieren. Auch selbst gebackene Kuchen und Teigtaschen werden verkauft. Inzwischen habe ich mir abgewöhnt, Gedanken daran zu verschwenden, ob und wie hygienisch das alles ist.

Am Grenzbaum warteten sie schon auf uns. Vor der Passkontrolle sollten wir ein Ausreisezertifikat ausfüllen, natürlich in russischer Sprache. Dafür brauchten wir Hilfe, und die ließ lange auf sich warten. Alles wurde fein säuberlich zweimal in Bücher übertragen, das Zertifikat zweimal gestempelt. Für die Passkontrolle warteten wir eine kleine Ewigkeit auf den zuständigen Beamten. Und wir waren noch immer bei der Ausreise, beobachtet von Dutzenden Polizisten, Soldaten und Beamten, die sich alle ziemlich wichtig vorkamen, wichtiger als wir. Aber die wenigsten hatten tatsächlich etwas zu tun.

Dann schoben wir unsere bepackten Räder, die nicht kontrolliert wurden, hinüber zur anderen Seite. Die usbekischen Beamten waren genauso korrekt und dabei nur ein klein wenig sympathischer. Wir mussten über einen kurzen Teppich aus Holzspänen gehen, offenbar aus hygienischen Gründen. Dann bat mich ein Englisch sprechender, freundlicher Mann in seine kleine Kabine, schloss die Tür und sagte, er mache nun eine ärztliche Kontrolle. Das war schnell erledigt. Er starrte nur auf meinen Pulswert. Ich sagte ihm, meine Frau sei Doktor und alles sei in Ordnung. Dann wurde uns ein Vordruck für die Einreise in die Hand gedrückt. Diesmal schafften wir das Ausfüllen selbst. Anschließend taten einige Beamte ihre Pflicht. Sie sahen sämtliche Papiere durch, setzten ihre Namen darunter und einer drückte einen kleinen Stempel drauf, den er flink aus der Tasche zog. Das alles in vierfacher Ausfertigung und mit den entsprechenden Eintragungen in Bücher. Ein völlig unnötiger, bürokratischer Aufwand, der aus der Sowjetzeit übernommen und später offenbar noch ausgebaut wurde.

Nach nur zwei Kilometern wurden wir wieder von Polizeibeamten gestoppt, diesmal zu unserem Glück. Unser Grenzbeamter hatte versehentlich unser Zollzertifikat aus den Pässen genommen, ein gestempeltes Papier, das für die Ausreise sehr wichtig war. Uns blieb nichts anderes übrig, als zur Grenze zurückzufahren. Das alles kostete uns über zwei Stunden und wir hatten in der vollen Mittagshitze noch etwa hundert Kilometer bis Buchara vor uns. Die Hitze forderte unsere Reserven; unsere Reifen blieben im aufgeweichten Teer in den von den Lastwagen eingegrabenen Furchen kleben.

Nach zwei Stunden fielen wir vor Erschöpfung fast vom Rad, die Anstrengung war einfach zu groß. In einem Restaurant fragte ich nach einer ›Gastiniza‹, einer Herberge auf der Strecke nach Buchara. Die Wirtin schaute auf die vor Hitze flimmernde Straße, dann in unsere Gesichter, nahm mich beim Arm und sagte etwas von ›Komnata‹ und ›Banja‹. Dann deutete sie nach rechts. Wir sollten ihr folgen.

Wir kamen an ein Eisentor, hinter dem sich ein großer, begrünter Hof verbarg. Von einer umlaufenden Pergola hingen üppig wuchernde Weinreben. Mit einer Stimme, die keinen Widerspruch duldete, rief die Wirtin nach ihren Söhnen. Die kamen schnell herbei und im Nu wurden wir in einen mit Vorhängen gegen die Hitze abgedunkelten Schlafraum geschoben. Unmissverständlich verordnete sie uns Schlaf für die nächsten Stunden. Vorher sollten wir aber noch in die ›Banja‹. Bei diesen Temperaturen!

Wir saßen einige Zeit in der Sauna, bis der Schweiß an uns herunterlief, und gossen uns lauwarmes Wasser über den Kopf. Und siehe da, als wir herauskamen, empfanden wir im Hof eine angenehme Kühle!

Der Mann unserer Gastgeberin war vor fünf Jahren im Alter von zweiundvierzig Jahren an einer Quecksilbervergiftung gestorben. Seine Frau vermutete einen Anschlag. Er war Ingenieur, Bürgermeister der Stadt und Parlamentsabgeordneter. Seine Frau zog nun die fünf Kinder im Alter zwischen fünf und achtzehn Jahren allein groß. Wir sollten sie allesamt im Laufe des Abends kennen lernen.

Der geruhsame Abend begann nach Sonnenuntergang unter freiem Himmel. Ein Podium, mit Teppichen und Sitzkissen ausgestattet, war im Hofraum aufgebaut, erreichbar über einige Stufen. Zwei Stunden tischte unsere Gastgeberin dort auf: Suppe, Kapusta - der russische Krautsalat - reichlich Kartoffeln, zwei verschiedene Fleischspeisen und zum Nachtisch Obst und Torte. Larissa hatte ein vollrundes Gesicht und war deutlich übergewichtig. Sie litt unter der Hitze anscheinend mehr als wir. Ihre gütigen Augen zeigten Erschöpfung und Müdigkeit.

Spät in der Nacht traf der älteste Sohn ein, der in Taschkent studierte, ein sympathischer junger Mann, der etwas Englisch sprach und sich um einen Studienplatz in den USA bewerben wollte. Ich legte ihm ans Herz, auf seine Mutter aufzupassen und dankbar zu sein. Die ließ es sich nicht nehmen, am nächsten Morgen um fünf Uhr im Restaurant ein Frühstück für uns zu bereiten. Das Geld, das wir ihr anboten, lehnte sie ab.

Nach weiteren achtzig Kilometern erreichten wir die alte, ehrwürdige Karawanenstadt Buchara. Die Strecke war hart genug. Wie froh waren wir im Nachhinein, dass uns Larissa am Vortag von der Weiterfahrt abgehalten hatte!

In Buchara blieben wir vier Tage. Wir fanden eine sehr behagliche Herberge in der Altstadt, nah am uns bekannten Laby-House und den Passagen unter den fünfhundert Jahre alten Maulbeerbäumen, in unmittelbarer Nähe der berühmten Bauwerke der Medrashas, Moscheen und Minarette. Doch so schön die Stadt auch war, ich konnte sie nicht richtig genießen. Es hatte mich wieder erwischt. Mein Bauch rumorte heftig. Ich mochte gar nicht in die Stadt gehen und war dankbar, dass wir ein kühles Zimmer hatten. Den ganzen Tag lag ich so im Bett. Jutta meinte, sie sei eben zäh wie eine Katze. Doch am nächsten Tag war sie selbst dran, nur ging es ihr noch schlechter. Eigentlich hätten wir noch mindestens zwei weitere Tage bleiben sollen, um uns zu erholen. Ich machte mir deswegen Vorwürfe, als wir auf der nächsten Tagesetappe nur langsam vorankamen und uns die Sonne erbarmungslos einbrannte.

In der Hitze zog ich mir einen gewaltigen Sonnenstich zu. Mein Gesicht glühte und ich fror erbärmlich. Dankbar für einen kühlen Raum und ein Bett legte ich mich nach der Dusche erst einmal hin. Um Mitternacht wachte ich auf. Ich war glühend heiß und fror dabei. Mein Puls schlug bis zum Hals. Wegen der Tageshitze wollten wir um vier Uhr aufstehen. Als der Wecker anschlug, sah ich mich außerstande dazu. Doch ich überwand mich, denn in dieser Behausung wollte ich nicht bleiben.

Ich war in Sorge um Jutta. Aber sie wollte los und ich musste nun vorn fahren. Tapfer kämpften wir uns voran, mit häufigen Pausen. Eigentlich benötigte meine Frau Ruhe und Erholung. Die konnten wir aber erst in Samarkand erwarten, etliche Kilometer entfernt.

Die Beamten an der nächsten Polizeikontrolle waren glänzend aufgelegt. Sie starrten auf unsere Räder und fuhren dann einige Runden - ziemlich wackelig, aber immerhin ohne hinzufallen. Ich hatte natürlich einen Hintergedanken dabei. Sie erkannten sofort, dass meine Jutta schlecht drauf war. Ich sagte: »Avtobus?«

Ja, das hatten sie verstanden und diskutierten nun aufgeregt miteinander. Jutta meinte genervt ob des übermütigen Treibens: »Komm, wir fahren weiter.«

Ich antwortete: »Lass uns noch warten, wir haben hier eine Chance.«

Da kam auch schon ein Kleinbus angerollt, hinter dessen grünen Sitzen sich ein Laderaum verbarg, für uns wie geschaffen.

Aber als ich auf den Fahrer zugehen wollte, hielt mich ein Beamter zurück. Das konnten sie besser arrangieren. Beim Verladen hatten wir viele helfende Hände. Ich musste nur noch einige Abschiedsfotos von den lachenden Soldaten machen und schon fuhren wir gen Samarkand. Zu Jutta sagte ich: »Und wenn du glaubst, es geht nicht mehr, kommt irgendwo ein Lichtlein her.«

In Samarkand kamen wir in einer Privatpension unter. Es war eine schöne Wohngegend mit schattigen Bäumen, welche die größte Tageshitze abhielten. Außerdem war der Straßenbasar gleich um die Ecke. Dort hockten Männer und Frauen in ihren bunten Trachten vor den unüberschaubaren Warenangeboten. Ein junger Mann wedelte unentwegt Fliegen von seinem Frischknochenhaufen. Viele boten auf einem kleinen Tischchen oder aus einem umfunktionierten Kinderwagen heraus exakt das Gleiche an wie der Nebenmann.

Wir besuchten die historischen Bauwerke am Registan Square, die so beeindruckenden wie berühmten Moscheen, Mausoleen und die drei Medrashas mit ihren mächtigen Portalen und den schmalen, steinernen Minaretten. Besonders eindrucksvoll waren sie am späten Nachmittag, wenn die tief stehende Sonne die prunkvollen Mosaikverkleidungen zum Glänzen brachte. Doch im Vergleich zu Buchara kam in mir eine leichte Enttäuschung auf. Dort waren die imposanten Bauwerke eingebettet in die historische Altstadt mit ihren schmalen Gassen. In Samarkand sind die historischen Attraktionen von profanen Bauten der Neuzeit eingegrenzt.

Da wir auf unserer Reise nur relativ selten auf berühmte Stätten stießen, die viel von Touristen aufgesucht werden, fiel uns das unterschiedliche Verhalten der Einheimischen an solchen Stellen besonders auf. »Tourismus verdirbt den Charakter«, stellte Jutta drastisch fest.

Wir kamen am späten Nachmittag in der historischen Altstadt an und bezahlten ein recht hohes Eintrittsgeld. Ein gut Deutsch sprechender junger Mann hatte uns dazu ermuntert und bot seine Dienste an - kostenlos, wie er betonte. Das machte uns misstrauisch. In solch touristischen Gegenden erwarteten wir keine uneigennützige Gastfreundschaft, wie wir sie in der Türkei und im Iran häufig erfahren hatten. Ziel war es meist, teure Andenken an den Mann zu bringen. Im Innenhof einer Medresse rezitierte unser ›Guide‹ mit monotoner Tonlage die Geschichte der Perser, die vor Jahrhunderten die Koranschulen errichten ließen. Nach zwanzig Minuten kam ein Aufseher und wies uns barsch hinaus. Die Besuchszeit sei abgelaufen und alle hätten das Gelände zu verlassen. Für unseren Begleiter war dies das Signal, uns in den erstbesten Andenkenladen zu führen. Wir schieden als Käufer freilich von vornherein aus, unsere Packtaschen waren schon schwer genug.

Aber auch in anderen Situationen fiel uns der Touristennepp auf. Vielleicht war es die Not, die einen Taxifahrer verleitete, von uns den fünffachen Preis zu verlangen? Nicht mit uns! Über die gängigen Taxitarife hatten wir uns vorher informiert. Wir gingen also hundert Meter weiter, hielten die Hand schräg nach unten und schon stoppte ein Auto. Wir boten einen angemessen Aufschlag zum Normaltarif.

Mit dem Taxi zu fahren, war auch für die Einheimischen kein Luxus. In allen größeren Städten auf unserer Route, von der Türkei bis zur Mongolei, konnten wir beobachten, wie die Leute an der Straße stehend das Handzeichen machten und stets mitgenommen wurden. Meist sind das Privatfahrer, die sich etwas dazuverdienen.

Seit Turkmenistan bewegten wir uns im russischen Sprachraum, doch unsere Russischkenntnisse waren äußerst bescheiden. Oft sind Sprachbarrieren ein Grund dafür, eine Pauschalreise zu buchen. Man muss sich um nichts kümmern. Da die Reiseleiter ihren Schützlingen oft das Gefühl vermitteln, ohne sie wären sie völlig hilflos, heißt es: den eigenen Willen ablegen und schön brav hinter dem Reiseleiter her, vom Flugzeug ab in den klimatisierten Bus und dann in die klimatisierte Hotelhalle, wo man sich auch nicht um die Koffer kümmern muss. Ein gemeinsames Mittagessen und schon kann das routinemäßige Durchschleusen durch die hochgepriesenen touristischen Attraktionen beginnen. Menschen aus den bereisten Ländern sehen die Urlauber auch manchmal, wenn abends Folkloretanz angeboten wird, der im Angebot enthalten oder gegen Aufpreis zu bewundern ist. Das war für uns eine Horrorvorstellung, so verwöhnt waren wir inzwischen vom individuellen Reisen.

Von Usbeken, Kirgisen und Kasachen

Ich war vom Durchfall geschwächt und so war die Fahrt nach Taschkent eher quälend als reizvoll. Die usbekische Hauptstadt liegt im nördlichsten Winkel des Landes, unübersehbar geprägt vom russischen Einfluss. Uns begegneten viele Frauen in Miniröcken und knapp sitzenden Kleidern. Es schien gewagt, wieviel Fleisch sie zeigten. Welch ein Gegensatz zu den schwarzen Tschadors der Iranerinnen!

Einmal wollten wir Reiseschecks gegen Dollar tauschen. Das war kompliziert. Wir fragten uns zu einem großen, modernen, mit viel Marmor ausgestatteten Bankgebäude durch. Dort passierten wir zwei Sicherheitsschleusen und waren schließlich drin - als einzige Kunden. Zwei freundlich lächelnde Mädchen nahmen uns in Empfang, berieten sich aber hektisch, als ich auf das Schild ›American Express Traveller Checks‹ deutete. Dann holten sie eine Englisch sprechende Kollegin. Diese telefonierte etliche Male und wollte uns letztendlich zu einer anderen Bank schicken. Doch ich konnte ihren Ehrgeiz wecken.

»Du spielst mal wieder deinen ganzen Charme aus, Mann«, bemerkte Jutta.

Mittlerweile hatten die beiden anderen in einem dicken Buch geblättert und endlich eine genaue Beschreibung der Reiseschecks gefunden. Mit der Lupe suchten sie nach Kennzeichen. Über vierzig

Minuten waren vergangen, als wir zur Kasse geleitet wurden und dort vor einer neuen Hürde standen. Die Kassiererin wollte nur höchst ungern an ihren Dollarschatz im Tresor. Sie schob die Schecks hin und her, doch dann hielten wir plötzlich die heiß begehrten Dollar in den Händen, obwohl wir noch nicht unterschrieben hatten.

Die jungen Bankangestellten waren sichtlich erleichtert, als sie den erfolgreichen Abschluss der Transaktion feststellen konnten. Inzwischen hatten sie auch an uns Gefallen gefunden. Die Englisch sprechende Angestellte machte uns spontan das Angebot, uns die Stadt zu zeigen. Wir schauten uns beide kurz an. Nein, diese Einladung zu einem privaten Zusatzservice von einer wirklich sehr hübschen, sympathischen jungen Frau wollten wir nicht ausschlagen.

Wir verabredeten uns an der zentralen U-Bahn-Station. Pünktlich erschien unsere ›Reiseleiterin‹. Sie hatte sich geschminkt und war noch adretter gekleidet. Auf meine Frage antwortete sie, dass sie Usbekin sei, in Taschkent geboren. Sie hatte dunkle Augen, eingefasst von einem für mich auffallend zartblauen Augapfel und kurze, gewellte Haare. In den zwei Stunden, die sie sich von der Bank frei genommen hatte, genossen wir ihre charmante Stadtführung. Wir schlenderten über die Flaniermeile und ließen uns von ihr aus der Stadtgeschichte erzählen.

Auf das Amur-Timor-Museum wollten wir nicht verzichten. Das Museum, ein dominanter Neubau mit einer frei tragenden, imposanten Kuppel im Inneren, ist dem Nationalhelden der Usbeken gewidmet. Im 14. Jahrhundert hatte dieser Held in vielen erfolgreichen wie grausamen Kriegszügen ein Imperium erobert und die Grenze im Westen bis ans Mittelmeer und im Norden bis nach Moskau ausgedehnt. Doch schon seine Söhne verspielten durch interne Machtkämpfe dieses große Reich.

Eine patriotische Welle nach der von der Sowjetunion erlangten Souveränität hatte den Helden Timor, der in Wahrheit ein rücksichtsloser Herrscher war, auf den Sockel gehoben. Auch seine Statue zu Pferd war in einigen Städten zu sehen. In Kasachstan wurde ebenfalls ein Kriegsheld zu Pferd gefeiert und mit ihm seine vermeintlichen Großtaten aus dem 19. Jahrhundert.

Wir mussten noch zur kirgisischen und zur kasachischen Botschaft. Auf der ersten holten wir das Kurzvisum für Kirgistan. Bei den Kasachen erfuhren wir, dass unsere Visa nur für eine Einreise galten und auch bei einem kurzen Transfer sofort ihre Gültigkeit verlieren würden.

Wir bekamen nur ein zusätzliches Transitvisum für exakt drei Tage. Bis zur kirgisischen Grenze waren es aber mindestens 450 Kilometer, was wir in unserem Zustand auf keinen Fall riskieren konnten. Wir mussten eine Teilstrecke mit dem Bus überbrücken.

Im Internet hatten wir uns über Kasachstan informiert und von Überfällen gehört, von falschen Polizisten, die von Eingeschüchterten Geld erpressen. So oder so, wir mussten da hinüber. Die 130 Kilometer bis Symkent wollten wir an einem Tag schaffen, obwohl wir nicht hundertprozentig fit waren. An der kasachischen Grenze wurden wir überraschend schnell und freundlich abgefertigt. Mit Unterstützung von seitlichen Winden rollten wir flott dahin. Unsere Blicke gingen über weite Getreidefelder nach Norden. Weites, flaches Land war erkennbar, der Südrand der kasachischen Steppe.

Wir fuhren durch viele kleine Dörfer. Das gängige Transportmittel waren Eselgespanne. In den kleineren Orten, von Turkmenistan bis Kasachstan, trugen die Männer und Frauen kurze Gummistiefel, in den meisten Fällen viel zu groß. Ein Grund dafür war sicher der Straßenzustand. Die Seitenstraßen - meist nur Sandwege. Nur die Hauptstraßen waren asphaltiert.
Im Iran hatte ich Menschen gesehen, die mit heruntergetretenen Schuhen herumliefen. Das hatte einen praktischen Grund: Beim Betreten einer Moschee ließen sich so die Schuhe leichter ausziehen.

Nach einigen Umwegen fanden wir am nächsten Tag den Busbahnhof. Endlich fanden wir einen Bus, der uns nah an die kirgisische Grenze bringen würde. Nachmittags halb vier sollte die Abfahrt sein. Über etliche Stunden waren wir zum Nichtstun verurteilt. Irgendwann wurde uns bewusst, dass unser Bus erst losfahren würde, wenn auch der letzte Platz besetzt war. Unsere Geduld wurde dadurch auf eine harte Probe gestellt. Endlich ging es los, aber der Bus hielt an jeder erdenklichen Ecke. Wer auch immer an der Straße stand und die Hand schräg nach unten hielt, wurde mitgenommen. Mit höchstens fünfzig Stundenkilometern zuckelten wir von Stopp zu Stopp. Uns war längst klar, dass wir erst spät in der Nacht unser Ziel erreichen würden.

Die Fahrt wollte nicht enden. Der Bus kroch auf sehr schlechter Straße dahin. Dann begann es zu regnen.

»Das gibt's doch nicht«, rief Jutta einige Male mit Blick auf die Uhr. »Wir müssten längst da sein!«

Gerade als sich gegen elf Uhr nachts mit Blitz und Donner ein Gewitter entlud, wurde uns das Aussteigen signalisiert. Es regnete in Strömen, als unsere Packtaschen und die Räder in die Pfützen gelegt wurden. Wir standen an einer Straßenkreuzung. Der Bus bog zur Umgehung der kirgisischen Grenze Richtung Almaty ab. Wir wollten ja nicht weit. Zur nächsten ›Gastiniza‹ waren es vier Kilometer, aber wir hatten kein Licht an unseren Rädern.

»Taxi«, wurde uns in diesem Moment zugerufen. Es war jedoch nur ein kleines Auto. Die Räder wollten sie auf dem Dachträger transportieren - unmöglich! Jutta wurde wieder mal energisch und holte die schon verstauten Taschen wieder aus dem Kofferraum.

»So geht das nicht«, rief sie laut.

Wir entschlossen uns, ohne Licht hinter dem Taxi herzufahren. Ich war schon klatschnass, als ich schließlich doch noch meine Regenjacke überzog. Die Straßen im Ortsbereich waren miserabel, voller großer tiefer Löcher und von großen Wasserlachen und Pfützen überschwemmt. Das Taxi fuhr natürlich viel zu schnell voraus. Die Rücklichter konnten wir gerade noch erkennen. Das Wasser spritzte an uns hoch, ich versuchte im bescheidenen Licht der Straßenlampen die Ideallinie zu finden und rief immer wieder: »Bist du da?«

»Ja, ich bin da«, kam es von meiner Frau zurück.

Es war wie ein Blindflug. Endlich bog das Taxi nach links ein.

»Vorsicht, ein Mast!«, rief Jutta. Ich riss den Lenker im letzten Moment herum.

Klitschnass und fröstelnd schoben wir unsere Räder durch die Tür des Hotels. Die Herbergsmutter verkroch sich hinter ihrem Guckloch, um die Formalitäten zu erledigen. Einige der Gaffer machten Scherze. Daraufhin legte meine Jutta mit einem Donnerwetter los. Die Tonlage war eindeutig, auch wenn niemand sie verstand. Im Nu hatten wir unseren Zimmerschlüssel, die Gaffer waren verstummt und staunten ehrfürchtig. So schnell hatte wohl noch niemand in dieser Herberge seinen Schlüssel erhalten.

Die 145 Kilometer bis ins kirgisische Bishkek hätten wir bei normaler Fitness gut an einem Tag schaffen können. Wir waren aber beide noch immer vom Durchfall geschwächt und gönnten uns deshalb in einem kleinen Städtchen eine Zwischenstation.

Abends gingen wir unter schattigen Bäumen spazieren und saßen in einem Gartenlokal. Das war ein richtiger Genuss, denn das Klima war so, wie wir uns zu Hause einen angenehmen, warmen Sommerabend vorstellen. Wir waren froh, endlich der Hitze entkommen zu sein.

Auf leicht ansteigender Straße waren wir in Richtung Bishkek unterwegs, zur Rechten eine Bergkulisse mit schneebedeckten Gipfeln. Kirgistan war herrlich grün. Das tat dem Auge und der Seele gut. Nach dem Erlebnis des vergangenen Tages ein wahrer Balsam für unsere Seele. Gut gelaunt, fast übermütig holte Gerhard seine Kamera heraus. Wie auf Kommando kam ein Reiter daher. Eine filmreife Szene! Gerne ließ sich der Reiter fotografieren, er setzte sich sogar noch in Pose.
»Komm Gerhard, lass uns weiterfahren! Wir müssen noch achtzig Kilometer strampeln«, sagte ich. Wie oft hatte ich diesen Satz - mit variierenden Zahlen - im Verlauf der Tour eigentlich schon gesagt?
Ein vornehmes, repräsentatives Gebäude mit einem großzügigen Park in Bishkeks Zentrum erwies sich als amerikanisches Hotel. Am Parkeingang stand ein Wächter in typischer Dienerrobe.
»Lass uns doch einmal fragen, was eine Nacht in einer Nobelherberge wie der hier kostet«, sagte ich zu Gerhard.
»140 Dollar der günstigste Tarif«, kam es vom Portier zurück.
Wir dachten, nicht richtig gehört zu haben.
»Hier passen wir nicht hin«, bemerkte Gerhard.
Nein, ich hätte mich auch nicht wohl gefühlt. In einer Unterkunft handelte Gerhard den geforderten Preis in gewohnter Weise herunter. Dreißig Dollar waren unser Limit.
Für Bishkek hatte uns eine ehemalige Kollegin, mit der ich in Nordrhein-Westfalen auf der Operationsabteilung gearbeitet habe, ein Empfehlungsschreiben mitgegeben, damit uns Freunde von ihr helfen würden. Am nächsten Morgen holte uns Sascha vom Hotel ab. Olga, unsere Gastmutter, begrüßte uns herzlich.

Der Besitz von Saschas Familie lag am Stadtrand: zwei Häuser, durch eine Einfahrt voneinander getrennt. Für uns war schon alles gerichtet. Zu den beiden Häusern gehörten zwei Anbauten, die nur durch eine offene, blecherne Abdeckung verbunden waren. In einem befand sich die Wohnküche mit Durchblick zum dahinter liegenden Hühner- und Entenstall. Der andere Anbau war die ›Banja‹, die russische Sauna, die zugleich als Waschraum diente. Zum Toilettenhäuschen mussten wir einige Schritte in den Garten zurücklegen, vorbei an drei bellenden Hunden. Der größte des Trios war angeleint und sauste mit lautem Kläffen immer im Kreis herum.

In der Remise zwischen Küche und Wohnraum wurde für zehn Leute zum Essen gerichtet. Nach und nach kamen die beiden Töchter mit ihren drei Kindern zwischen vier und elf Jahren und die Schwiegersöhne hinzu. Bei den Russen kommt bei solchen Anlässen jede Menge Essen und Trinken auf den Tisch, nicht zuletzt auch Wodka. Das Beste war Olgas Suppe. Dazu gab es heiße Pellkartoffeln; die hatten wir uns gewünscht. Ansonsten waren wir wegen unserer empfindlichen Mägen beim Zulangen vorsichtig und tranken nur zum Anstoßen ein wenig.

Alle drei Familienväter waren selbstständig, Sascha reparierte Klimaanlagen, Belüftungen und Kühlschränke. Einer seiner Schwiegersöhne war sein Kompagnon. Bei einem Besuch in den Tagen darauf zeigte er uns, wie er ausrangierte Kühlschränke wieder funktionsfähig machte. Er fragte mich, ob ich nicht für ihn einen alten Kühlschrank zu Hause hätte. Ich antwortete, er könne in Deutschland ganz schnell einen Lastwagen mit alten Kühlschränken beladen und bekäme sogar noch Geld dafür. Das überstieg allerdings sein Vorstellungsvermögen.

Der andere Schwiegersohn hatte einen eigenen Kipper, mit dem er Sand und Kies transportierte. Die Geschäfte liefen nur schleppend. Die Wirtschaft in Kirgistan war weit unten, die Einkommen bescheiden. Die Töchter waren Lehrerinnen und verdienten 25 Dollar im Monat. Die Altersrente lag bei ganzen fünf Dollar im Monat. Es gab keine weitere Absicherung, keine Kfz-Versicherung, keine Hausversicherung, für die meisten auch keine Krankenversicherung. So war der Zusammenhalt der Familien besonders wichtig.

In den Tagen darauf sahen wir nicht nur die Häuser der Töchter, sondern lernten auch einige der anderen Verwandten kennen, die alle im Umkreis von wenigen Kilometern wohnten. Sie halfen sich gegenseitig, jeder sei für den anderen da, erklärte uns Sascha.

Die Männer waren allesamt stolz auf ihre Autos. Sie fuhren ausschließlich gebrauchte Fahrzeuge, die sie in Deutschland gekauft hatten. Spezielle Agenturen organisieren von der Visabeschaffung und Flugzeugbuchung bis zur Vermittlung des Händlers und der Erledigung der Formalitäten einfach alles. Der Nachteil: Die Käufer sind dem

Ganzen ziemlich ausgeliefert und müssen sicher oft überhöhte Preise akzeptieren, auch wenn sie ihr Auto selbst in Deutschland abholen und selbst nach Hause fahren. Nicht alle Autos überstehen dabei die lange Reise.

Sascha wollte uns unbedingt den Issikol-See zeigen, den mit 170 Kilometern Länge nach dem Titicaca zweitgrößten Gebirgssee der Welt. Zusammen mit drei Frauen und vier Kindern aus der Verwandtschaft hatten wir eine lange Fahrt in Saschas VW-Bus vor uns, der immerhin schon siebzehn Jahre alt war. Über vierhundert Kilometer kamen auf dem Hin- und Rückweg zum Badeausflug zusammen. Sascha wollte uns dabei sicher auch zeigen, wie zuverlässig sein Auto war. Sein Stolz war unverkennbar.

Die Kinder tollten im seichten Wasser. Ich wollte weit hinausschwimmen, musste aber bald umkehren: Das Wasser war einfach zu kalt. Natürlich durfte ein Picknick nicht fehlen. Aus großen, schweren Taschen, die wir zum Strand geschleppt hatten, zauberten die Frauen ein richtiges Essen mit Suppe aus der Thermoskanne, Kartoffeln, Gurken, Tomaten, Käse, Wurst und Tee.

Am Spätnachmittag traten wir unseren Heimweg an. An den Straßen wurde Honig in unterschiedlichen Gefäßen angeboten. Ich schlug Gerhard vor, der Hausfrau ein Präsent mitzubringen.
»Ja, das ist eine gute Idee«, sagte er.
Der Honig, den wir erstanden, war zum Verkauf in eine Coca-Cola-Flasche gefüllt worden. Sascha machte uns auf einen weiteren Stand an der Straße aufmerksam. Hier wurde vergorene Stutenmilch angeboten. Ich lehnte dankend ab. Seit zwei Tagen erst hatte sich mein Darm ein wenig beruhigt.
Versonnen schaute ich nach draußen. Rechts und links der Straße standen kleine, reparaturbedürftige Häuser. Fehlende Fensterscheiben wurden oft durch Plastik ersetzt. Haushohe und windschiefe Bretterzäune, die dem Sichtschutz dienen, verwehrten den Einblick. Es deprimierte mich, überall diese Armut zu sehen.

Für einige Tage waren wir voll in das Familienleben unserer Gastgeber mit einbezogen. Sie ließen uns aber auch Zeit für Ruhe und Erholung. Olga hatte uns rührend und liebevoll betreut und bekocht. Sie war eine um unsere Gesundheit besorgte Mutter, eine ›Mamutschka‹ wie aus dem Bilderbuch: leicht füllig, die Augen in einem runden Gesicht voller Herzensgüte. Weil sie noch dazu eine religiöse Frau war, wollte sie in einer orthodoxen Kirche für uns beten. Dafür mussten wir ihr versprechen, nicht mit dem Rad durch die kasachische Steppe zu fahren und auch keinen der unterwegs angebotenen Trockenfische zu essen.

In der Nacht vor unserer Abfahrt nach Almaty gurgelte es wieder in meinem Darm, der sich dann am Morgen entleerte. Übelkeit plagte mich. Das hatte uns gerade noch gefehlt. Unsere Olga war extra um fünf Uhr für uns aufgestanden und hatte uns eine Haferflockensuppe und einen Pfefferminztee gekocht.
Gerhard schaute mich an und sagte besorgt: »Bleiben wir doch noch ein, zwei Tage, bist du wieder fit bist.«
»Das können wir doch nicht machen, wo Olga so früh für uns aufgestanden ist.«
Ich hoffte inständig, dass es schnell vorüberging. Nur mit Mühe bekam ich die Haferflockensuppe hinunter.
»Wir fahren trotzdem«, sagte ich.
Olga hatte uns von einem schwierigen Pass erzählt, den wir bezwingen mussten, aber wie viele Kilometer es bis dahin waren, das wussten wir nicht. Nach fast sechzig Kilometern tauchte er vor uns auf. Auf einem Verkehrsschild wurde er mit acht Prozent Steigung und schlechter Wegstrecke angekündigt. Da half alles nichts, wir mussten hinüber, dachte ich und versuchte mich mental darauf einzustellen.
Es war schon sehr hart, denn die Steigung zog sich elend in die Länge. Ich hatte das Gefühl, als wenn wir uns längst auf Passhöhe bewegten, objektiv sah ich auf meinem Altimeter, dass wir immer noch gleichmäßig stiegen. Ich verlor immer mehr an Geschwindigkeit und kroch mit zehn Stundenkilometern dahin. Es fiel mir unglaublich schwer, nicht anzuhalten und zu sagen: »Ich kann nicht mehr.«

Ich kämpfte mit meinen Magen-Darm-Problemen und hatte eine Abneigung gegen Essen. Ich trank eher aus Vernunftgründen. Gerhard wollte ich mit meinen Problemen nicht belasten. Wir machten eine Trink- und Fotopause. Mein Radcomputer zeigte mir, dass es maximal nur noch zwei bis drei Kilometer bis zum Scheitelpunkt waren. Das machte mir wieder Mut. Dann kam eine sieben Kilometer lange Abfahrt, in der ich mich wieder erholen konnte.

Wir deckten uns an einem Kiosk mit Brot und Wasser für eine Zeltnacht ein. Ich schaute meiner Frau ins Gesicht und fragte sie: »Wie geht's dir?«

»Geht schon, wir fahren weiter.«

Jutta fühlte sich wieder besser, hatte aber nur getrunken und nichts gegessen. Wo nahm meine Frau diese Kraft her?

Statt an einen Ort gerieten wir an eine polizeiliche Registrierungsstelle. Die Polizisten hoben ihre Kellen, hielten uns an und musterten neugierig unsere Räder. Ein dickbäuchiger Typ mit versteinertem Gesicht registrierte unsere Daten. Er winkte mich mit einer herablassenden Handbewegung heran und fragte mich nach unserem Hotel in Almaty.

»Idiot«, dachte ich. Almaty liegt noch hundert Kilometer weiter. Es ist abends sieben Uhr. Wie sollen wir das denn schaffen? Können wir fliegen oder haben wir einen Motor an unserem Rad? Mit einem Achselzucken deutete ich an, dass wir das nicht wissen.

Wir erfuhren, dass es zwanzig Kilometer weiter eine Herberge geben sollte. Ich glaubte meinen Ohren nicht zu trauen. Also, noch mal zwanzig Kilometer strampeln. Ich war stehend k.o., trotzdem motivierte ich mich und sagte mir: Die Kilometer reiße ich noch runter. Nur sehr langsam kamen wir voran, mein Magen rebellierte und mir war noch immer sterbensübel. Irgendwann falle ich vom Rad, dachte ich.

Besorgt fragte mich mein Mann: »Wie fühlst du dich, können wir das noch schaffen?«

Ich sagte kurz: »Es geht schon.«

Es kamen noch einige Häuser, in denen wir ebenfalls auf die ›Gastiniza‹ verwiesen wurden. Noch fünfzehn Kilometer. Die Kilometer krochen dahin. Noch sieben Kilometer. Als sich ein Kleintransporter von hinten näherte, hatte Jutta instinktiv den Arm ausgestreckt. Der Fahrer hielt wirklich. Der offene Rückraum war leer. Es lag Stroh darin und es roch erstmals seit Monaten wieder nach Schweinen. Ein Zeichen dafür, dass die Gesetze des Islam in Kasachstan nicht ganz so ernst genommen wurden. Ich setzte mich zwischen Fahrer und Beifahrer. Jutta hockte sich in die Ecke des Rückraums.

Die Straße war sehr holprig, was sich für mich deutlich auf der Ladefläche bemerkbar machte. Bei jedem Schlagloch hopste ich in die Höhe und landete dann wieder unsanft auf dem Boden. Ich schaute auf

meine Uhr. Wir fuhren inzwischen schon dreißig Minuten. Mir wurde ganz unbehaglich. Ich fragte mich, warum sie nicht anhielten. Ich hielt es nicht mehr aus und klopfte gegen die Plane. Das Auto hielt. Gerhard und der Fahrer kamen angerannt und fragten mich, ob etwas nicht in Ordnung sei.
»Die gleiche Frage wollte ich dir stellen, denn für sieben Kilometer fahren wir schon recht lange«, bemerkte ich.
»Es kam nach sieben Kilometern keine Unterkunft oder wir haben sie übersehen«, antwortete mir mein Mann.
»Und wie soll es jetzt weitergehen?,« fragte ich ihn.
»Wir fahren bis zur nächsten Kleinstadt, da soll es ein Quartier geben.«
Damit gab ich mich zufrieden. Ich konnte sowieso nichts machen.

Es bot sich nirgends eine Herberge an, so fuhren wir bis zu den Vororten von Almaty. Dort mussten wir raus, denn der Fahrer zweigte nach rechts ab. Obwohl es schon dunkel wurde, wagten wir, weiter stadteinwärts zu fahren. Wir kamen auf eine Umgehungsstraße. Niemand konnte uns sagen, wo es eine Gastizina gab. Genau das wollte ich eigentlich vermeiden: bei Nacht am Rande der Großstadt anzukommen. An einer Kreuzung wollte uns ein Mann für den nächsten Tag einladen, konnte uns aber bei der Zimmersuche nicht helfen. Es wären zehn Kilometer bis in die Innenstadt, meinte er. Wir schauten uns an. Es war nach zehn Uhr nachts und längst dunkel geworden, wir hatten kein Licht am Rad, da kam eine Frau hinzu: Gleich da drüben sei eine Unterkunft. Bis zur bescheidenen Herberge waren es nur einige hundert Meter auf dem Gehweg. Taumelnd schleppte ich die Räder nach oben.

Das Zimmer war gar nicht so übel, Wasser war da, und wir hatten uns schnell in die Schlafsäcke verkrochen. Es war ein sehr langer Tag geworden: sechzehn Stunden. Besorgt schaute ich auf meine Frau, die gleich eingeschlafen war. Welch eine unglaubliche Energieleistung hatte sie vollbracht!

Almaty war eine wichtige Station auf unsere Reise. Hier hatte ich ein Zeitpolster eingeplant. Ursprünglich wollten wir von hier aus weiter nach China. Als ich zehn Tage vor unserer Reise erfuhr, dass unser Visaantrag in Peking abgelehnt worden war, war ich zunächst ratlos. Es hatte mich sehr viel Zeit gekostet, die Visa für die Durchreiseländer rechtzeitig genug zu bekommen. Wochenlang hatte ich telefoniert, gefaxt und gemailt. Sehr intensiv hatte ich mich um die Einreisegenehmigung nach China bemüht. Die gut Deutsch sprechenden Chinesen eines Reisebüros in Peking, die mir von der Botschaft empfohlen worden waren, waren zunächst zuversichtlich. Doch dann diese Enttäuschung. Sie entschuldigten sich: Der 11. September habe vieles verändert.

Nach Kartenstudium und einigen Recherchen kam ich dann auf die Ersatzroute Russland - Altai-Gebirge - Mongolei. Die Visa für Russland und die Mongolei sollte unsere zuverlässige Freundin Susanne mit unseren Zweitpässen besorgen und zur Deutschen Botschaft nach Almaty schicken.

Dorthin konnten wir uns leicht durchfragen, die Straßen im Diplomatenviertel waren recht bekannt. Unsere Pässe lagen dort und wurden uns schon am Meldeschalter übergeben. Na also! Dank Susanne und einer Mitarbeiterin der Botschaft. Der deutsche Botschafter wollte uns auch sehen. Er hatte draußen die Fahrräder mit der deutschen Fahne entdeckt.

Durch Zufall hatte ich erfahren, dass am Wochenende ein Bergmarathon stattfinden sollte. Organisator des Sportereignisses war ein deutscher Unternehmer in Almaty. Geboten waren ein Marathon und ein Halbmarathon mit rund achthundert Höhenmetern hinauf zum bekannten Medeo-Stadion für Eisschnelllauf auf einer Höhe von 1700 Metern.

Jutta meinte: »Du spinnst wohl. Wir sind monatelang nicht gelaufen.«

Doch schon am nächsten Tag meldete auch meine Frau verhaltenes Interesse an. Erst müssten wir mal etwa eine Stunde zum Test laufen, schlug sie vor.

Für sie kam es leider ganz anders. Drei Tage nach unserer Ankunft musste sie sich ins Bett legen. Wir waren uns einig, dass dies eine Folge der strapaziösen 165-Kilometer-Etappe war und in drei Tagen wieder alles in Ordnung sein müsste. Mit meinem Start war sie einverstanden, aber nur im Halbmarathon. Mehr wollte ich auch nicht. Mit nicht trainierten Muskeln einundzwanzig Kilometer bergab zu laufen - das wäre kein Vergnügen geworden.

Die beiden Lauftests an den Vortagen waren befriedigend. Zum Bergauflaufen sagten meine Beinmuskeln eindeutig ja. Das flache Laufen mochten sie dagegen nicht so gerne.

Ich lief mit gemischten Gefühlen und verhaltenem Optimismus los. Das Abdrücken des Vorderfußes mit der entsprechenden Beanspruchung von Muskeln und Sehnen hatte ich überhaupt nicht trainiert. Dass dabei heftige Beschwerden auftreten können, kannte ich vom Berglauf. Außerdem war ich in Gedanken bei meiner Frau. Jeder von uns wird unruhig, wenn wir einander eine Stunde lang nicht sehen.

Am Start war ich mit Abstand der älteste Teilnehmer. Ich ließ die anderen losrennen. Nur wenige waren noch hinter mir, als ich nach etwa zwei Kilometern in die Bergstraße einbog.

Dann hatte ich auf achtzehn Kilometern ein Erfolgserlebnis, von dem ein Läufer nur träumen kann: von hinten kommend überholen. Ich sah sie in Abständen von zehn bis hundert Metern vor mir. Weit unten waren viele schon im Wanderschritt angekommen, einige mit hängendem oder hochrotem Kopf von der Hitze. Ich sah ihnen die Enttäuschung an. Als erfahrener Bergläufer konnte ich gut erkennen, ob einer auf Reserve lief oder ausgepumpt war. Alle, die ich bis zum Stadion oben überholte, hatten sich übernommen oder den Berg unterschätzt. Für mich war es dagegen ein Genuss. Meine Organe, Herz, Lunge und die Beinmuskulatur bis hinunter zum Fußgelenk und zur Achillessehne signalisierten mir: Das mögen wir, wir packen das locker!

Mit ausgreifenden Schritten tigerte ich hoch, mit jedem Abdruck nach oben die Schwerkraft überwindend. Mein Puls hämmerte zwischen 92 und 97 Prozent der maximalen Pulsfrequenz. Ich hatte bei intensiver Atmung das Gefühl, nicht in die Übersäuerung zu kommen. Fünf Kilometer. Nur nicht übermütig werden! Erst viel weiter oben würde sich zeigen, ob ich mir und meinen Beinen zuviel zugemutet hatte. Die Muskeln gaben kein Anzeichen von Überbelastung. Für einen Berglauf war die Steigung moderat. Alles lief für mich prächtig. In dieser Phase wünschte ich mir sogar, dass die Steigung noch etwas steiler gewesen wäre. Es beflügelte mich zusätzlich, als mich aus einem fahrenden Auto eine Fernsehkamera minutenlang anpeilte.

Ich hatte jeweils etwa vier bis fünf Läufer im Blickfeld und schätzte ab, wann ich sie überholen würde. Bei einigen von ihnen hatte ich ein schlechtes Gewissen, als ich da vorbeizog und in die angestrengten Gesichter schaute. Ich wusste nicht so recht, was ich ihnen Tröstliches zurufen sollte.

Fünfzehn Kilometer - ja, ich würde das schaffen! Vorneweg waren die Spitzenmarathonis, die uns bergab entgegen kamen. Als ich die beiden letzten Kilometer unter den Beinen hatte, stellte ich fest, dass ich vom Mittelfeld gar nicht so weit weg war. Das war für mich an diesem Tag aber nicht so wichtig. Das Einzige, was mir wirklich fehlte, war meine Frau.

KAPITEL SECHS

Eine Erkrankung, die Grenzen setzt

Kasachstan ist ein riesiger Flächenstaat. Seine Einwohner können optimistisch in die Zukunft sehen. Erst kürzlich wurden weitere umfangreiche Öl- und Gasvorkommen in der endlosen Steppe entdeckt. Über diese Reichtümer herrscht Präsident Nasarbajew fast uneingeschränkt. Er hat seine Geburtsstadt, das im Zentrum der riesigen Steppe liegende Astanah, zur Hauptstadt erklärt.

Die unumstritten führende Metropole aber ist Almaty mit seinen eineinhalb Millionen Einwohnern. Anstelle eines Altstadtkerns durchziehen schachbrettartig breite Straßen das Stadtgebiet, das sich bis zu den Ausläufern der Berge erstreckt. Zwischen den Häusern, entlang der breiten Gehwege, spenden grüne Parks und Alleen auch in der Mittagshitze angenehmen Schatten. Wir genossen den Aufenthalt in dieser für Mittelasien recht modernen Großstadt. Allerdings sprachen nur wenige Einwohner Englisch. Wenn ich mich mit meinen paar Worten Russisch verständigen wollte, musste ich mich oft wiederholen, vor allem aber die richtige Betonung treffen.

Jutta blieb vom Pech verfolgt. Aus der kurzerhand entstandenen Zwangspause, die wir bis zur Einreise nach Russland einzulegen hatten, wurden für sie bitter benötigte Ruhetage. Zehn Tage lag sie krank im Bett, vier davon mit hohem Fieber. Eine deprimierende Zeit für mich. Was war mit ihr los?

Wir gingen an diesem herrlichen Sommertag mit mediterranen Temperaturen durch einen Stadtpark mit riesigen alten Bäumen zu einem nahe gelegenen Restaurant. Ich konnte die Idylle nicht genießen. Meine Beine waren bleischwer. So ähnlich muss sich jemand fühlen, der gerade verprügelt wurde. Gerhard versuchte, mir Lust auf ein Bier zu machen. Ich lehnte ab. Erstaunt sah er mich an. Ja, so kannte er mich überhaupt nicht. Wenn ich kein Bier wollte, musste es mir wirklich nicht gut gehen. Die abendliche Suppe aß ich mehr aus Vernunft als aus Appetit. Ich spürte Hitze in meinem Körper aufkommen, mein Kopf begann zu dröhnen. Zurück in unserer Unterkunft ergab die Fiebermessung 38,7 Grad.

Gerhard war ganz hilflos: »Morgen lassen wir sofort einen Arzt kommen.«
»Das tun wir nicht. Ich weiß am besten, was für mich gut ist«, war meine prompte Antwort.
Intuitiv ahnte ich, dass ich in einem der Krankenhäuser von Almaty landen würde - und das wollte ich nicht. Ich habe der Schulmedizin schon immer misstraut. Ich versorgte mich also mit homöopathischen Mitteln und hoffte, dass mein Zustand sich bessern würde. In der Nacht schlief ich unruhig, wälzte mich von einer Seite zu anderen und suchte nach einer Schlafstellung, in der meine Gliedmaßen nicht allzu sehr schmerzten. Eine Besserung war nicht in Sicht. Was war los mit mir? Hatte ich vielleicht eine Infektionskrankheit? Hepatitis? Nein, ich war nicht gelb.
Gerhard hatte eine Botschaftsangestellte getroffen und ihr von meiner Krankheit erzählt.
»Sie kennt einen Arzt, einen Homöopathen. Und sie wird ihn noch heute anrufen.«
Der Arzt meldete sich am nächsten Morgen und stellte einen Behandlungsplan auf. Ich lag weiter hoch fiebernd in meinem Bett. Die vierzig Grad hatte das Fieber inzwischen überschritten. Die Diagnose des Doktors: totale, körperliche Erschöpfung. Therapievorschlag: mindestens fünf Tage Nahrungskarenz, mindestens drei Liter Wasser täglich trinken und - die Krönung - mit Glaubersalz abführen. Dazu in Abständen ein homöopathisches Mittel. Das war milde ausgedrückt eine Rosskur. Aber ich zog sie durch. Am vierten Tag nach Behandlungsbeginn war ich zum ersten Mal fieberfrei. Am fünften beendete ich die Therapie. Essen musste ich erst wieder lernen. Das Einzige, worauf ich Heißhunger hatte, waren grüne Äpfel. Gerhard lief durch die halbe Stadt, um welche zu finden. Zwei Tage später fühlte ich mich noch immer recht schwach und brachte nur noch 48 Kilo auf die Waage. Aber das Fieber war weg. Ich kam vom Duschen, besah meinen abgemagerten Körper und war entsetzt.
»Ich bin ja gelb«, rief ich erschrocken.
Gerhard ließ seine Zeitschrift fallen, betrachtete mich prüfend und stellte fest: »Nein, du bist nicht gelb.«
»Ich kenne mich schon etwas länger. Ich weiß genau, wie ich normalerweise aussehe«, erwiderte ich. »Hepatitis!«
Ich wusste, dass Erkrankte oft stationär behandelt werden. Genau das

wollte ich auf keinen Fall. Vorsichtig erkundigte sich Gerhard bei mir, ob es nicht besser wäre, ein Krankenhaus aufzusuchen. Er kannte meine Krankenhausphobie, aber er stellte mir diese Frage aus seiner Hilflosigkeit heraus. Ich blieb bei meinem Nein.

War es nun gut oder nicht gut, dass meine Frau zu diesem Doktor kam, der selbst nicht viel von der Allgemeinmedizin hielt und noch viel weniger von Krankenhäusern? Wir hatten uns schon vorher beide darauf geeinigt, Kontakt zu einem Vertrauensarzt der deutschen Botschaft aufzunehmen. Dabei war uns noch nicht bewusst gewesen, dass Jutta dann für vier Wochen im örtlichen Krankenhaus gelandet wäre.

In diesen uns noch verbleibenden Tagen sprachen wir alle Möglichkeiten unseres weiteren Vorgehens durch: ein sofortiger Krankenrücktransport, ein gemeinsamer Rückflug oder ich setze die Reise allein fort. Jutta könnte dann später wieder zu mir stoßen. Oder sollte sie nach Ulan Bator vorausfliegen? Schließlich erklärte meine Frau konsequent: »Wir bleiben zusammen, die Tour geht weiter.«

Das war eine mutige Entscheidung, die ich nicht für sie hätte treffen wollen. Ich vertraute allerdings darauf, dass sie sich durch Diätkost und mit der ihr eigenen Disziplin wieder regenerieren würde. Auf keinen Fall konnten wir in dieser Situation die harte Strecke durch das Altai-Gebirge und die 1400 Kilometer durch die einsame mongolische Steppe wagen. Also planten wir, mit dem Zug durch die weiten kasachischen Steppen nach Novosibirsk zu fahren und von dort weiter mit der Transsibirischen Eisenbahn über Krasnoyarsk und Irkutsk an den Baikalsee bis nach Ulan-Ude. Vielleicht würde sich Jutta währenddessen erholen.

Gesagt, getan. Wir packten unsere Sachen und machten uns fertig zum Aufbruch. Jutta bestand darauf, mit den Rädern zum Bahnhof zu fahren. »Das wäre ja noch schöner! Die zwölf Kilometer werde ich ja wohl noch schaffen.«

Ich ließ mich von ihrer Zuversicht anstecken und versuchte, die Bilder der letzten Tage zu verdrängen; ihren vor Erschöpfung gequälten Gesichtsausdruck, als sie sich im fiebrigen Zustand mühte, wenigstens einige Minuten aufrecht zu sitzen oder ein paar hundert Meter zu gehen. Wir durften uns nichts vormachen. Die Ausheilung dieser

Hepatitis erforderte Geduld, Disziplin, bis zu sechs Wochen Ruhe und eine strenge Diät.

Noch zwei Stunden bis zur Abfahrt des Zuges. Nach und nach füllte sich der Bahnsteig mit Menschen. Wir überlegten, wie wir die Räder und unsere Packtaschen ins Abteil schaffen könnten. Der Abfahrtbahnsteig sollte erst eine halbe Stunde vor Einfahrt des Zuges bekannt gegeben werden. Wir waren beide innerlich sehr angespannt. Ich sollte Gerhard erst die Räder und nach und nach auch die Packtaschen in den Zug reichen. Daraus wurde ein ziemliches Gewürge, aber wir schafften es. Die Menschen waren uns dabei nicht behilflich. Nein, sie schauten nur zu, wie wir uns abschufteten. Im Zug mussten wir unsere Räder auf die oberen Liegen des Abteils bugsieren. Ich gab Gerhard, der auf dem kleinen Tisch stand, die Räder nach oben und schwitzte dabei wie ein Tier. Als wir auch das hinter uns gebracht hatten, lachten wir und umarmten uns.

Der Zug setzte sich langsam in Bewegung. Die Tür ging auf, die Abteilschaffnerin steckte den Kopf herein und murmelte etwas für mich nicht Verständliches. Gerhard antwortete ihr mit einem »Da, Da«, »Ja, ja«.

»Was wollte sie von uns?«, fragte ich Gerhard.

»Sie hat uns gefragt, ob wir Bettwäsche brauchen.«

Auf den Sitzen lagen zwei Wolldecken und zwei Kissen. Ich hob eines der Daunenkissen hoch. Es war bleischwer und verbreitete den Geruch von altem, saurem Schweiß. Die Wolldecken sahen aus wie oft gebraucht und selten gereinigt. Und so rochen sie auch. Wir hatten den Luxus, unsere Schlafsäcke dabei zu haben.

Gerhard mahnte: »Frau, du musst dich hinlegen.«

»Ja, mach ich ja schon«, brummte ich zurück.

In meinem Handspiegel sah ich mir das Gelb in meinen Augen an. Manches Mal dachte ich, es würde abklingen. Aber in Wirklichkeit stand es sehr schlimm um mich.

Alle Fahrgäste hatten ihren Proviant für die vierzigstündige Fahrt dabei. In jedem Waggon spendete ein mit Feuer beheizter Samowar zu fast jeder Tageszeit heißes Wasser; jedenfalls wenn die Schaffnerin nicht vergaß, Holz nachzulegen. Wir fuhren 1500 Kilometer in Richtung Norden, durch die berüchtigte kasachische Steppe, in der es über endlose

Strecken keine einzige menschliche Ansiedlung gab. Es ging vorbei an trockenen Salzseen, über Semipalatinsk, eine bis vor einigen Jahren gesperrte Stadt, hinüber nach Russland, nach Novosibirsk. Von dort sollte uns die Transsibirische Eisenbahn einige tausend Kilometer weiter nach Osten, zum Baikalsee, bringen.

Noch waren wir jedoch in der Nähe von Almaty inmitten einer fruchtbaren Ebene. Die zahlreichen Industrieruinen sahen aus wie langsam verrottende Reste einer überhasteten Industrieverlagerung.

In großen Städten hielt der Zug länger, auch wegen der Basare entlang der Bahnsteige. Das eindringliche Quietschen der Bremsen mochte Musik in den Ohren der vielen Verkäufer sein. Meistens waren es Frauen in Trachten, die auf das Aufstoßen der Waggontüren warten; ein geräuschvoller Akt, der den Schaffnern vorbehalten blieb. Kein Fahrgast würde es wagen, selbst die Tür zu öffnen, hinter der regelmäßig einige Frauen standen, die ihre Warenkörbe nach oben reckten und die Preisangebote ausriefen. Oft waren vollreife Aprikosen im Angebot. Draußen am Bahnsteig hatten sich weitere Händlerinnen mit größerem Warenangebot hinter Tischen postiert. Sie boten auch warmes Essen an.

Der Zug war unendlich lang und ich hatte mir während des Halts die Beine vertreten. Als ich auf dem Rückweg endlich unser Abteil sah, waren die Türen schon geschlossen.

Plötzlich hörte ich, wie die Türen des Zuges mit einem ›Klack‹ zuschnappten. Wo war Gerhard? Mir wurde angst und bange. Das Fenster klemmte, ich konnte ihn nicht sehen. Er war ja nur mit einem Sweatshirt, Hose und Hausschuhen unterwegs. Ich lief in den Gang des Abteils und rief: »Gerhard, Gerhard«. Andere Fahrgäste traten auf den Gang und sahen mich erstaunt an. Da kam er aus dem nächsten Abteil.
Mir fiel ein Stein vom Herzen und ich rief nur: »Mach das bitte nie wieder.«

In Deutschland wird mit einem Milliardenaufwand eine neue Bahnstrecke in die Landschaft gebohrt, damit die Fahrgäste eine halbe oder Dreiviertelstunde schneller von einer Stadt in die andere kommen. Zeit ist schließlich Geld. Aber wird dann der Zeitgewinn ebenso wie der nach dem Rasen auf der Autobahn nicht anderswo verplempert?

Ich ertappte mich zuweilen selbst dabei, dass ich eine Fahrstrecke möglichst schnell überwinden wollte. ›Er ist doch Rentner, er hat Zeit‹, könnte man einwenden. Die habe ich auch. Aber ich könnte mich bei unseren Aktivitäten ebenso auf den Rentnerspruch: »Hab' keine Zeit«, berufen.

In unserem kasachischen Zug jedoch schien sie stehen geblieben zu sein. Jeder Fahrgast wusste das. Bis zur Ankunft in Novosibirsk würden vierzig Stunden vergehen und zwei Nächte. Darauf richtete sich jeder ein und das ergab ein ganz anderes Zugreisegefühl, nämlich ein weitaus entspannteres.

Mehr als eine Stunde lang fuhren wir so an einem See entlang, der sich wie ein riesiges Meer bis zum Horizont ausdehnte. Es waren die ›Früchte‹ dieses Meeres, Räucherfische, die hier zu Vorzugspreisen an den Haltestellen angeboten wurden. Wie Fahnenträger beim Oktoberfestzug trugen einige Männer große Gestänge mit geräuchertem Fisch vor sich her.

Im Norden wurden die Hügel kahler und wir fuhren noch langsamer als zuvor. In weiten Schleifen mühte sich die Bahn in die Höhe. Dabei waren die Pferdestärken der beiden mächtigen Dieselloks gefordert. In den Kurven krachte, quietschte und polterte es so laut, dass ich schon fürchtete, der Waggon könnte entgleisen. Trotzdem kamen wir nur im Schritttempo voran.

Bunte Wildblumen waren am Gleisrand zu sehen. Hier würde das Verbotsschild passen: ›Aussteigen zum Blumenpflücken verboten‹, dachte ich, schaute aus dem Fenster und entdeckte weit drüben einen anderen Zug auf dem in entgegengesetzter Richtung verlaufenden Gleiskörper - bis ich erkannte, dass es unsere eigenen Waggons waren. Die beiden Lokomotiven hatten erneut zu einem weiten Bogen ausgeholt. In der Schleife konnte ich einige Wagen zählen. Es waren mindestens dreißig.

Am nächsten Tag kam ich auf dem Gang mit einem Kasachen ins Gespräch. Er zeigte auf die grüne Steppe, die sich mit weiter Sicht über sanfte Hügel anbot. Am Himmel hingen dunkle Regenwolken und es war kühler geworden. Jutta fragte: »Haben wir unsere Wärmekleidung nicht zu früh nach Hause geschickt?« Regen habe es zu dieser Zeit noch nie gegeben, betonte der Kasache. Zu dieser Zeit sei es normalerweise heiß und trocken, meinte unser Reisebegleiter. Also auch hier Wetterkapriolen!

Der Kasache war Mediziner. Früher hatte er praktiziert und war anschließend in die Politik eingestiegen. In der Wendezeit arbeitete er einige Jahre als Gesundheitsminister, wurde dann aber der Politik des Präsidenten Nasarbajew überdrüssig. Nun war er Chef eines großen Instituts, in dem junge Frauen zu Krankenschwestern und Hebammen ausgebildet wurden. Er betonte, dass ihm diese Arbeit viel Freude mache.

Der Mediziner kam zu uns ins Abteil, um mich zu begrüßen.
Er schaute mich mit hoch gezogenen Augenbrauen an und sagte: »Sie sind gelb, Sie haben Hepatitis.«
Ich zuckte zusammen. Er musterte mich eindringlich und wiederholte: »Very dangerous.«
Gerhard folgte ihm auf den Gang, wo der Arzt ihm klar machte, wie ernst diese Erkrankung war. Ich bekam Angst. Wenn dieser Mann mich auf dem nächsten Bahnhof den kasachischen Behörden meldete, käme ich gegen meinen Willen irgendwo hier in der kasachischen Steppe in ein Krankenhaus. Ich konnte an nichts anderes mehr denken. In diesem Land war man mit medizinischen Erkenntnissen längst nicht so weit wie bei uns. In Deutschland war eine stationäre Hepatitis-Behandlung nach dem neuesten Stand der Forschung nur selten erforderlich.
Doch Gerhard beruhigte mich. Das könne er sich nicht vorstellen. Der nächste Bahnhof kam und natürlich sah ich den Arzt auf dem Bahnsteig davongehen. Ob er jetzt die Polizei informierte? Der Zug fuhr wieder an. Nichts geschah. Ganz unruhig schaute ich nach allen Seiten. Unsere Abteiltür wurde geöffnet und der Arzt kam herein. Er entschuldigte sich für die Störung, reichte mir eine kleine Schachtel und erklärte: »Das ist ein Leber unterstützendes Präparat. Das habe ich Ihnen eben in der Apotheke besorgt.«
Überrascht nahm ich die Schachtel entgegen. Also doch keine Zwangskasernierung.

Erst am Abend, als der Zug schon einige Stunden durch Russland rollte, legte sich Juttas Anspannung. Deswegen und dank der unkomplizierten Grenzkontrollen konnte auch ich entspannter die weitere Zugfahrt genießen. Beim Blick aus dem Fenster stellte ich fest, dass sich die Landschaft geändert hatte. Der Zug ratterte nun durch Russland und hier gab es wieder Wald und Wiesen. Wir sahen kleine Dörfer mit den typischen russischen Holzhäusern: braun, blau oder gelb gestrichen.

Einzelne Häuser lagen weitab von der nächsten größeren Ansiedlung. Wie konnten Menschen auf diesem Flecken Erde existieren? Das waren keine Großbauern, wie man dem Vieh ansehen konnte: ein bis zwei Kühe und vielleicht noch ein paar Ziegen. Schon bei der Fahrt durch Kasachstan war ich stets beeindruckt, wenn nach langer Fahrt durch die einsame Steppe plötzlich einige verloren wirkende Häuser auftauchten, umgeben von kahlen, weit geschwungenen Hügeln als sichtbaren Zeichen der unendlichen Weite und Einsamkeit. Wie kamen die Leute durch die eisigen Winter und wo nahmen sie ihr Brennmaterial her? Die Russen hatten ihren Wald. Womit heizten die Kasachen in der Steppe?

Mit Sonnenaufgang erreichten wir Novosibirsk, eine Millionenstadt und gleichzeitig bedeutender Umschlagplatz der Transsibirischen Eisenbahn. In der Bahnhofshalle drängten sich deshalb trotz der frühen Stunde riesige Menschentrauben vor den Fahrkartenschaltern.

Wegen der erforderlichen Registrierung in Russland mussten wir mindestens einen Tag bleiben. Gegenüber vom Bahnhof ragte ein riesiges Gebäude mit dreißig Stockwerken in den Himmel, das Hotel Novosibirsk. Jutta wirkte müde und angestrengt. Und so lagen wir schon wenig später in unseren Betten. Doch nach einer Stunde musste ich meinen Mittagsschlaf wieder beenden. Ich hatte viel zu erledigen.

In einem Reisebüro, in dem Deutsch gesprochen wurde, ließ ich am Bahnhof Fahrkarten reservieren - ein Viererabteil für uns und unsere Räder. Im Laufschritt machte ich mich auf den Weg zur Registrierungsbehörde. Hunderte Menschen hatten dasselbe vor wie ich und warteten sitzend oder stehend vor den Büros. Ich zeigte meinen deutschen Pass in die Runde und sagte: »Registratse«.

Daraufhin ließen mich die Russen bereitwillig nach vorn und ich gelangte zu dem begehrten Schreibtisch, an dem angeblich die Registrierung durchgeführt werden sollte. Nach einigen Minuten erschien eine junge Frau, die mich mit russischen Wortsalven überhäufte. Ich verstand nur so viel: Es war alles sehr viel komplizierter, als ich geglaubt hatte. Ihr belehrender, überheblicher Ton und die abweisenden Gesten brachten mich jedoch schnell in Rage, und ich machte meinem Ärger lauthals in meiner eigenen Sprache Luft.

»Warum ist das alles so kompliziert und bürokratisch in Russland? Ich brauche doch nur diesen idiotischen Stempel!«

Schneereste in Österreich

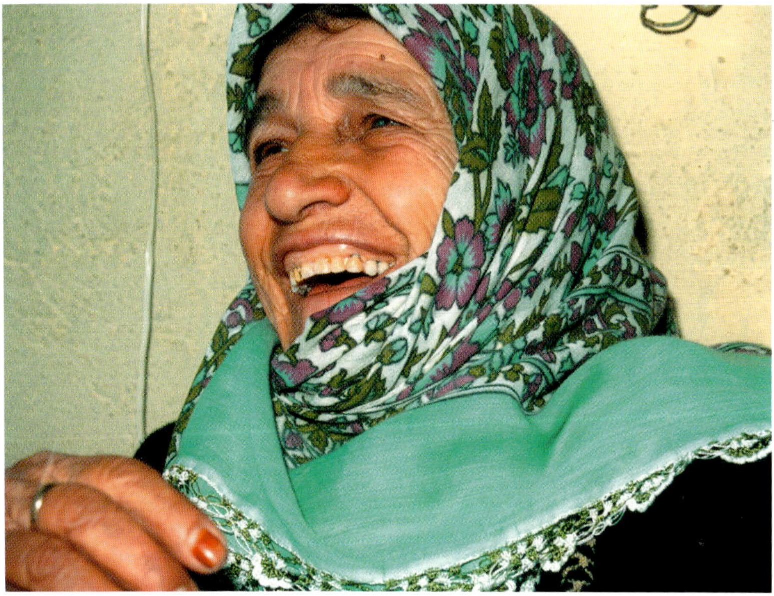

Hat sie leicht lachen in Kroatien?

Zu Gast- in einer türkischen Familie

Eine Suppenpause in Turkmenistan

Wir waren eine willkommene Abwechslung - Usbekistan

Faszination der Seidenstraße

Diese bezaubernde Oma hat für uns gekocht - Vietnam

Auch Wasserbüffel lassen sich reiten - Vietnam

Immer nur lächeln, auch im Reisfeld - Vietnam

Eine Familienkutsche auf zwei Rädern - Vietnam

Jung und Alt unter einem Dach - Bergdorf in Südvietnam

Das Fahrrad als Bananenlaster am Mekong

Sammeltaxi in Kambodscha

Flusslandschaft in Kambodscha

Idylle und Armut am Tonle River - Kambodscha

Angkor - Kambodscha

An den berühmten Skulpturen nagt der Zahn der Zeit - Angkor

Auch solche Räder rollen noch in Kambodscha

In Thailand

Charakterkopf in Malaysia

Ein halber Liter Kokosmilch - Malaysia

Auch sie ließ sich gerne fotografieren - Thailand

Morgenlicht im Busch - Australien

Qualmende und glimmende Brandherde in der Nullarbor - Australien

Straßenleben in Casablanca

Marrakesh - Marokko

Sand und Steine am Rand der Sahara

Trinken, Trinken - Marokko

Der passende Kopfschmuck zur Landschaft - Marokko

Auch sie trafen wir am Wegesrand - Marokko

Farbspektrum auf andalusischen Feldern

Gesund angekommen zu Hause, das schönste Erlebnis!

Dazu deutete ich auf den auf dem Schreibtisch liegenden Stempel. Die Beamtin schaute mich strafend an und ging leicht erregt aus dem Zimmer. Um Verstärkung zu holen! Eine Kollegin in Uniform, allerdings mit einigen Sternen auf den Schulterstücken - offenbar ihre Chefin. Die umstehenden Leute machten ihr respektvoll Platz. Sie baute sich mit verschränkten Armen vor mir auf und ließ ein wahres, russisches Donnerwetter los. Ich streckte mich, nahm meine ebenfalls verschränkten Arme ein Stück höher und erwiderte in meiner Sprache: »Damit können Sie mir überhaupt nicht imponieren! Ich möchte anständig behandelt werden!«

Ich ließ noch ein paar Sätze folgen. Und es wirkte. Die Sternenträgerin ließ die Arme fallen und entspannte sich. Ihr Gesichtsausdruck verriet mir, dass ich sie beeindruckt hatte. Die Umstehenden schmunzelten verhalten. Ich bekam einen Telefonhörer in die Hand gedrückt.

Dort meldete sich eine Deutsch sprechende Frau: »Sie brauchen einen Dolmetscher.«

Ich erwiderte: »Sie sind jetzt meine Dolmetscherin, bitte kommen Sie gleich hierher.«

Dazu kam es nicht, denn nur einen Augenblick später tippte mir ein Mann auf die Schulter und sagte ruhig und leise in perfektem Deutsch: »Regen Sie sich nicht auf, ich helfe Ihnen. Ich habe nämlich ein ganz ähnliches Problem mit der Registrierung.«

Der Mann hatte die Anmeldefrist überzogen und verhandelte deshalb mit einer anderen Beamtin am Nebentisch. Als er nach zwanzig Minuten seine Stempel hatte, ging er mit mir in einen Vorraum und füllte für mich die in Russisch gehaltenen Vordrucke aus. Er erklärte mir, dass die einladende Institution oder Privatperson den Aufenthalt zusammen mit einer Verpflichtungserklärung bestätigen müsse. Das hätte in meinem Fall einige Tage in Anspruch genommen. Also schrieb er im Namen seiner russischen Verwandten die Verpflichtungserklärung für mich. Alles musste schnell gehen, denn nur vierzig Minuten später sollte die Behörde schließen und zwei Tage nicht wieder öffnen. Außerdem musste eine Einzahlungsquittung über vierzig Rubel abgegeben werden. Bezahlen konnte man aber selbstverständlich nicht in der Registrierungsbehörde, sondern nur bei einer bestimmten Kasse mitten in der Stadt. Mein Helfer wolle mir die fehlende Quittung allerdings sofort besorgen. Nach knapp zwanzig Minuten kam er damit zurück, ließ mich aber nicht bezahlen, sondern meinte nur: »Das ist jetzt unbedeutend.«

Erst nachdem alles erledigt war, stellte er sich mir vor: Heinz Schulz, ein Russland-Deutscher, seit zwanzig Jahren wohnhaft in Konstanz. Er legte der Beamtin alle Papiere mit den Pässen vor. Schon vorher hatte er lange auf die uniformierte Dame eingeredet und ihr offensichtlich einiges über mich erzählt. Ab und zu ging ihr Blick zu mir herüber und ich glaubte, ein zunehmendes Wohlwollen darin zu erkennen.

Zwischendurch witzelte der Russland-Deutsche aus Konstanz trokken: »Wir schaffen das. Es ist eigentlich illegal, was ich da mache, aber es wird schon klappen.«

Die offiziellen Schalterstunden waren nun längst überzogen. Nur wir beide und die Beamtin waren noch da. Und plötzlich drückte sie mit einer feierlichen Bewegung den ersehnten Stempel in unsere Pässe. Ich hielt bei dieser Prozedur den Atem an und erleichtert entfuhr mir ein »Gott sei Dank.«

Gerhard war noch nicht zurück. Warum brauchte er so lange? Ich beruhigte mich damit, dass es bei den russischen Behörden sicher nicht ganz so schnell voranging. Meine Unruhe nahm trotzdem zu. Warum kam er nicht? Was könnte ich machen, wo müsste ich ihn suchen, wenn er nicht wiederkäme. Immer wieder lief ich zum Fenster in der Hoffnung, Gerhard auf der Straße zu sehen. Das war eigentlich überflüssig, denn die Menschen konnte ich aus dieser Höhe kaum erkennen. Die Zeiger der Uhr schlichen indes nur langsam voran. Nun waren es schon vier Stunden. Ich führte Selbstgespräche. »Gerhard, warum kommst du nicht, was ist los?«

Mich hielt nichts mehr in meinem Bett. Wie ein gefangener Tiger lief ich im Zimmer auf und ab. Hin und wieder riss ich die Zimmertür auf, weil ich glaubte, ihn auf dem Flur zu hören. Nichts, der Flur war menschenleer.

Endlich, endlich klopfte es an unsere Tür.

»Ich bin es«, rief Gerhard.

Ich riss die Tür auf und umarmte ihn. »Schön, dass du wieder zurück bist, ich habe mir solche Sorgen um dich gemacht.«

Er war nicht alleine.

»Das ist Herr Schulz, Russland-Deutscher. Hat mir auf der Behörde sehr geholfen. Aber ich muss gleich wieder los, Fahrkarten kaufen.«

Und schon war ich wieder draußen. Nachdem ich mich bei meinem Retter bedankt und mich von ihm verabschiedet hatte, sauste ich im Dauerlauf los. Würden die Fahrkarten noch da sein? Wieder hatte ich lange Warteschlangen vor mir. Doch nach einer halben Stunde, was in Russland gar nichts ist, hielt ich sie in Händen. Die Abfahrt war am nächsten Nachmittag. Ich atmete erst einmal auf: Geschafft! In diesem Moment fiel die ganze Anspannung von mir ab und ich dachte nur noch: Was nützt das alles, wenn es meiner Frau schlecht geht? Vielleicht wäre es doch besser gewesen, einen weiteren Tag hier zu bleiben.

Über Sibirien in die Mongolei

Es tat sich etwas in Russland. Selbst in Sibirien war das unverkennbar. Überall wurde renoviert und gebaut. Die Läden waren modern, die Restaurants gut frequentiert. Weil es zu dieser Jahreszeit angenehm warm war, florierten auch die Straßencafés. Junge Leute in bunter, westlicher Kleidung saßen dort. Ein Generationenwechsel musste die alten verkrusteten Strukturen überwinden. Umso unverständlicher war der immer noch vorhandene Bürokratismus, wie wir ihn immer wieder verspüren sollten. Es schien eine Eigenart der Russen zu sein, sich vor der Obrigkeit zu ducken; und wenn es nur ein unwichtiger, kleiner Beamter war. Und wer sich vom Rang her für privilegiert hielt, spielte diese Macht aus. Der brave Bürger nahm die kleinen Schikanen ergeben hin: ein anerzogenes Verhalten, das sich über viele Generationen hinweg weiterentwickelt hat. Sicher geht das auf die Zarenzeit zurück und konnte sich in den siebzig Jahren der kommunistischen Diktatur noch verfestigen.

Wir saßen in der riesigen Wartehalle des Bahnhofs, den Blick immer auf die große Anzeigetafel gerichtet. Dort wurde erst fünfzehn Minuten vor Abfahrt des Zuges der Bahnsteig angezeigt. Wir waren gerade rechtzeitig da, als unser Waggon angekoppelt wurde. Dann saßen wir endlich in der Transsibirischen Eisenbahn, der längsten Bahnstrecke der Welt. Die Strecke von Moskau bis Wladiwostok ist 9500 Kilometer lang! Für uns waren es dagegen ›nur‹ 2500 bis Ulan-Ude, wo die Transmongolische Eisenbahn abzweigt, die von dort weiter nach Peking führt.

Die eingleisige Strecke in Kasachstan hat uns an die ›Schwäbische Eisebahn‹ erinnert. Die Gleiskörper der ›Transsib‹ waren auf gutem technischen Stand. Sie war stark frequentiert; täglich fuhren rund fünfzehn Fernzüge in jede Richtung. Die Eisenbahn ist noch immer das Hauptverkehrsmittel in Russland.

In den angrenzenden Abteilen logierten Familien. Mütter packten das Essen aus und holten Teewasser aus dem Samowar. Kinder, wie ich sie kenne, sind normalerweise recht unruhig und lassen ihrem Bewegungsdrang beim Toben freien Lauf. Nicht diese russischen Kinder, die saßen schön brav auf ihren Sitzen. Wir fühlten uns wohl in dieser Nachbarschaft.

Endlich ging es weiter, immer weiter nach Osten, durch unendlich wirkende Landschaften. Die von Menschenhand noch unberührten Mischwälder wurden oft von Waldwiesen unterbrochen. Hoch standen dort Gras und Wildblumen! Nur vereinzelt mähten Bauern mit der Sense ein Stück Wiese. Ihre Blockhäuser mit den Gemüsegärten gehören zum sibirischen Landschaftsbild. In Abständen von zwanzig bis fünfzig Kilometern tauchten sie immer wieder auf.

Nicht wegzudenken sind auch die Kartoffelfelder zur Selbstversorgung. Im überschaubaren Einzugsbereich menschlicher Ansiedlungen wird jeder Quadratmeter zum Kartoffelanbau genutzt. Primitive Gewächshäuser und Folien sollen das Wachstum während der kurzen Sommer beschleunigen. Die Winterbevorratung mit Kartoffeln und haltbar gemachtem Gemüse ist nicht einfach nur Hobby, sondern lebenswichtig.

Über lange Strecken verlief eine Straße nahe der Bahnlinie. Sie lud regelrecht zum Radeln ein. Noch dazu waren die Temperaturen ideal.

»Heute hätten wir Rückenwind und würden gut vorankommen«, seufzten wir beide fast wie aus einem Mund.

Die Mischwälder wichen mehr und mehr Nadelwäldern mit Föhren, Fichten und Lärchen. Wir näherten uns dem Baikalsee und Irkutsk. Später fuhren wir stundenlang am Seeufer entlang und ratterten nach Ulan-Ude.

Die Stadt ist relativ groß und erstreckt sich entlang eines breiten Flusslaufes. In einem bahnhofsnah gelegenen Kiosk kauften wir Brot. Wir hatten das russische Kastenbrot, von dem es verschiedene Vollkornsorten gab, schätzen gelernt. Gleich neben dem Kiosk fanden wir ein Hotel.

Die Unterkunft lag recht fußgängerfreundlich in der alten Stadtmitte. Dafür mussten wir allerdings reichlich Krach ertragen. Jedes Mal, wenn eine Straßenbahn vorbeifuhr, meinte Jutta: »Das hört sich an, als ob sie mitten durchs Zimmer poltert.«

Zum Einkaufen gingen wir zum nahen Basar. Diese Bezeichnung hatte sich bei uns seit der Türkei so eingeprägt. Wie ›Markt‹ auf Russisch hieß, wusste ich gar nicht. Auf diesem hier überraschte uns das breite Angebot. In einem modernen Hallengebäude voll munteren Treibens boten dicht nebeneinander stehende Kleinhändler die vielfältigsten Lebensmittel feil. In der unteren Etage wurde Frischfleisch verkauft, das auf gekachelten Theken lag: portioniert und ohne Kühlung. Es sah recht trocken aus, nicht so saftig wie bei uns. Frauen in weißen Kitteln und mit hohen Kochmützen auf den Köpfen priesen lautstark ihre Ware an. Auf der anderen Seite wurde Gemüse und Obst verkauft. Das Obst war kunstvoll zu spitz zulaufenden Türmen aufgeschichtet.

»Welch eine Arbeit«, sagte ich. »Was sie morgens aufschichten, müssen sie abends wieder abbauen.«

Noch mehr interessierten mich die Kleinhändler an der Straße, die sich allesamt gern fotografieren ließen. Sie verkauften Gemüse aus Eigenanbau, was leicht zu erkennen war: Kartoffeln, Weißkraut, Möhren, Sellerie, verschiedene Salatsorten und Gewürzkräuter. Dazu Waldfrüchte: sibirische Waldbeeren, die im Geschmack der Sauerkirsche nahe kommen, aber süßer sind, und auch Blau- und Himbeeren. Ich weiß aus meiner Jugend, wie mühsam das Sammeln von Blaubeeren im Wald ist. Hier konnten wir diese Waldfrüchte so billig einkaufen, dass wir freiwillig etwas zulegten.

Jutta quälte sich derweil neben mir. Das Einkaufen bereitete ihr sichtlich Anstrengung.

»Jutta, du brauchst vielleicht doch mehr Ruhe«, hörte ich mich sagen.

Also gestattete sie mir ab sofort jeden Tag eine Stunde Ausgang, die sie selbst zum Schlafen nutzte. In verschiedene Richtungen lief ich los; vor allem um zu beobachten. Vorbei an Plattenbauten hinauf zu den alten Vierteln mit den rustikalen Blockhäusern. Lange betrachtete ich die Schnitzereien an den Balken, die bunten Anstriche, und ich riskierte auch Blicke über die Zäune in die gepflegten sibirischen Gärten hinein. Hier oben, nahe am Waldrand unter licht stehenden Kiefern, waren einige Häuser in der traditionellen Blockbauweise noch im Bau. Männer luden die schweren Holzbalken ab. Lücken zwischen den Balken wurden sorgfältig mit Moos ausgestopft. Ich konnte mir kaum vorstellen, dass eine solche Dämmung in den eisigen sibirischen Wintern die kalten Winde wirksam abhielt.

Die Straßen in den Vierteln bestanden hauptsächlich aus Löchern, Mulden, Pfützen und Sand. Weil die jungen russischen Frauen sich gern auffallend sexy kleiden und sich entsprechend dazu bewegen, staksen sie freiwillig mit ihren hohen Schuhen durch das löcherige und nasse Straßenlabyrinth.

Vor einem der Häuser pflückte ein alter Mann Beeren. Ich gab mich ihm als ›Njemez‹, als Deutscher, zu erkennen. Er deutete auf sein Gesicht und sagte auf Russisch, er sei alt: »Stari.«

Ich antwortete ihm auf Russisch: »Ich bin 73 Jahre alt.«

Er erwiderte: »Ich 75.«

Lachend gaben wir uns die Hand. Es gab also doch eine bescheidene Verständigungsmöglichkeit in dieser Sprache. Hinter dem Vorhang lugte währenddessen misstrauisch seine Frau hervor.

Später überquerte ich den breiten Gleiskörper der Bahnstrecke. Von einer langen Brücke schaute ich hinunter auf eine Durchgangsstraße, auf der unsere Radroute in die Mongolei verlief. Nur wenige Autos waren unterwegs, ideal zum Radeln. Eigentlich wollten wir auf die Räder steigen und die Reise auf der Straße fortsetzen. Doch diese Hoffnung konnte ich begraben. Jutta ging es dafür gesundheitlich schlichtweg nicht gut genug.

Der Gedanke, allein nach Ulan-Bator zu radeln, reizte mich. Jutta hätte ich zum Zug gebracht und in Ulan-Bator abholen lassen. Aber ich musste darauf verzichten: Meine Frau hätte keine ruhige Stunde gehabt, so sehr wäre sie in Sorge gewesen. Diese psychische Belastung durfte ich meiner ohnehin schon kranken Jutta nicht antun.

Das vereinbarte Zeitlimit für meinen Ausflug hatte ich inzwischen überschritten. Als ich zum Hotel eilte, kam mir meine Frau entgegen.

»Wo warst du?«, rief sie vorwurfsvoll. Sie hatte sich aus Angst um mich allein auf die Suche gemacht. Es tat mir richtig Leid, dass ich sie in Unruhe versetzt hatte und ich nahm sie tröstend in den Arm. In diesem Moment wurde mir noch bewusster, dass ich sie keinesfalls allein lassen durfte.

Die Krankheit meiner Frau belastete auch mich psychisch und stimmte mich nachdenklich. Wir lagen nebeneinander in unseren Betten und versuchten uns Mut zu machen.

»Können wir dieser Situation auch etwas Positives abgewinnen?«, sagte ich und suchte dabei nach ihrer Hand. Sie drehte sich zu mir und antwortete leise: »Das bringt uns einander noch näher und schweißt uns zusammen.«

Dann fügte sie mit fester Stimme hinzu: »Wir müssen gut aufeinander aufpassen.« Sie drückte fest meine Hand.

Uns erfasste eine sentimentale Stimmung, die uns auf einmal um elf Jahre zurückversetzte. Ruhig unterhielten wir uns über die Gefühle, die wir hatten, als wir uns im Läuferhotel ›Ehrenbachhöhe‹ oberhalb von Kitzbühel kennen lernten. Ich war damals von meiner ersten Russlandreise zurückgekommen. Wegen meiner Initiative für einen Sportleraustausch hatte ich mit sechs anderen Seniorensportlern vom Deutschen Skiverband eine Kontaktreise hinter mir, die uns nach St. Petersburg, Moskau, den Ural und Kasachstan geführt hatte.

»Da saßen drei Frauen, die ich nur kurz grüßen wollte. Dann trafen mich deine ersten Blicke, und die waren schon verheißungsvoll.«

»Du hast meine Signale sofort aufgenommen und dich spontan an unseren Tisch gesetzt.«

»Ohne deine einladende Handbewegung hätte ich das niemals gewagt. Du weißt ja, ich hatte wenig Erfahrung mit Frauen.«

»Dafür hast du dann aber recht munter mit deiner angenehmen Stimme von deiner Russlandreise erzählt«, sagte Jutta. »Dabei habe ich erst richtig Gefallen gefunden an dir.«

Ein Bekannter dämpfte damals meine nicht zu übersehenden Regungen mit der Bemerkung: »Mach dir keine Hoffnungen, die Frau ist in festen Händen.«

Doch ich war sensibilisiert, denn drei Jahre nach der Trennung von meiner ersten Frau war ich auf der Suche. Jutta sagte mir später, ich hätte die Sensoren ausgefahren. Sie spürte aber auch, dass ich meine Gefühle zurücknahm und war deshalb selbst in die Initiative gegangen.

Am nächsten Tag setzten wir uns von unseren Freunden zu einer dreißig Kilometer langen Bergrunde ab. Bei gedrosseltem Lauftempo erzählte ich Jutta aus meinem Leben. Dann ging alles sehr schnell. Heute wissen wir es beide besser denn je: Für uns hatte die große Liebe begonnen. In unserem Erinnerungsschatz bewahren wir seit dem elf erlebnisreiche, harmonische Jahre auf. Aus dieser Schatztruhe holten wir auch in diesen Tagen einiges hervor; unsere Hochzeit vor sechs Jahren in dem Berghotel, in dem wir uns kennen lernten, unsere

Traumhochzeit, die meine Jutta so stark bewegte, dass sie nichts essen konnte und sich an diesem hohen Tag krank fühlte.

23 Stunden sollten die etwa sechshundert Kilometer lange Fahrt nach Ulan-Bator dauern. Lange Wartezeiten an der Grenze schienen in die Fahrzeit schon eingerechnet zu sein. Das Einsteigen und Verstauen der Räder auf den oberen Bänken war für uns inzwischen zur Routine geworden und ging flott voran.

Nach einigen Zwischenhalten auf offener Strecke rollten wir in die Grenzstadt Kyakhta ein. Wir rechneten schon mit einem längeren Aufenthalt, ahnten jedoch nicht, wie lang er wirklich werden sollte. Die zahlreichen Rangiermanöver wollten nicht enden. Immer wieder fuhr der Zug rückwärts an und kurz darauf wieder in die andere Richtung. Zwischendurch Stille. Es wurde ein langer Stopp von sechs Stunden.

An derselben Haltestelle erfolgte die Grenzkontrolle der Russen. Die Auswüchse der russischen Bürokratie störten uns diesmal nicht, wir waren nicht in Zeitnot. Zuerst erschien eine Zollbeamtin, die sich im Abteil umsah. Ihr folgten zwei Grenzer in Uniform. Mit versteinerter Miene blätterte einer in unseren Pässen und versenkte sie im Koffer seines Kollegen.

Jutta wurde nervös. »Was passiert mit meinem Pass?«

»No problem.« Der Grenzer mit der eisigen Dienstmiene beschwichtigte sie. Er versuchte es zumindest. Ohne Pässe fühlten wir uns immer gleichsam nackt, den Grenzern ausgeliefert. Doch eine Stunde später kamen alle drei erneut durch den Zug und gaben uns die gestempelten Pässe zurück.

Dann befahl ein Soldat: »Go out!«

»Was ist denn nun schon wieder?«, fragte Jutta misstrauisch.

Zwei Beamte durchsuchten und durchleuchteten anschließend das Abteil. Ich fragte mich, was das sollte. Wir waren nicht bei der Ein-, sondern noch immer bei einer Ausreise! Dann kam der Zöllner mit einem Formular zu uns, in das wir eintragen sollten, wieviel Bargeld wir bei uns trugen.

Einige Jugendliche hatten sich offenbar darauf spezialisiert, die Reisenden während der Zwischenhalte anzubetteln. Sie klopften an die Fenster, um auf sich aufmerksam zu machen. Mit Gesten machten sie klar, dass sie etwas zu essen haben wollten. Ein Jugendlicher von viel-

leicht fünfzehn Jahren hatte keine Hände mehr und trommelte mit seinen Unterarmen gegen den Waggon. Natürlich regte sich Mitleid in mir. Welche Tätigkeit kann so ein Mensch in diesem Land noch ausüben? Er ist zu lebenslangem Betteln verurteilt. Wir hatten nicht viel übrig, was wir mit den hungrigen Jungen teilen konnten. Gerhard warf ihnen eine Packung süßer Waffeln zu. Sie fielen darüber her. Der schnellste Junge, der die Packung gefangen hatte, teilte mit den anderen. Was dann noch übrig blieb, fraßen die Hunde. Es war deprimierend zu erleben, wie bescheiden ein Leben sein kann. In Deutschland leben wir in großem Wohlstand.

Endlich fuhr der Zug an. Er ratterte eine halbe Stunde durch sumpfiges Niemandsland und hielt dann mit quietschenden Bremsen vor einem Aufsehen erregenden mongolischen Grenzgebäude. Mitten in einer Waldlandschaft stand dieses hell getünchte Blockhaus, gekrönt von einer kleinen Plattform mit schussbereitem Soldaten. Etwa ein Dutzend weitere Soldaten patrouillierten umher oder grillten am offenen Feuer Fleischspieße. Die kaffeebraunen Uniformen passten gut zum getönten Blockhaus. Im Farbenspiel der Abendsonne hätte alles zusammen die perfekte Filmkulisse für einen Western abgeben können.

Die Mongolen waren unkompliziert. Ruckzuck hatten wir unsere Stempel im Pass und die Grenze überschritten. Wir blickten auf grünes Weideland und versuchten im letzten Abendlicht herauszufinden, wo die Straße verlief, auf der wir so gern geradelt wären.

Nach einer kurzen, schlaflosen Nacht rüsteten wir zum Aussteigen. Es war von neuem aufregend, die schweren Lasten durch die mit sperrigen Koffern drängelnden Fahrgäste hindurch nach draußen zu bugsieren. Ich musste zweimal ins Abteil zurück und als ich schließlich mit den restlichen Radtaschen nach draußen kam, spornten mich sogleich die müden Augen meiner Frau an, möglichst schnell ein Hotelzimmer zu ergattern. Ich konnte sie keinesfalls stundenlang stehen oder in der ungemütlichen Bahnhofshalle herumsitzen lassen.

Noch am Bahnhof lotsten mich zwei Frauen in ein so genanntes ›Guest House‹, doch eine heruntergekommene Herberge wie diese konnte ich meiner geschwächten Frau nicht antun. Gleich nebenan, in einem anderen Gebäude, weckte ich das schlafende Hotelpersonal. Die beiden Bediensteten waren sehr schnell munter und erkannten ihre Chance. Dem kleinen Mittelklassehotel mangelte es augenscheinlich an Gästen. So landeten wir für dreißig Dollar in einem Luxuszimmer im fünften Stock und hatten freien Blick auf die Berge.

Für mich war nur wichtig, irgendwo angekommen zu sein. »Erst einmal duschen und eine Runde schlafen«, meinte ich. Ich drehte den Wasserhahn der Dusche auf und rief entsetzt meinem Mann zu: »Es gibt kein warmes Wasser!«
Ich hatte mich so nach einer heißen Dusche gesehnt! Sich mit kaltem Wasser die Haare zu waschen, ist kein Vergnügen. Ich bat Gerhard, an der Rezeption zu reklamieren, was er auch umgehend tat. Er kam dann mit der frohen Botschaft hoch, dass sich dieser Zustand auch in den nächsten Tagen nicht ändern würde. Ein technischer Defekt der Fernheizung war angeblich die Ursache. Es gibt Schlimmeres, dachte ich und packte meinen Schlafsack aus. Da wusste ich wenigstens, wessen Schweiß drin war.

Abgesehen vom fehlenden Warmwasser war das Hotelpersonal rührend um uns besorgt. Jutta bereitete ihre Diät vor, in der Küche wurde sie dann gekocht. Die Küchenmädchen lachten jedes Mal, wenn ich mit den Töpfen in die Küche kam.

Ich fühlte mich unter diesen Menschen auf Anhieb wohl. Sie waren offen und schienen irgendwie gelöst und innerlich frei zu sein. Auf galoppierendem Pferd mit angezogenen Beinen, mit einem Arm das Tier antreibend, den anderen Arm nach vorn gestreckt, das war meine Vorstellung vom kühnen Mongolen; ein Ausdruck von wilder Freiheit. Dieser Hauch von Dschingis Khan - ist das ein Klischee, wie man es den Werbeprospekten entnehmen kann? Es schien nicht so abwegig zu sein, dieses Bild.

Von den fast drei Millionen Mongolen lebt zwar fast ein Drittel in der Hauptstadt und noch einmal einige hunderttausend in kleineren Städten, aber viele sind auch heute noch nomadisierende Hirten, die in der Steppe mit den weit auslaufenden Hügelketten ihre Freiheit haben. Ihre Viehherden sind ihre Lebensgrundlage und sichern die Existenz ihrer Familien. Das Vieh kann sich unbehindert von Zäunen in einem großen Gebiet frei bewegen. Ich fragte einen jungen Mann mit rundem Schädel und schmalen Augenschlitzen, ob es bei diesen Bedingungen ein Konkurrenzproblem zwischen den Hirten gebe. Er bestätigte es mir: Einige kommen sich demnach schon einmal in die Quere.

Seit der Privatisierung waren die Viehbestände offenbar stark gewachsen. Doch die Mongolen lösen diese Probleme auf ihre Weise. Beim Besuch eines Verwandten sei er Zeuge einer Vermischung zweier großer Schafherden geworden, erzählte der Mann. Es habe ihn erstaunt, wie problemlos die Besitzer ihre eigenen Tiere von den anderen hätten unterscheiden können. Und das, obwohl keines der Schafe eine Markierung gehabt habe. Das alles unmittelbar zu erleben, wäre der große Anreiz unserer Radtour durch die Mongolei gewesen. Doch darauf mussten wir verzichten.

So waren wir am Ziel des ersten Teils unserer großen Tour - etwa vierzig Tage früher als geplant.

Die Hoffnung, Jutta könnte sich in den verbleibenden Wochen die erforderliche Fitness zurückholen, mussten wir schnell aufgeben. Die Realität sah anders aus. Neben der Krankheit hatte sich der Reisestress nachteilig bemerkbar gemacht und meine Frau zusätzlich geschwächt. Sie war darüber verzweifelt und mehr als einmal lagen wir uns weinend in den Armen.

In Gedanken stellte ich mir die Frage, wie es weitergehen sollte. Ich konnte mir nicht vorstellen, unsere Reise abzubrechen. All das kam mir so unvollendet vor, aber wir mussten eine Entscheidung treffen. Ich hatte nicht die Kraft, mit dem Rad eine längere Strecke zu fahren. Gerhard muss die gleichen Gedanken gehabt haben, als er mich nach drei Tagen fragte, wie ich mir den Fortgang unserer Reise vorstelle.

»Ich weiß es nicht«, sagte ich unsicher.

Er nahm mir die Entscheidung ab und meinte: »Das Beste wird sein, die Reise zu unterbrechen.«

Ich nickte und fügte hinzu: »Wir werden die Reise fortsetzen, wenn ich wieder gesund bin.«

Damit waren die Würfel gefallen. Nun war mir viel wohler. Ich küsste meinen Loverman und sagte: »Ja, das machen wir.«

Ich hätte akzeptieren müssen, wenn meine Frau nach den Leiden und Strapazen der vorangegangenen Wochen einen Schlussstrich ziehen und die Tour ein für alle Mal hätte beenden wollen. Doch wieder einmal hatte ich ihre Kraft und ihren Ehrgeiz unterschätzt. Nach einem Gespräch einigten wir uns darauf, wie es weitergehen könnte: im Dezember oder Januar ab Vietnam ...

Auf die Rückkehr in die Heimat konnten wir uns beide nicht freuen, so sehr hatten wir noch immer unser großes Reiseziel vor Augen. Mussten wir uns als Versager zu Hause verstecken? Unsere Rückkehr hatten wir uns anders vorgestellt. Vor allem Jutta ärgerte sich. Ihre Gesundheit hatte jedoch jetzt absolute Priorität.

KAPITEL SIEBEN

Ho Chi Mins Erbe

Viereinhalb endlose Monate musste ich mich zu Hause von meiner Hepatitis-Erkrankung erholen. Doch dann hatten die Leberwerte wieder ihre Norm erreicht. Bei allem, was ich in dieser Zeit tat, geisterte die Reise in meinem Kopf herum.
Silvester feierten Gerhard und ich völlig unspektakulär. Mit einem Fleischfondue, Kartoffelsalat und einem guten Wein verbrachten wir die letzten Stunden des Jahres und gingen um ein Uhr zu Bett. In dieser Nacht schlief ich ab drei Uhr nicht mehr. Ein letztes Frühstück, obwohl ich vor Aufregung kaum etwas essen konnte. Auch Gerhard kam unausgeschlafen zum Frühstück. Um elf Uhr brachte uns ein Taxi zum Bahnhof.

Am Abend des zweiten Januar kamen wir in der Hauptstadt Vietnams an. Zunächst gähnende Leere am Flughafen - ganz anders als in Dubai und Bangkok, wo wir zuvor viele Stunden hatten warten müssen. Befriedigt atmeten wir durch, als unsere schweren Taschen auf dem Gepäckband heranrollten. Dann tauchten auch die Fahrradkartons auf.

Als wir das Gebäude verließen, fühlten wir uns plötzlich wie in eine völlig andere Welt hineingeworfen. Ich versuchte mir auf der Taxifahrt in die Stadt vorzustellen, wie man hier radeln könnte. Das sah zunächst nicht gerade ermutigend aus. Überall Baustellen, Sand, Pfützen, dröhnender Verkehr und das chaotische Gewimmel von Motorrädern. Ich hatte gelesen, dass die Zahl der Motorfahrzeuge innerhalb eines Jahres um dreißig Prozent zugenommen hatte und die Unerfahrenheit der Fahrer Vietnam einen traurigen Weltrekord in der Unfallrate eingebracht hatte. Die Krankenhäuser sollen mit Unfallopfern überfüllt sein.

Unser Taxifahrer hieß Cha oder so ähnlich. Er lachte uns freundlich zu. Dieses unverfälscht herzliche Lachen sollte uns in diesem Land auf der ganzen Reise begleiten. Nur ältere Leute zögerten in dieser Hinsicht zunächst. Vielleicht saß da bei dem einen oder anderen noch das Kriegstrauma im Hinterkopf.

Wir legten uns erstmal ins Bett, um die 32 Stunden Reisezeit zu verarbeiten. Am nächsten Tag erwachten wir erst gegen Mittag. Die Zeitverschiebung von sechs Stunden machte sich deutlich bemerkbar. Erst jetzt waren wir richtig da, wirklich angekommen und machten uns gleich auf den Weg, die Stadt zu erkunden.

Wir vertrauten uns einem Cyclofahrer an. Ein Cyclo ist ein Fahrrad mit Sitzen für zwei Personen, aber im Gegensatz zu einer Rikscha sitzt der Fahrer hinter seinen Gästen. Ursprünglich wollte ich aus Prinzip den genannten Preis herunterhandeln. Doch als ich selbst dieses schwere Ungetüm von Rad mit Holzpedalen, ohne Freilauf und Gangschaltung etwa zwanzig Meter bewegt hatte, akzeptierte ich mit viel Respekt vor dieser schweren Arbeit den Preis. Meine Frau und ich zwängten uns vorn zusammen auf die schmale Sitzbank und lernten auf diesem Weg die rauen Verkehrssitten kennen.

Ampellichter wurden nur teilweise beachtet. Vorfahrtsregeln gab es offenbar keine oder sie wurden ignoriert. Jeder fuhr einfach hinein ins Gewühl der Kreuzungen. Die Fahrer wichen sich gegenseitig aus - die Motorräder, die in dichten Horden daherkamen, und ebenso die Radler als die harmloseren Verkehrsteilnehmer. In Hanoi waren sie durch die boomende Motorradwelle längst in die Minderheit geraten. Unser wackerer Cyclofahrer fuhr unbekümmert den heranstürmenden Motorrädern entgegen, um auf die andere Seite zu gelangen. Wir hielten bei diesen Aktionen einige Male den Atem an!

Dann zogen wir zu Fuß los, um den Charme der Stadt einzufangen. Es gab im Stadtbild noch Relikte französischer Baukunst aus der Kolonialzeit. Auffallend waren die schmalen Giebelseiten der Häuser, einige Stockwerke und gute sechs Meter hoch. Schön sahen die Fassaden in ihren hellen Brauntönen aus, mit Erkern und Türmchen, Balkonen und Steinsäulen. Der Bombenkrieg der US-Amerikaner hatte aber auch in Hanoi einiges angerichtet. Wir sahen deshalb erstaunlich viele neue oder renovierte Häuser. Als sehr wohltuend empfanden wir, dass die Stadt in den Phasen des Wiederaufbaus nicht mit Plattenbauten verunziert wurde.

Das turbulente urbane Leben in den schmalen Straßen der Altstadt mit ihren unzähligen Läden und emsigen Verkäufern oder auch geduckt dasitzenden Straßenhändlern wurde jedoch nach unserem Befinden stark beeinträchtigt durch die offenbar für viele Vietnamesen erstrebenswerte technische Errungenschaft des Motorrades. Diese Gefährte beherrschten nicht nur die Straßen, auch die Gehwege waren mit abgestellten oder in langen Reihen zum Kauf angebotenen Vehikeln versperrt. In den Läden standen mitunter bis zu zweihundert dieser Fahrzeuge eng aneinander gereiht; und direkt nebenan das Gleiche wieder! Das Angebot an Fahrrädern war dagegen bescheiden, als sei es ein aussterbendes Verkehrsmittel und nur noch für Kinder zu gebrauchen, die noch kein motorisiertes Zweirad führen dürfen. Das Jugendverbot beachten die Vietnamesen freilich kaum: Viele der Motorräder wurden von Kindern gesteuert. Autos waren nur wenige zu sehen. Sie bewegten sich wie große Käfer zwischen emsigen Ameisen. Auch Taxis waren rar. Dafür wurde uns an jeder Ecke das Mitfahren auf so einem ›Motobike‹ angeboten. Auf die längliche Sitzbank passten locker drei Personen, manchmal auch vier.

In diesen Tagen merkten wir auch, dass die Sprachbarriere für uns kaum zu überwinden war. Übersetzungsversuche mit dem Wörterbuch brachten nur wenig. Schon im Flugzeug hatten wir den Hinweis bekommen, dass es auf die richtige Betonung und Aussprache ankommt. Eine falsche Betonung kann aus einem Vornamen ein böses Schimpfwort machen.

»Durch wie viele fremde Sprachgebiete sind wir schon gefahren?«, sagte ich.

»Und wie viele haben wir noch vor uns?!«, fragte Jutta zurück.

»Ich habe gezählt: Auf der ganzen Reise werden wir es mit etwa fünfzehn verschiedenen Sprachen zu tun haben.«

»Also kommen wir auch durch Vietnam. Das schaffen wir schon. Du hast ja gehört, die Kinder lernen schon ab der ersten Klasse Englisch und sie rufen uns nicht nur ›Hello‹ zu.«

Wir wollten natürlich auch Ho Chi Minh sehen - das war ein Muss in Hanoi. Unser Cyclofahrer vom Vortag schaukelte uns hinaus zu einem großen Park. Das Mausoleum war nicht zu übersehen. Wir reihten uns davor in die langen Menschenschlangen ein. Polizisten achteten darauf, dass geordnete Zweierreihen eingehalten wurden. Unmittelbar vor dem Eingang standen, wie zu Wachsfiguren erstarrt, Soldaten mit aufgepflanztem Bajonett. Sie bereiten den Besucher auf den Blick vor, den wir schließlich im Defilee auf den berühmten Leichnam werfen durften. Wächsern und dezent beleuchtet lag er da. Ein süßlicher, leicht stechender Geruch erfüllte den Raum. Wir beide empfanden das als beklemmend, unwirklich und waren erleichtert, als wir wieder ins Freie gelangten.

Die Vietnamesen sind bis heute stolz auf ihren Sieg über die Militärmacht USA, aber sie hegen keinen Hass gegen die Amerikaner und nehmen mit Genugtuung zur Kenntnis, wenn ein gewisser Beitrag zur Wiedergutmachung geleistet wird. Es gab einige private Initiativen von Amerikanern, die versuchten, die auch jetzt noch vorhandenen Leiden der Menschen zu lindern. Für die Jugend dagegen ist das alles schon Geschichte. In einigen Städten rosteten erbeutete Ami-Panzer als Kriegstrophäen wie lästige Autowracks vor sich hin.

Wir mochten nicht länger warten. »Sonntag Früh brechen wir auf«, schlug ich vor. »Da haben wir hoffentlich weniger Verkehr.«

»Ja, es wird Zeit«, stimmte Jutta zu.

Fünf Monate waren seit unserer erzwungenen Pause vergangen. Aber die Erinnerung an den ersten Teil der Reise war in uns so lebendig, als hätte es keine Unterbrechung gegeben. In dieser Zeit waren wir in Gedanken so stark mit Erinnerungen und der weiteren Vorbereitung beschäftigt, dass wir den Neustart wie eine nahtlose Fortsetzung empfanden.

Unter den aufmerksamen Blicken des Hotelpersonals beluden wir unsere Räder - sie waren uns gar nicht fremd geworden, unsere schwer beladenen Vehikel.

»Hier geradeaus, nach der zweiten Ampel links und dann auf die Hauptstraße«, hatte uns der Hotelportier den Weg gewiesen. Wir wollten auf der Hauptverkehrsader des Landes, der Nationalstraße Nummer eins, den Süden erreichen.

Der Sonntag brachte entgegen unserer Erwartung keinerlei Verkehrsberuhigung. Ergeben vertrauten wir uns dem Verkehrsfluss an und steuerten wie der Cyclofahrer unsere Räder in den Motorradpulk hinein. Und sie ließen auch uns mit Ausweichmanövern durch. Die Richtung konnten wir nicht verfehlen, es ging immer geradeaus.

Immer nur Lächeln auf der Nationalstrasse

Die häufigste Unfallursache ist angeblich die unterschiedliche Geschwindigkeit der Verkehrsteilnehmer; Fußgänger, Pferde- und Büffelgespanne, langsame Lastwagen, Räder, Motorradfahrer und in der Mitte die stinkenden Herren der Straße mit ihren starken Motoren. Die Lastwagen schossen sich regelrecht den Weg frei - mit ihren heulenden Sirenen in den unterschiedlichsten Tonlagen, alle lang anhaltend laut.

Ich versuchte, die heranrollenden Kolosse an der Tonlage ihrer laut bellenden Hupen im Voraus zu identifizieren, aber das war nur selten möglich. Da gaben die Kleinbusse und Motorräder noch vergleichsweise bescheidene Töne von sich. Doch die absoluten Könige unter den Lautstarken waren die Lokomotiven der Eisenbahnen, die neben der Hauptstraße fuhren. Diese Sirenen übertönten alles mit einem infernalischen Klang. Ich sah, wie ein junger Mann fünf Meter vor einem herannahenden Zug über die Gleise sprang. Die wütend tönende Sirene konnte ihn nicht von diesem gewagten Manöver abhalten.

Eine weitere häufige Unfallursache war das unvermittelte Aus- und Einfahren aus Seitenstraßen oder Hauseinfahrten. Ich wollte das anfangs nicht glauben, doch wir erlebten wiederholt, dass Fahrzeuge, vom Rad bis zum Laster, in die Hauptstraße einfuhren, ohne auf den Verkehr zu achten. Sie sahen nicht nach links oder rechts. Es wäre auch sinnlos gewesen, gestenreich unsere Vorfahrt einzufordern: Niemand schien zu wissen, was unsere Handbewegung bedeutete.

Die Verkehrsdichte konnte nur abnehmen, je weiter wir uns von der Großstadt zu den Vororten hin entfernten. Dort hatten wir die Ruhe, unsere Umgebung wahrzunehmen, obwohl diese zunächst nicht sehr einladend war. Die Landschaft verschwamm im trüben Grau des gerade einsetzenden Regens. Unsere Regenkleidung schützte uns zwar auch etwas gegen die Kälte, aber an den nassen Füßen und Händen wurde es ungemütlich kalt. An den Straßenrändern standen Bananenbäume von prächtigem Wuchs, die reife Früchte trugen; stattliche Palmen breiteten ihre Fächer aus - und wir froren! Die sumpfigen, eingegrenzten Reisfelder lagen noch brach. Es war Winter in Nordvietnam und der war bei weitem nicht so tropisch, wie es die Nähe zum Äquator vermuten ließ. Wir trösteten uns damit, dass es schon einige hundert Kilometer weiter südlich bedeutend wärmer werden würde.

Wenn auch die Nationalstraße über weite Strecken im Norden schnurgerade verlief, eintönig wurde das Radfahren nicht. Fahrräder waren in Vietnam zumindest im Ortsverkehr noch immer ein wichtiges Transportfahrzeug. Die Leute fuhren aufrecht im Sattel sitzend mit alten, einfachen Rädern, eine Schaltung hatte keines davon. Frauen und Mädchen radelten unbekümmert nebeneinander, kurbelten vor sich hin und unterhielten sich. Andere trugen Tücher vor dem Mund, wohl als Schutz vor Staub und Abgasen. Wo wir an den Hinterrädern unsere Packtaschen befestigt hatten, hingen bei den Einheimischen große Lastenkörbe. Darin befanden sich oft zum baldigen Verzehr bestimmte Tiere: lebende Hühner in Käfige gezwängt, in drei Etagen, Enten, die auch in der Enge lustige Augen hatten, aneinander geschmiegte Ferkel. Hühner waren an den Füßen zusammengebunden und hingen seitlich herunter. Das grenzte aus unserer Sicht schon an Tierquälerei, selbst wenn die Fahrt nur kurz war.

Mit dem Tierschutz sehen es die Vietnamesen nicht so eng. In einem Schweinetransporter lag jedes einzelne Schwein in einem ellipsenartigen Korbgeflecht, alle über- und nebeneinander geschichtet, vielleicht hundert Stück. Der Lkw überholte uns, nach einigen Kilometern sahen wir ihn am Straßenrand stehen. Die Schweine wurden mit einem starken Wasserstrahl abgeduscht, damit sie auf der Fahrt zum Schlachthof nicht verendeten. Auf einem anderen saßen Hunde derselben Rasse in ähnlichen Körben.

Überwiegend wurde jedoch ›totes‹ Inventar transportiert: Schränke mit einer ausladenden Breite von zwei Metern, riesige Scheiben aus Glas, lange, schwere Eisenstangen. Ein Radfahrer balancierte in der linken Hand eine dicke, lange Bambusstange, mit der er mich fast vom Rad schlug, als sie ihm aus der Hand zu gleiten drohte. Für noch schwerere Güter verwenden die Vietnamesen die Cyclos oder sie verteilen die Last einfach auf zwei Fahrräder. Eine Bambusstange liegt dann bei beiden Rädern auf dem Lenker auf, daran baumelt ein Schrank oder etwas anderes in dieser Gewichtsklasse.

In einem kleinen Ort las ich auf einem Schild ›Hot Tok‹. ›Oh, gibt es hier etwas zu essen?‹, dachte ich. Als ich genau in diese gute Stube schaute, sah ich jedoch nur einen Damenfriseur. Dabei hatte ich bisher nicht eine einzige Frau mit kurzen Haaren gesehen. Alle trugen ihre wunderbaren, schwarzen Haare lang. Die Frauen in Nordvietnam sind wirklich hübsch, haben Mandelaugen, zierliche Nasen und wohlgeformte Lippen. Als ich ein hübsches Mädchen auf einem Ochsenkarren sitzen und einen Büffel antreiben sah, fiel mir ein Sprichwort ein: Einen schönen Menschen entstellt nichts.
Die Männer fand ich nicht ganz so attraktiv. Die älteren Vietna-

mesen tragen als Kopfschutz oft den Vietconghelm und das gängige Schuhwerk der Landbevölkerung sind Plastiklatschen, die ihre ursprüngliche weiße Farbe aber schnell verlieren.

Viele der Frauen mit ihren bunten Gewändern und den konischen Reisstrohhüten auf dem Kopf trugen an einer Holzwippe schwere Körbe, gefüllt mit Gemüse und Obst. Nachdem ich einmal zum Spaß eine solche Wippe mit den Händen angehoben hatte, verneigte ich mich vor Ehrfurcht vor ihrer Trägerin und kaufte ihr einige Mandarinen ab. Diese Last war wirklich kaum zum Tragen! Und trotzdem strahlten diese Frauen eine unglaubliche Sympathie aus. Besonders dann, wenn sie mit zarter Stimme einige englische Sätze lispelten oder sich freuten, dass sie uns helfen konnten. Manchmal hätte ich diese lieben, zarten Persönchen am liebsten spontan umarmt! Meine Frau hätte das jedoch als unpassend empfunden.

Nach gut neunzig Kilometern näherten wir uns einer Stadt. Jutta fuhr vor mir.

›Ob sie wohl durchfährt?‹, fragte ich mich. Der nächste Ort folgte erst zwanzig bis dreißig Kilometer weiter. An einem großen Gebäude stand ›Hotel‹.

Jutta stoppte. »Ist das etwas für uns?«

»Wir wollten doch in einem kleinen Privathotel unterkommen«, antwortete ich zögernd.

In diesem Moment hielt ein Motorrad neben uns und ein Mann radebrechte: »This hotel expensive.«

Wir folgten seiner einladenden Handbewegung. In einer Nebenstraße lotste er uns durch eine Einfahrt und wir waren in einem neuen, kleinen Privathotel. Die Besitzerin fiel uns vor Freude fast um den Hals.

Wir besichtigten das Zimmer und waren überrascht. »Für zehn Dollar ist das ja ein Luxus. Alles neu und ein gefliestes Bad.«

Jutta nickte zustimmend, allerdings erst, nachdem sie kritisch das Bettzeug geprüft hatte. Inzwischen hatte der Sohn im Hof mit einem Schlauch den Dreck von unseren Rädern und den wasserdichten Packtaschen gespritzt. Die Großmutter kochte eigens für uns ein köstliches Menü: Suppe, Gemüsepfanne mit Fisch und Nachspeise.

Vom Radeln erschöpft gingen wir zeitig auf unser Zimmer und krochen gemeinsam unter zwei dicke Decken. Durch die Ritzen der Fenster drang kalte Luft in den Raum. Die Häuser waren eben nicht für kalte Tage gebaut.

Für unsere Reise durch Vietnam hatten wir Abenteuer erwartet und dann war da keines. Oder doch? In der Nacht stürmte ein heftiger Wind und Regentropfen plätscherten gegen das Fenster. Noch ahnten wir nicht, was uns am nächsten Tag erwartete.

Zum Frühstück versammelte sich die gesamte Familie, von der fünfundachtzigjährigen Oma bis hin zum Enkel. Die Hauswirtin sprach gut Englisch und wir redeten noch lange miteinander. Sie erzählte von ihrem kleinen Hotel, das sie stückweise aufgebaut hatte und auf das sie sehr stolz war. Von ausländischen Gästen, die übernachteten, von ihren Kindern. Aber auch vom Krieg, den Bomben und den vielen Opfern.

Als wir nach dem ausgiebigen Gespräch losfuhren, hatte es sich ziemlich ausgeregnet. Na also, sagte ich mir, es wird ein schöner Tag. Aber ich täuschte mich. Nach zwanzig Kilometern passierte es: Ein Seilzug an meiner Nabenschaltung riss plötzlich! Wütend sah ich mir den Schaden an. Wie sollte ich nun in dieser Hügellandschaft weiterfahren? Ich konnte nur noch auf den vorletzten Gang schalten. Das war immer mein Alptraum: ein gerissenes Seil. Niemand konnte uns hier helfen. Hatte ich eine Vorahnung, als ich wenige Tage vor unserer Abreise noch einen Ersatzseilzug einpackte? Doch wer sollte den montieren? Vierzig Kilometer hatten wir bis zur nächsten Stadt zu überwinden, um dort Montagehilfe zu bekommen. Und ich musste mit dem großen Gang fahren.

Schwitzend trat ich in die Pedale. So langsam hatte ich noch nie getreten. Eine Stunde lang plagte ich mich mühsam ab. Dann setzte erneut Regen ein und machte alles noch anstrengender. Und schon nahte das nächste Unheil: Mein Vorderrad begann zu schwimmen. Ich drehte mich um und rief meiner Frau zu: »Ich glaube, ich habe einen Platten.«

Dabei verriss ich den Lenker und stürzte auf den nassen Asphalt. Ich kam zwischen den Packsäcken und unter dem Rad zu liegen und mein erster Gedanke war: ›Jetzt ist alles aus.‹ Ich konnte mich zunächst kaum rühren und dachte nur: ›Irgendetwas ist gebrochen.‹

Dann sah ich das entsetzte Gesicht meiner Frau, die sich über mich beugte. »Kannst du aufstehen?«, sagte sie leise.

Vorsichtig begann ich mich zu bewegen. Ja, ich konnte. Unter Schmerzen zwar, aber ich kam hoch und versuchte meine Frau zu beruhigen.

»Es ist nichts gebrochen«, rief ich ihr zu. »Ist schon alles okay.«

»Gerhard, ist wirklich alles in Ordnung?« Ihr zitterten die Knie.

»Ja, es geht schon«, antwortete ich. »Aber meine Schulter und meine Hüfte schmerzen etwas«.

Und siehe da: Ich war genau vor einer dieser unzähligen kleinen Werkstätten gestürzt, die zur Straße ausgerichtet waren. Alles war offen. Jeder konnte sehen, wie gewerkelt wurde. Der Meister bearbeitete gerade ein rostiges Metallteil mit dem Hammer. Ohne viele Worte machte er sich nun ans Schlauchflicken. Ich hockte benommen daneben. ›Ob er auch den Seilzug in die komplizierte Mechanik montieren kann?‹, schoss es mir durch den Kopf. Ich zeigte ihm das heraushängende Schaltseil und holte die Montageanleitung aus meiner Packtasche. Er war erstaunt, wiegte den Kopf, blickte skeptisch drein, aber er verweigerte sich nicht. Inzwischen waren noch einige Männer hinzugekommen, die sich mit Ratschlägen an der Diskussion beteiligen wollten. Der Meister blieb ganz ruhig und studierte die Bilder sehr genau, lesen konnte er ja nichts. Wir versuchten zu helfen, vor allem meine Frau, denn ich war noch immer ziemlich deprimiert.

Als der Mann die Technik zerlegte und die kleinen Schrauben schließlich auf dem Boden lagen, murmelte ich: »Das wird nichts. Ich kann mit diesem Rad nicht weiterfahren.«

»Warte ab, der macht das nicht schlecht«, meinte Jutta.

Er schaffte es wirklich. Ich machte eine Probefahrt und konnte alle Gänge schalten. Erleichtert umarmte ich den Meister, der sichtlich stolz auf seine Arbeit war. Das hätte ich wohl nicht tun sollen, denn ein stechender Schmerz durchzuckte meine Schulter. Auch beim Gehen fühlte ich die Schmerzen, auf dem Rad dagegen fast nichts. Hatte uns das Glück doch wieder eingeholt?

Am Abend drohte meine Frau: »Morgen machst du Frühstück und kochst den Kaffee.« Das hatte sie schon oft von mir verlangt, aber nie so ernst gemeint, weil ich es ihr bisher nie recht machen konnte. Diesmal jedoch hatte ich eine treffliche Entschuldigung. »Was, das willst du deinem verletzten Mann antun?«

Natürlich wollte sie das nicht. Und tatsächlich schmerzte noch immer jeder Schritt. Das hinderte uns jedoch nicht, für den nächsten Tag schon einmal eine längere Wegstrecke einzuplanen.

Erstmals sahen wir Berge, zunächst einzeln in der Landschaft stehende, kleine Kegel. Sie mochten nur knapp über eintausend Meter hoch sein und sahen aus wie Zuckerhüte mit vermoosten, felsigen Zacken.

Das Interessanteste an diesem Tag jedoch war der Feldanbau. In Kolonnen fuhren Frauen und Männer dorthin - mit dem Rad, dem Fortbewegungsmittel der Landarbeiter. Auffallend munter riefen sie uns etwas zu. Auch Jutta rief mir etwas zu: »Schau mal da hinüber.«

Dort waren hunderte Menschen bei der Arbeit, bereiteten die Felder vor und regulierten das komplizierte Bewässerungssystem. Im Iran verwenden die Bauern Maschinen dafür, in Vietnam wird nahezu alles von Hand gemacht. Die Feldarbeiter wateten im Sumpf und schöpften mit Eimern Wasser von einem Feld ins andere.

In den Tagen darauf konnten wir Frauen beim Pflanzen zusehen und wieder zwei Tage später waren die Reispflanzen schon um zehn Zentimeter in die Höhe geschossen, so schnell kamen wir aus dem kühlen Norden in den wärmeren Süden!

Wir waren beeindruckt vom Lebensstil der Menschen. Das Leben spielt sich weitgehend auf der Straße ab. Die Häuser haben einen eigenwilligen Baustil. Fast alle stehen separat, sind fünf bis zehn Meter breit und gehen bis zu zwanzig Meter in die Tiefe. Die Türen sind, soweit die Bewohner zu Hause sind, geöffnet. Das gewährt einen totalen Einblick in die häusliche Idylle. Alle handwerklichen Betriebe arbeiten vor dem Haus. Rechts und links der Straße stehen sowohl Feudalhäuser als auch einfache Häuser bis hin zum schlichten Holzschuppen, meist mit Überdachungen aus Wellblech. Die schönsten, oft von Säulen gestützt, erinnern an die verspielte französische Bauweise.

Etwa jedes dritte Haus hat eine Garküche mit unterschiedlichen Qualitätsansprüchen. In allen Lokalen, in die wir hineinblicken konnten, dienten Plastikstühle als Sitzgelegenheiten, nicht höher als eine Fußbank. Das liegt wahrscheinlich daran, dass es sich die Menschen in ganz Asien oft in der Hocke bequem machen. Die Häuser sind lila, rosa und hellbeige. Auch die Mützen haben diese Farben. Die Frauen tragen ihre Schals oft so um den Kopf gebunden, als hätten sie Zahnschmerzen, wenn sie nicht gerade einen Chinesenhut aufhaben. Einen Mundschutz tragen allerdings die meisten.

Wir wollten bis Dong Hoi kommen, der nächsten größeren Stadt. Lag es am Wetter, dass die Leute noch munterer waren als an den Vortagen? Es wurde einer der schönsten Tage der bisherigen Tour. Dabei waren wir bei miesem Wetter auf die Räder gestiegen und hatten Regen befürchtet. Doch nun schnurrten unsere Räder auf dem trockenen, glatten Asphalt und mein Tacho pendelte bei 25 Stundenkilometern. Jutta war direkt hinter mir und ein Hochgefühl erfasste mich.

Es waren sehr, sehr viele, die uns aufmunternd mit beinah überschäumender Freude zuriefen und freudig zuwinkten. Hunderte von Schülern waren auf ihrem Weg zur Schule. Kilometerlang kamen sie auf der anderen Seite daher. Vor allem beim Überholen kamen wir den Menschen nahe. Dabei konnten wir den Kindern in ihre vor Freude glänzenden Augen schauen, wenn sie uns ihr hell klingendes ›Hello‹ zuriefen. Aber auch ältere Leute grüßten uns oft. Sie saßen mitunter dicht gedrängt auf Lastwagen und lachten uns vergnügt zu, während sie uns überholten.

Immer wieder versuchten auch einige radelnde Buben, ein Stück des Weges unser Tempo mitzuhalten. Sie interessierten sich vor allem für unsere Räder. Einige veranstalteten gewagte Kapriolen und zwei stürzten dabei auf die Straße. Als wir uns umschauten, kamen sie aber schon wieder in vollem Tempo angerauscht. Oft hatten sie beim Fahren eine Hand auf der Schulter eines Freundes. Jeder dritte Junge transportierte noch einen weiteren auf dem Gepäckträger.

Auf langen Brücken überquerten wir Flüsse und schauten auf träge fließendes, gelbes Wasser. Wie Trichter ragten riesige aufgespannte Fischernetze aus den Flüssen. Einige Transportkähne fuhren dort - wie zu alten Zeiten. Dann kamen wir plötzlich in ein Trockengebiet.

Jutta rief: »Das sieht aus wie Schnee!«

Es waren Dünen aus schneeweißem Sand, in denen nur niedrige Sträucher Halt fanden. Zwischen bewaldeten Bergrücken setzte die Straße dort zu weit ausholenden Kehren an. Dort sahen wir erstmals, wenn auch nur für kurze Zeit, die Wogen des Südchinesischen Meeres.

»Jetzt geht‘s zur Sache, wir haben einen Pass vor uns«, rief ich Jutta zu. Murren kam von ihr zurück. So gut, wie wir heute drauf waren, waren die zweihundert Höhenmeter allerdings kein Problem. Jutta spurte tapfer hinter mir her. In Abständen wartete ich auf sie. Oben auf der Höhe kauften wir einem Buben zuckersüße Bananen ab. Dieser erste kleine Berg hatte unseren Puls richtig in Schwung gebracht. Bei 140 Schlägen war ich allerdings noch längst nicht am Limit angelangt. Mein Körper bedankte sich mit Wohlbefinden.

An den schlichten Häusern blühten üppig lilafarbene Bougainvilla-Sträucher und Hibiskus. Selbst an Schutthalden gediehen in prächtigen Sträuchern Weihnachtssterne. Am Straßenrand wuchsen mal Kokospalmen, mal Bananenbäume. Und ein Stück weiter stand ein Sarg mitten auf der Straße. Einige Dutzend Menschen standen um ihn herum. Etwas weiter ein Unfall. Dort lag jemand neben dem Motorrad auf der Straße.

Jutta rief: »Der ist doch bewusstlos, warum hilft ihm keiner?«

»Kehren wir um«, antwortete ich.

Ich wusste ja: Ihr Helfersyndrom, wie sie selbst sagte, war geweckt. Als wir ankamen, war der Verletzte schon auf ein anderes Motorrad verladen und hinter den Fahrer gesetzt worden. Dahinter saß noch jemand, der ihn festhielt. Krankentransport auf vietnamesische Art. So fuhren sie los, wir hinterher. Der Kopf des Verunglückten baumelte so hin und her, dass ihn der hinter ihm sitzende Helfer kaum aufrecht halten konnte. Dann hielten sie an und Jutta steckte dem Unglücklichen, der eine starke Alkoholfahne verbreitete, einige homöopathische Kügelchen in den Mund. »Mehr kann ich nicht tun!«, sagte sie und wir verließen den Ort des Geschehens. Natürlich erfuhren wir nicht, wie es mit ihm weiterging.

Wir kamen wieder in den Regen. Schnell waren unsere Räder und Taschen von einer braunen, lehmigen Sandschicht überzogen. Selten waren die Nebenstraßen asphaltiert und die Fahrzeuge wirbelten mit ihren Reifen zusätzlichen Dreck auf die Fahrbahn.

An einem leichten Anstieg rief Jutta: »Du hast einen Platten!«

Ich war diesmal schnell vom Rad, ohne Sturzgefahr. Mit den schweren Taschen am Rad mussten wir an Ort und Stelle flicken, denn auf der Felge zu schieben, hätte dem Reifen nicht gut getan. Ich hievte das Rad unter eine Überdachung auf der anderen Straßenseite. Das Hinterrad abzubauen, war etwas komplizierter und dauerte ganze zwanzig Minuten. Sand und Lehm, die an Bremsen und Reifen hingen, störten beim Reparieren. Vielleicht arbeitete ich deshalb nicht sehr gründlich. Schon fünfhundert Meter weiter war die Luft erneut draußen. Wieder hastete ich rechts unter das schützende Dach eines Hauses.

Da kam auch schon eine junge Frau angelaufen und deutete auf einen Reparaturschuppen. Dort zeigte uns ein Mann, wie in seinem Land Schläuche geflickt werden. Er legte das von den Packtaschen befreite Rad auf den Boden und flickte, ohne das Rad überhaupt abzunehmen. Er ertastete mit der Hand, an welchen Stellen die Luft entwich und fühlte die Innenseite des Reifens nach spitzen Gegenständen ab. Ich hatte kaum meine Kamera schussbereit, als er schon mit allem fertig war. Die Kinder schauten neugierig und seine Frau strahlte. Sie führte mich zum dahinter liegenden Haus und holte auch noch Oma und Opa heraus. Der Opa traute sich aber nur kurz unter die Tür. Er schämte sich offenbar wegen seiner schlechten Zähne.

Das Missgeschick mit dem platten Reifen wiederholte sich und damit auch das Flicken. Nach weiteren fünfhundert Metern landeten wir erneut vor einem kleinen Reparaturbetrieb mit offenem Blechdach. Auch dort zauberte der Meister flugs einen prallen Reifen zurecht.

Doch es war nicht vorbei: Wieder war der Reifen nach kurzem platt! Nur war diesmal kein Meister zugegen; dafür aber ein kleiner Weiher. Jetzt wollten wir es genau wissen. Wir demontierten nach deutscher Methode und Jutta wusch den Reifen.

»Da ist was«, rief sie und zeigte mir eine Stelle im Mantel. Ich kratzte aus einer kaum sichtbaren Erhebung im Reifen ein Glasstückchen heraus. Nun hatten wir das Corpus delicti. Weder von außen noch von innen war es richtig zu ertasten gewesen.

Wenn uns jemand beim Plattenflicken half, bezahlten wir natürlich dafür, sogar etwas mehr als eigentlich üblich. Trotzdem wollten wir nicht die reichen Ausländer spielen. Mit 40000 Dong, das waren etwas weniger als drei Euro, hatten wir den Preis schon verdoppelt.

Auch in den touristisch erschlossenen Regionen erwarteten die Leute keinen weiteren Zuschlag von Ausländern. 15000 Dong entsprachen einem Dollar. Das waren meist nur Scheine und von zweitausend Dong abwärts hielten wir nur noch schmutzige Papierlappen in den Händen. Oft konnte ich gar nicht genau erkennen, ob nun eine Tausend oder eine Zweitausend auf dem Schein stand. Die Verkäufer zogen deshalb einfach den richtigen Schein aus meinem Geldbeutel. Ich hielt das für praktisch. Jutta protestierte jedes Mal dagegen, obwohl wir diesbezüglich nie unangenehme Erfahrungen gemacht haben. Wir erhielten immer den korrekten Wechselbetrag.

Auch in Dong Ha brachte uns ein Motorradfahrer zu einem Privathotel. Sein Äußeres unterschied ihn deutlich von den Nordvietnamesen. Das Gesicht war runder, die Nase breiter, die Hautfarbe dunkler. Er erzählte, dass im Vietnamkrieg ganz in der Nähe erbittert gekämpft wurde. Das schilderte er uns völlig emotionslos, wie ein Reiseführer. Die jungen Leute kannten diese schreckliche Zeit nur noch aus den Erzählungen alter

Menschen. Eindrucksvolle Mahnung gegen das Vergessen waren nur die Friedhöfe. Dort standen unüberschaubare, lange Reihen einheitlich aussehender Grabsteine.

Eine große rote Fahne mit dem gelben Stern darin: Die Flagge der Vietcong weht auf dem Zentralgebäude der historischen Zitadelle von Hue. Hier wollten wir einen so genannten Ruhetag einschalten, an dem wir zwar nicht radeln, der aber doch mit Aktivitäten ausgefüllt ist. Wir hatten selbst sehr schnell ein kleines, ruhiges Hotel in der Altstadt gefunden.

Ein sehr junger und putzmunterer Cyclofahrer fuhr uns zu einem typischen Esslokal und am nächsten Tag durch die engen Sträßchen zur Zitadelle und den breiten Fluss entlang zu einer Pagode. Für den Fahrer waren diese Touristenziele ein selbstverständliches Muss. Wir ließen uns vom Flair der bis zu tausend Jahre zurückliegenden Zeit der hier herrschenden Dynastien und ihrer Bauwerke einfangen. Trotzdem ging uns immer wieder die tragische Vergangenheit der Vietnamesen durch den Kopf.

Die jüngere Geschichte Vietnams ist von Krieg und Besatzung gezeichnet. Im Jahr 1880 eroberten die Franzosen das Land und dehnten ihre Herrschaft zur Kolonie Französisch-Indochina aus. Nach dem zweiten Weltkrieg mit zwischenzeitlicher Besatzung durch die Japaner eroberten die Franzosen die Kolonie zunächst zurück, dem Ansturm der Vietcong unter Ho Chi Minh konnten jedoch auch sie nicht widerstehen. Damit endete die Kolonialperiode. Doch erst zwanzig Jahre später fand der in die Geschichte eingegangene ideologisch geprägte Vietnamkrieg mit unzähligen Blutopfern sein Ende.

Vergebens hatten wir zunächst nach Unterschieden zwischen Nord- und Südvietnam gesucht. Erst weiter unten, bei Danang, wurde der westliche Einfluss sichtbar - mit großen Reklametafeln und jungen Leuten mit Baseballkappen auf dem Kopf. Dazwischen gab es aber auch junge Männer mit dem Vietconghelm. Die Wohnkultur haben weder die Kommunisten mit scheußlichen Plattenbauten nach russischem Vorbild noch die Amis mit ihren Wohnsilos sonderlich beeinflusst. Auch in der Großstadt Danang, die von den Amerikanern zu einer gewaltigen Militärbasis ausgebaut wurde, ist das Stadtbild dem in Hanoi ähnlich.

Als wir durch das ehemals ideologisch geteilte Land radelten, wurde uns die historische Fehlentscheidung bewusst, hier in einem jahrelangen

Krieg westliche Demokratien verteidigen zu wollen. Daran musste ich denken, als ein Englisch sprechender Arzt in einem Kreis von Dutzenden junger Menschen, die um uns herumstanden, sagte: »Die Menschen in unserem Land wollen nur Frieden und Freundschaft.«

Einige Leute aus diesem Kreis warnten uns schließlich noch vor einem hohen Berg, den wir auf dem Weg nach Danang zu überwinden hatten. Wir sollten lieber mit der Bahn fahren, die lange Strecke könnten wir mit dem Rad unmöglich an einem Tag schaffen. Und wenn wir oben auf der Passhöhe in Dunkelheit ankämen, würde es sehr gefährlich für uns werden. Wie hoch dieser gefürchtete Berg wirklich war, konnte uns niemand sagen und auf unserer Karte war nur ein Strich zu sehen.

Nach siebzig Kilometern begannen die Windungen der Serpentinen. Zuvor hatten wir die obligatorische Nudelsuppe an einer der vielen Straßenküchen gegessen. So war ich an diesem Tag in einer solchen Hochform, dass ich es kaum glauben konnte: Nur ab und zu musste ich auf den vorletzten Gang schalten. Ich hätte mir sogar zugetraut, ohne Pause durchzukurbeln. Es war wie bei einem langen Berglauf: das richtige Tempo finden und dann gleichmäßig weiter. Das Anhalten bedeutete da nur eine stressige Unterbrechung, zumal auch das Anfahren am Berg Geschicklichkeit erforderte. Zunächst pendelten wir einen gefährlichen Moment lang und konnten zum Berg hin dem ständigen Verkehr kaum ausweichen. Sehr schnell mussten wir beide in die Pedale kommen, wenn wir nicht umkippen wollten. Die Laster brüllten von vorn und hinten. Auch sie krochen mühsam empor, hüllten uns in Dieselschwaden und pusteten ihre heißen Abgase direkt an unsere nackten Beine. Meine Frau kämpfte tapfer, ihr Gesicht glühte. Wenn sie sich jedoch stark plagen muss, sieht sie besonders blendend aus.

Oh Graus: gleich neun Prozent Steigung. Nach nur fünfhundert Metern begann ich mächtig zu schwitzen, schnaufte und hoffte, der Pass möge sich moderat hochschrauben. Bereits nach 180 Höhenmetern musste ich anhalten und verschnaufen. Gerhard zeigte mir an diesem Tag, was ein ›Strong Man‹ ist. Er fuhr locker und ohne Schnaufen voran. Der Abstand zwischen uns wurde immer größer. Zwischendurch hielt er an, um auf mich zu warten.

»Nimm dir ruhig Zeit, es drängt uns nichts zur Eile«, sagte er, um

mich zu beruhigen. »Du musst allerdings auch etwas essen und trinken, Frau«, mahnte er mich.

»Bin ich ein kleines Kind?«, brummte ich missmutig zurück.

»Dann iss die Banane lieber jetzt, sie gibt dir Power. Es ist Quatsch, sie erst über den Pass zu schleppen.«

Auf der Nationalstraße wurde es zunehmend ungemütlich für uns. Dorf an Dorf forderte uns über lange Strecken der Ortsverkehr. Die Hupen und Fanfaren in allen Tonlagen klangen mit der Zeit noch schriller. Etwas weniger hell waren die Stimmen der Kinder, die auf dem Schulweg waren. Wir hatten Schüler in weißen Hemden vor uns und hinter uns, aber auch auf der Gegenfahrbahn. Sie kamen in dichten Reihen daher und radelten in gemütlichem Tempo dahin, drei, vier, fünf nebeneinander. Immer wieder eroberten die Kinder so die Straße in voller Breite bis hin zum Mittelstreifen - solange nicht Großfahrzeuge mit wüstem Gebell ankamen. Die Kinder reagierten recht cool und wichen nicht weit aus. Zu dritt blieben sie nebeneinander, etwas enger zwar, aber sie hatten sich ja so viel zu erzählen!

Während wir pedalierten, stiegen alle möglichen Gerüche in unsere Nasen. Mal roch es nach Fischen oder Pfannkuchen und im nächsten Augenblick waren wir in eine stinkende Dieselwolke eingehüllt. Unsere Aufmerksamkeit war immer auf viele Dinge zugleich gerichtet - nicht nur der fließende und der einbiegende Verkehr verlangten ganze Konzentration. Die anfängliche Ängstlichkeit vor den vielen Motorrädern und Autos gewöhnten wir uns nach und nach ab, sonst wären wir nie von der Stelle gekommen.

An mindestens fünf Brücken zwängten wir uns durch Engstellen, immer in Konkurrenz mit den anderen starken Verkehrsteilnehmern. Die Stärkeren drängelten immerfort und wollten die schwächeren Radfahrer zur Seite schieben.

Plötzlich fuhren wir an einer Menschentraube vorbei. Die Ursache des Staus war nicht zu übersehen. Wieder ein Unfall. Zwei junge Männer lagen auf dem Asphalt übereinander, die Hände angewinkelt, so wie sie beide zuvor aneinander geschmiegt auf dem danebenliegenden Motorrad gesessen hatten. Die zwei lagen mit dem Kopf zu unserer Seite, mit offenen Augen, ohne sichtbare Verletzungen, in ihrem sickernden Blut. Zum Tod erstarrt.

Hilfe war offenbar vergebens, denn keiner der dicht gedrängt stehenden Schaulustigen kümmerte sich um die blutjungen Verunglückten. Ein Polizist versuchte unterdessen, den stockenden Verkehr zu regeln.

Wir mussten auf der Nationalstraße viele Sirenentöne ertragen, die eines Notarzt- oder Krankenwagens war nie darunter. Das Bild dieser beiden jungen Menschen mit ihren offenen, erstaunt blickenden Augen, die vermeidbare Opfer der Motorisierung geworden waren, verfolgte uns noch lange. Auf dieser Straße wurde viel zu viel gestorben.

Dann endlich, nach 1100 Kilometern, konnten wir abzweigen und die Nationalstraße hinter uns lassen. Sie ist Lebensader, Autobahn und Schnellbahn, Nah- und Fernverbindung, Radweg, Schulweg, Fußweg und über sehr viele Kilometer einfache Einkaufsstraße für die Dörfer und Städte, durch die sie führt. Sie ist durch das auf ihr stattfindende quirlige Leben karge Verdienstquelle für viele tausende Vietnamesen, die unmittelbar an der lärmenden Nord-Süd-Achse ihre Waren und Dienstleistungen anbieten. Und sie ist gefährlich für all die geselligen Menschen, die sich in unterschiedlichster Weise auf ihr bewegen.

Ein Vietconghelm gegen die Sonne

Ohne den dröhnenden Verkehr gewannen wir ein ganz neues Fahrgefühl. Auf den Nebenstraßen wurde zwar nicht weniger gerast, auch die Busse kündigten sich mit lauten Tönen an, aber das empfanden wir als vergleichsweise harmlos. Ein Flusslauf mit mäanderndem, gemächlich fließendem Wasser umsäumte die Idylle menschlichen Lebens in den kleinen Dörfern, gelegen inmitten tropisch wirkender Natur samt Reisfeldern. Wir waren fasziniert von den hohen Bananenstauden mit langen, geschlitzten Fächern, die wild am Wegesrand wuchsen, und all die anderen uns fremden Sträucher und Bäume sahen ebenso beeindruckend aus.

In dieser bergigen, malerischen Gegend würde man eine moderne, große Stadt wie Play Cu gar nicht vermuten. Der relative Wohlstand, erkennbar nicht nur an den auffallend vielen neuen Gebäuden mit reichhaltiger Fassadengestaltung, überraschte uns, noch mehr jedoch der Straßenverkehr. Autos waren zwar auch hier nicht viele unterwegs, dafür aber umso mehr Motorräder. Ich empfand diese Massierung wie den Einfall eines Heuschreckenschwarms. Selbst auf den vollgestopften, quirligen Straßenmärkten, wo unzählige Händler ihre Ware anpriesen und wir kaum zu Fuß durchkamen, zwängten sich Motorradfahrer durch die Massen, ohne dass jemand dagegen protestiert hätte. Das Motorrad ist für Vietnamesen eben nicht nur ein Fortbewegungsmittel. Vor allem für die Jugend ist es offenbar das höchste erreichbare Lebensglück. Der Besitzerstolz war unverkennbar.

In den Bergen konnten wir nicht gleichmäßig voranrollen. Ständig hatten wir Berg- und Talfahrten und mussten häufig zu Verschnauf- und Trinkpausen stoppen. Dann kamen wir durch eine Landschaft, in der in schnurgeraden Reihen Bäume standen, alle von gleicher Größe - eine Monokultur.

Jutta deutete hinüber: »Schau, da hängen kleine Becher an den Bäumen.« Tatsächlich, eine Naturgummiplantage. Wir konnten den in dünnen Rinnsalen sickernden weißen Saft rinnen sehen.

Plötzlich roch ich neben Weihrauch etwas sehr Liebliches, mir Bekanntes: Jasmin. Meine Augen suchten die Sträucher, aber es waren keine zu sehen, nur halb hohe Bäume mit weißen Blütenknospen. Mir kamen Zweifel: Vielleicht waren es duftende Mandarinenbäume. Später erfuhr ich von einem Franzosen, der in dieser Gegend als Kaffee-Experte tätig war, dass Kaffeeblüten so duften.
Wir fuhren an Monokulturen mit Pinien vorbei. Die Erde war rotbraun, tonhaltig und trocken. Die Häuser sind hier nur noch einzelne rote Lehmhütten. Auch der Asphalt hat die rote Farbe angenommen, ebenso die Hängebauchschweine, die ich von der Erde kaum unterscheiden konnte.

Hier oben in den Bergen nahe der Grenze zu Laos und Kambodscha leben die Minderheiten eines Bergvolkes. Die Menschen unterscheiden sich deutlich im Aussehen und der Wohnkultur von den Vietnamesen. Ihr Äußeres steht ganz im Gegensatz zu den zarthellen und schmalen Köpfen der Nordvietnamesen: tiefbraune Haut, hervorstehende Backenknochen, weniger schmale Augen und breite Köpfe. Sie begegneten uns etwas zurückhaltender und wirkten zuerst verunsichert. Doch wenn wir ihnen zulächelten, kam erleichtertes Lachen zurück. Ihre Behausungen waren bescheidene Hütten, meist auf Stelzen im leuchtend roten, lehmigen Sand. Die Häuschen hatten geflochtene Seitenwände und waren mit Stroh gedeckt.

Als wir an einer Brücke vor einem langen Berg anhielten, hatten wir sofort einige Leute um uns. Eine Frau winkte einladend hinüber zu ihrem bescheidenen Häuschen und machte mit gefalteten Händen die Geste für ›Schlafen‹. Es war ein idyllisches Plätzchen. Auch die Männer winkten einladend. Die Menschen hatten ein kleines Festzelt für das chinesische Neujahrsfest aufgestellt. Es war bunt verziert und etwas kleiner als in den größeren Dörfern. Die Bergstraße hinunter trabte eine Kuhherde - ein Bub der Cowboy. Er saß allerdings nicht auf einem Pferd, sondern auf dem Hals einer Kuh, die mit ihrem Hirten auf dem Rücken locker vor sich hin trabte.

Mir hätte es gefallen, zu bleiben, aber wir hatten unseren Zielort Ngia im Auge und es war noch früh am Tag. Ziemlich ausgelaugt von den ständigen Bergfahrten und der Hitze kamen wir abends an und beschlossen, einen Tag länger zu bleiben, um uns in die gemütlich-anheimelnde Atmosphäre dieses Bergdorfes einzufühlen. Das Lächeln seiner Bewohner schien noch anziehender als anderswo. Im verschachtelten, engen Marktviertel mit locker darüber hängenden Abdeckplanen lachten uns alle freudig und einladend an. Mir wurde ein Vietconghelm für nicht einmal zwei Euro angeboten. Ich wollte ihn zunächst nicht aufsetzen, aber alle Umstehenden lachten mir aufmunternd zu. Also kaufte ich den Helm und nahm ihn auf unsere weite Reise mit.

Unser Stammlokal wurde für diese zwei Tage, ein für diese Dörfer typisches, nach außen offenes Restaurant. Die Decken aus dünnen Holzbrettern strahlten einen Hauch von Wildwest aus. Kinder zwischen sieben und zehn Jahren servierten und wischten die Tische mit gewollter Gründlichkeit ab. Jutta sah dabei großzügig über den dunklen Putzlappen hinweg. Sie machten einen glücklichen Eindruck.

Zwischen den beiden Teilen des Esslokals hing eine Hängematte. Der kleine Bub schaukelte dort, wenn er zwischen seinen Putz- und Serviceaufgaben Zeit fand. Wenn weitere Gäste kamen, legte er die Hängematte zur Seite.

Abends belohnten wir uns mit einer Nudelsuppe, die einmalig gut schmeckte. Die Suppe bestand aus Brühe, Glasnudeln, Sojasprossen, Zwiebellauch und ein wenig fein geschnittenem Fleisch. Wenn ich dann und wann auf feine, undefinierbare Knöchelchen in meiner Suppe traf, fragte ich mich im Stillen, ob ich jetzt vielleicht an einem Hundeknochen knabberte. Aber den Gedanken verdrängte ich, sonst hätte ich nicht mehr weiteressen können.

Als Besteck dienen zwei Stäbchen und ein Esslöffel aus Aluminium, selten Gabeln. Ein Messer gehört erst recht nicht dazu. Alles wird mundgerecht zerschnitten. Zur Suppe werden Blattsalat, ganze Thymianzweige oder Zitronenmelisse gereicht, die wir in beliebiger Menge zur Suppe geben konnten. Mit den Stäbchen kamen wir schon ganz gut zurecht. Manchmal glaubte ich, die Fertigkeit mit den Stäbchen zu beherrschen, ein anderes Mal gelang es mir nicht, überhaupt irgendetwas aufzunehmen. Meine Finger begannen zu verkrampfen, ich entspannte sie und startete einen neuen Versuch. Gerhard wickelte zuweilen die Glasnudeln wie Spaghetti auf die Stäbchen. Ich spürte die Blicke genau, die uns während des Essens verfolgten.

Am nächsten Abend saßen dieselben Burschen an den Tischen wie am Abend zuvor und wir setzten uns zu ihnen. Eine fröhliche Unterhaltung begann, die fast nur aus Mimik und Gestik bestand. Ich musste trotzdem mein Wörterbuch herausholen. Wie einfach las sich ›Duc‹! Aber es wurde gesprochen wie Hühnergegacker, wie ›Dük‹. Die Aussprache fiel mir sehr schwer. Selbst wenn ich wirklich einmal die richtige Betonung traf, musste ich noch diese quäkenden Laute hervorbringen.

Wir waren die ›Dük‹, die Deutschen. Einer der Burschen rückte nahe zu mir heran. Die Leute hier saßen immer so dicht aneinander gereiht. Er strich über meine behaarten Arme, schaute sich meinen inzwischen schon breit sprießenden Reisebart an und deutete dann auf seine glatte Haut. Weder an den Armen noch im Gesicht, wo sonst der Männerbart wächst, hatte er Anzeichen von Haarwuchs. Die Burschen konnten sich das Rasieren sparen! Nur einige ältere Männer trugen zuweilen das Ho-Chi-Minh-Bärtchen, ein dünnes Haarbüschel, das offenbar sehr sorgfältig in die Länge gepflegt werden muss.

Noch einmal hatten wir verkehrsarme Straßen über Berge und durch Täler vor uns. Das Tagesziel lag im grün eingefärbten Bereich unserer Karte, also im Tiefland.

Mittags zwischen zwölf und ein Uhr wurde es sehr heiß. Von einer Rast musste ich meine Frau jedoch erst überzeugen. Wenn der Körper überhitzt, braucht er ab und zu eine Ruhepause. Als uns nach einem heftigen Anstieg der Schweiß über das Gesicht lief, hielt ich kurzerhand an einer überdachten Bude an. Schon kam mir ein älterer Mann entgegen, zog mich mit beiden Händen unter das Vordach und nötigte mich zum Sitzen auf einem der kleinen Plastikstühlchen, die überall anzutreffen waren:

eigentlich eine Sitzgarnitur für Kindergärten. Wir mussten uns ganz tief hinhocken. Der Mann zog nun auch meine noch zögernde Jutta herbei. Wir mussten ihm in den Rückraum zum Wasser folgen. Er pumpte eine Schüssel voll, mit der wir uns zur Kühlung waschen sollten. Das Wasser war lauwarm. Die Leute hatten nichts zu verkaufen, waren aber ganz beglückt, dass wir ausgerechnet bei ihnen anhielten.

Die zunehmende Hitze setzte uns mittags doch recht zu. So beschlossen wir, immer dann eine Mittagspause zu machen, wenn die Sonne am höchsten stand und eine Suppe zu essen, die immer wieder köstlich war. Hinterher genehmigten wir uns einen Saft aus Zuckerrohr. Für die Herstellung wird ein Stück Zuckerrohr durch zwei gekerbte Walzen gedreht, einmal, noch einmal, zusammengefaltet und ein weiteres Mal durch die Presse geschoben. Schon ein fünfzig Zentimeter langes Stück Zuckerrohr ergibt ein Glas Saft. Mit viel Eis schmeckte der Saft einfach köstlich nach Zuckerwasser. Sonst wurden keine gepressten Obstsäfte angeboten.
Die Garküchen waren so zahlreich, dass wir gar nicht verhungern konnten. Um die Küchen schlichen auffallend viele weibliche Hunde - ihre stark herunterhängenden Zitzen deuteten auf eine häufige Säugung ihrer Nachkommenschaft. Nur bekamen wir die kaum zu Gesicht. Ich kam ins Grübeln. Ob es da einen Zusammenhang gab?

Auf dem weiteren Weg wollten wir das radlerfeindliche Verkehrschaos und die dicke Luft von Saigon oder Ho Chi Minh Stadt, wie dieser Moloch im Süden heute heißt, umgehen und querten auf Nebenstraßen hinüber nach Tay Ninh nahe der kambodschanischen Grenze. Dabei hatten wir plötzlich ganz andere Radelerlebnisse und unsere vertrauten Kilometersteine fehlten. Etwa zwanzig bis dreißig Kilometer fuhren wir ausschließlich durch Gummiplantagen. Die von den Einheimischen eingeholten Auskünfte über diese abgelegene Strecke bis zum nächsten Ort schwankten zwischen siebzig und hundert Kilometern.

Jutta drängte mal wieder, als ich eine kleine Rast einlegen wollte. »Gerhard, wir müssen weiter!«

Doch dann hatte sie plötzlich Zeit: Auf der linken Seite hatte sie unter Schatten spendenden Palmen einen Verkaufsstand für Damenkleider entdeckt. Nun suchte sie und probierte auch etliche aus. Dann kaufte sie schnell entschlossen, wie es so ihre Art ist, einen dieser luftigen Hosenanzüge.

Die Frauen in Vietnam tragen fast ausschließlich Hosenanzüge mit den buntesten Mustern. Dahinter verbirgt sich sicherlich ein praktischer Aspekt, wenn man an die Fortbewegungsmittel denkt. Bei der Arbeit gibt es offenbar eine Gleichberechtigung, denn auch Frauen üben Männerberufe aus. Ich sah beiderlei Geschlechter bei Gleisbauarbeiten, beim Hausbau und bei der Feldarbeit.
In den Vorgärten der Häuser hingen pflückreife Papayas oder Mangos. Auch die Wassermelonen waren reif. Auf den vielen Märkten wurden diese Obstsorten neben Bananen und anderen exotischen Früchten, die wir gar nicht kennen, angeboten. Eine dieser Früchte war pink, das Fruchtfleisch weiß, mit vielen schwarzen Körnchen wie bei einer Feige. Durch die Sprachbarriere konnten wir schlecht ausmachen, wie die Früchte heißen und wo sie wachsen. Durch deren reichen Genuss hatten wir die tägliche Vitaminmenge, für unsere Körper. Bananen konnten wir staudenweise für zwanzig Cent kaufen. Sie schmeckten herrlich ausgereift und süß. Gerhard band die Bananenstaude hinter dem Sattel fest. So war es leicht für uns, die Marschverpflegung während des Fahrens einfach zu pflücken.

In Vietnam waren wir nur selten allein. Wo wir auch hinkamen, wimmelte es von Menschen. Achtzig Millionen waren es zur Zeit unseres Besuchs, jedes Jahr wächst Vietnam um eine Million Einwohner. Es gibt allerdings die Hoffnung, dass sich das Bevölkerungswachstum verlangsamt.

Das Land zählt in den Statistiken der Weltorganisationen zu den ärmsten der Welt.

Arm mochten die Vietnamesen sein, jedenfalls nach den Maßstäben des Sozialprodukts als Indikator für den Lebensstandard. Resignation scheint ihnen jedoch fremd zu sein. Wir trafen auf quicklebendige, fleißige Menschen und gewannen den Eindruck, dass dieses Volk sich im Aufbruch zu ein wenig mehr Wohlstand befindet. Offenbar nutzt es die vom Regime zugelassenen ökonomischen Freiheiten. An die kommunistische Diktatur wurden wir nur durch einige Agitationsplakate in Bergdörfern erinnert. Militär war nicht zu sehen, Polizisten wenige, dafür viele hilfsbereite, ehrliche und heitere Menschen. Ob jedoch die rasante Motorisierungswelle den Menschen mehr Glück bringt, wage ich zu bezweifeln.

KAPITEL ACHT

Armut und Luxus

Es gab keinerlei Verkehrshinweise auf den westlichen Nachbarstaat. Wir überquerten eine Brücke und ließen schlagartig das hektische Verkehrsgewimmel hinter uns. Ausblicke von Brücken waren immer interessant. Unter uns tuckerten alte, schlanke Fischerboote. Breite, festgezurrte Kähne schaukelten am Ufer. Junge Burschen planschten übermütig im undurchsichtigen, verschmutzten Wasser.

Die Gebäude für die Grenzabfertigung unterschieden sich deutlich voneinander. Ein moderner Bau auf der vietnamesischen Seite, auf der anderen schmale, dunkle Hütten, die mich an den Nebentrakt eines buddhistischen Klosters erinnerten. An dieser Grenze war für uns die Welt zu Ende, Kambodscha schien von Vietnam abgeschottet. Es sah so aus, als seien die radikalen Roten Khmer erst am Tag zuvor abgezogen.

Die Kambodschaner sind noch ärmer als ihre vietnamesischen Nachbarn. Ihre Transportmittel sind Motorräder mit Anhängern; fast dreißig Menschen zählte ich auf einem. Schon bei der kleinsten Steigung mussten die Fahrgäste absteigen und nebenher laufen. Kaffeebraune Kinder mit dunklen Augen liefen nackt herum, wateten in der braunen Brühe der Tümpel und fischten nach Kröten, die sie dann stolz an einer Kette aufgereiht nach Hause trugen. Mit den streng riechenden Wasserbüffeln teilten wir uns manches Mal die Straße, obwohl sie sich zuvor noch behäbig bis zum Kopf im mit pinkfarbenen Seerosen bedeckten Sumpf gesuhlt hatten. Wir quälten uns durch Löcher, Sand, Schotter und nassen Lehm. Ein Wunder, dass unsere Reifen mitmachten! Es war kaum zu glauben: Von der Straße, die über 220 Kilometer von Saigon nach Phnom Penh führt, waren nur noch Relikte vorhanden. Überschwemmungen hatten sie fast vollständig zerstört. Das einzig Tröstliche war, dass darauf nur wenige Fahrzeuge fuhren. Doch die waren wegen der riesigen Staubwolken, die sie aufwirbelten, besonders lästig.

Immer wieder der besorgte Blick nach hinten zu meiner Frau. Sie schimpfte zwar lauthals über die schlechte Straße, nahm mich aber von ihrem Ärger aus.

Ich glaubte anfangs noch daran, dass dieses erste Stück Straße in Kambodscha sich bald bessern würde. Aber wir fuhren zwei, drei und vier Kilometer, ohne irgendeine Veränderung. Sand und festgefahrene, spitze Steine wechselten einander ab. Die Staubfahnen der vorbeifahrenden Autos hüllten uns völlig ein und begrenzten die Sicht auf manchmal weniger als fünf Meter. Die Räder schlingerten auf dem lockeren, teilweise auch schmierigen Untergrund. Ich war völlig verkrampft von den vielen Versuchen, das Gleichgewicht zu halten.

Die Auswirkungen des Untergrundes erlebten wir in diesen beiden Tagen vor Erreichen der Hauptstadt in allen Varianten. Nicht ganz so gut wie der glatte Asphalt, auf dem wir nahe Phnom Penh schnell dahinschossen, bekam uns rauer Asphalt mit den Unebenheiten einer geflickten Fahrbahn. Wir hatten es mit leichten Rüttelstrecken voller Mulden zu tun und übten uns im Slalom um die großen Schlaglöcher. Dabei konnten wir aber immer noch einen Schnitt von nahezu zwanzig Stundenkilometern halten. Doch wir erlebten auch die ganz harten Belastungen auf Routen, die eigentlich eher für Querfeldein- oder Mountainbike-Rennen geeignet gewesen wären! Wir saßen aber nicht auf hydraulisch gefederten Spezialrädern, sondern auf unseren, in diesem Gelände sehr schwerfälligen, mit fünf Packtaschen beladenen Reiserädern. Manchmal konnte ich nicht mehr glauben, dass wir uns noch immer auf der Hauptstraße von Saigon nach Phnom Penh befanden.

Staubfahnen in Kambodscha

Feiner Staub kroch in alle Ritzen, erschwerte das Atmen und verband sich mit unserem Schweiß zu einer klebrig-braunen Brühe. Diese Staubwolken, aufgewühlt von viel zu schnell über die Piste rasenden Autos, waren das Markenzeichen der Straße. Umso angenehmer überraschten uns auf diesem strapaziösen Abschnitt, auf dem uns Staub, Sand und Hitze die Kraft nahmen, die Rufe der Kinder. Wie die Signale von Buschtrommeln setzten sich die ›Hello‹-Rufe fort; von beiden Seiten von weit hinter den Bananenstauden kommend und aus nicht einsehbarem Buschwerk. Die Kinder kamen schon zur Straße gerannt, bevor wir da waren. Leider waren wir mit den Anforderungen des Untergrundes meist so stark beschäftigt, dass wir die Rufe nicht ständig erwidern konnten.

Beeindruckend war die Freude der einfachen Leute, wenn wir zu Ess- oder Trinkstopps an einem schlichten Wellblech- oder Strohdach anhielten. Sie redeten laut und schnell in ihrer Sprache auf uns ein. Doch wie sollten wir das verstehen? Verständlicher waren dagegen die aus ihren Gesten erkennbaren Fragen: nach unserem Alter und der Anzahl unserer Kinder. Die beantworteten wir mit den Fingern. Für mein Alter hielt ich siebenmal alle Finger nach oben und dann noch mal vier Finger. Das löste meistens ungläubiges Staunen aus. Bei der Kinderzahl waren uns dagegen die Frauen weit voraus. Neun Finger zeigte uns eine und hielt dabei die Hand über ein Kind, das zu ihr gehörte. Ihr Blick war keineswegs erfüllt von Stolz, eher von Ergebenheit in ihr Schicksal. Die Frauen und Kinder waren jedes Mal richtig enttäuscht, wenn wir aufs Rad stiegen und davonfuhren.

Den breiten und behäbig fließenden Mekong überquerten wir auf einer Fähre, eingekeilt zwischen Fahrrädern, die als Lastenträger dienten für quietschende Ferkel. Oder für lebende Hühner, die an den Füßen zusammengebunden waren und auf beiden Seiten der Gepäckträger gleich dutzendweise herabhingen. Andere waren mit Bananenstauden derart überladen, dass das Fahrrad darunter kaum noch auszumachen war.

Nach der Querung des Mekong-Flusses versöhnte uns endlich eine leidlich gute Straße. Wir radelten zeitweise im Schatten der üppig wuchernden, tropischen Bäume und konnten abends in einem kleinen, erstaunlich ruhigen Städtchen auf Anhieb ein bescheidenes Hotel finden.

Nach zwei sehr harten Radtagen erreichten wir Phnom Penh und tauchten ein in die hektische Geschäftigkeit und das uns von Vietnam schon vertraute Verkehrschaos. Neu war nur, dass uns hier auch Fahrzeuge im Gegenverkehr mitten auf unserer Fahrbahn entgegenkamen! Dennoch fühlten wir uns richtig wohl in der Hauptstadt und gewöhnten uns schnell an den Trubel und den heftigen Motorradverkehr.

Als wir eines Tages unsere Mittagssuppe an der Straße löffelten, kamen Bettler auf uns zu: ein Mann mit verstümmelten Händen und eine junge Frau mit einem Baby. Beiden drückten wir einen Schein in die Hand und beobachteten, wie die junge Mutter Essensreste von den Tellern nahm, ihr Kind damit fütterte und die Überbleibsel in eine Plastiktüte schüttete. Das war Ausdruck echten, ausweglosen Elends!

In Vietnam hatten wir Ähnliches nicht gesehen. Hier starrte uns in den abgelegenen Hintergassen teilweise die nackte Armut an.

Die Stadt war jung und Jugend bestimmte das Straßenbild. Und es rumorte in der Jugend. Studenten gründeten eine eigene Partei und wollten mit radikalen Methoden die ausufernde, allgegenwärtige Korruption bekämpfen. Wir waren live dabei, als in Phnom Penh Demonstrationen ausbrachen. Die demonstrierende Jugend zog mit Transparenten und Nationalflaggen Sprechchöre rufend umher; aber nicht etwa in Marschkolonnen zu Fuß, nein, zu Hunderten kamen sie auf Motorrädern daher!

Was zunächst nach einer harmlosen Studentendemonstration aussah, eskalierte am Nachmittag und in der Nacht. Wir hörten Detonationen. Gleich um die Ecke hinter unserem Hotel brannte ein Geschäftskomplex. Am nächsten Tag hörten wir, dass auch von Thais betriebene Hotels und die Botschaft des im Vergleich zum armen Kambodscha mächtigen Thailands niedergebrannt worden seien. Die Botschaft des Nachbarstaates dem brandschatzenden Mob auszuliefern, hätte als Kriegserklärung verstanden werden können. Wo waren wir hier hingeraten? Doch schon in den Tagen darauf beruhigte sich der entladene Volkszorn und die Premierminister beider Länder redeten über Entschädigung. Und das alles nur, weil eine zwanzigjährige thailändische Filmdiva die Tempelstätte Angkor, das Nationalheiligtum der Khmer, für Thailand reklamiert hatte. Zum Glück bedrohte uns das nicht und so mussten wir unseren Plan, in wenigen Tagen die Grenze zu passieren, nicht aufgeben. Touristen waren von der Grenzblockade nicht betroffen.

Kambodscha hat die Folgen der Schreckensherrschaft des Pol Pot und seiner Roten Khmer - sie liegt keine 25 Jahre zurück - noch immer nicht überwunden. Mehr als zwei Millionen wehrloser Menschen, praktisch die gesamte Intelligenzschicht von Phnom Penh und alle der Gegnerschaft Verdächtigen, wurden in den ›Killing Fields‹ fünfzehn Kilometer außerhalb der Stadt ermordet. Unlängst hat man dort noch Berge von Menschenknochen und Schädeln ausgegraben. Auch das gehört zum heutigen Kambodscha. Also suchten wir ein zum Museum und zur Gedenkstätte umgewidmetes, ehemaliges Gefängnis auf, wo Unschuldige in den siebziger Jahren physisch gefoltert und seelisch gequält wurden. Beim Betrachten hunderter Häftlingsfotos erahnten wir die Schrecken und Grausamkeiten jener gewalttätigen Zeit. Beim anschließenden Besuch einer Pagode sagte Jutta: »Lass uns der Toten gedenken.«

Auf einem Motorbike ließen wir uns in die Stadt zurückfahren. Wir beide saßen hinter dem Fahrer, der uns sicher durch das Großstadtgewühl steuerte. Das quirlige und urbane Leben der Stadt hat mich nach dem, was ich im Museum gesehen hatte, umso mehr erstaunt. Nichts erinnerte mehr an die Schrecken des Pol Pot. Die auf Fortschritt drängende Jugend hält sich längst nicht mehr mit der Bewältigung der Vergangenheit auf, für sie ist das Geschichte.

Für die Weiterfahrt in Richtung Angkor bot sich eine Schiffsreise auf dem Tonle River an. Das wollten wir uns nicht entgehen lassen. Helfende Khmer stemmten unsere Räder mit ausgestreckten Armen hoch und balancierten sie über die schmalen, schwankenden Hühnerleitern auf das schlanke Schiff. Jugendliche Backpacker saßen auf der niedrigen Reeling wie Hühner auf der Stange. Andere Passagiere saßen bequemer auf Bänken hinter Glasfenstern.

Wir schauten auf das von der Moderne unberührte Khmer-Leben am Ufer des Flusses, wo alte Kähne dümpelten, primitive, mit Reisstroh gedeckte Hütten auf hohen Stelzen standen und uns Menschen wie aus einem anderen Zeitalter zuwinkten. Später, als sich unser Schiff langsam tuckernd durch stehendes Wasser wand, konnten wir in Hausboote hineinsehen. Frauen brutzelten Fisch oder Fleisch und schickten uns Duftproben ihrer Kochkünste herüber. Kinder schaukelten in Hängematten. Männer bewegten stehend kippelige Holzboote und dazwischen knatterten die nach Diesel stinkenden Außenbordmotoren.

Wir verließen als letzte Passagiere das Schiff und schoben unsere schweren Räder durch tiefe Mulden, Sand und grobe Steine, vorbei an den erbärmlichen Hütten.

Ein süßlicher Verwesungsgeruch nahm mir fast den Atem. Überall lagen Unrat und Plastiktüten herum. Menschen vegetierten in Hütten, die von ein paar Bambusstangen gehalten wurden und mit reparaturbedürftigem Reisschilf bedeckt waren. Die meisten suchten in ihren Behausungen Schutz vor der Mittagssonne. Eine hochschwangere Frau erwiderte lächelnd meinen Gruß. Alles schien so völlig normal zu sein. Ich fragte mich, ob sie sich ihres Elends nicht bewusst waren oder ob mir der Unterschied nur in dieser Weise auffiel, weil ich aus einer anderen Welt kam.

Es war heiß auf dem Weg nach Siem Reap, der Stadt am Rand von Angkor Wat. Jutta war gereizt; sie fühlte sich schlapp und krank. Unangenehme Erinnerungen an ihre Krankheit in Zentralasien wurden in mir wach. Aber zum Glück überwand sie ihre kleine Krise, so dass wir schon am nächsten Tag auf einem Motorrad nach Angkor Wat, Angkor Thom und zu all den anderen angrenzenden Tempeln hinausfahren konnten. Es sind einzigartige Kulturdenkmäler, die uns völlig in ihren Bann zogen. Vor allem die Reliefs an den Außenmauern waren gut erhalten. Auf hundert Metern Länge oder mehr waren großformatig kämpfende Krieger in die alten Steine gefräst. Im offensichtlichen Gegensatz dazu litten die mächtigen, dominanten Türme unter Verfall. Der Sandstein erodiert allmählich. Wissenschaftler vieler Länder bemühen sich um die Restauration.

Während ich mit wachem Interesse zur Besichtigung umherzog und über steile Treppen nach oben kletterte, konnte meine Frau all dies gar nicht richtig genießen. Doch sie stand die beiden Tage tapfer durch.

Die Straße in die nächste Stadt, die etwa hundert Kilometer entfernt lag, wurde in der Mittagshitze zur Tortur. Nach 35 Kilometern endete die geflickte Teerstraße und vor uns kündeten Staubfahnen harte Stunden an. Uns blieb nicht einmal ein schmaler Randstreifen. Gnadenlos wurden wir auf den spitzen Steinen des Untergrunds durchgerüttelt. Der deckende Sand war ausgeblasen und die Staubwolken der selbst im Schotter rasant fahrenden Autos legten sich über uns wie schmutzige Nebelfahnen. Für einige Stunden teilten wir das Schicksal der an der Straße lebenden Menschen - wie Mehltau hatte sich der lehmige Staub über ihre Hütten, ihr armseliges Hab und Gut und über die Fächer der Palmen gelegt. An einer Baustelle, an der wir anhalten mussten, wurde vorsintflutlich gearbeitet. Frauen trugen den ausgeschaufelten Dreck in Weidenkörben auf die andere Straßenseite und schichteten große Gesteinsbrocken in die Schlaglöcher. Jutta gab einer von ihnen die Hand. Die so Gegrüßte wollte sie gar nicht mehr loslassen. Trotz ihrer Armut waren die Frauen alle guter Laune und strahlten uns an.

Mein Blick wanderte über weite, trockene Felder mit dürrem Stroh und Gras, weite Flächen waren abgebrannt. Zur Straße hin Tümpel mit roter und brauner Brühe. Lachend und heiter begrüßten uns einige Frauen - aber auch hier lebten Menschen. Die wenigen Alten saßen apathisch im Schatten, in der Nähe tollten Kinder umher. Drei Generationen lebten unter einem Dach. Die Frauen sorgten für das Essen. Eine wirklich schöne junge Frau watete bis zu den Knien in den Morast hinein und zog einen Kescher durch die zähe Brühe, aus dem sie einige kleine Fische, nicht länger als zehn Zentimeter, herausholte.

Erschöpft erreichten wir Sisophon. Wir beide und unser Material hatten diese hoffentlich einmalige Belastungsprobe recht gut bestanden. Müde legten wir uns auf die Betten. Am Abend erschreckte mich der gellende Schrei meiner Frau: »Jiiiiii, hier sind Kakerlaken, ganz große Viecher.«

Am Nachmittag hatten wir im nahen Markt gesehen, dass diese schwarzen Käfer tatsächlich zur Verspeisung angeboten werden. Vielleicht war es eine ganz besondere Art, aber eins ist sicher: Es waren Kakerlaken.

Am Folgetag wurden wir von Schotter und Sand noch mal arg gebeutelt. Wir kamen nur unter großer Anstrengung voran.

»Das ist doch unmöglich, es wird immer schlimmer«, schimpfte Jutta, als wir zum Verschnaufen und Trinken anhielten.

»Es können nur noch fünfzehn Kilometer sein. In Thailand wird es ganz anders«, tröstete ich sie und gleichzeitig auch mich.

Den letzten Kilometer mussten wir allerdings schieben; nur noch sehr spitze Steine und lockeren Sand hatten wir dort unter den Rädern, bevor der in diesen Tagen für Kambodschaner gesperrte Grenzübergang vor uns lag. Er war vereinsamt, keine Händler, keine Geldwechsler.

Als einzige Ausländer waren wir schnell durch und mussten uns nun einem neuen Problem stellen: Linksverkehr! Grundsätzlich immer links fahren! Das mussten wir uns immer wieder einprägen, vor allem in den ersten Tagen. Eine breite, vierspurige Straße nahm uns auf und wir hatten einen komfortablen Randstreifen für uns. Auf dem glattem Asphalt konnten die Räder richtig schnurren. Wir kamen sehr schnell voran, aber die breite Straßenführung, die Umfahrung der Orte und die donnernden, schnellen Autos, all das wirkte eher ernüchternd auf uns. Dabei war das doch alles wie bei uns im ›Westen‹ auch.

Zeichen des Fortschritts

Die Landschaft, durch die wir kamen, war eher eintönig. Trockene Felder, dazwischen Mais und Zuckerrohr, hohe Palmen mit reifenden Früchten. Als Marschverpflegung mussten gekochte Maiskolben herhalten, die am Straßenrand feilgeboten wurden. Das war alles. Da lud nichts zum Anhalten ein - eben eine Strecke zum ›Kilometerfressen‹. Wir hatten Wind von der Seite und später sogar von hinten.

Jauchzend rief ich im Kilometerrausch meiner Frau zu: »Wir radeln um die Welt.«

Ihre Antwort: »Wie alt bis du eigentlich?«

Mit kurzen Stopps brachten wir über 130 Kilometer in rund sechs Stunden zusammen. Der Rückenwind schob uns fast nach Bangkok. Und dann mussten wir noch durch Feuer. Vor uns legte sich Rauch über die Straße, Autos schalteten auf Warnlicht. Der Qualm kam von links - von dem linken Randstreifen, den wir nicht verlassen konnten. Ungebremst fuhren wir durch die Rauchschwaden und spürten für Sekunden die Hitze. Der Wind trieb mir eine Flamme ans Bein. Schnell waren wir durch, eine Brandblase blieb mir zur Erinnerung. Jutta erwischten die Flammen am Arm. Gezittert haben wir aber beide erst im Nachhinein ein wenig.

Den Moloch Bangkok wollten wir mit der Bahn überlisten und rechts liegen lassen. Am nächsten Tag stiegen wir in einen Vorortzug, der uns durch die City bis nach Hua Hin brachte. Die Fahrt war recht kurzweilig: Die vielen ein- und aussteigenden Menschen und die vorbeiziehenden Häuser, Gärten, Bäume, Blumen, Industrieanlagen und die verstopften Straßen, über die wir uns nicht quälen mussten, sorgten für Abwechslung. Eine Sitzbank neben uns war für Mönche reserviert. Einige waren eingestiegen, nahmen aber wenig Notiz voneinander. Bei einem klingelte das Handy, das er routiniert von irgendwoher aus seinem rostroten Umhang holte.

Wir wussten vorher, dass uns mit Hua Hin eine Touristenhochburg erwartete. Dennoch empfanden wir beide die Stadt als Kulturschock. Bettenburgen, die hohen Türme der First-Class-Hotels, dazwischen viele kleine und größere Herbergen sämtlicher Kategorien, Einkaufsstraßen für die touristischen Bedürfnisse, Andenkenshops und ›Willis Biergarten‹ um die Ecke. Auf den Straßen haufenweise langsam schleichende, gelangweilt schauende westliche Frührentner. Viele verbringen hier mehrere Monate im Jahr - es ist warm und billig.

Ganz in der Frühe, um sieben Uhr, ist Hua Hin herrlich friedlich. Außer Einheimischen und ein paar Touristen, die mit Koffern bepackt an- oder abreisen, ist kaum ein Mensch auf der Straße. Erst gegen Mittag erwacht die Stadt. Da jault aus Lautsprecherboxen amerikanische

Musik aus längst vergangenen Tagen. Morgens leisteten wir uns Spiegeleier, Schinken, Toast und eine Tasse Kaffee, Frühstück einmal ganz anders.
Bei einer kleinen Strandwanderung genoss ich es, mit nackten Füßen das Meer knöcheltief zu durchwaten. Ein lauer, frischer Wind fächelte uns angenehme Kühle zu. Die soeben Angereisten erkennt man an ihren Verbrennungen ersten Grades. Die Haut derer, die hier schon längere Zeit in der Sonne liegen oder wandeln, sieht aus wie gegerbtes Leder. Wir hatten Sonnencreme mit einem Lichtschutzfaktor von sechzig mitgenommen, um gar nicht erst zu verbrennen.
Nach einer Stunde kehrten wir um, mein Befinden hatte sich verschlechtert. Ich wollte mich nur noch hinlegen. In Wellen fröstelte ich und dachte: ›Nicht schon wieder!‹ In einem Buch über Reisekrankheiten las ich mir das Kapitel ›Malaria‹ durch. Einen Malaria-Selbsttest zur Früherkennung hatte ich dabei.
»Können wir die Anleitung mal gemeinsam durchlesen?«, fragte ich Gerhard.
»Was ist denn eine Pipette und wo ist die Lanzette?«, wollte er von mir wissen.
Nein, er war keine Hilfe. Den Test machte ich wie vorgeschrieben und wartete anschließend bange zehn Minuten auf das Ergebnis. Mein Puls ging gleich fünfzehn Schläge höher. Dann sah ich auf dem Blut getränkten, mit der Antikörperlösung vermischten Fleece einen roten Querbalken: Der Test war negativ. Ich atmete auf. Also doch nur eine leichte Grippe.

Es war eine lange Strecke hinunter nach Südthailand, durch jenen schmalen Korridor, auf dem sich Thailand von der Küste bis zur burmesischen Grenze auf zwanzig Kilometer verengt. Würden wir auf dieser stark frequentierten Verkehrsachse für uns Radler zumutbare Bedingungen vorfinden? Und wie stark würde uns die tropische Schwüle bremsen? Eigentlich war ich im Zweifel, ob wir das überhaupt aus eigener Kraft schaffen konnten, denn unser Zeitpolster war durch die Unterbrechung und den Umweg über Kambodscha enger geworden. Doch schon der erste Tag nach unserem Zwischenstopp im Touristenghetto Hua Hin weckte unseren sportlichen Ehrgeiz derart, dass wir uns noch einen Umweg durch einen Nationalpark leisten konnten. Später konnten wir uns zwei Ruhetage in Nakhon Si Thammarat gönnen, in einem Superhotel - ein anderes fanden wir nicht - für 25 Euro die Nacht. Komfort war hier unglaublich billig. Im großen Swimmingpool waren wir die einzigen Gäste. Trotzdem sattelten wir früh um halb sieben unsere Stahlrösser.

Einmal, als wir in einem kleinen Häuschen geschlafen hatten, war es noch stockdunkel, als wir unsere Räder früh zur Tür hinausbugsierten. Dann kam ganz schnell die Helligkeit; so, als ob jemand das Licht eingeschaltet hätte. Wir erlebten das Phänomen der kurzen Dämmerung in Äquatornähe.

Der glatte Randstreifen, der für Räder und Motorräder reserviert war, verleitete zum Schnellfahren. Da wurden Renninstinkte geweckt, wie auf dem Rennrad in Training und Wettkampf. Meine Frau zog im Stil des Tour-de-France-Siegers Lance Armstrong im Wiegetritt an mir vorbei. Darauf musste ich natürlich kontern und rief ihr im Vorbeifahren zu: »Der Löwe kommt.«

Der schwülen Hitze konnten wir jedoch nicht entgehen, so gegen zehn Uhr schickte uns die steil aufgestiegene Sonne ins Schweißbad und zwang uns zu Zwischenrasten, spätestens dann, wenn die schweißnassen Hände so seifig geworden waren, dass sie am Schaltgriff abzurutschen drohten.

Wenn wir entlangkamen, ein nicht mehr ganz junges Paar auf Fahrrädern, europäisch, auf dem Kopf futuristisch anmutende Helme, dann löste das bei den Menschen Reaktionen aus. Meist fuhr ich hinten und sah die Blicke, aus denen sich die unterschiedlichsten Gefühle ablesen ließen: Erstaunen, Bewunderung, auch Mitleid. Es gab freundliche ›Hellos‹ und die Faust mit dem Daumen nach oben, was wohl ›echt stark‹ bedeuten sollte. Und doch hätten sie nicht mit uns tauschen wollen.

Vielleicht fielen wir auch deswegen so stark auf, weil Radfahrer in Thailand praktisch ausgestorben sind. Auch die Unterprivilegierten können sich ein Motorfahrzeug leisten, wenn es auch ein uraltes, stinkendes, tuckerndes ist. Wir sahen nicht einmal ein Kind auf einem Fahrrad! Welch ein Gegensatz zu Vietnam und Kambodscha. Wie Zeugen einer vergangenen Epoche erschienen mir die vereinzelt auf Rädern daherkommenden Männer, langsam tretend mit quietschenden, rostigen Ketten. Auch von der Kleidung her unterschieden sie sich deutlich von den ›modernen‹ Leuten auf den Motorbikes.

Das Motorrad ersetzt in Südostasien das Auto. Die ganze Familie nimmt darauf Platz: Vater, Mutter und vielleicht noch zwei Kinder. Immer wieder begegneten uns Leute, die kleine Kinder oder Säuglinge so transportierten, mit einem Leichtsinn, dass wir nur den Kopf schütteln konnten. Mit der rechten Hand wird gelenkt und mit der linken das Baby auf der Sitzbank gehalten. Erst kurz zuvor hatte eine thailändische Zeitung gemeldet, dass im Durchschnitt täglich zwei bis drei Menschen im Straßenverkehr sterben. Ursache Leichtsinn. Sechs Millionen Menschen sind pro Jahr in einen Unfall verwickelt.

Die Landschaft war geprägt von Kokospalmen, weit hinüber standen sie hoch aufragend und solitär bis zu den Bergrücken im Westen. Es war Erntezeit; Berge von Kokosnüssen waren überall aufgetürmt.

Ich brüllte in den Wind: »Halt doch mal an, ich möchte eine Kokosnuss probieren!«
Wir waren fast schon vorbei, als Gerhard verstand, was ich wollte und stoppte.
»Kannst du mal fragen, ob sie uns eine Kokosnuss verkaufen?«
Mit seinem Fotoapparat bewaffnet marschierte er zu den Arbeitern. Nach kurzer Zeit kam er mit zwei Kokosnüssen zurück, so groß wie Kindsköpfe. Aus einer kleinen Öffnung tranken wir den gut schmeckenden Saft, jeder wenigstens einen halben Liter. Die Kokosnüsse, die bei uns in den Handel kommen, sind im Vergleich dazu kümmerlich.
»Die sind geschenkt«, sagte Gerhard noch. »Verkauft wird hier nicht.«

Wir schwelgten in tropischen Früchten. Bananen, auch hier nur staudenweise zu haben, zuckersüße Mangos, die auf der Zunge zergingen, Ananas mit betörendem Aroma, von den Straßenhändlerinnen essfertig zubereitet, Papayas, Litschis, Melonen, Mandarinen und andere bei uns nicht bekannte tropische Früchte.

Da hingen stachelige Früchte am Baum, so groß wie Basketbälle. In Kambodscha hatten wir noch gerätselt, was das sein mochte. In Thailand sahen wir, was diese Frucht in sich birgt. In vielen kleinen Kammern sitzen gelbe, eiergroße Früchte, die jeweils einen Kern haben. Sie schmecken süß, sind im Geschmack aber mit keiner Frucht, die wir kennen, vergleichbar.

Weil wir am nächsten Tag sehr flott vorankamen, wettete ich im Stillen, dass Gerhard an dem Ort vorbeifahren würde, der nach siebzig Kilometern Ziel der Tagesetappe sein sollte. Gespannt beobachtete ich ihn. Genau wie ich geahnt hatte, ließ er den Ort liegen.

»Vielleicht ist es ja besser, wenn wir weiterfahren«, sagte ich.

Er ließ sich nicht lange bitten, in die Pedale zu treten, obwohl der Wind an Heftigkeit zugenommen hatte. Um die Mittagszeit zeigte mein Fahrradcomputer 38 Grad an. Mein Mann fuhr inzwischen hinter mir her, ein Zeichen dafür, dass sein ›Akku‹ leer war. Später bestellte er in einer Garküche zwei Nudelsuppen und aß auch beide. Ich hatte keinen Hunger. Für mich waren die letzten Kilometer am Tag jeweils die härtesten. Da musste ich immer noch beißen - je näher wir dem Ziel kamen, umso zäher schienen die Kilometer dahinzugehen. Diesmal endete die Etappe nach 148,5 Kilometern.

Die Entschädigung folgte am nächsten Tag: Nur mit Unterwäsche bekleidet lagen wir beide auf Betten, neben uns hockten im Schneidersitz zwei Masseusen und begannen mit ihrer Arbeit. Als erstes überstreckte meine Masseuse meine Füße: nach hinten und nach oben, und zog mir meine Zehen lang. Dann das linke Bein unter Einsatz der Hände und Unterarme, mit Hilfe von Rollbewegungen. Sie drückte und klopfte die Beinmuskulatur. Im Vierfüßlerstand über mir hockend, presste sie mit der linken Hand in meine Leistenbeuge.

Mit den Fingern strich sie über meine Blinddarmnarbe und fragte: »Baby?«

Ich lachte schallend und antwortete: »No.«

»So klein wird selbst in Deutschland kein Kaiserschnitt gemacht«, sagte ich zu Gerhard.

Die beiden Mädchen unterhielten sich lachend. Ungeniert zeigten sie mir ihre Bäuche, die viele verblasste Striemen hatten. Spaß hatten sie an Gerhards großem Brustkorb. Jetzt stemmten sie sich gegen meine rückseitigen Oberschenkelmuskeln und zogen mir dabei am Bein. Nach dreißig Minuten war die Prozedur beendet und das rechte Bein wurde in gleicher Weise bearbeitet. Ich war auf das Folgende gespannt. Es ging mit den Armen weiter. Fertig? Nein, ich musste mich auf den Bauch legen. Kräftig drückte sie auf meine Wadenmuskeln, die von der gestrigen Radetappe noch jaulten. Ich unterdrückte den Schmerz. Auch mein Mann kniff die Augen bei jedem Griff an die Waden zusammen. Dann setzte sich meine Masseuse rücklings auf mein Gesäß und behandelte meine Wirbelsäule und die

Rückenmuskulatur. Zum Abschluss der Rückenmassage überstreckte sie meinen Oberkörper, so weit es ging. Es knackte dabei einige Male heftig in meinem Knochengerüst. Es folgten Nacken, Stirn, die Schläfen und die Kopfhaut. Kaum ein Körperteil war vergessen worden. Nun wusste ich, warum so eine Massage zwei Stunden dauert.
»Wie fühlst du dich?«, fragte Gerhard.
»Ganz entspannt - bis auf meine Wadenmuskeln. Die fühlen sich an, als ob ich den Tauernpass hochgefahren bin«, antwortete ich.
»Frau, ich lade dich heute Abend zu einem noblen Essen ein. Wer weiß, was wir in Malaysia leisten müssen?«

Wir hatten uns entschieden, die Westküste Malaysias entlang zu fahren. Dorthin kamen die Monsunregen nur selten über die Bergzüge, die sich auf der Halbinsel nach Süden erstreckten.

In Malaysia ist der Islam Staatsreligion und erneut hörten wir die Gebetsgesänge der Muezzine. Moslemfrauen waren in weiße und bunte Kopftücher gehüllt. Kinder - Buben wie Mädchen - trugen auch beim Sport lange Hosen. Doch Malaysia ist multikulturell, wir sahen oft mehr Inder als Malayen. Auch werden Anhänger anderer Religionen toleriert: Christen, Hindi, Buddhisten.

In Thailand hatten wir uns an die leuchtenden Farben der bizarr verzierten Pagoden und die in ihre rostroten Tücher gehüllten, buddhistischen Mönche gewöhnt. Frühmorgens, wenn die Sonne über den Horizont kam, beobachteten wir, wie sie demütig ihre Schüsseln vor sich hertrugen, um Essen und Geschenke einzusammeln.

Malaysia ist stärker industrialisiert als der Nachbarstaat. Die Motorbiker gelten hier schon als die armen Teufel, die sich keine klimatisierte Limousine leisten können. Es musste eine Limousine nach europäischem oder gar amerikanischem Maßstab sein. Die für uns ernüchternden Erscheinungen des Fortschritts waren unverkennbar. Die Straßenhändler wurden rarer, zum Einkauf boten sich nun Supermärkte und Einkaufszentren an. Die Supermärkte hatten alle das gleiche Sortiment, wie auch in Europa oder den USA; vorwiegend denaturierte, lang haltbare, gut verpackte Lebensmittel. Auch das Obstangebot war international. Da lagen leicht schrumpelnde Kiwis aus Neuseeland, haltbar präparierte Orangen und die grünen Äpfel, die in allen Supermärkten der Welt zu jeder Jahreszeit in immer der gleichen Größe zu haben sind und dabei glänzen, als seien sie aus Plastik. Dabei reiften gleich um die Ecke die besten Südfrüchte! Die aber mussten wir oft lange im Straßenhandel suchen.

Fastfood war offenbar im Kommen. Eine US-amerikanische ›Fried-Chicken-Kette‹, die mit dem alten Spitzbart-Mann als Blickfang, hatte sich in allen größeren Städten eingenistet. Die auffallend vielen dicken Menschen werteten wir als Zeichen des so genannten Fortschritts. In den Internet-Cafés wird längst kein Kaffee mehr ausgeschenkt. Hier in Malaysia waren sie meist zu Computerspielhöllen verkommen. Der Lärm der schweren Kaliber, mit denen da unentwegt geballert wurde, war kaum zu ertragen.

Der krasse Unterschied zwischen Malaysia und seinen nördlichen Nachbarn war auffällig. In Vietnam pulsierte das Leben schon um fünf Uhr morgens. In Malaysia sind die Menschen deutlich träger. Mittags sind die Garküchen geschlossen, morgens um neun hat kein Geschäft geöffnet, samstags und sonntags ist alles zu. Die Malayen haben die Arbeit nicht erfunden, dachte ich, sie formen eine bequeme und satte Gesellschaft.

In entlegenen Orten machten wir oft Halt an indischen Straßenküchen, denn den Menschen dort waren wir sehr willkommen. Landschaftlich vorherrschend waren die Ölpalmen - über weite Landstriche erstreckten sich die Plantagen. Ab und zu fuhren wir durch Reisfelder, in denen schon die nächste Saat grünte. Zwei Wochen vorher hatten wir Bauern noch bei der Reisernte zuschauen können.

Zielstrebig tourten wir nach Süden. Doch die Strecke war länger als gedacht. Eine kleine Nebenstraße, auf der wir mit wenig Verkehr gerechnet hatten, wurde zur Tortur. Auf einem hundert Kilometer langen Stück war die Fahrbahn durch eine Dauerbaustelle gefährlich eingeengt. Jutta schimpfte und war sichtlich genervt. »Warum müssen wir uns das zumuten, gibt es da keinen Bus?«

Ich dachte wütend: Das ist doch pathologisch, dieses Kilometerklotzen. Warum muss ich mir bei dieser Affenhitze noch achtundzwanzig Kilometer entlang der strapaziösen Baustelle antun? Aber ich fügte mich. Was blieb mir anderes übrig?

An einem Obststand wollten wir Mangos kaufen. Gerhard nestelte an meinem Körbchen, in dem essfertige Ananas lagen.

»Muss das jetzt sein?«, fragte ich verärgert.
Wütend wollte er die Ananasscheibe in das Tütchen zurückschmeißen, aber er verfehlte das Ziel, und es landete auf dem Boden. Das löste Zorn in mir aus. Ich schmiss ihm die Tüte vor die Füße und rief: »Hier hast du deine Ananas.«
Die zweite Scheibe purzelte heraus. Es waren jetzt nur noch zwei Scheiben darin. Wir hoben die Tüte wieder auf. Ich war sauer.
»Du kannst alleine weiterfahren, wir können uns ja in der nächsten Stadt wiedertreffen.«
Hartnäckig blieb er neben mir stehen. »Nein, ohne dich fahre ich nicht.«
Schweigend fuhren wir weiter. Wir hatten beide Durst, aber unsere Trinkflaschen waren leer.

Die schwüle Hitze setzte um acht Uhr früh ein, da standen uns schon die ersten Schweißperlen auf den Armen. Unsere Klimaanlage war der Fahrtwind, ab einer Geschwindigkeit von zwanzig Stundenkilometern verschaffte er etwas Kühlung, bis dann mittags die Heißluft vorherrschte. An Ampelstopps brannte die Sonne umso unbarmherziger. Dabei rannen uns die Schweißperlen kitzelnd über die Wangen.

Seit fünfhundert Kilometern fuhren wir die Westküste entlang und hatten noch nicht ein einziges Mal das Meer gesehen. Dafür mussten wir wieder Berge überwinden. Damit hatte ich überhaupt nicht gerechnet.
»Ich dachte, wir fahren ans Meer und nicht in die Berge«, rief ich meinem Mann zu. Mein Einwurf blieb unkommentiert.
Fünf Kilometer vor Port Dicksen tauchte es endlich vor uns auf: das Meer. Gerhard begann zu jubeln, aber wir mussten noch weitere fünf Kilometer radeln, bis wir eine Bleibe fanden. Der wohlwollende Hotelmanager gab uns ein sehr schönes Zimmer mit Blick zum Meer. Gerhard war entzückt. »Hier machen wir einen Ruhetag«, rief er. Ich war gerne einverstanden.
Mein Mann durfte sich endlich mal wieder im Wasser austoben. Mit dem Pool wollte er sich nicht begnügen. Nein, er musste auch weit ins Meer hinausschwimmen und mir Angst machen.

Der sich zuspitzende südliche Keil der malaysischen Halbinsel ist etwas nach Osten gebogen. Daran erinnerte ich mich, als ich in diesen Tagen am Stand der langsam steigenden Sonne merkte, dass uns die

Straße zeitweise direkt nach Osten führte. Wir kamen an gepflegten Gärten vorbei, mit vielen Blüten, mit Palmenhainen und Holzhäusern im traditionellen malaysischen Stil. Kilometerlang rollten wir auf einem rot asphaltierten Radweg dahin.

»Schau, Gerhard, die haben für uns den roten Teppich ausgerollt«, witzelte Jutta.

»Das ist ein Gefühl wie auf einer Tartanbahn.«

Gegen Mittag rief meine Frau laut ›Stopp‹. Da gehorchte ich natürlich immer sofort. In ihrer Fürsorge hatte sie nach einer Suppenküche Ausschau gehalten. Die gleißende Sonne hatte fast den Zenit erreicht und strahlte unbarmherzig grelle Helligkeit und Hitze aus. Wir hatten die Abkühlung unter einem Schatten spendenden Dach so nötig wie Getränke und etwas zu essen.

Sechzig Kilometer vor Johor Baharu legten wir eine Pause ein, damit Gerhard seine Suppe bekam, die er mittags nötig hatte. Diese Suppe stand in der Garküche eigentlich gar nicht auf dem Speiseplan, aber eigens für ihn wurde sie zubereitet.

Die Bottiche für das vorgekochte Essen waren abgedeckt und zwei junge Männer machten den Eindruck, als wollten sie den Laden gerade schließen. Doch da war noch ein älterer Mann, der Vater der beiden, wie sich herausstellte. Auf seinen Wink kochten die Söhne für uns eine Gemüsesuppe. Wir tranken Eistee mit gesüßter Kondensmilch und Eiswürfeln, eine malaysische Spezialität. Einer der Söhne presste für uns frischen Zuckerrohrsaft.

Der Vater stand zunächst zögernd bei uns, setzte sich aber dann an unseren Tisch und begann zu fragen. Irgendwann wollte er wissen, wie alt ich sei. Als er hörte, ich sei vierundsiebzig, sah er zunächst überrascht aus, dann bewundernd und schließlich schossen ihm Tränen in die Augen.

»Unbelievable, you are very strong.«

Er sei erst sechzig, aber seine Beine wollten ihn nicht mehr recht tragen. Er zeigte uns sein lädiertes Knie. »God bless you«, sagte er ergriffen und umarmte mich.

Ich fragte ihn, ob er Christ sei. Nein, Moslem, aber ob Christ, Moslem oder Buddhist sei doch nicht wichtig. Seine einzige Reise ins Ausland habe ihn nach Mekka geführt. Langsam erhob er sich und richtete seinen massigen Körper auf. Im tiefbraunen, gegerbten, runden Gesicht hatten sich markante Kerben eingegraben, Zeugnis harter Arbeit. Er wirkte müde und in seinen Augen war Resignation zu erkennen.

Als wir zahlen wollten, wies er entschieden ab. Er war sehr gerührt, als ich ihm eine Reisevisitenkarte mit unserem Bild in die Hand drückte. Dann sah er uns aufmerksam nach, als wir zur anderen Straßenseite wechselten.

Der Autoverkehr nahm zu, je näher wir Johor Baharu kamen. Die Randstreifen wurden schmaler, und die Fahrspuren verbreiterten sich von drei auf fünf Spuren. Außer den Autos befanden sich nur wir beide als Exoten auf der Bundesstraße. Nach zehn Kilometern wiesen Verkehrsschilder zur rechten Seite.

Mir war das alles unheimlich. Bei sechs Spuren im Linksverkehr rechts zu fahren, das war außerordentlich gefährlich, denn der nachfolgende Verkehr nahm an Dichte zu. Ständig schaute ich in meinen Rückspiegel und wechselte wieder nach links. Fünfzig Meter vor mir fuhr Gerhard immer noch rechts. Ich trat in die Pedale, um auf seine Höhe zu gelangen. Ich hatte wahnsinnige Angst um ihn.

Ich brüllte: »Komm nach links, du bist auf der Überholspur!«

Mein Rufen wurde vom Wind verschluckt. Ich rief noch zweimal aus Leibeskräften. Endlich hatte er verstanden und wechselte vorsichtig die Fahrspur.

Einsam unter all den Autofahrern fuhren wir verunsichert über die Bundesstraße, die uns wie eine Autobahn vorkam. Kein Hinweis auf einen Abzweig in die City von Johor Baharu. Wir wussten nur eines: Die Grenze zu Singapur konnte nicht mehr weit sein. Endlich tauchte auf der rechten Abbiegespur ein Pfeil nach Johor Baharu auf. Die brüllende Hitze von über vierzig Grad hatte dazu beitragen, dass wir übermüdet und verschwitzt in der Stadt ankamen. Aber jetzt spendeten uns ältere und neue, aber allesamt riesige Hochhäuser Schatten. Auf den Straßen pulsierte das Leben.

Nach unserem ersten Bummel meinte meine Frau: »Das hier ist wie Sodom und Gomorrha.« Hochhäuser und moderne Einkaufszentren sollen den Glanz einer modernen Großstadt wie im nahen Singapur verbreiten. Doch auch hier störten uns die vielen hässlichen Bauruinen. Die Straßenränder waren schmutzig und oft mussten wir aufgerissenen

Straßenlöchern ausweichen. An den Bordsteinen hockten Männer und dösten in der Hitze vor sich hin.

Singapur - für uns ein Gipfel

Sehr schnell waren wir am nächsten Tag an der Grenze und folgten dem Schild ›Motorbikes‹. Für Radler und Fußgänger gab es keinen Streifen auf der Straße. Sehr schnell erkannten wir, dass wir in die ›Rush Hour‹ geraten waren. Wir waren von knatternden Motorrädern eingekeilt. Sie stauten sich vor uns auf der bekannten Grenzbrücke. Es waren hunderte und hinter uns schlossen immer mehr auf, knatternd und stinkend. Einige Fahrer hatten Tücher vor den Mund gebunden; mit stoischem Blick, ihrem Schicksal ergeben, das ihnen täglich widerfuhr. Das musste eine bewusste Schikane sein, dachte ich. Denn die einfachen Leute fuhren jeden Tag zur Arbeit nach Singapur hinüber und mussten sich trotzdem stets erneut ausweisen.

Nach einer Stunde waren auch wir drüben und fuhren auf einen nahen Parkplatz. Nun waren wir also da, nach 4200 geradelten Kilometern von ganz oben aus dem winterkühlen Hanoi bis zum untersten Ende des Festlandes. Darauf durften wir schon ein wenig stolz sein.

Auf dem Parkplatz waren wir verabredet: mit dem Leiter der hiesigen Filiale ›meiner‹ Bank, in der ich mich über einige Jahrzehnte hinweg in eine führende Position hochgearbeitet hatte. Der Bankchef hatte im Internet von uns erfahren und war fasziniert von unserem Reisevorhaben. Als ich ihn nun vor mir sah, erinnerte ich mich doch tatsächlich daran, dass er als junger Angestellter einige Jahre in meinem Verantwortungsbereich gearbeitet hatte!

»Ich freue mich sehr, dass Sie da sind. Auch deshalb, weil ich von Ihnen schon immer eine hohe Meinung hatte«, sagte er.

Kurz darauf hielt ein Kleinbus mit einem Kamerateam. Dann ging alles Schlag auf Schlag. Die Journalisten vom ›News Asia Channel‹ wollten uns radelnd filmen und so kurvten wir eine halbe Stunde herum, den Anweisungen und Vorstellungen der Kameraleute folgend, so gut es eben ging. Auch einige Fotografen richteten ihre Kameras auf uns.

Anschließend mussten wir noch einmal kräftig in die Pedale treten, immerhin hatten wir noch 25 Kilometer vor uns. Wir fuhren hinter dem Firmenwagen des Bankchefs her. Sein Fahrer zwang uns zu einem hohen Tempo, doch wir waren in bester Stimmung und hatten nichts dagegen.

Es war eine Schau. Zeitweise hatten wir den TV-Kleinbus neben uns und die Kameraleute filmten uns aus der offenen Wagentür.

Singapurs Straßen waren zum Glück einigermaßen ruhig, Großfahrzeuge waren kaum unterwegs und wir rollten durch Parks und Grünanlagen. Die architektonisch imposanten Hochhäuser standen einzeln mit noch ausreichenden Abständen in der durch die sehr begrenzte Fläche erzwungenen Verdichtung.

Dann bogen wir zur weit geschwungenen Einfahrt des Hotels ›Oriental‹ ein. Dort standen wir, ohne es geahnt zu haben, an diesem Tag plötzlich im Mittelpunkt. Nicht die noblen Karossen erregten Aufmerksamkeit, nein, wir auf unseren bepackten Rädern waren das Ereignis. Vor dem eleganten Eingang wartete der deutsche Manager mit seiner Führungsmannschaft. Wir waren baff. Zuerst wurden uns Handtücher und Mineralwasser gereicht. Wir waren schließlich schweißnass angekommen. Dann wurden uns Blütenkränze umgehängt. Wieder wollten sie uns radelnd fotografieren und filmen. Von allen Seiten wurden uns Visitenkarten zugesteckt, von den TV-Leuten, den Journalisten und den Hotelmanagern. Wir konnten nur freundlich nicken und uns bedanken. Livrierte Hotelboys mit weißen Handschuhen nahmen uns die Räder ab und brachten sie an einen sicheren Ort.

Dann wurden wir von der Marketingmanagerin zu einer fürstlichen Suite geleitet. Sie hatte zwei große Räume und ein Badezimmer, von dem Frauen träumen. Auf dem Tisch stand neben herrlichen Orchideen eine Torte, verziert mit zwei essbaren Fahrrädern und einer persönlichen Widmung.

Die Attraktion dieser Suite im siebzehnten Stockwerk war jedoch der Ausblick durch die Glaswand. Wir hielten den Atem an. Ja, er war Atem beraubend, der Blick auf die Skyline von Singapur mit den Hochhäusern und dem Hafen. Noch eindrucksvoller war es allerdings in der Nacht, wenn die Lichter der Skyline bis in unser Bett glitzerten. Wir mochten dann gar nicht den Vorhang schließen.

Wir kamen in diesen drei Tagen gar nicht richtig zur Ruhe - am Abend ein weiteres Interview, ein gemeinsames Essen mit dem Bankchef und ein Besuch in der Bank. Wir wurden allen siebzig Mitarbeitern vorgestellt; alle hatten gespannt auf uns gewartet.

Am sehr frühen Morgen des Abreisetages klopfte es an die Tür. Wir öffneten und stellten verwundert fest, dass da ein ›Tischlein deck dich‹ ankam. Alle Köstlichkeiten des Frühstücksbuffets waren für uns zubereitet worden. Seufzend meinte Jutta: »Warum bleiben wir nicht wenigstens noch einen Tag?«

Würde es uns nun schwer fallen, künftig wieder bescheidener zu wohnen? Nein, wir waren uns einig: Wir wollten nicht ständig im Luxus leben. Wir liebten die Abwechslung und konnten uns auch in bescheidenen Verhältnissen wohl fühlen, wenn wir die Zuwendung von freundlichen Menschen erfuhren.

Die ganze Publicity kam uns am Tag unserer Abreise zugute. Als wir zum Flug eincheckten, wussten die Sicherheitsleute zunächst nicht, ob und wie sie unsere Räder durchleuchten sollen. Da eilte eine Frau herbei und führte uns zu einem speziellen Abfertigungsschalter. Beiläufig sagte sie mir: »Ich habe Sie gestern im Fernsehen gesehen.

KAPITEL NEUN

GEGEN DEN WIND DURCH DIE NULLARBOR

Streng wie bei einer Gerichtsverhandlung verhörte mich der australische Zollbeamte bei unserer Ankunft in Perth. Danach warf er einen Blick in den großen Packsack, in dem unsere Radtaschen verstaut waren, ordnete mit den Händen meine Badelatschen und war endlich zufrieden.

Perth war an diesem Tag mit vierzig Grad laut Wetterbericht nicht nur die heißeste Großstadt in Australien, sondern weltweit. Ganz konnte ich das jedoch nicht glauben. Sollte es wirklich nirgendwo heißer sein? Allerdings konnte das Klima für uns nur besser werden; auf der Südhalbkugel stand der Herbst ins Haus.

Die ruhige westaustralische Metropole überraschte uns. Wo waren die fast eineinhalb Millionen Menschen? Kein hektisch-pulsierendes Großstadtleben. Der Verkehr auf den Straßen war im Vergleich zu Südostasien fast lautlos. In den weiträumigen Fußgängerzonen und Einkaufszentren voller Geschäfte hatten wir den Eindruck, dass das Angebot überall etwas zu umfangreich geraten war. Nirgendwo herrschte Gedränge.

Uns war das recht, die Ruhe tat uns gut. Wir mussten uns erst wieder einleben. Schließlich waren wir nun von ganz anderen Menschen umgeben, von einer völlig anderen Kultur und einem anderen Lebensstandard als in den vergangenen Monaten. Uns fehlten die asiatischen Gesichter und vor allem die offene spontane Aufmerksamkeit und Freundlichkeit der Menschen dort. Gefangen in diesen Erinnerungen erschienen uns die ›Aussies‹ verschlossen, mürrisch, lustlos und wenig hilfsbereit.

In einem Fahrradladen wollte ich das Schaltsystem meines Rades überprüfen lassen, weil ich meinte, die Gänge ließen sich zu schwer schalten. Der Verkäufer schaute mich bereits vorwurfsvoll an, als ich mit dem Rad noch in der Tür stand. Als ich ihm das Problem erklären wollte, machte er sich nicht einmal die Mühe, einen Blick auf das Rad zu werfen. Nein, da könne er nicht helfen. Ich verstand: Er wollte verkaufen, aber nicht reparieren. Im zweiten Shop erging es uns ähnlich. So wurden meine bisher sehr schönen Erinnerungen an diese Stadt ein wenig getrübt.

Im November 1997 hatte ich in Perth als Neueinsteiger an der Triathlon-Weltmeisterschaft teilgenommen. Mein australischer Freund Bill, den ich vom Skilanglauf kannte, hatte mich dazu überredet. So begann ich meine Triathlon-Karriere, ein später Start mit 68 Jahren. Nur in zwei Wettkämpfen konnte ich mich vorher testen und qualifizieren. Meine Schwäche war das Schwimmen. Meinem Freund, einem erfahrenen Triathleten, konnte ich dennoch gehörigen Respekt vor mir abtrotzen. Mit dem von ihm geliehenen Zweitrad war ich nicht nur etwas schneller als er auf seinem neuen, superleichten und teuren Carbon-Rad, das er vor dem Rennen noch geküsst hatte. Auch im Laufen konnte ich ihm Zeit abnehmen, so dass ich ihn auf der Zielgeraden beinahe noch eingeholt hätte.

Die großartige Atmosphäre der Weltmeisterschaft, wo wir Senioren am gleichen Tag wie die Weltelite unseren Wettkampf austragen durften, hat mich inspiriert, in dieser Sportart weiterzumachen.

Am 20. März um sieben Uhr starteten wir Richtung Great Eastern Highway. Noch herrschte wenig Verkehr. Der Highway war relativ schmal, es gab keine ›Shoulders‹, also keine Seitenstreifen. Mir war es unheimlich, wenn die bis zu fünfzig Meter langen, mächtigen ›Roadtrains‹ an uns vorbeidonnerten und der Sog ihrer Fahrzeuge unsere Räder ins Schlingern brachte.

Ich rief meinem Mann zu: »Lass uns an der nächsten Abfahrt runterfahren! Es muss doch noch eine andere Straße geben, die nach Northam führt.«

Ich hatte blanke Angst davor, so ungeschützt weiterzufahren.

»Es sind doch nur ein paar Kilometer, bis der Hauptverkehr abzweigt«, versuchte mich Gerhard zu beschwichtigen.

Hartnäckig weigerte ich mich, weiterzufahren. Außerdem hatte ich ein Verbotsschild für Radfahrer gesehen. Also fuhren wir auf mein Drängen hin die nächste Abfahrt herunter.

Alles war hier anders. Wir fuhren durch stille Eukalyptuswälder und an gepflegten, weiträumigen Gärten vorbei. Die großen Warnschilder für Buschfeuer signalisierten ›High‹ und ›Very High Risk‹. Durch den starken Wind, der in den nächsten Tagen unser Gegner werden sollte, würde sich ein Feuer bei dieser Trockenheit in Windeseile verbreiten.

Nach hundert Kilometern gelangten wir nach Northam, einem

kleinen beschaulichen Städtchen. Sympathisch an all den Orten, die wir als Etappenziele anpeilten, war die noch immer recht gut erhaltene Idylle der Gründerzeit. Die Zeit schien wirklich stehen geblieben zu sein.

Meist war das ›Post Office‹ das schönste Gebäude im Ort. Kein moderner Neubau störte die Straßenfronten. Die Fassaden und die verspielten Reliefs waren mit leuchtenden Farben aufgefrischt, typisch für die Bauweise der Gründerzeit-Architektur um die Jahrhundertwende.

Die Hotels waren jedoch auch noch im alten Zustand und hatten meist nur schlichte Zimmer ohne Bad. Da gab es keine Rezeption, nur eine Theke. An der hockten Männer wie Frauen. Recht derbe Typen waren dabei. Wenn sie sprachen, konnte ich ihren schauderhaften Dialekt kaum verstehen. Die Gespräche versiegten deshalb recht schnell wieder. Uns fiel auf, dass niemand im Freien saß, obwohl es sehr warm war. Nach alter Väter Sitte hockten oder standen sie alle an der Bar.

Als wir eines Tages mittags in einem sehr entlegenen Rasthaus einkehrten, wurde uns ein scheußlicher und noch dazu überteuerter Fast-Food-Fraß vorgesetzt, ein kleines Häuflein weich gekochter Spaghetti auf Toast! Dazu Ketchup. Ich bin sicher, dass ein verwöhnter Italiener dieses Essen entsetzt zurückgewiesen hätte. Die Wirtin machte den dazu passenden frustrierten, verbitterten Eindruck.

Die Leute schienen resigniert und lustlos ihre Jobs zu verrichten. Was war nur los mit den Australiern? Hatte das Streben nach einem höheren Lebensstandard die Lebensfreude verdrängt? Wir hofften, dass dies Ausnahmen bleiben würden.

Die Hitze nahm zu. Mein Radcomputer zeigte 45 Grad. Wir tranken an diesem Tag jeder sechs Liter. Nach hundertzehn Kilometern kamen wir schon mittags in die kleine Stadt Southern Cross. Gerhard wollte eine kurze Rast machen, etwas Kühles trinken und dann die Fahrt fortsetzen.

»Du spinnst, bei der Affenhitze weiterzuwollen. Ich bin auch noch da«, sagte ich erregt. »Wo ist der Sinn? Kilometerklotzen? Da mache ich nicht mit.«

Nach meinem Protest blieben wir. Wir hatten Glück, dass uns ein Supermarkt kurz vor dem Schließen noch Gelegenheit gab, die Lebensmittel für diesen und den morgigen Tag zu kaufen.

Am Abend studierte Jutta die Karte. »Das ist ja Wahnsinn, wie sollen wir da durchkommen, zweihundert Kilometer ohne Unterkunft, wie stellst du dir das vor, Übernachten im Busch? Du mit deiner Abenteuerlust!«

Ich war insgeheim darauf vorbereitet, einige Nächte im Busch zu schlafen. Andererseits wusste ich aber auch, dass meine Jutta ungeahnte Energien freisetzen konnte, wenn es darum ging, eine Herberge zu erreichen.

So fuhren wir mit gemischten Gefühlen los. Wir hatten andere Farbtöne um uns als in Asien: das trockene Gelb abgeernteter Felder und verdorrter Gräser. Grün waren nur die robusten Eukalyptusbäume. Dennoch bot die Natur viel Beeindruckendes. Vögel schrien wie Kinder. Die Laute dieser Krähen begleiteten uns in den folgenden Wochen. Auf einem Baum entdeckte Jutta ihren ersten Papagei. Von Kängurus sahen wir dagegen nur einige zermalmte Kadaver.

Neu waren für uns auch die lästigen Fliegen. Sie krabbelten ungeniert zu Dutzenden im Gesicht herum und wir mussten Acht geben, sie nicht zu verschlucken. Sie waren sofort da, wenn wir anhielten. Beim Fahren wurden wir sie erst mit einem Fahrtwind ab ungefähr 25 Stundenkilometer los. Zeitweise hatten wir dann immer noch einige ganz hartnäckige um uns, die sich als blinde Passagiere auf unserem Rücken eingenistet hatten.

Die 33 ungefahrenen Kilometer dieses Tages kamen am folgenden dazu, so dass es bis zur nächsten Kleinstadt fast 190 Kilometer waren. Diesmal meinte es der Wettergott aber gut mit uns: Wir hatten leichten Seitenwind von hinten und erreichten ziemlich locker Coolgardie nach der längsten Etappe unserer bisherigen Tour. Coolgardie ist eine verschlafene ehemalige Goldgräberstadt, in der einst 16.000 Menschen lebten. Heute sind es in der Stadt mit dem Beinamen ›Mother of the Gold Fields‹ nur noch eintausend Seelen. Die überbreite Straße war imponierend. Auch sie ist ein Original aus dieser Zeit. Ein ›Store‹, ein ›Post Office‹, ein Museum und ein Hotel mit Restaurant sind die Hauptbestandteile der ›Main Road‹.

Am Vortag hatten wir uns bei einem Rundgang und im Museum über den Goldrausch informiert, der im Jahre 1892 in Coolgardie ausbrach. In kürzester Frist waren dort zehntausende Glücksritter nach beschwerlicher Reise angekommen. Doch nur wenige fanden ihr Glück. Zeitweise war Wasser sogar kostbarer als Gold! Zu dieser Zeit war das Fahrrad ein sensationell neues Fortbewegungsmittel: Auf alten Fotografien präsentierten sich die verwegenen Abenteurer von einst stolz mit einem Rad. Und schon 1896 durchquerte ein ganz unerschrockener Radfahrer die Wüste Nullarbor, was damals sicher um einiges schwerer und gefährlicher war, als wir es auf unserer Reise im Jahr 2003 zu erwarten hatten.

Die dem Restaurant angeschlossene Bar stand in Hufeisenform mitten im Raum. Auf dem Tresen solcher Bars liegen schmale Frotteehandtücher, auf denen die ausgeschenkten Biergläser abgestellt werden. Im Innenkreis agierte die Bedienung. An der Theke saßen Frauen wie Männer, tranken ihr Bier und rauchten Zigaretten. Es gab harte Männer mit Bärten, zur Schau gestellten Tätowierungen auf den Armen und vielleicht auch welchen an anderen, nicht sichtbaren Körperstellen. Die meisten trugen Achselhemden. Einige hatten den Staub der Grube noch im Gesicht. Dann sahen wir, wie die Kneipe zur Bank wurde, denn eine Bank gab es in der Stadt nicht. Gegen eine Gebühr bekommt der Kunde Bares mit der Kreditkarte.

Mit Sonnenaufgang radelten wir los. Die Luft war noch kühl und frisch, ein leichter Wind wehte uns entgegen. Die Morgenstille wurde vom Schreien der Schwarzkrähen unterbrochen. Manchmal schrien sie in drei verschiedenen Tonlagen hintereinander. Wir sahen die ersten Umrisse der aufgehenden Sonne, die innerhalb von drei Minuten voll am Morgenhimmel stand. Der Asphalt war rau und bremste die Geschwindigkeit der Laufräder. Die Vegetation war vor allem an den Straßenrändern erstaunlich grün. Windharte Büsche und vereinzelte Eukalyptusbäume, die den Naturgewalten widerstehen können, fanden sich als Akzente im Landschaftsbild. Gespenstisch wirkten die verbrannten Bäume, die sich nur noch als schwarze Silhouetten gegen den Himmel abgrenzten.

Auf unserem Schwenk nach Süden erfasste uns der Südwestwind, der am Nachmittag stark auffrischte. So forderten diese knapp 170 Kilometer vor allem im letzten Teil unsere ganze Stärke und Willenskraft. Erschöpft kamen wir in Norseman, dem Westportal der Nullarbor-Wüste, an. Ab hier sollte die Reise für uns zu einer völlig neuen Erfahrung werden. Nun galt es, riesige Entfernungen in menschenleeren Gebieten zu durchqueren.

Diese neue und vor allem sportlich anspruchsvolle Herausforderung gingen wir am nächsten Morgen an. Wir wollten versuchen, bis zum Abend nahezu zweihundert Kilometer zu überwinden, zum Roadhouse Balladonia. Mental hatten wir uns bereits darauf eingestimmt, dass wir auf dem Weg dahin auf keinen Stützpunkt treffen würden. Jeder von uns hatte zu seinem normalen Gepäck sieben Kilogramm Wasser und Nahrung zugeladen. Wie immer, bevor wir uns in die Sättel schwangen, küssten wir uns, wünschten uns Glück und sagten uns ein ›Pass auf dich auf‹.

Die höhere Beladung unserer Räder, diesmal mit einem noch höheren, sensiblen Schwerpunkt durch die aufgepackten Wasserflaschen, wurde mir schon beim Anschieben auf dem sandigen Weg bewusst. In leichter Schräglage wollte das Rad umkippen und drückte mit dem ganzen Gewicht seitlich nach unten. Nur mit aller Kraft konnte ich es wieder in die Balance stemmen. Es war sehr kalt an diesem frühen Morgen, es mochten etwa fünf bis sieben Grad sein. Ich hatte meinen Pullover aus Fleece übergezogen, den ich in den vergangenen Hitzewochen tief in einer Tasche versenkt hatte. Meine Frau hatte mit ihrer gelben Jacke einen besseren Windschutz. Nach Monaten spürten wir erstmals wieder die Kälte des Fahrtwindes an Händen, Beinen und im Gesicht. Wir drückten noch heftiger in die Pedale, um Körperwärme zu erzeugen. Wo blieb die Sonne? Durch das spärliche Laub der Eukalyptusbäume schimmerte zunächst nur das Rosarot der Dämmerung, bis sie endlich majestätisch aufstieg, die Sonne, an diesem Tag von uns herbeigesehnt. Doch erst als Norseman schon dreißig Kilometer hinter uns lag, spürten wir eine angenehme Erwärmung. Das Wüstenabenteuer konnte beginnen.

Die für eine landwirtschaftliche Nutzung ungeeignete Nullarbor-Ebene trennt an der Südküste des Kontinentes das nur sehr spärlich besiedelte ›Western Australia‹ vom Farmland des Bundesstaates Süd-Australien. Diese von Menschenhand unberührte Weite der Natur war es, was uns an dieser Strecke so gereizt hatte. Der Eyre-Highway, die einzige Straße, die wir nun entlangradelten, bot auf tausendzweihundert Kilometern Länge zur Versorgung ›Roadhouses‹ in größeren Abständen.

Schon die eindringlichen Warnungen und Empfehlungen auf Straßenschildern ließen auf ein Abenteuer schließen. Wir ließen uns davon zwar nicht abschrecken, mussten jedoch in Kauf nehmen, möglicherweise weitab vom nächsten ›Roadhouse‹ im Busch zu schlafen.

Das Gefährlichste sei die bei Windstille unerträgliche Hitze, hatten uns die ›Aussies‹ immer wieder prophezeit. Im Buch eines Australienradlers hatte ich gelesen, dass die Radreifen bei der Hitze und dem rauenn Asphalt einem hochgradigen Verschleiß ausgesetzt seien. Eine besorgte Frau riet uns sogar von der Durchquerung ab mit dem Hinweis: »Da ist doch nur Sand.«

All das war schlichtweg falsch! Nicht die Hitze setzte uns zu, es war der Wind. Dass er in dieser Jahreszeit beständig von Osten weht, hatten wir erst am Vortag unserer Abreise in Perth erfahren. Zwei Amerikaner, die wir später in der Nullarbor trafen, hatten auf diese Information hin sehr konsequent gehandelt. Als sie in Perth erfuhren, dass sie die ganze Strecke gegen den Wind hätten radeln müssen, flogen sie kurzerhand nach Sydney, um von dort mit Rückenwind besser voranzukommen.

Der raue Asphalt konnte unseren Reifen nichts anhaben. Meist rollten wir auf einer glatten, für Radfahrer idealen Fahrbahn dahin. Vergeblich warteten wir auch auf Wüstensand. Der ›Plain‹ war zwar sandig und trocken, aber eben keine vegetationslose Sandwüste. Es war das, was die Australier den ›Bush‹ nennen. Landschaft, die sich unter den kargen Bedingungen behauptet: anspruchslose Sträucher und Büsche, halbhohe, vom Wind zerzauste Bäume und streckenweise dürre Grasbüschel.

Zuweilen regnet es auch in der Nullarbor! Aus der Ferne konnten wir ein Gewitter beobachten, nachdem eine dunkle Wolkenwand aufgezogen war. In den Tagen nach so einem meist spärlichen Regen lebt die Wüste richtig auf. Bei einem der auffallend grünen, kugelförmigen Büsche griff ich zum Test in das fleischig-spitze Blattwerk. Es war bis zum Platzen mit Wasser gefüllt.

Ein Sturz auf der Mammutetappe

In den folgenden zwei Wochen würden wir auf unserer Tour vormittags ausnahmslos gegen die aufsteigende Sonne fahren. Es sah zunächst so aus, als ob sie uns nicht in die prophezeite sengende Hitze schicken wollte. Das in Australien wegen des Ozonloches so gefürchtete Sonnenlicht, dem wir uns täglich bis zu zwölf Stunden aussetzten, konnte uns zu unserer Überraschung nichts anhaben. Wir hatten aus Südostasien eine schützende Bräune mitgebracht. Nie zuvor war ich an den Armen und Beinen so braun gebrannt. Selbst unsere Rücken hatten unter den dünnen Hemden Farbe angenommen.

Sonnenbrand konnten wir so völlig vermeiden. Unsere Sonnencreme mit hohem Lichtschutzfaktor trugen wir trotzdem auf.

Wie befürchtet hatte der Wind von Südwest auf Ost gedreht, doch noch boten die Eukalyptuswälder Windschutz. Wir hatten erfahren, dass wir uns dem Brandherd eines Buschfeuers nähern würden. Das Feuer sei jedoch unter der Kontrolle der ›Firefighter‹, war uns in Norseman zu unserer Beruhigung versichert worden. Meine Frau erfasste trotzdem eine nervöse Unruhe, weil wir von weitem die Qualmwolken sehen konnten. Aus Baumstümpfen loderten noch Flammen und die noch glimmenden Brandherde erstreckten sich auf zehn Kilometer. Zwei Tage zuvor wären wir an dieser Stelle niemals weitergekommen. Meine Frau war aufgeregt, doch da tauchten schon Feuerwehrmänner auf, die mit zwei Löschfahrzeugen kontrollierend an der kritischen Zone vorbeipatroullierten.

Würde die Zeit ausreichen, um noch bei Tageslicht am nächsten ›Roadhouse‹ anzukommen? Ich rechnete öfter hoch. Ja, wir hatten ein gutes Zeitpolster und unser Wasservorrat würde auch ausreichen, denn es war an diesem Tag nicht zu heiß.

Als wir gut 130 Kilometer hinter uns hatten, rief ich meiner Jutta zu:

»Was kann uns noch passieren, wir packen das!«

Jutta fuhr gerade in Front, um mich in den Windschatten zu nehmen. Sie kam ins Trudeln und bremste ab. Ich hatte keine Hand an der Bremse, verriss den Lenker, kam nicht mehr aus dem Klick heraus und stürzte nach rechts auf die Fahrbahn. Da lag ich wieder einmal, das Rad über mir; mit dem Rücken auf dem Asphalt, zunächst hilflos wie ein Maikäfer und spürte den Sturzschmerz und ein Brennen an der Schulter und am Bein.

Noch bevor ich irgendetwas tun konnte, beugte sich auch schon meine Frau über mich: »Mein Liebster, mein Liebster, entschuldige, ich bin schuld, bist du verletzt?«

Das war für mich schon fast die halbe Heilung. Ich konnte aufstehen und mich bewegen.

»Das sind nur Schürfwunden, ich kann weiterfahren«, versicherte ich ihr und überspielte dabei den brennenden Schmerz und die Benommenheit im Kopf.

Ich hatte beim Sturz den Vietconghelm aufgehabt, der allerdings in weitem Bogen davongeflogen war. Ob er ein Aufschlagen des Kopfes verhinderte, weiß ich nicht genau. Aber für einige Tage würde mir ein leichtes Schleudertrauma am Hals bleiben.

»Wir müssen die Fahrbahn freimachen«, rief ich meiner Frau zu.

Beide Räder lagen auf der Straße. Ein Auto mit Anhänger fuhr auf uns zu und hielt an. Ein Mann und eine Frau stiegen aus und sahen uns an.

Jutta rief aufgeregt: »We have had an accident!«

Sie boten uns Wasser an, obwohl wir noch ausreichend hatten und sagten sonst kein Wort, stellten auch keine Fragen nach dem Woher und Wohin. Wir passten offenbar nicht in ihre Vorstellungswelt. Skeptisch schauten sie auf meine blutenden Schürfwunden. Dann wollten sie schon wieder wegfahren, blieben aber noch, als sie sahen, dass mein Hinterrad blockierte. Wir mussten allerdings nur neu justieren, und das Rad drehte sich wieder.

»Gott sei Dank, unsere Räder halten was aus«, entfuhr es mir.

Ich hatte mich wieder gefangen und fragte den Mann, ob sie auch in Belladonia Halt machen würden. Er winkte ab, nein, sie führen durch, ihr Ziel sei Melbourne, das waren ja ›nur‹ 2700 Kilometer. Beide waren sichtlich erleichtert, dass sie weiterfahren konnten. Einen Zeitverlust hätten sie sich auf ihrem sehr langen Weg nur ungern geleistet. Doch sie waren immerhin dem ungeschriebenen Gesetz gefolgt, im einsamen Busch Hilfe zu leisten. Was hätten sie für uns tun können? Allenfalls am nächsten Nottelefon oder ›Roadhouse‹ Hilfe anfordern.Wir hätten damit rechnen müssen, dass auf die behördliche Hilfe verwiesen wird. Es gibt ja die»Flying Doctors«. Doch wer hätte unsere Räder transportiert? Die Road Trains waren alle vollbeladen und mit Planen festgezurrt. Von den Urlaubern mit den Wohnwägen konnten wir auch keine Transporthilfe erwarten. Ich wurde auf dem langen Weg durch die Nullarbor das Unbehagen nicht los, dass wir auf uns selbst vertrauen mussten.

Wachsamer als sonst hörten wir bei der Weiterfahrt auf das leiseste Geräusch an den Fahrrädern. Ich hatte ein leichtes Klicken am linken Pedal. Die Schaltung funktionierte jedoch. Hoffentlich hält sie an beiden Rädern durch, dachte ich immer wieder. Ich war sehr erleichtert, als ich beim Fahren feststellte, dass ich wenigstens nicht durch Schmerzen behindert war. Allerdings hatte ich vom Sturz tatsächlich ein leichtes Schleudertrauma davongetragen, mit leichten Gleichgewichtsstörungen und Kopfschmerzen.

Die Landschaft wurde karger, teilweise waren nur noch dünne Grasbüschel zu sehen. Doch der Busch mit den unterschiedlichsten Stauden, Büschen und knorrigen Bäumchen ließ sich nicht unterkriegen. Recht dekorativ leuchteten silbrig glänzende niedrige Stauden zwischen den höheren Büschen. Längst hatten sich die Eukalyptus- und Akazienbäume gelichtet - in dem freien Gelände packte uns der Wind nun stärker.

Jutta reagierte plötzlich heftig: »Warum muss ich mir das antun? Wenn ich gewusst hätte, was du von mir verlangst, hätte ich dich nicht geheiratet.«

Doch diese Bemerkung war scherzhaft gemeint. Ich weiß ja, sie würde mich jederzeit wieder heiraten.

Wir sind nach 193 Kilometern in Belladonia angekommen. Sehr tief und fest haben wir in dieser Nacht geschlafen.

Und wieder wartete ein Mammutabschnitt auf uns: 182 Kilometer bis Caiguna. Es sollte der härteste Tag unsere Tour werden, der uns alles abverlangte, was wir an mentaler Stärke, eisernem Willen und Wettkampfhärte aufbringen konnten. Das berühmte Teilstück mit 166 Kilometern schnurgerader Straße nervte uns nicht etwa wegen der eintönigen Straßenführung. Es war der Wind, der uns gnadenlos von vorn anfauchte. Wenn er nur etwas abebbte und wir hoffnungsvoll auf einen höheren Gang schalteten, blies er gleich darauf umso heftiger; so als ob er nur kurz Luft geholt hätte. Besonders grausam war das bei den langen Anstiegen. Ja, ich hatte den Eindruck, es ginge nur bergauf. Wir konnten diesem anstrengenden Tag nicht viel Positives abgewinnen, was auch noch einen anderen Grund hatte. Totgefahrene Kängurus hatten wir schon in Tagen zuvor gesehen. An diesem Tag war es jedoch schockierend.

Wir hatten stundenlang einen ekelhaften Verwesungsgeruch in der Nase, den auch der Wind nicht vertreiben konnte. Die auf der Fahrbahn liegenden Kadaver wurden von den wuchtigen Reifen der ›Roadtrains‹ noch zerfetzt. An den heraushängenden Innereien pickten die Krähen herum. An einigen Stellen lagen drei oder vier Tiere in kurzen Abständen. Ein waidgerechtes Töten ist das sicher nicht. Da verenden angefahrene Tiere qualvoll. Ich hatte ein in seinem Blut liegendes, zuckendes Tier gesehen. Es waren hunderte dieser totgefahrenen Tiere an dem einen Tag. Auch das hat sich uns für den Rest unseres Lebens eingeprägt.

Wir kämpften gegen den Wind, der mit einer Stärke daherkam, dass der Radcomputer zuweilen nur zehn bis zwölf Stundenkilometer anzeigte. Das ging über Stunden so. Oftmals kam eine Böe aus südlicher Richtung, die uns beinahe vom Rad geschleudert hätte. Ich machte an

diesem Tag die Führungsarbeit. Bei diesen Naturwidrigkeiten kämpft jeder für sich. Die Weite, die Einsamkeit und die Stille gaben mir ein Gefühl der Verlassenheit. Ich versuchte mir vorzustellen, wie es möglich war, im Busch zu zelten. Nein, danach war mir wirklich nicht. Ich hatte Angst vor Schlangen oder ähnlichen Reptilien. Wir mussten das nächste ›Roadhouse‹ erreichen. Aber das war noch so weit.
Ich schämte mich und dachte: Sei kein Weichei, Jutta! Ich dachte an Freunde von uns, die an einer schweren Krankheit litten und so tapfer gegen sie kämpften. Also, das hier ist doch gar nichts dagegen, das ist doch ein Klacks, ermunterte ich mich. Ja, es war eine Prüfung der mentalen Stärke. In Gedanken betete ich: Herr, gib mir die Kraft und die Geduld, das durchzustehen.
Im Rückspiegel sah ich, wie schwer es Gerhard fiel. Ich drosselte meine Geschwindigkeit, damit er von meinem Windschatten profitieren konnte. Zwischendurch hielten wir an, um zu trinken. Aber es war keine Erholung, am Straßenrand zu stehen, während die Autos an uns vorbeirauschten und der Wind an uns zauste. Meinen Mann fragte ich lieber nicht nach seinem Befinden, denn ich konnte es an seinem Gesicht ablesen. Wir fuhren jetzt einen Schnitt von fünfzehn Stundenkilometern und kamen nur mühsam voran. Die Sonne stand schon sehr tief und vierzig Kilometer lagen noch vor uns. Das Wasser in unseren Flaschen schmeckte fad und der letzte Energieriegel war gegessen. Wir standen mit den Rädern oft minutenlang im Wind, es war, als ob uns jemand festhielte.

Als die allerletzten Sonnenstrahlen über den Asphalt krochen, bogen wir in die Einfahrt zum Motel ein. Beim Absteigen war ich am Ende, das Rad kippte um und ich hielt mich an der Hauswand fest, um nicht auch noch umzufallen. Gleich daneben lachten zwei junge Männer, die wohl dachten, ich hätte mein Rad zum Spaß umgeworfen. Meine Frau war sofort bei mir. Auch sie war total erschöpft und wir mussten erst mal einige Minuten durchschnaufen. Dann gingen wir zur Rezeption, an der wir einen feisten Mann vor uns hatten, der uns erklärte, dass Motel sei ausgebucht.

Wir schauten uns an. Ausgerechnet heute, wo wir es so nötig wie nie zuvor hatten, uns zunächst einmal auf ein Bett zu werfen und auszuruhen, ausgerechnet an diesem Tag wurden wir zum ersten Mal auf unserer ganzen Tour abgewiesen! Er konnte uns die Erschöpfung ansehen, als ich sagte, dass wir nach zwölf Stunden auf dem Fahrrad dringend einen Schlafplatz bräuchten. Dieser unsympathische Typ, dessen Visage ich nie vergessen werde, erklärte ohne einen Hauch von Gefühlsregung mit einer lässigen Armbewegung zur Straße hin, wir sollten doch weiter zum nächsten ›Roadhouse‹ fahren. Einige Leute standen dabei und hörten sich alles an - ebenfalls ungerührt. Ich bat dann um einen Platz, um wenigstens unsere Schlafsäcke ausbreiten zu können. Er reagierte zunächst sehr unwillig und erklärte wiederholt, es sei alles voll. Dann fiel ihm offenbar etwas ein. Zunächst kassierte er jedoch zwölf Dollar, was ihm offensichtlich das Wichtigste war. Dafür dürften wir auch die Toilettenanlagen benutzen, meinte er.

Er ging mit uns ein Stück des Weges. Nein, er watschelte wie eine Ente, denn mit seinen fetten Beinen konnte er nur breitbeinig laufen. Er blieb stehen und deutete auf einen betonierten Durchgang zwischen den Toilettenanlagen. Darüber befand sich ein Wellblechdach, da hätten wir Schutz gegen Regen.

»Das gibt es doch nicht!«, meinte Jutta entsetzt, als sich der dicke Typ schon entfernt hatte. Regen hatten wir am allerwenigsten zu befürchten. Mehr zu fürchten hatten wir den Wind und die Leute, die nachts über unsere Schlafsäcke stolpern würden.

»Jetzt gehen wir ins Zelt«, erklärte Jutta entschlossen. Also hatte ich den Zeltsack doch nicht umsonst um die halbe Erdkugel geschleppt!

Wir fanden einen Baum zum Anlehnen der Räder und machten uns an die Arbeit. Im Wind flatterten uns die Planen immer wieder weg, das Licht war dürftig. Meine Frau schaffte es schließlich, ich konnte an diesem Tag nicht so viel dazu beitragen.

Der Busch lebt zu jeder Jahreszeit und dort gibt es auch Tiere. Zum nächsten ›Roadhouse‹ war es nicht allzu weit und wir erlaubten uns, häufiger anzuhalten, uns umzuschauen, zu beobachten und hineinzuhören in die einsame Buschlandschaft. Es hatte allerdings einige Tage gedauert, bis wir die ersten Kängurus sahen, die nicht totgefahren am Straßenrand lagen. Meine Frau hatte ihre Augen schweifen lassen und rief mir leise zu. Drei Kängurus hatte sie entdeckt, ganz dicht am Straßenrand. Ich pirschte mich im Sichtschutz eines Busches heran, doch zwei der Tiere sprangen weg. Das dritte blieb am Buschrand hocken und vertraute vielleicht auf die Tarnung des Strauches. Bis auf drei Meter kam ich heran und konnte den Auslöser der

Kamera drücken. Erst dann stellte es sich in Abwehrhaltung auf und sprang davon.

Etwas weiter hüpfte eines neben uns her, genauso schnell, wie wir auf unseren Rädern fuhren. Es hielt kurz inne und sah neugierig zu uns herüber. Radfahrer kamen offenbar nicht so oft vorbei.

Wir sahen auch viele Emus, diese schnellen Renner mit den zwei langen Beinen. Zwei Gürteltiere, über zehn Zentimeter lang, krochen über den Asphalt. Ihr Glück, dass in diesen Stunden die Straße ziemlich verkehrsfrei war! Von den unförmigen Wombats sahen wir leider nur ein einziges - es lag tot auf dem Asphalt.

Ein Schwarm von Vögeln schwebte im Formationsflug elegant einige Male vor uns am Straßenrand ein. Dabei leuchteten im schwarzen Gefieder die roten Schwanzfedern auf. Diese Stunden wurden nicht durch Motorenlärm gestört, wir waren dem Busch und den Tieren nahe gekommen.

Am Abend dieses schönen Tages mussten wir wieder ins Zelt. Es regte uns schon nicht mehr auf, als wir hörten, dass die wenigen Motelbetten belegt waren. Der Manager hatte auf meine Frage nach einem Behelfsraum eher gereizt reagiert.

In den ›Roadhouses‹ war alles sehr sauber, das Wasser in den Toiletten spülte so heftig, dass nichts zurückblieb. Zwei der ›Roadhouses‹ unterhielten sogar ein Swimmingpool - absurd, bei dieser Wassernot.

Am Abend lernten wir zwei sympathische Frauen kennen. Das war nach den menschlichen Enttäuschungen richtig wohltuend. Sie waren im Wohnwagen mit ihren Männern nach Perth unterwegs. Zum Abschied umarmten sie uns und wir erfuhren damit die erste spürbare Gefühlsregung in diesem Land.

Wir fanden in Abständen Hinweisschilder auf Abfallboxen und die Ermahnung, keinen Unrat wegzuwerfen. Das hinderte die urlaubenden ›Aussies‹ jedoch nicht daran, ihren Plastikmüll überall in die Landschaft zu schmeißen. Der Straßenrand des Highways diente als Endlager für Plastikflaschen, Glasscherben und andere Abfälle. Der Wind wehte das Zeug dezent in die angrenzenden Büsche. Aus den Augen der Autofahrer war es somit verschwunden. Doch wir als Radfahrer registrierten sehr genau, wie der Busch als Müllhalde missbraucht wurde.

Es folgten lange Tagesetappen. Einmal meinte es der Wind gut mit uns. Wir wollten nach Border Village, dem ›Roadhouse‹, das die Grenze zu Süd-Australien markiert. Dort hatten wir erneut unsere Uhr um eine

Dreiviertelstunde vorzustellen. Hinzu kam noch eine Stunde Sommerzeit, die in dem von uns neu betretenen australischen Bundesstaat galt.

Wir waren dankbar, dass uns der Wind in diesen Tagen nur leicht behinderte. Doch dann hatten wir noch mal Berg und Tal zu überwinden, was an unsere letzten Kräfte ging. Unser eigener Verpflegungsvorrat war aufgebraucht und das Motelfrühstück gab nichts her. Doch keines der ›Roadhouses‹ lud zum Verweilen ein und so machten wir uns jeden Morgen wieder und wieder auf den Weg. Schließlich tauchten die ersten Farmzäune auf und wir hatten dürre Brachfelder zu beiden Seiten. Doch eigentlich fand ich das Radeln in der Buschlandschaft interessanter, auch wenn die Versorgung dort recht spärlich war.

Dann kamen wir nach Ceduna. Wir erreichten dieses Zwischenziel nach über zweitausend Kilometern. In einer behaglichen Kabine im Caravanpark blieben wir zwei Tage und schliefen und schliefen und aßen und aßen. Jutta kochte selbst und ich fühlte mich wie zu Hause.

Die Nullarbor-Wüste lag nun hinter uns. Die ›Roadhouses‹ hießen ab jetzt ›Motels‹ und die Distanzen zwischen den kleinen Ortschaften wurden kürzer. Wir waren ein wenig stolz auf uns: In achtzehn Tagen hatten wir erfolgreich die Wüste durchquert.

Die beiden Ruhetage in Ceduna taten uns gut. Wir spürten ein angenehmes Wohlbefinden, als sich unsere strapazierte Muskulatur erholte.

Jutta war in diesen Tagen besonders besorgt: »Du hast nichts mehr zuzusetzen, kein Gramm Fett unter der Haut, du brauchst endlich Ruhe. Ich kann immer noch ein Fettpolster einsetzen, du nicht.«

Das war ihre Erklärung, warum sie in den Schlussphasen längerer Tagesetappen stärker war als ich. Ich hatte es jeden Tag mehr und mehr gespürt und wusste selbst, wie sehr ich eine Regeneration nötig hatte. Nötig hatte ich auch die Liebe und Zuwendung meiner Frau; besonders in diesen Tagen, wo ich mich in den äußersten Grenzbereich meiner körperlichen Belastungsfähigkeit wagte.

Als wir an diesem Tag im Bett lagen und unsere Erinnerungen austauschten, wie schon so oft auf dieser Reise, wurde mir besonders bewusst, welches Glück mir widerfuhr, dass meine Frau mich begleitete und alles mit mir teilte. Glückliche Stunden und harte Belastungen, angenehme Überraschungen, aber auch menschliche Enttäuschungen.

Ganz sensationell und ungewöhnlich waren Fernradler in diesem Land nicht. Einige von ihnen trafen wir. Für einen Autofahrer wäre es ja unvorstellbar, auf freier Strecke anzuhalten und seinesgleichen zu begrüßen. Für uns Radler dagegen war es immer ein Ereignis.

Der erste war ein ›Aussi‹ um die dreißig. Wir entdeckten ihn im angrenzenden Busch, wo er zu Mittag gekocht hatte. Hinten an seinem schwerlastigen Trailer hing ein Schild, auf dem er um Wasser bat. Er entpuppte sich als ganz besonderes Exemplar eines Einzelradlers, der sich dem Busch verschrieben hatte. Er fuhr täglich um die fünfzig Kilometer und schlief fast immer in der freien Natur. Nur alle zehn Tage schlug er sein Zelt in einem der Caravanparks auf. Da hatte er dann jedes Mal großen Waschtag. So war er schon zwei Jahre in der Einsamkeit unterwegs. Wenn ihm das Geld ausging, suchte er sich Gelegenheitsjobs.

Am Tag darauf trafen wir einen jungen Australier, groß und kräftig. Auch ihm hatte der Gegenwind stark zugesetzt. Sein selbst gesetztes Tageslimit waren hundert Kilometer und auch er schlief oft im Busch. Ein sympathischer junger Mann. Er war arbeitslos und musste mit einem schmalen Budget auskommen.

Als wir nach den beiden Rasttagen wieder aufgebrochen waren, holten wir einen radelnden Neuseeländer ein. Sein Ziel war Melbourne und auch er schlief fast immer im Busch. Als wir uns einiges erzählten, kam plötzlich der junge Australier mit dem Trailer im Schlepp an, der uns wegen unserer Rasttage wieder eingeholt hatte. Er hielt an, zeigte auf uns, schüttelte den Kopf und sagte: »186 kilometres in one day. I cannot believe that.«

Er fuhr dann voraus und trat dabei mächtig in die Pedale - kraftvoll und ruckartig. Daran konnten wir erkennen, dass er kein erfahrener Fernradler war. Mit rundem Tritt überholten wir ihn später wieder und ich rief ihm dabei ein paar aufmunternde Worte zu. Das konnte er jedoch nicht verstehen, denn er hörte offenbar mit seinem Miniradio und Kopfhörern die neuesten Nachrichten vom Irakkrieg ab.

Die Australier hatten in den Wochen davor mit Mehrheit den Krieg und die Beteiligung an der Militärallianz abgelehnt. Erst als die Angriffsaktionen beendet waren und abzusehen war, dass alle beteiligten australischen Soldaten unversehrt heimkehren konnten, stieg die Zustimmungsrate zur Politik der Regierung an. Ich hatte den Eindruck, dass es bei vielen Leuten eine unbestätigte Angst gab, ihr Schiff könnte von den Asiaten in den Nachbarländern gekapert werden. So gesehen mag es beruhigen, die stärkste Militärmacht der Welt auf seiner Seite zu haben.

Langsam hatten wir uns daran gewöhnt, dass die Australier ganz anders waren als die Asiaten. Ich suchte oft Gespräche - im Caravanpark gab es dazu gute Gelegenheiten - und hatte meist den Eindruck, dass sich dieses Volk mit einem Abwehrpanzer umgab, den man erst aufsperren musste. Und selbst nach einem längeren Gespräch schien ein Rest von Misstrauen zu bleiben.

Es sind überwiegend Rentner, die mit dem Wohnwagen wochen- und monatelang durch das Land fahren. Die allermeisten von ihnen haben ihre große Insel noch nie verlassen und ihr Interesse an unserer Reise beschränkte sich denn auch auf Australien. Alles andere entzog sich ihrer Vorstellungswelt. Einige schauten mich fassungslos an, als sie von mir hörten, dass dies unser neunzehntes, per Rad bereistes Land war. In den Caravanparks konnten wir auch beobachten, dass sich die Kontakte untereinander auf die üblichen Höflichkeitsfloskeln an den Toilettenanlagen beschränken. Es gab keine Gemeinschaftsräume und Gaststätten. Dafür war anscheinend kein Bedarf. Man zog sich in den Wohnwagen zurück oder saß davor.

Auch wenn wir wieder die ersten menschlichen Ansiedlungen erreicht hatten, die Einsamkeit über große Entfernungen war noch lange nicht zu Ende. Wir hatten über weite Flächen das gleichförmige Braun der abgeernteten Getreidefelder vor uns; so weit das Auge schweifte. Bei der trockenen und sandigen Dürre konnte ich mir gute Getreideernten kaum vorstellen. Wie zum gegenteiligen Beweis ragten in Abständen von siebzig bis hundert Kilometern gewaltige Getreidesiloanlagen in den Himmel und kündigten schon von weiter Ferne die nächste ›Town‹, die nächste Ortschaft, an.

Die erste, die wir erreichten, hatte ganze achtundfünfzig Einwohner, mit ›Post Office‹, ›Police Station‹ und einem Hotel aus der Gründerzeit als Kommunikationszentrum. Wenn auch die Stadt wie ausgestorben wirkte, an der Bar im Pub saßen immer Leute.

Hier trafen sich die Farmerfamilien, die mit Kind und Kegel gekommen waren. Im Pub spielte sich das ganze gesellschaftliche Leben der kleinen Stadt ab.

»Mir ist schon ganz übel vor Hunger«, sagte ich zu Gerhard. Ich bestellte mir ein Steak mit Salat und natürlich ein Bier. Ich traute meinen Augen nicht, als das Essen kam. Das Steak füllte den ganzen Teller aus.

»Sie geben dir gleich ein halbes Rind, wenn du ein Steak bestellt«, kommentierte Gerhard meine Mahlzeit. Doch ich verdrückte es mühelos. Gerhard war mit seinem vegetarischen »Vegi« nicht so gut bedient.

Wir hatten noch eine anstrengende Kraftprobe zu bestehen. ›Nur‹ achtzig Kilometer waren es bis Minnipa, doch an diesem Tag hatte sich der Wind völlig gegen uns verschworen. Schon im Morgengrauen, wenn es sonst noch fast windstill war, blies er uns heftig entgegen. Wir zählten jeden Kilometer. Ich schaute im Gegensatz zu meiner Frau ohnehin häufiger auf den Tacho - und an diesem Tag ganz besonders oft. Die Kilometer kamen genauso zäh herbei wie die Straßenschilder mit der Angabe über die noch zu überwindende Entfernung. Wir mussten häufig absteigen und verschnaufen, wenn wir nicht einfach umgeblasen werden wollten.

In den Tagen darauf kamen wir in größere Städte. Wudinna, in dem etwa eintausend Menschen wohnen mochten, behielten wir in recht guter Erinnerung. Hier trafen wir erstmals viele freundliche Leute. Eine Frau, deren üppig blühenden Vorgarten wir bewunderten, schenkte uns Aprikosen. In der Bücherei wurden wir freudig begrüßt. Das ganze Städtchen mit den alten historischen Gebäuden und den einladend wirkenden Wohnhäusern strahlte einen einnehmenden Charme aus.

Zu unserer Verblüffung hatten wir dann wieder trockenes Buschland zu durchqueren, 250 Kilometer unberührte Natur, die dem Menschen keine Nutzungschance bot. Nur anspruchslose, niedrige Sträucher und viel Sand, eigentlich fast mehr Wüste als in der Nullarbor. Einen leichten Schauer von Einsamkeit verursachte der Ausblick von den kleinen Anhöhen: schnurgerade das Straßenband bis hinüber zum Horizont, das gleichförmige und unendliche Land durchschneidend.

Wir machten nur vierzig Kilometer vor der Hafenstadt Port Augusta noch einmal Station in einer Ranch. An diesem allerletzten Tag im Busch war uns das Wasser knapp geworden. Man hatte dort Regenwasser abgekocht, das wir als Trinkvorrat für den nächsten Tag mitnahmen. Von dem Farmer, der auch ein kleines Motel und ein Restaurant im kargen

Busch betrieb, erfuhren wir, dass er Schafe hielt. Schon kurz vorher waren uns Schafe in einem eingezäunten Grundstück aufgefallen. Was fressen diese Tiere, fragten wir uns? Da waren nur Busch und Sand, kein Grashalm. Seine Tiere fressen die trockenen Blätter bestimmter Buschsorten, klärte er uns auf. Das Fleisch werde dadurch angeblich besonders aromatisch.

Als wir auf Port Augusta zurollten, sah ich in der Ferne Nebel, der die Stadt verhüllte. Doch es war kein Nebel, es war aufgewirbelter Sand. Der Wind tobte von der Seite und stellte unsere Räder schräg. Er drückte uns auf die Straßenmitte, und wir mussten kräftig gegensteuern. Im Schleichtempo gegen den Wind kamen wir in einem Caravanpark an, wo wir den Diensthabenden erst herausklingeln mussten. Er kam mit einem ziemlich mürrischen Gesichtsausdruck angeschlurft.
»Wer hat dem denn in die Suppe gespuckt?«, sagte ich zu Gerhard.

Zu Gast bei Radlern

Der Highway zweigte nach Süden ab. Seit mehr als einer Woche fühlten wir an den Tagestemperaturen, die sich um die sechsundzwanzig Grad bewegten, und an der schon schräg stehenden Sonne den Herbst. Erstmals sahen wir wieder Laubbäume. Das Grün der Felder, Wiesen und Bäume war der Beweis, dass wir die Trockengebiete endgültig verlassen hatten.

Ab Port Augusta nahm das Grün in der Umgebung zu. Wir hatten eine ruhige Nebenstrecke nach Adelaide gewählt. Die Landschaft war nun abwechslungsreich, mit wenig Autoverkehr, aber sehr bergig und vom intensiven Geruch der Pinienbäume erfüllt, die ab Port Augusta die Eukalyptusbäume ablösen.

Inzwischen hatten wir uns telefonisch in Adelaide bei Margret und Graham Day angemeldet. Die beiden waren ein radelbegeistertes Paar, das auch schon die Nullarbor-Wüste durchquert hatte. Sie hatten uns vor Antritt unserer Reise Empfehlungen und Informationen über Australien gemailt.

Wir freuten uns auf die Weinregion Claire Valley. Aber vorher hatten wir noch einige Hügel zu überwinden, fruchtbares Land. Auf den abgeernteten Feldern waren Strohballen gestapelt, dazwischen weideten Schafe. Erstmals seit drei Monaten hatten wir wieder einen ganzen

Regentag. Das störte uns jedoch nicht. Viel wichtiger war, dass uns endlich Rückenwind anschob.

Für die Region war es sicher auch der erste Regen nach Monaten, denn rundherum war jeder einzelne Grashalm verdorrt. Auch hier waren kaum Menschen zu sehen. Wir fuhren durch ein kleines Städtchen, vorbei an der Post, an der Schule und am Supermarkt. Es war elf Uhr vormittags und wir sahen nicht einen einzigen Einwohner. Der Ort mutete an wie eine Geisterstadt. Im Claire Valley waren die Trauben schon abgeerntet und das Weinlaub hatte die herbstliche Färbung angenommen. Auch in den Laubbäumen leuchtete schon das Gelb und Rot des Herbstes. Die Tage waren merklich kürzer geworden, die Sonne stieg nicht mehr ganz so hoch und es wurde deutlich kühler.

Wir erfuhren, dass sich die Osterurlauber bereits auf den Weg in die Ausflugsgebiete gemacht hatten. Das würde bedeuten, dass wir in den nächsten Tagen mit Schwierigkeiten bei der Quartiersuche rechnen mussten. Und tatsächlich: Der Caravanpark auf dem weiteren Weg nach Adelaide, in dem wir uns mit unseren Gastgebern verabredet hatten, war ausgebucht. So fuhren uns Margret und Graham einfach entgegen und geleiteten uns zu ihrem Haus in einem Vorort von Adelaide.

Die beiden nahmen uns in ihrem Haus herzlich auf. Margret ist ein bewundernswertes Beispiel von körperlicher und geistiger Aktivität im Alter, denn auch sie hatte die Siebzigermarke schon überschritten. Sie und ihr Mann sind begeisterte Radler, aktiv im örtlichen Verein und in der Radorganisation von Süd-Australien. Sie hatten bereits einige andere Kontinente, vor allem Europa, auf ausgedehnten Radreisen erkundet und waren voller Pläne für die Zukunft. Das ermunterte auch uns, aktiv zu bleiben, so lange es eben geht.

Margret und Graham haben sehr häufig Radler zu Gast und lassen sich dabei vom idealistischen Prinzip des Gebens und Nehmens leiten. Doch nur wenige werden wohl die dabei empfangene Gastfreundschaft an andere weitergeben können. Die beiden jungen Deutschen, die im letzten Jahr sechs Wochen geblieben waren, werden es zumindest schwer haben.

Wir beteiligten uns an einer Radtour einer Vereinsgruppe. Auch für Besorgungen in der Stadt fuhren wir mit ihnen zusammen - immer mit dem Rad. Die beiden steigen nur ins Auto, wenn es unbedingt sein muss. Für Reisen in andere Länder haben sie eine sehr praktische Lösung gefunden. Sie nehmen Klappräder mit! Wenn sie die Bahn benutzen oder in ein Flugzeug steigen, wird das Klapprad in den Trailer gepackt und wenn sie auf dem Rad unterwegs sind, haben sie im Trailer genug Platz für ihr Gepäck. Dieser Trailer sah aus wie ein Koffer, der hinter dem Rad hergezogen wird.

Koalas, diese wie kuschelige Teddybären aussehenden, niedlichen Baumbewohner, entdeckten wir schon nach wenigen Radminuten, kauernd in einigen Astgabeln. Die schlafen zwanzig Stunden am Tag und sind nachtaktiv. Ihre Nahrungsquelle sind die Blätter einiger weniger der insgesamt siebenhundert verschiedenen Eukalyptussorten. Margret und Graham haben einige dieser Koala-Bäume in ihrem Garten nachgepflanzt.

Die beiden kennen alle Radwege im weiten Umkreis von Adelaide. Wir mussten nur hinterherfahren auf den zeitweilig sehr engen Wegen. Es war eine Freude, ohne Gepäck mit rasantem Tempo. Da konnten wir uns voll dem Landschaftsgenuss hingeben: sattgrüne Parks, Bachläufe, Baumgruppen und viele Blüten in den Gärten und Anlagen. Es war ein ganz anderes Radfahren als auf dem Highway.

Wir hatten uns entschieden, unseren Australientripp in Adelaide zu beenden, nahezu dreitausend Kilometer Australien sollten genug sein. Es wäre auf dem weiteren Weg nach Melbourne oder Sydney kühler und regnerischer geworden - mehr noch fürchteten wir jedoch den anhaltenden Ostwind und den wollten wir uns nicht antun.

Obwohl sie zuletzt von Husten geplagt waren, ließen es sich Margret und Graham nicht nehmen, uns am Abflugtag, dem Ostermontag, sehr früh am Morgen zum Flughafen zu fahren. Eine kurze herzliche Umarmung zum Abschied, ja, wir wollen die beiden wiedersehen, am liebsten bei uns zu Hause in Bayern.

KAPITEL ZEHN

Wir holen den Frühling ein

Leicht benommen standen wir am Gepäckband. Nach drei Zwischenlandungen und heftigen Niesanfällen im Flugzeug waren wir am entferntesten Punkt unserer Reise angekommen, auf Fidschi. Wie immer warteten wir mit einigem Unbehagen auf unsere Fracht. Zuerst wurde mein Vorderrad durch eine Tür geworfen. Nach kurzer Verzögerung lag auch der Rest meines Rades auf dem Boden. Jutta schrie laut auf und ich eilte zu unseren Rädern. Wir brauchten doch auch die Kartonbox oder wenigstens die Reste davon, denn auf unserem Weiterflug mussten wir die Räder ja erneut verpacken. Im Gegensatz zu meiner war die Box mit Juttas Rad nur leicht beschädigt. Aber meine Gepäcktasche, in der wir die Radtaschen verstaut hatten, war weit aufgerissen. Doch zum Glück fehlte nichts.

Unsere Freude im Südseeparadies war zunächst getrübt, wir hatten uns einen Husten eingefangen. Nachdem der etwas kuriert war, hielt uns nichts mehr im stadtnahen Motel. Wir fühlten uns eingeengt, obwohl wir im geräumigen Innenhof einen tropischen botanischen Garten vor Augen hatten. Mich beschäftigte etwas anderes: Wo war der Pazifik?

Ein Zwischenstopp auf Fidschi

Touristische Glanzlichter sollen die vielen verstreuten Inseln des Archipels sein. Auf vielen der dreihundertwanzig Inseln bietet sich für Touristen nur ein Urlaubsresort an, was hohe Preise vermuten ließ. Auf alle Fragen, die wir stellten, bekamen wir nur Angebote mit Hotelvorbuchung, Bus und Boottransfer.

Nein, wir wollten frei sein! Also bestiegen wir unsere Räder und starteten zu einer Erkundungsfahrt auf der Hauptinsel. Fidschi lebt vom Zuckerrohr und vom Tourismus. Das lässt offenbar einen bescheidenen Wohlstand zu, denn wir kamen an schmucken Dörfern vorbei; geschorener Rasen zwischen kleinen, aber sauberen und gepflegten Häusern. Wir fuhren direkt in die Mittagshitze, aber wir wollten nicht weit an diesem Tag. Ich fühlte mich schwach, die Grippe hatte mich noch nicht verlassen.

›Bola‹ ist das Grußwort der Fidschianer. Wir hörten es oft in diesen Tagen. Nicht als missmutige Routinefloskel, sondern mit wohlwollend freundlichem Lächeln kamen die Grüße bei uns an. Wir waren wieder einmal Exoten. Und wenn sich zwei Weißgesichter die Berge in der Mittagshitze hoch plagten, dann verdiente das wohl einen besonderen Gruß.

Braun gebrannt sind wir ja, und weder die steile Sonne in Südostasien, noch die im Ozonloch Australiens, hatte uns etwas anhaben können. Im Vergleich zu den kaffeebraunen Inselbewohnern sahen wir natürlich eher blass aus.

Das wie Mais in die Höhe schießende Zuckerrohr wuchs nicht in eintöniger Monokultur. An den Hängen der Hügel waren viele andere tropische Pflanzen zu sehen. Und die Vögel zwitscherten in anderen Lauten. Es war recht bergig auf der Hauptinsel und wir mussten Hügel erklettern. Nirgendwo bot sich Schatten für Verschnaufpausen an. Als wir doch endlich einen Baumschatten erreicht hatten, ich mir den Schweiß aus dem Gesicht wischte und zu den Serpentinen hinaufschaute, entfuhr mir der Ausruf: »Ich hol‘ jetzt meinen Schlafsack raus und hau‘ mich hier in die Büsche!«

Damit hatte ich meine Frau wieder beunruhigt. Forschend sah sie in meine Augen und hielt mir die Trinkflasche hin. »Ja, ich weiß, trinken muss ich«, stöhnte ich.

Aus dem Mittagsschläfchen wurde nichts. Meine Frau fuhr an und ich quälte mich hinter ihr die Anhöhe empor. Zur Belohnung durften wir erstmals einen grandiosen Ausblick zur Küste und den dahinter liegenden Inseln genießen. Ohne Eile gondelten wir in den Spätnachmittag hinein. Im schrägen Licht leuchtete die tropische Vegetation um uns herum auf und zwischendurch konnten wir zum Strand hinübersehen.

»Hier könnten wir bleiben, wenn es eine Herberge gibt.«

Wie gerufen kam ein kleines Hinweisschild in Sicht. Ich deutete darauf und Jutta nickte zustimmend. Zunächst sah das aus wie ein privates Wohnhaus in einem gepflegten Garten. Als uns Zweifel kamen, näherte sich ein junger Mann. Auffallend schüchtern und sehr höflich führte er uns durch die Apartments. Sie waren frisch renoviert und behaglich.

»Das ist es«, sagte ich zu Jutta.

Kurz darauf kam auch der Juniorchef und begrüßte uns. Wir unterhielten uns lange mit ihm. Als wir ihm sagten, dass wir diese persönliche

Atmosphäre schätzen, auch weil wir sie in Australien so sehr vermissten, brachte er es auf den trefflichen Nenner: »Fast, fast, fast, money, money, money.«

Wir hatten Essen bestellt. Extra für uns wurde im Nachbargebäude gekocht. Am nächsten Morgen kamen beide mit je einem Tablett zur Tür, auf dem das Frühstück angerichtet war. Bevor sie es abstellten, machten sie eine leichte Verbeugung.

»Die beiden verehren dich«, sagte Jutta.

»Na ja«, erwiderte ich. »Du weißt ja, in den ärmeren Ländern werden ältere Menschen mehr geachtet als bei uns. Da werden die Alten auch noch um Rat gefragt.«

In den Tagen darauf hatten wir uns am Strand eingemietet, zuletzt im kleinen Hotel ›Casablanca‹ mit Terrasse zum Meer, einem Haus mit Patina und viel Charme. Dort kam ich endlich zum Schnorcheln in der Lagune. Die Meereswellen brachen sich weiter draußen an den Korallenbänken. Ich musste immer die Flut abwarten, aber auch dann war das Wasser nicht sehr hoch und erlaubte kein sportliches Kraulen. Einige Male kratzte ich mich beim Durchziehen mit den Armen an den Korallen. Also verlegte ich mich mehr aufs Schnorcheln mit Schwimmbrille. Ich ruderte flach, wie in einem Aquarium. Tintenblau lagen Seesterne am Grund, Korallen in unterschiedlichen Farben und viele bunte Fischlein zogen an meinem Auge vorbei.

Die Polynesier sind freundliche Menschen und grüßen stets. Auf unserem Weg westwärts sahen wir wild wachsende Papayas, verwilderte Wiesen, Pinienwälder und manchmal Rinder, Pferde und Ziegen auf der Weide. Gerhard fiel es auf, dass sich die Einheimischen langsam bewegen. »Denen kann man beim Laufen die Schuhe besohlen«, antwortete ich. Ich stellte einen feinen Unterschied bei der Bevölkerung fest. Die Fidschianer riefen uns tief aus der Seele ihr ›Bola‹ zu. Die hier lebenden Inder waren zurückhaltend und grüßten selten.

»Mit dir kann ich was erleben!«

War das ein Seufzer oder ein freudiger Ausruf meiner Frau, als unser Flugzeug auf Fidschi abgehoben hatte und wir uns an den Händen fassten? Es war 22:45 Uhr am 1. Mai. Zum Abschied grüßte die Insel mit ihren Lichtern zu uns herauf. Wir hatten den längsten Himmelsritt unserer Reise vor uns, elftausend Kilometer nach Nordost. Gleichsam mit dem Überfliegen der Datumsgrenze steuerten wir die andere Hälfte des Erdballs an. Nun ging's Richtung Heimat, der wir nun jeden Tag ein Stück näher kommen wollten. Bisher hatten wir uns auf unserem Ostkurs immer weiter weg bewegt.

Wieder waren stressige Stunden vorausgegangen. Das Flicken unserer lädierten Boxen in der Abflughalle hatte länger gedauert als geplant. Erstmals mussten wir unsere Packtaschen öffnen. Eine Polynesierin kramte ratlos in unserer Ersatzteilbox und machte dann eine resignierende Handbewegung. Das war ja noch harmlos: Was würde uns in Los Angeles erwarten?

Bei einem Zwischenstopp auf einem internationalen Flughafen geht man normalerweise mit dem Handgepäck zum Abfluggate. Nicht jedoch in Los Angeles! Die Fluggäste müssen hier das komplizierte und gründliche Procedere einer Ein- und Ausreise über sich ergehen lassen. Auch mit unserem Gepäck mussten wir erst aus- und dann wieder neu einchecken. Wir bugsierten unsere sperrigen Radboxen durch verschiedene Kontrollstellen und reihten uns in Warteschlangen ein. Das nach dem 11. September erhöhte Sicherheitsbedürfnis der Amerikaner hat viele Arbeitsplätze geschaffen. Wie viele Kontrollen haben wir durchlaufen? Ich habe sie nicht gezählt.

Diesmal war die Box meiner Frau aufgerissen, das Vorderrad lag lose obenauf. Als wir die Boxen zum überdimensionierten Durchleuchtungsgerät mit modernster Technik gezerrt hatten, passten sie nicht hindurch. So musste die Technik manuell ersetzt werden. Je ein Beamter hievte eine Box auf eine Art Seziertisch. Der eine schnitt kurzerhand den von meiner Frau vorher sorgsam verklebten Karton wieder auf. Meiner Jutta entfuhr daraufhin der Ausruf: »Warum sind wir nicht nach Südamerika geflogen?«

Der Beamte griff einiges am Rad ab und klebte den Karton nicht ganz so sorgsam wieder zu. Ein anderer, der vor meiner Box stand, machte ein so konzentriertes und ernstes Gesicht, als hinge das Schicksal der Nation von seiner Sorgfalt ab. Er leuchtete mit seiner Taschenlampe in die Öffnungen, langte dann hinein und nahm einen Abdruck, den er unter ein Prüfgerät legte. Er konnte nichts Gefährliches entdecken.

Die Ankunft in Vancouver verlief wohltuend ruhig. Schnell waren wir durch alle Kontrollen und konnten endlich die Kartonagen loswerden. Schon eine Stunde später fanden wir den ersehnten Schlaf in einem

Motel unweit des Fährhafens. Am nächsten Tag genossen wir erneut unsere individuelle Bewegungsfreiheit, als wir unsere Stahlrösser aufsattelten und zwölf Kilometer auf einem breiten Randstreifen zur Fähre pedalierten. Kanada ist radlerfreundlich.

Wir wurden in den Schlund der Fähre eingewiesen und konnten ganz vorne am Rand unsere Räder parken. An Deck ließen wir uns den Wind um die Ohren blasen und hatten damit wieder ein neues Erlebnis; die kühle Seebrise. Wir fuhren an vielen Inseln vorbei. Die meisten, die wir sehen konnten, waren bewohnt. Ihre Bewohner hatten Abgeschiedenheit gewählt und waren auf Fähren angewiesen, wenn sie auf das Festland wollten.

Vancouver Island ist die größte der vielen hundert Inseln im Küstenbereich von Vancouver. Sie ist etwa halb so groß wie die Schweiz. Den 650 000 Bewohnern steht eine autarke Infrastruktur zur Verfügung. Die landschaftlichen Reize mit Bergen, Wäldern, Meeresbuchten, aber vor allem das milde Klima locken die Menschen aus allen Teilen des Landes. Die Bergketten hinter der Festlandküste schirmen die kalten Polarwinde ab und die Seebrise des Pazifiks mildert die größte Sommerhitze. Montreal im Osten Kanadas, das auf dem gleichen Breitengrad liegt, hat viel kältere Winter und heißere Sommer.

Wir besuchten Emil und seine Frau Loni, die wir einige Jahre zuvor in Montreal kennen gelernt hatten. Beide sind 78 und hatten sich entschieden, ihr Haus in Montreal zu verkaufen und zu Tochter und Schwiegersohn nach Vancouver Island zu ziehen. Nach den herzlichen Umarmungen meinte Jutta spontan:

»Dieser Schritt verpflichtet euch zu längerem Leben. Habt ihr bei eurem Herrgott schon Lebensverlängerung beantragt?«

Ihr Haus lag auf einer Anhöhe in Hanglage und gewährte einen freien Blick zum Hafen, den Wäldern und Buchten. Die in diesen exquisiten Wohnlagen vereinzelt stehenden Wohnresidenzen waren in gepflegte Gärten und Parkanlagen eingebettet. Wir beugten uns zu den Tulpen, Narzissen und anderen Frühlingsblumen, rochen die Fliederblüten und bestaunten das Zartgrün der Laubbäume. Ja, wir hatten den Frühling eingeholt, die schönste Jahreszeit, die wir nicht verpassen wollten.

Es wäre reizvoll gewesen, die Insel mehrere hundert Kilometer mit dem Rad zu erkunden. Doch auf dem Festland forderte uns ein ganzer

Kontinent zur Durchquerung heraus.

»Auf geht's«, rief ich meiner Jutta zu, als wir aus der Fähre rollten.

Der Autoverkehr im Großstadtbereich ist immer lästig. Bei Vancouver waren es siebzig Kilometer mit vielen Ampelstopps. Weiter draußen folgten wir der Empfehlung eines Radlers, gondelten auf ruhigen Nebenstraßen durch Farmland und erfreuten uns an der erwachenden Frühlingspracht.

In die Bergwelt von British Columbia

Das Städtchen Hope ist von Bergen umgeben; bewaldete Bergrücken mit Fels und Schneehauben obendrauf. Bei sonnig mildem Frühlingswetter hätte es sich sicher gelohnt, einen weiteren Tag zu bleiben. Trieb uns die Neugier auf die Bergetappe an, die wir vor uns hatten?

Drei Passstraßen zweigten in Hope ab. Wir hatten uns für die Nordroute entschieden: über den Coquailas-Highway zum Trans-Kanada-Highway nach Norden und Nordost über die Rockies nach Lake Louise, dann nach Südost über Calgary in den flachen Osten. Ein Kanadier hatte uns dazu überredet. Ich hatte nachgerechnet, die Nordroute wäre auch etwa vierhundert Kilometer kürzer.

»Dort drüben beginnt der Anstieg, siehst du die Autos?«, sagte ich.

Gelassen erwiderte Jutta: »Ja, da geht's zur Sache. Aber wollen wir nicht doch die Straße Nummer drei nach Osten fahren?«

»Wir wissen nicht, wie es da drüben weitergeht«, erwiderte ich und deutete auf die grobe Karte, die viele Berge vermuten ließ. Also auf nach Norden zum Tagesziel Merritt.

Zuversichtlich kurbelten wir bergan, mussten aber bald erkennen, dass wir eine Autobahn gewählt hatten. Dieser mautpflichtige Highway war eine stark befahrene Verkehrsachse nach Norden, eine vierspurige Autobahn, in den steileren Anstiegen auf sechs Spuren erweitert. Da dröhnten die schweren, überlangen Laster mit ihren starken Motoren an uns vorbei, oft sehr dicht an unserem Randstreifen. Auch die Fahrer der kleineren Motorfahrzeuge und Motorräder drückten mit Lust am Tempo das Gaspedal durch. Es gab keine Rastplätze, nur Warnhinweise auf die Winterbedingungen und Kettenpflicht bei Schneefall. Die Anstiege wurden steiler, wir mussten zum Verschnaufen und Trinken öfter von den Rädern. Im kleinen Gang versuchten wir, ein gleichmäßiges Tempo zu treten, das durchzuhalten war. In der Beugehaltung beim Hochkurbeln waren die Augen auf das Vorderrad gerichtet. Ein Mindesttempo mussten wir einhalten, sonst kam das Rad ins Schlingern. Doch häufig riss ich den Kopf hoch: Wie geht es weiter, wird es endlich flacher? Nein, es wurde nur noch steiler. Ganz oben mündete die Straße in einen Tunnel. Es wurde so steil, dass wir nach einer kurzen Verschnaufpause nicht mehr auf unsere Räder kamen. Also das gefürchtete Schieben bei vier Stundenkilometern. Das Rad durfte dabei nicht in Seitenlage kommen, sonst drückte das Gewicht zum Kippen.

Auf eintausend Höhenmeter waren wir bis dahin geklettert. Links über uns rückte glatter Fels heran, auf der anderen Seite sahen wir in eine Schlucht mit gischtendem Wildwasser. Nach vierzig Kilometern erreichten wir die Passhöhe und hielten an. Jutta stützte sich keuchend am Lenker ab.

»Das macht heute keinen Spaß. Ich will gar nicht wissen, wie es da weitergeht.«

Beide hatten wir dieselbe Vorahnung: Wir würden weiter gefordert werden.

Immer höher, es war kein Ende abzusehen. Mein Puls war bei über 160. Endlich waren wir oben, so schien es. Hätten wir doch die ursprüngliche Route nehmen sollen? Aber es war zu spät. Vielleicht mussten wir nach der nächsten Abfahrt mühevoll wieder hochstrampeln?

Mein Puls klopfte bis zum Hals, die Beine waren schwer. Und doch hatte ich im Laufe der vielen Monate unserer gemeinsamen Tour begriffen, wie wichtig es ist, den Moment zu erleben. Mir war klar geworden, dass ich all diese Orte in meinem Leben nie wiedersehen werde. Warum dürfen wir die grandiosen Landschaftseindrücke nicht in Ruhe aufnehmen? Natürlich wusste ich die Antwort: Wir mussten ankommen, das Ziel war weit.

Wir hielten alle paar Höhenmeter an. Gedankenverloren betrachtete ich mein Gepäck und dachte: Meine Güte, all das muss nach oben. Wie viele Berge und Pässe werden wir noch fahren müssen, bis wir wohlbehalten vor unserer Haustür stehen?

Wir hatten nun Forst um uns, langgezogene Bergrücken mit Nadelwald. Der breite Highway war in die Flanken der Berghänge gefräst und folgte den Bergsenken. Nach langen Abfahrten mussten wir immer wieder und wieder hoch. Vor einer tiefen Abfahrt sah ich zum nächsten Berg hinüber. Ganz weit da oben, nahe am Himmel erkannte ich die im Wind flatternden Planen der großen Laster. Dort mussten wir hinauf! Ich hatte echte Sorgen um meine Frau. Bei hohem Puls musste sie häufig absteigen, um nicht zu übersäuern.

»Noch vierzig Kilometer, ich schaffe das nicht«, rief sie.

»Wir machen jetzt häufiger eine Pause«, versuchte ich sie zu beruhigen.

Doch als wir nach mühsamen zwei Stunden kurz vor einer Anhöhe waren, hielt sie plötzlich an und flüsterte: »Ich kann nicht mehr.«

Es hatte inzwischen zu regnen begonnen, wir zogen die Regenkleidung über und fuhren langsam wieder an. Und siehe da, die letzten elf Kilometer führte die Straße abwärts. »Da unten liegt Merritt«, rief ich ihr zu.

Als wir bei strömendem Regen langsam in das Städtchen rollten und nach einem passenden Motel Ausschau hielten, hatten wir ungewollt einen neuen Rekord aufgestellt: auf 120 Kilometer Strecke zweitausend addierte Höhenmeter!

Die ebenerdigen Motels, wie wir hier eines fanden, waren für uns Radfahrer wirklich praktisch. Wir fuhren mit den bepackten Rädern direkt ins Zimmer. Zum Service gehörten nicht nur eine Kaffeemaschine und ein Kühlschrank, oft stand auch eine Mikrowelle bereit oder gar eine kleine Küche.

Ich war noch beim Umziehen und entspannte mich, als meine Jutta aus dem Badezimmer rief: »Kleiner Löwe, komm.«

Sie lag schon in der Wanne und machte mir Platz, die Anstrengungen schienen vergessen. Vierzig Minuten lagen wir im nachlaufenden Heißwasser. Meine Jutta lachte mich mit ihren schelmisch blitzenden Augen an. Das musste alle Lebensgeister in mir wecken. War es eine Belohnung, als uns nach den überstandenen Strapazen ein Gefühl der Glückseligkeit erfasste? Wer kennt nicht das Wonnegefühl, das dich überzieht, wenn du mit ausgekühltem Körper in heißes Wasser tauchst?

»Ich will nicht auf dieser Autobahn weiterfahren, da oben auf dem Trans-Kanada-Highway ist sicher nicht weniger Autoverkehr«, sagte Jutta am nächsten Morgen.

Uns beiden schmerzten die Beine vom Gewaltritt des Vortages.

»Jetzt sind wir nach dieser Wahnsinnstour schon so weit oben und du willst wieder nach Süden hinunter?«, erwiderte ich fragend.

Der Süden von British Columbia sei weitaus schöner und interessanter als der langweilige Norden, hatte uns ein Kanadier am Nachmittag versichert. Wir studierten deshalb ausführlich alle verfügbaren Karten und ich fand einen passenden Übergang zur Amerikaroute.

»Das kann aber ganz schön schwer werden. Die Nebenstraße nach Süden ist ein Blindflug«, gab ich zu bedenken. Wir hatten keine Informationen für diese Straße. »Trotzdem nach Süden, mein Schatz?«

»Trotzdem nach Süden«, sagte Jutta Kopf nickend.

Und immer noch blüht uns der Flieder

Die Straße wand sich hinauf und immer, wenn ich darauf hoffte, wir würden nach dieser Kurve den Sattel erreichen, ging es weiter nach oben. Am Abend gestand mir meine Frau, sie hätte beinah das Signal zur Umkehr gegeben.

Doch nach zwei Stunden Quälerei war es plötzlich wie im Märchen. Die Nebenstraße wurde zum Genuss für uns. Sie verlief überwiegend bergab, in herrlicher Natur, ohne störende Autos. Wir fuhren an kleinen Seen vorbei, staunten über die Spiegelung der Bäume im smaragdgrün schimmernden Wasser, schauten hinüber auf die Farmhäuser, auf friedlich grasende Kühe und Pferde. Die Natur war noch etwas zurück; das Grün lugte erst in Spitzen aus dem vom Winter noch dürren Gras. Weiter unten leuchtete das zartgrüne Laub in verschiedenen Pastelltönen. Die Viehweiden waren sattgrün.

Wir brausten dahin und machten Tempo, um einem drohenden Gewitter zu entkommen. Ein Straßenschild verkündete, dass wir uns in einem der vielen Indianerreservate befanden. Der abgelegte Wohlstandsmüll vor den Häusern sprach für sich.
Gerhard rief mir zu: »Halte bitte an!«
»Was ist denn?«
»Ich ziehe mir vorsorglich Regenjacke und Regenhose an.«
Nachdem das geschehen war, sagte er: »So, jetzt kann der Regen kommen.«
»Du bist gut«, antwortete ich. »Ich kann also nass werden.«
Ich hatte mich gescheut, meine Regenkleidung herauszuholen und hoffte, die nächste Stadt trocken zu erreichen. Dann brach doch noch ein kräftiger Hagelschauer über uns hernieder.

Als wir schließlich in Keremeos ankamen, einem kleinen einladenden Städtchen, meldete Juttas Radcomputer einen neuen Rekord von im Schnitt 23 Kilometer pro Stunde. Wieder war das ungewollt.

Am Abend waren wir beide sehr müde und entschieden uns für einen Ruhetag. Ich hatte ihn nötig, denn ich spürte eine sich anbahnende Erkältung. Als ich von einem dreistündigen Nachmittagsschlaf erwachte, zu dem mich eine plötzliche Erschöpfung gezwungen hatte, wollten mich meine Beinmuskeln am Aufstehen hindern. Begann mein alternder Körper zu streiken? Setzte er meinem Ehrgeiz ein kategorisches ›Nein‹ entgegen?, schoss es mir durch den Kopf. War es die Ernüchterung nach einer euphorischen Phase, die meine weit gesteckten Ziele auf einmal in weite Ferne rücken ließen? Noch hatten wir viele tausend Kilometer und unterschiedliche Klimazonen vor uns.

Meine Sorge war unbegründet. Schon am nächsten Tag vernahm ich die positiven Signale meines Körpers: Ab und zu muss ich eben Ruhe und Erholung haben, dann kann ich wieder loslegen.

Gemeinsam erkundeten wir das kleine Städtchen; um uns herum der Frühling mit angenehmer Wärme. Ich strich mit den Händen über die üppigen Fliederblüten vor unserer Tür und saugte den Duft ein.

Als verliebter, zarter Jüngling stand ich dereinst unter so einem Fliederstrauch und traute mich nicht, das Mädchen an meiner Seite zu küssen. Heute hatte ich meine junge Frau neben mir und küsste sie innig.

»Ich fühle mich wie neugeboren. Sind wir glücklich?«

»Ja, mein Mann, wir sind glücklich, und du bist jung.«

Oft schon hatte mich meine Frau damit aufgemuntert, wenn ich ins Sinnieren über das Alter kam.

Es war Sonntag und Muttertag dazu. An einer Kirche wurden ›Mother's Day Pancakes‹ verkauft. Textilgeschäfte boten Prozente für den Muttertag an.

»Und was hast du für mich?«, fragte ich scherzend meinen Liebsten.

»Du hast doch mich.«

Vor einer Kapelle werkelte ein Pastor, wir baten ihn, uns die Kirche aufzuschließen. Wir beteten und dankten unserem Schutzengel. Der Pastor ging ins Haus und kam mit einem Glas selbst eingelegter Kirschen zurück, die er uns schenkte. Dann nahm er unsere Hände, sprach ein Gebet und gab uns Gottes Segen mit auf den Weg.

Als wir am nächsten Tag einen Bergrücken nach Osoyoos hinunterrollten, fühlten wir uns an Südtirol erinnert. Hier herrscht ein ähnlich mildes Klima für Obstplantagen und Weinbau. An der Seeuferstraße präsentierten sich zehn Motels, eines am anderen. Wir konnten wieder einen Spezialrabatt aushandeln. Wieder einmal kurbelten wir frühmorgens bergan, hielten öfters an, um die Aussicht in das breite Hochtal mit dem See und die Schnee bedeckten Gipfel im Hintergrund zu genießen. Wieder einmal mussten wir geduldig und ausdauernd klettern, die gnadenlosen Anstiege im Wald wollten nicht enden. Im kühlen Wind einer herben Agrarlandschaft überwanden wir schließlich die letzten Steigungen, konnten endlich erholsam durchschnaufen, und nach einer langen Abfahrt kamen wir schließlich in Grand Forks an.

Am Nachmittag suchten wir einen Bikeshop auf. Wir wollten unsere Räder durchsehen lassen, außerdem war der Ölwechsel für die Rohloff-Nabe fällig. Der Händler und Mechaniker hieß Brian. Er entpuppte sich als aufgeschlossener Mann mit viel Humor. Gerhard erklärte ihm das Rohloff-System und gab ihm die englische Gebrauchsanweisung.
Beim Verlassen des Geschäftes meinte Gerhard: »Hoffentlich schafft er das.« Als wir am nächsten Tag in den Laden kamen, zeigte er strahlend auf unsere Räder:
»Alles okay.«
Er nahm sich Zeit für uns und kramte seine Deutschkenntnisse heraus. Für alle wichtigen Radteile hatte er die deutschen Bezeichnungen gelernt und war begierig, seinen Sprachschatz für die Radkomponenten zu erweitern. Als er die deutsche Bezeichnung für ›Mountainbike‹ wissen wollte, mussten wir lachen. Er wollte nicht glauben, dass es die nicht gibt. Wahrscheinlich würde niemand auf die Idee kommen, ›Bergfahrrad‹ zu sagen.
Nach einer Probefahrt vor dem Laden gab ich ihm einen Kuss auf die Wange und sagte: »Perfekt.«
Er sah mich lachend an und war ein wenig stolz.

Mit einem Schwenk nach Süden fuhren wir auf einer kaum befahrenen Straße, die vom Streckenprofil her einen geeigneten Übergang in den US-Staat Washington bot, auf die Grenze zu. Es war der 23. Nationalstaat, in den wir auf dem Rad einzureisen begehrten.

Diesmal waren wir besonders neugierig. Würden wir alle Taschen auspacken müssen, würde möglicherweise mein Vietconghelm provokativ wirken, fragte ich mich, als ich die Nationalflagge mit den ›Stars and Stripes‹, das berühmte Sternenbanner, flattern sah? Wieder einmal kam es anders. Es erwartete uns eine Grenzidylle.

Ein Beamter mit roten Haaren - Jutta meinte später, er sah aus wie ein Wikinger - kam mit wohlwollender Miene auf uns zu. Er wollte nur die Pässe sehen. Dann sah er auf unsere Taschen. Die Frage, was wir drin hatten, war reine Routine. Er glaubte uns. In deutscher Sprache hieß er uns willkommen und machte uns mit einer unmissverständlichen Handbewegung nach rechts den Weg frei zur Einreise.

Was sollte schon anders sein im Staate Washington? Die wehenden ›Stars-and-Stripes‹-Flaggen waren häufiger zu sehen als im nahen British Columbia die roten Kanada-Fahnen. Und die Landschaft hatte sich geändert. Wir hatten nun überwiegend Nadelwald um uns.

Colville, unser erstes Etappenziel, machte einen ernüchternden Eindruck auf uns, wie wir es von unserer Amerika-Durchquerung mit dem Rad vor fünf Jahren in Erinnerung hatten. Die Zweckbauten der bekannten Fast-Food-, Motel- und Supermarktketten waren von riesigen Parkplätzen umgeben. Teurer als in Kanada war es auch.

Auf einer Nebenstraße kurvten wir, Regenkleidung, Mütze und Handschuhe übergezogen, die Berge hoch. Wir mussten da durch - mindestens hundert Kilometer. Die Straße war nass. Vor uns war Regen niedergegangen. Im tiefen dunklen Fichtenwald erwischte uns sogar ein kurzer Schneeschauer.

Wieder einmal mussten wir uns hochwinden; viele, viele Kilometer bergauf im kühlen Wald. In diesen anstrengenden Phasen wollte ich meiner Frau oft etwas Beruhigendes zurufen. Diesmal: »Wir sind oben, jetzt geht es nur noch bergab.«

Ihre Antwort kam prompt: »Ist gar nicht wahr, wir haben noch hundert Höhenmeter zu klettern.«

Ach ja, sie hatte einen Höhenmesser am Computer, da konnte ich nicht widersprechen. Sie war an diesem Tag ohnehin stärker als ich.

»Eigentlich müssten wir längst an der Abfahrt sein«, rief ich. Oder hatte ich mich beim Meilenumrechnen vertan? Eine Meile ist zirka 1,6 Kilometer lang. ›Miles‹ für Kilometer, ›Feet‹ für Höhenmeter und ›Fahrenheit‹ für Celsius, daran mussten wir uns für einige Wochen gewöhnen.

Acht Kilometer fuhren wir in Serpentinen hinab. Wärmere Luft umfächelte uns, als wir fünfhundert Meter tiefer ankamen. Es war ein Genuss ohne Reue, denn wir mussten nicht wieder hinauf, nicht an diesem Tag. Nach einem scharfen Knick waren wir wieder auf Südkurs, einem Flusslauf folgend. Der Wind half uns und wir kamen weiter als geplant. In den nächsten Tagen hatten wir oft Wasser um uns; Flussläufe, Stauseen und nach der Stadt Sandpoint den sich imposant weitenden Lake Pend Oreille.

Es war ein herrlicher Sonntagmorgen, bei strahlendem Sonnenschein, und ich rief meinem Gerhard zu:
»Was tue ich alte Frau am frühen Morgen auf dem Rad auf dieser Straße?«
Frauen in meinem Alter treffen sich für gewöhnlich zum Brunch, im Fitness-Studio oder zum Laufen. Meinereiner fährt mit dem Rad um die Welt und das alles aus Liebe. Aber es gab auch einen Grund zur Freude. Die Straßenschilder zeigten ihn an: Ein Gefälle von acht Prozent über vier Meilen. Wir brausten die Serpentinen mit vierzig oder fünfzig Stundenkilometer hinab, die Hand immer an der Bremse. Dafür war ich im Tal völlig durchgefroren. Das Thermometer zeigte frostige neun Grad.

Lebensgewohnheiten und Patriotismus

Als wir in dem kleinen Ort Libby zum Einkaufen und zur Bücherei loszogen und einige Male die breite Straße querten, staunten wir über die rücksichtsvollen Autofahrer. Schon fünfzig Meter vorher bremsten sie ab und gaben uns den Weg frei. Weil es in den Städten keine Fußgänger gab, fielen wir besonders auf. Das war ungefähr so selten wie ein Bär oder ein Elch, der über die Straße trottet.

Die ›Amis‹ fahren jeden Meter mit dem Auto. Geparkt wird möglichst nah am Supermarkteingang, von wo aus die Einkaufsware vom Servicepersonal zum Auto getragen wird. In den sehr weitläufigen Einkaufszentren dient den Übergewichtigen der Einkaufswagen oft auch als Gehhilfe. Da wird der Bauch sozusagen im Einkaufskorb abgelegt.

Ein extremes Beispiel für die Bewegungsfaulheit ist der ›Drive Thru‹, in dem nicht nur das georderte ›Fast Food‹ ins Auto gereicht wird, sondern auch die gereinigte Wäsche aus der Wäscherei oder das Geld, das man bei der Bank abhebt.

Wir konnten keinen Genuss an den Schnellimbissen mit ihren Dickmachern finden und versuchten, uns wie gewohnt zu ernähren: mit viel Gemüse und Obst. Selten hatten wir die Möglichkeit, selbst zu kochen. Nach Brot, wie wir es kennen, suchten wir vergebens. In einer kleinen Stadt mit viertausend Einwohnern gönnten wir uns ein China-Buffet für 8,50 Dollar. Wir konnten so viel essen, wie der Magen fasste. Alle Fleisch- und Fischsorten, diverse Gemüse, Nudeln und Reis in jeder Zubereitungsart und rohen Lachs. Als Magenschließer und zur Abrundung hinterher noch ein Dessert. Trotzdem blieben wir unserer Devise treu: Nur so viel essen, bis wir satt sind. Gesundes, schmackhaftes Essen, wie wir es uns vorstellen, fanden wir in den Restaurants nur selten.

Die amerikanische Esskultur ist bescheiden, überall wird schnelles Essen angeboten. Auch in den Familienrestaurants aßen wir nicht gut. Das Gemüse schmeckte fad, die Suppen waren zu dick, die Nudeln weich gekocht und immer lagen da noch das Knoblauchbrot oder eine weiche, warme Semmel auf dem Teller. Dinge, die wir gar nicht haben wollen. Eine ›Spezialität‹ waren die frittierten kleinen Hühnerteilchen in dicker fetter Panade. Dazu wurde ein Korb Fritten gereicht - nichts für uns!

Schier verzweifelt suchten wir in den Supermärkten und Bäckereien nach richtig gutem Brot. Selten fanden wir in einem unteren Regal festes Vollkornbrot. In den langen Regalreihen lag das vorgeschnittene, in Plastikhüllen verpackte ›Bread‹. Es war weich wie Schaumgummi, wahrscheinlich ewig haltbar und beim Kauen klebte das Zeug im Mund.

Das US-amerikanische Nationalgericht sind die ›Burger‹, die gar nicht mal so einfach zu essen sind. Mit zwei Händen wird die schaumgummiartige Semmel gehalten und zusammengedrückt, damit überhaupt zugebissen werden kann und das dazwischen gelegte Grünzeug und das Gehackte nicht verrutscht.

Das ›American Food‹ ist mit den aggressiven Fast-Food-Ketten weltweit auf dem Vormarsch. Ist das die Globalisierung der Esskultur - mit ›McDonalds‹, ›Burger King‹ und ›KFC‹? Hoffentlich nicht.

»Hallo, sind Sie mit Rädern unterwegs?«, fragte plötzlich eine junge Frau, die im Supermarkt hinter uns ging.

Susi war eine der sportlichen und schlanken Einwohnerinnen des Ortes, denn natürlich sind nicht alle dick. Schließlich stammen auch viele Diät-, Fitness- oder Wellness-Programme aus den USA. An den Lenkertaschen hatte sie uns als Radler erkannt und lud uns zum Essen ein. Beide, Susi und ihr Mann Greg, waren begeisterte Radler und zeigten uns ihre Tandem- und Rennräder. Obendrein waren sie auch ambitionierte Skilangläufer. Greg war ein Wachsexperte - in seinem Wachskoffer war sogar noch mehr drin als in meinem! Beide lebten seit Jahrzehnten in dem kleinen Ort und hatten nicht vor, wegzuziehen. Die Langlaufloipe, die jeden Winter vor der Tür beginnt, spurt Greg selbst. Schnee liegt im Winter für einige Monate. Im Sommer dagegen sind die verkehrsarmen Straßen zum Radfahren wie geschaffen.

Nach dem Essen kamen wir ins Gespräch.

»Mit dem Krieg im Irak können wir uns nicht anfreunden«, sagte Greg. »Susi hat sich im Ort an einer Demonstration gegen den Krieg beteiligt, aber man weiß ja, dass all das wenig nützt. Der Krieg war nur für die Medien inszeniert. Bush fällt es so viel leichter, sein Image als entschlossener Kämpfer gegen den Terrorismus zu pflegen, und natürlich hat er viele Leute hinter sich, das kann man nicht leugnen.«

»Ich habe den Eindruck, dass Terrorangriffe ein willkommenes Vehikel sind, den Patriotismus anzuheizen und Ängste wach zu halten«, sagte ich. »Mir ist aufgefallen, dass in den Gesprächsrunden im Fernsehen häufig der 11. September zitiert wird; wie eine Art Trauma, das erst verarbeitet werden muss. Wenn da zur Wachsamkeit an der Heimatfront aufgerufen wird, fühle ich mich doch sehr an meine Kindheit im Zweiten Weltkrieg erinnert. Und weißt du noch, Jutta, was du gesagt hast, als wir an den Highways die großen Poster mit der Aufschrift ›God bless America‹ gesehen haben?«

»Ich habe gesagt: ›Und was ist mit dem Rest der Welt‹?«

Greg und Susi nickten. Das entsprach offenbar auch ihren Gefühlen.

»Wir hoffen jetzt ehrlich gesagt nur noch darauf, dass Bush nicht wieder gewählt wird«, sagte Susi.

Im Haus der beiden gab es keinen Fernseher. Fernsehen sei Entertainment mit nur einem Ziel: möglichst viele Leute für die Werbung am Bildschirm zu halten. Das war auch unser Eindruck. Inzwischen verzichteten wir sogar auf den Wetterbericht.

Überall begegnete uns ausgeprägter Patriotismus, der uns schon rein optisch durch die Fahnen vermittelt wurde. Hätten wir nicht so viel Gastfreundschaft, Interesse und freundliche Toleranz auf unserer Reise in den US-Staaten erfahren, würden wir den Fahnenkult rückblickend als beängstigend empfinden. Übergroße wehten an neu errichteten hohen Masten, an vielen Häusern wehten gleich mehrere und auch an Briefkästen hingen Fahnen. Sie flatterten selbst an den Autos. An den Seitenfenstern eines Wagens waren drei befestigt. Dazu kamen Poster: ›I am proud to be an American‹, ›Ich bin stolz, ein Amerikaner zu sein‹, und ›We support our troops, our brave troops‹, ›Wir unterstützen unsere Soldaten, unsere tapferen Soldaten‹.

Jeden Morgen haben wir uns auf unsere Stahlrösser gesetzt, um den Tag und den Frühling, der mal mehr, mal weniger im Kommen war, zu genießen. Aber wir waren auch den Gefahren der Straße ausgesetzt. Ich hatte auf einer Strecke von sechzig Meilen die mahnenden Kreuze gezählt. Kaum zu glauben, aber es ist wahr: im Durchschnitt auf jeder Meile ein Toter.
Auf einem Kreuz mit nie welkenden Blumen stand geschrieben: ›Mom‹. Ich habe mich gefragt, wie diese Mutter aussah, wie alt sie war und welche Kinder um sie trauern müssen. Ich bin doch auch eine Mom. Nur ein Fehler und mir konnte das gleiche Schicksal widerfahren.
Unterdessen donnerten die mit Zedernstämmen beladenen Lastwagen an uns vorbei. Sie hinterließen eine Duftfahne vom Geruch des Holzes. Wir hatten die Staaten Washington, Idaho und Montana durchfahren. Die Rocky Mountains haben unsere mentale Stärke immer wieder geprüft. Kilometerlange Abfahrten, um gleich darauf wieder hochzukurbeln.
Ein Fuchs kreuzte die Straße. Fünf Junge wollten folgen, waren aber schlau genug umzukehren, als wir uns näherten.

Drei Tage hatten wir uns vorgenommen, um die letzte Barriere zu überwinden: den Marias-Pass am Rande des Glacier-Nationalparks, von eintausend auf fast zweitausend Meter. Der Highway Nummer zwei sollte uns hinüberführen. Auf dieser Straße würden wir nach den vielen Süd- und Nordschwenks in den Cascades und Rockies bleiben; auf klarem Ostkurs, zweitausend Kilometer lang.

Eine Lodge im Wald nahm uns auf. Lange unterhielten wir uns mit dem

Besitzer. Er zeigte gute Kenntnisse über wirtschaftliche Zusammenhänge und beklagte schließlich, dass die Regierung und die privaten Haushalte weitaus mehr ausgaben, als sie einnahmen. Das große Problem der modernen Volkswirtschaften.

Außerdem schliefen wir beide schlecht in dieser Nacht. Es war nicht die Nervosität, wenngleich der nächste Tag Spannung versprach. Die Stille der Nacht wurde einige Male abrupt von den Sirenen der Güterzuglokomotiven unterbrochen. Die Bahnlinie, die weit hinüber in den Osten parallel zur ›US 2‹ verlief, war zu einer stark frequentierten Verkehrsachse ausgebaut. Die Containerzüge waren alle sehr lang. Von drei Dieselloks gezogen, überwanden sie den Pass. Auch das gab es in Amerika: die Verlegung des Güterverkehrs von der Straße auf die Schiene. Immer wenn so ein kilometerlanger Güterzug vorbeikam, dachte ich daran, wie viele überschwere Trucks auf der Straße dadurch eingespart wurden.

Es war ein Dreiklang der Fortbewegung am nächsten Tag. Der Fluss, der mit breiten Wellen das Wasser talwärts schickte, die Bahn mit ihren Güter- und Personenzügen und die Straße mit uns beiden. Es waren auch Autos unterwegs, aber die störten uns nicht. Auf der ›US 2‹ gab es keinen typischen Durchgangsverkehr, was wir nie erwartet hätten. Einige Male lag das Flussbett tief unter uns und wir wussten, da mussten wir wieder hinab, denn die Straße folgte dem Fluss. Güterzüge kamen auf der Gegenseite aus einem Tunnel. Einige Kilometer weiter ratterten die Waggons links über uns.

Erst wenn sich der Fluss zum Rinnsal verengte, kämen auch wir oben an. Das zermürbende Auf und Ab wechselte irgendwann in ein gleichmäßiges Bergan. Weiter unten hatten wir uns noch Sprintduelle einer ›Bergwertung‹ geliefert. Nun spurten wir gleichmäßig im kleinsten Gang. Grandiose Ausblicke zu den gleißenden Gletschern und Bergspitzen taten sich auf. Zur Rechten hatten wir einige gischtende Wasserfälle. Das Wildbachbett wurde steiler und enger, bis wir plötzlich ein Schild vor uns hatten

›MARIAS-PASS, 5236 FEET, CONTINENTAL DIVIDE‹.

Wir umarmten uns am freundlichsten Pass, den wir je erklommen hatten. Es war sonnig mild, einfach angenehm. Von hier floss das Wasser nicht mehr in den Pazifik, sondern in den Golf von Mexiko. Der weite Weg nach Osten war frei für uns.

Nach tausendfünfhundert Kilometern hatten wir die Cascades und die

Rockies gekreuzt, 15000 Meter waren wir hochgeklettert, wieder hinuntergefahren und schließlich heil angekommen. Wir konnten in den Abfahrten den tückischen Glasscherben auf unserem Randstreifen ausweichen, die unsere Reifen hätten zerfetzen können.

Indianer ohne Pferd

Mit Schubwind fuhren wir in die Higher Plains. Es war eine Lust, der Wind trieb uns an und es öffnete sich ein ganz anderer Landstrich.

Die Wälder rückten zurück und verschwanden schließlich ganz. Das waren also die Higher Plains mit den weit geschwungenen Bergrücken und dem Gelb der Winterruhe. Wir genossen das schnelle Radeln wie im Rausch. Der Tacho pendelte bei 35 und vierzig. Das gleichmäßige Surren unserer Reifen vernahmen wir als angenehmen Sound, kaum gestört von Motorengeräuschen. Und der Wind, der uns in Australien so lästig in den Ohren dröhnte, kam uns still vor. Nur an den wehenden Gräsern konnten wir erkennen, dass er uns kräftig beim Vorwärtskommen half. Einige Hügelanstiege konnten wir mit Bravour nehmen, mit Tempo und hoher Trittfrequenz. Juttas Computer meldete einen Schnitt von 28,5 Stundenkilometern für hundertzehn Kilometer. Mittags um ein Uhr waren wir bereits am Ziel.

Ich fragte mich, wie weit uns der Rückenwind hinübertreiben würde in die unendlichen Weiten der Plains? Wie würden wir die Monotonie der immer gleichen, nicht endenden Getreidefelder einige tausend Kilometer lang ertragen können? Taten wir uns das an, nur um den Kontinent durchquert zu haben?

Wieder war es ganz anders. Nie hatten wir unterwegs Angst vor Langeweile, denn wir suchten die Faszination der einsamen Kulturlandschaft. Voller Neugier schauten wir jeden Tag danach, was sich in der Natur um uns herum veränderte. Die großflächig bewirtschaftete Agrarlandschaft war nie monoton. Wir durchquerten auch kein langweilig flaches Land. Mit breiten Hügeln, sanft ansteigend, aber auch mit stark fordernden Anstiegen setzen sich die Higher Plains zu den Lower Plains fort. Der Höhenabstieg des Sockels bis hinüber ins ferne Minnesota war kaum wahrzunehmen. Mitten im Mai war die Natur noch weit zurück.

In Chester kam ich mittags nach der Ankunft an der Bar mit einem Farmer ins Gespräch. Er bewirtschaftet fast 30.000 Acre, umgerechnet elftausend Hektar, und baut darauf verschiedene Getreidesorten an. In einer Woche, gegen Ende Mai, wollte er mit der Aussaat beginnen und schon im August ernten. Die Sommer sind extrem kurz, bringen aber eine intensive Vegetation hervor. Doch noch nahmen wir mehr braune Ackerflächen wahr als sattes Grün.

Als wir am Abend nach dem Essen wieder an der Bar vorbeikamen, saß der Farmer immer noch beim Bier und grüßte uns freudig. Sein Redefluss war schon getrübt vom Bier und seine Aussagen nicht mehr so gehaltvoll wie am Mittag. Um ihn herum saßen nur Großfarmer; ihre Haut vom Wetter wie Leder gegerbt, urige Typen, die den Feiertag genossen. Wir sollten unbedingt noch bleiben, sagte er. Wie er nach Hause komme, wollten wir wissen. Mit dem Auto natürlich, gab er zurück, drei Meilen auf dem Highway und vier weitere an seinen Feldern entlang zur Farm.

Für uns selbst konnte die Verkehrssicherheit nicht besser sein. Meist hatten wir einen breiten Randstreifen zur Verfügung und anrollende Fahrzeuge konnten wir im Rückspiegel gut beobachten. Jutta war ganz besonders aufmerksam. Die wenigen Trucks, die von hinten ankamen, wichen in großem Bogen aus. Sonst überholten uns nur die so genannten ›RVs‹, oft sehr dicht.

›RV‹ steht für ›Recreation Vehicle‹. Manche sagen auch ›Motor Home‹ dazu. Dahinter verbergen sich Fahrzeuge, manchmal so groß wie Reisebusse, an denen hinten angekoppelt ein Auto mitreist. Gesteuert werden diese Eigenheime meist von älteren Leuten, die Zeit haben, monatelang durch die Staaten zu fahren. Diese sogenannten ›Snowbirds‹ verbringen die Winter im Süden, im Sommer weichen sie der Hitze nach Norden aus.

Der Wind blies immer in der offenen Landschaft und drehte häufig. Schon in den nächsten Tagen hatten wir ihn wieder gegen uns. Ich ermahnte mich: Geduld, Geduld, ausdauernd treten, wir werden es schon schaffen.

Von Havre bis nach Malta waren es 140 Kilometer. Sogleich wurden wir von stürmischen Wind erfasst, der uns seitwärts stark anblies.

»Das schaffen wir heute nicht«, rief Jutta mir zu.

Doch umkehren gab es für uns nicht. Plötzlich wurden wir für unsere Ausdauer belohnt und der Wind drehte auf West und trieb uns an wie nie zuvor. Mühelos brachten wir den Tacho auf 35. Nur zwischendurch, bei den Verschnaufpausen und dem Verrichten dringender menschlicher Bedürfnisse, mussten wir uns gegen den Wind stemmen, was zu einer recht ungemütlichen Angelegenheit wurde. Auf dem Rad dagegen und mit dem Wind konnten wir uns wieder wohl fühlen.

In der baumlosen Landschaft war die Sicht frei. Brachland und Weideflächen waren nur zur Straße hin eingezäunt. Nach hinten lagen sie offen bis zum Horizont. Das war klassisches ›Buffaloland‹. Riesige Büffelherden grasten einst in dieser Prärie und brachten mit ihren donnernden Hufen den Steppenboden zum Vibrieren. So lange, bis die Eisenbahn Siedler ins Land brachte und die Tiere abgeschlachtet wurden. Die Indianer verloren dadurch ihre Lebensgrundlage.

Heute liegen die Indianerreservate in weniger fruchtbaren Gegenden. Ihre Bewohner haben sich längst den Lebensgewohnheiten der Weißen gebeugt, kommen aber nur unzureichend damit zurecht. Vor ihren bescheidenen Häusern liegen Autowracks herum, die meisten Indianer sind dick und aufgedunsen vom ungesunden, fetten Essen, und wie viele Urvölker sind sie durch den Alkohol stark gefährdet.

Aus einem Auto rief uns ein Mann zu: »Fahren Sie diese Straße, die hat nur einen Berg!«
Gerhard fragte ihn, ob er Indianer sei. »Ja«, sagte der Mann. Ob er auch ein Pferd besitze, wollte Gerhard wissen.
»Das ist mein Pferd,« antwortete er und klopfte dabei auf seinen Lenker.
»Sind Sie Farmer«, fragte Gerhard weiter.
»Nein, Straßenarbeiter.«
Dankbar für den Tipp fuhren wir auf der empfohlenen Straße und tatsächlich war bis auf den kleinen Berg alles flach.

Einige Tage weiter waren die Weideflächen schon von einem grünen Teppich überzogen, genug für die ersten Viehherden. Für uns waren das amüsante Begegnungen. Die Tiere schauten nämlich recht aufmerksam zu uns herüber und wendeten den Kopf, um uns nachzuäugen. Das wiederholte sich oft und wir riefen ihnen erheitert unsere Grüße zu. Lautlose Radler waren eben eine Seltenheit.

Auch in den weiten Plains wurden wir von den Lokführern der unendlich langen Containerzüge beachtet. Sie konnten uns nicht übersehen, wenn wir in der offenen Landschaft ganz allein daherkamen. Alle schickten sie ihre Sirenengrüße herüber, die vertraute Klänge für uns wurden. Wir bedankten uns mit heftigem Winken.

Erst nach mehr als zweitausend Kilometern auf diesem Kontinent trafen wir auf die ersten Fernradler: ein junges Pärchen aus Frankreich, das aufgeregt und Freude strahlend zu uns herüberkam. Sie zogen einen Trailer hinter sich her, waren schwer beladen und hatten noch einen Schlittenhund dabei, der auf dem Trailer sitzen durfte, wenn es zu schnell für ihn wurde. Sie kamen von Quebec und wollten nach Vancouver. Wir wollten natürlich einiges von den beiden erfahren. Sie hatten den Trans-Kanada Highway Nummer siebzehn in schlechter Erinnerung. Die stark befahrene Autoroute ohne Randstreifen sei gefährlich für Radfahrer, meinten sie. Wir wussten jedoch, dass wir dieser Straße nicht entgehen konnten. Sie rieten uns dringend, den Lake Superior nicht nördlich, sondern entlang der US-Südseite zu umfahren. An der Südseite durch Wisconsin und Michigan sei es viel ruhiger. Das hatten wir ohnehin geplant. Zum Abschied gaben wir ihnen unsere Routenempfehlung für die Rockies und die Cascades mit auf den Weg.

Begegnungen im einsamen Mittelwesten

Der Mittelwesten ist durchsetzt von kleinen Seen und Teichen. Bunt gefiederte Wasservögel flogen vor unseren Augen die schwankenden dürren Halme auf den Wiesen an. Monkeyponds, putzige Stehaufmännchen in der Größe eines Eichhörnchens, huschten über die Straße. Gerne landeten wir in kleinen Städtchen, wo wir schon am Ortsschild die Einwohnerzahl ablesen konnten: ›Population 1080‹ oder ›Population 870‹. In den privat betriebenen Motels fanden wir viel mehr menschliche Nähe als in den uniformierten Häusern der Motelketten. Wir bummelten dann zum Einkaufen in den kleinen Innenstädten umher. Die Menschen wohnen in schmalen kleinen Häusern mit liebevoll geschmückten Hauseingängen. Der Rasen der zaunlosen Gärten war kurz geschoren. Einige der Gebäude ohne Dachüberstand sahen aus wie von Kinderhand errichtete Puppenhäuser aus Pappkarton. Dabei müssen die Bewohner sehr lange kalte Winter und eisige Nordwinde ertragen.

Lieben diese Leute ihre Heimat tatsächlich? Dieses einsame gottverlassene North Dakota? Auch im Winter? Ja, wurde uns geantwortet. Es gebe genügend, die gern bleiben. Und gottverlassen seien sie schon gar nicht. Ihr Glaube und ein aktives Kirchenleben halten sie zusammen.

Von all den kleinen Orten kann sich Rugby besonders glücklich schätzen, denn es hat eine besondere Attraktion zu bieten. Hier liegt das geografische Zentrum des nordamerikanischen Kontinents. Neben den ›Stars and Stripes‹ flatterten die Fahnen von Mexiko und Kanada.

Im einzigen Restaurant mit Tankstelle und Motel wurden wir besonders herzlich empfangen. Der Besitzer, ein Mittsechziger, war mit Frau und Söhnen in seine Heimatstadt zurückgekehrt, nachdem er wie viele andere mobile Amerikaner in seiner Jugend umhergezogen war. Im Süden wurde aus ihm ein leidenschaftlicher Farmer. Er hatte noch einige andere Berufe, was nicht ungewöhnlich war in diesem Land. Gerade sechs Wochen vor unserer Ankunft war dieser Familienbetrieb eröffnet worden, nachdem seine beiden Söhne das Gebäude und das Grundstück erworben hatten. Der frische Schwung einer neuen Herausforderung war deutlich zu spüren. Alle kümmerten sich rührend um uns.

Heute kam der Bürgermeister persönlich bei uns vorbei.
»Möchten Sie mein Geschäft sehen?«, fragte er uns.
Wir nickten - und lernten wieder etwas kennen, das für Amerika typisch ist. Der Bürgermeister entriegelte die Tür seines Geschäfts und wir betraten einen Raum, der nur von etwas gedämpftem Licht erhellt wurde. In der Luft lag ein eigenartiger Geruch, der mir seltsam vertraut war. Noch vermochte ich nicht zu sagen, woher.
»Hier findet das erste Gespräch statt«, sagte er und führte uns in das nächste Zimmer, eine Art Vortragsraum mit Wänden voller sakraler Figuren. Nun wurde er konkreter und sprach von seinen Kunden und deren Angehörigen. Hinter der dritten Tür verbarg sich ein hell gekachelter Raum mit zwei Bahren darin, die mit weißen Tüchern abgedeckt waren. An der Wand hing ein Schlauch aus einem Glasbehälter für schätzungsweise fünf Liter Flüssigkeit. Ich kannte diese Art von Behältern aus meiner Tätigkeit als Krankenschwester im Operationssaal. Er dient zum Absaugen von Körperflüssigkeit. War das ein Sektionsraum für die Obduktion von Leichen?
»Den Toten wird das Blut abgesaugt und durch Formaldehyd ersetzt«, sagte unser Gastgeber, ohne die Miene zu verziehen. »Der natürliche Fäulnisprozess am menschlichen Körper soll so verzögert werden.«

Er begründete diese für die Staaten offenbar gängige Praxis mit hygienischen Vorteilen. Mir schauderte schon beim Gedanken daran. Das hier war ein Bestattungsinstitut und die Führung noch nicht beendet.

Mehrere Särge in unterschiedlicher Qualität und Ausführung, ob Eiche, Palisander oder schlichter Holzbeschlag, füllten einen weiteren Raum. Alle diese letzten Ruhestätten waren aufgeklappt und innen ausstaffiert mit großen weichen Kissen in den unterschiedlichsten Farbtönen. Natürlich waren sie leer. Die Angehörigen konnten auch Seidenwäsche für den Verstorbenen wählen: in Weiß, Rosa, Himmelblau oder gemustert.
Der Edelholzsarg ist nicht alles. Er wird in einen massiven, jedoch edel verzierten Betonsockel versenkt. Darüber kommt eine gut schließende, dicke Platte. Diese korrosionsfreie Ummantelung, die den Leichnam bis zur erhofften Auferstehung umschließt, wird auch in Kupfer oder Nirostastahl angeboten.
»99 Prozent der Verstorbenen dieser kleinen Stadt werden so bestattet«, sagte der Bürgermeister. »Die anderen wählen die Urne, die dann bei den Angehörigen zu Hause in die Wohnung gestellt werden kann.«
Typisch amerikanisch, dachten wir beide und sogen im Freien erleichtert die frische Luft ein.

Wir hatten das Quellgebiet des Missouri und des Mississippi längst passiert und noch immer lag die unendliche Weite der baumlosen Plains vor uns. Nur sehr selten kehrten wir zur Mittagsrast irgendwo ein. Meist war es meine Jutta, die zum Durchfahren drängte. Doch der Frühstückskaffee erzwang kurze Stopps, bei mir etwas häufiger. Für Jutta war es in der offenen Landschaft oft schwierig, eine geeignete Dekkung zu finden.

»Schatz, halte bitte mal«, ruft Gerhard, wenn er unterwegs ein Bedürfnis hat.
»Was ist denn?«, frage ich jedes Mal.
»Ich muss mal.«
»Du mit deiner Sextanerblase!«

Trinken und Essen mussten wir natürlich auch. Und dabei durften wir nicht vergessen, unsere Oberkörper zu strecken und zu dehnen. Oft ärgerte ich mich in solchen Momenten, dass wir auf massive Fahrradständer verzichtet hatten. Die leichten Ständer waren uns inzwischen beide weggebrochen und in den Plains war es wie in Australien: Wir fanden kaum Leitplanken oder Pfosten zum Anlehnen. In der Nullarbor hatten wir schließlich ein System des Gegeneinanderlehnens ausgetüftelt. Das funktionierte nicht immer und spätestens, wenn schwere Trucks vorbeikamen, mussten wir die Räder wegen des starken Luftsoges festhalten.

Einige Tage später ließ ich mir in einem der seltenen Bikeshops einen Radständer montieren. Der war zwar auch nicht hochstabil, aber in der Länge verstellbar. Und tatsächlich hielt er wegen der geringeren Schräglage. Jutta blieb allerdings noch skeptisch.

Auf dem Weg nach Bemidji verschlechterte sich die Stimmung meiner Frau in für mich beängstigender Weise. Da kam kein aufmunternder Zuruf mehr von hinten. Sie schimpfte ihren Ärger heraus. Als wir endlich ankamen, kippte ihr Rad um. Ich wollte ihr helfen, doch sie schob mich weg: »Lass mich allein«, fuhr sie mich an.

Sie steuerte das nächstgelegene Motel an, ich in gebührendem Abstand hinterher. Es war ein sehr teures Motel. Nur eine Suite war frei. Als wir 105 Dollar hörten, rief Jutta, obwohl sie ja stark erschöpft war: »Das ist zu teuer, wir müssen weiter.«

In diesen Minuten war ein großer schlanker Mann neben uns aufgetaucht, der uns interessiert beobachtet hatte. Als Jutta schon die Türklinke in der Hand hatte, rief uns die Empfangsdame zurück. Dieser Mann mache sein Zimmer für uns frei, sagte sie. Als wir hörten, dass wir nichts zu bezahlen hätten, war er bereits verschwunden.

Um sieben Uhr des nächsten Tages wolle er uns zum gemeinsamen Frühstück treffen, ließ er uns ausrichten. Verblüfft sahen wir uns an, wir konnten das nicht ausschlagen. Am Abend schenkte mir Jutta wieder ein erstes Lächeln und die Krise war überstanden.

Lange unterhielten wir uns am nächsten Morgen mit dem noblen Spender Dr. Gilford, einem Chirurgen. Er war fünfzig Meilen weiter gefahren und hatte in seinem Cottage geschlafen. Alle seine persönlichen Dinge, auch Geschäftspapiere, hatte er im Zimmer zurückgelassen. Hatte er als Arzt einen wachen Blick dafür, wem er vertrauen konnte?

Jeden Tag hatten wir angenehme menschliche Begegnungen. In Williston waren es zwei Radlerehepaare aus Iowa, die uns zum Essen einluden. Wir sollten sie später unbedingt in Iowa besuchen.

Am Straßenrand hielt ein junger Mann seinen Van an und lud uns zu sich nach Hause ein. Das lag zwölf Meilen abseits und meine Jutta mochte das private Wohnen ohnehin nicht so gern. Wir schlugen Greg daraufhin vor, dass wir uns mit ihm zum Essen treffen könnten. Er wollte uns in einem empfohlenen Motel voranmelden und wir sollten ihn anrufen. Dann drückte er uns noch zwei Flaschen eines Energiegetränks in die Hand und fuhr los.

Im Motel war das Zimmer von ihm bereits bezahlt. Ich rief ihn an und lud ihn zum Essen ein. Er kam etwas später und fuhr mit uns zu einem Restaurant, wo wir erstmals in den USA köstlich mexikanisch essen konnten. Er bevorzugte Burger mit Chips, erzählte uns temperamentvoll von seiner Frau und gemeinsamen Radtouren und aus seinem derzeitigen Beruf als Pipeline-Inspekteur. Sein Berufstraum sei jedoch ein eigener Bikeshop. Als ich die Rechnung anforderte, war die ebenfalls längst von ihm bezahlt.

Pfarrer Dr. Knappe und seine Frau trafen wir in einer Motellobby. Er war in München aufgewachsen und vor fünfzig Jahren in die Staaten ausgewandert. Er hatte viele Pfarrstellen in seinem langen Berufsleben und half als 77-Jähriger noch häufig aus. Er erzählte von seinem Zwillingsbruder, einem in München wohnenden ehemaligen Lehrer und aktivem Leistungssportler.

»Manfred Knappe, ja, den kenne ich doch«, entfuhr es mir. Ich hatte stets große Hochachtung vor ihm. In einigen Skilanglaufwettbewerben war er für mich ein harter Konkurrent. Später, als wir wieder daheim waren, habe ich dann Manfred angerufen. Er hat sich gefreut. Sein Zwillingsbruder hatte ihm natürlich schon längst von unserem Treffen berichtet.

Als wir in Kenton, einem sehr kleinen Nest, auf ein Bier in die Bar gingen, wollte ich wissen, wie viele Leute im Ort leben. Sie seien alle hier versammelt, sagte die Bardame und deutete herum. Es waren etwa 25. Sie hatten sich zu einem Radioquiz versammelt. Der TV-Empfang war im äußersten Zipfel von Michigan, zwischen den großen Seen, sehr schlecht. Zur Polizeistation und der Post waren es siebzig Kilometer. Ja, sie fühlten sich wohl hier, sagten sie. Sie hatten gemeinsam ein kleines Buffet angerichtet, wir waren selbstverständlich eingeladen.

In einem Motel wurden wir in die Privaträume eingeladen. Die junge Frau reichte mir den Telefonhörer, am anderen Ende war ihre Mutter. Sie war in meinem Alter. Auch sie war vor fünfzig Jahren in die USA eingewandert. Wir sollten sie unbedingt in Lake Placid besuchen.

Ein anderer Motelbesitzer wirkte sehr gebrechlich und war im Grunde schon ein Pflegefall. Eine Studentin aus Nepal betreute ihn in ihrer Freizeit. Er wollte uns unbedingt in die Zeitung bringen. Als der Journalist nicht kam, quälte er sich zu seinem Auto und fuhr uns voraus zur Redaktion. Als er auch da kein Glück hatte, musste er uns wenigstens unbedingt fotografieren.

Mit leichtem Schrecken hatten wir einige Male beobachtet, wie sich invalide Männer und auch Frauen sehr mühsam mit Stockhilfe im Zeitlupentempo zum Auto quälten und allein losfuhren. Nirgendwo war ein Taxi zu sehen. Jeder fährt sein eigenes Auto, bis es eines Tages wirklich nicht mehr geht.

Ich fragte Gerhard: »Hast du schon einmal einen Gemüsegarten entdecken können?«
»Nein, habe ich noch nicht«, gab er zurück.
Ich spöttelte: »Na ja ,die Burger gedeihen im Garten so schlecht.«

Im Staat Minnesota wurden wir im Nationalforst begrüßt und hatten Wald um uns herum. Mischwald im satten Frühlingsgrün. Duluth mit dem am Westende des großen Superior-Sees gelegenen Westhafen, den Hochseeschiffe über den Lorenz-Fluss und die Seen erreichen können, war wieder ein wichtiger Zielort für uns. Über hohe Brücken querte der Interstate Highway das Hafengelände hinüber in den Staat Wisconsin.

Wir waren auf dem Freeway mit heftig flutendem Verkehr, Rad fahren war nicht erlaubt. Getrennt durch eine hohe Betonmauer kamen uns Radler entgegen. Einer hielt an und half uns, die Räder und die Sachen über die Brüstung auf den Radweg zu hieven.

Wie weit ist es nach Montreal?

Der Lake Superior ist der größte Süßwassersee der Welt. Wir hatten ihn immer wieder zur Linken im Blick; Wasserflächen bis zum Horizont, wie das offene Meer. Nach nicht weniger als zweitausend Kilometern hatten wir die Straße Nummer zwei verlassen und waren nun auf dem Weg nach Sault Saint Marie zur kanadischen Grenze. Die Winter sind hier besonders kalt und der See ist im Winter dick zugefroren. Nur für die Schiffe wird eine Fahrrinne offen gehalten.

Alles erinnerte an den Winter, die Hinweisschilder auf die ›Snowmobile Trails‹, die Warnungen vor Eis auf den Brücken. Holzhäuser im Wald leuchteten in hellblauen und rostroten Farben, wie wir sie von

Skandinavien kannten. Etliche Finnen und Norweger haben hier eine neue Heimat gefunden.

Richtig ins Schwitzen kamen wir in dieser Gegend nie, immer wehte ein kühler Wind. Und immer noch blühte uns der Flieder.

Der Trans-Kanada Highway ist die einzige Verkehrsachse nach Osten. Wir mussten wenigstens fünf Tage lang auf ihm fahren. Es war vorbei mit dem durchgehend breiten Randstreifen für uns. Der Durchgangsverkehr mit den überlangen Trucks wurde besonders lästig und gefährlich. Nach allen Seiten hatten wir zu schauen, auch wenn die Gedanken woanders waren.

In Bruce Mines, einem kleinen Städtchen, hatten wir uns mit einer deutschen Bauernfamilie verabredet. Der Sohn unserer Russlandfreunde Rupp aus dem Allgäu hatte sich in diesem Ort vor zehn Jahren eine Farm gekauft und war mit Frau und Kindern eingewandert. Die Farm lag nur einige Kilometer abseits unserer Fahrstrecke. Das Weideland in dieser Gegend war und ist noch immer billig zu haben. Die Landschaft erinnerte ans Allgäu: sanft geschwungene Hügel, durchsetzt von Waldstücken zwischen den Wiesenflächen. 650 Schafe und eine Büffelherde grasten auf seinen Weiden. In den langen, kalten Wintern lauern oft Wolfsrudel an den Zäunen und reißen Schafe und Lämmer. Dagegen helfen gut abgerichtete Hirtenhunde. Sie dürfen aber als Jungtiere nicht im Haus verweichlicht werden, sonst versagen sie.

Auch in dem Motel, in dem wir schliefen, trafen wir auf Deutsche. Nebenan hieß ein Restaurant ›Bavarian Inn‹. Der Besitzer kam aus Frankfurt, seine Frau aus Köln. Beide waren vielleicht sechzig Jahre alt. Tatsächlich gab es hier ein Hacker-Pschorr-Bier für uns, köstlich nach so viel Budweiser.

An unserem siebten Hochzeitstag hatten wir jedoch keine Zeit, anzustoßen, weder mit Bier noch mit Champagner. Morgens um acht Uhr starteten wir in Richtung Montreal und schon um neun Uhr war es drückend heiß. Am Zustand der Straßen konnten wir die kalten und langen Winter ablesen. Gleich vom Motel aus beglückte uns ein giftiger Anstieg über drei Kilometer und 137 Höhenmeter. Jetzt spürten wir die Belastung der vergangenen Radtage. Die Berge der Laurentians forderten uns mit unendlich vielen Anstiegen und Abfahrten. Die Straßen waren holprig und erlaubten kein schnelles Abfahren. Ich betete, dass unsere Räder das aushielten.

Die Laurentians sind mit Laubwald überzogen. Alle Bäume standen noch im frischen Frühlingsgrün. An den Straßenrändern direkt neben uns bunte Blumenteppiche, vorwiegend Margeriten in voller Blüte. Ein Waschbär hoppelte neben uns her, bis er sich hinter einem hohen Stein verstecken konnte. Ein hellbraunes Reh, viel größer als in unseren Wäldern, äugte uns an, bevor es wegsprang, winzig kleine Eichhörnchen huschten über die Straße.

Einige Male wiederholte sich das Phänomen der unerkannten langen Steigungen. Du siehst hinauf beim gebeugten Treten der kleinen Gänge und erkennst die Kuppe. Doch beim Näherkommen musst du feststellen, dass es weiter bergauf geht, nur etwas weniger steil. Und so wiederholt sich das immer und immer wieder.

In kleinen Städtchen sind wir gut untergekommen, einmal in einem urigen Cottage direkt am Fluss Ottawa. Übermütig wie Kinder haben wir beide eine Holzschaukel heftig bewegt. Oder in Deep River, wo wir uns einen Ruhetag gönnten. Ich saß eine Stunde zum Träumen auf einer Parkbank am breiten Fluss. Es war nach zwei Hitzetagen wieder angenehm mild. Jutta war inzwischen beim Friseur, um ihre Haare zurückschneiden zu lassen. »Bitte nicht zu kurz«, rief ich ihr noch zu.

Ich beobachte gern die Menschen um mich herum. Da hielt in meiner Nähe ein Auto und heraus kamen junge Eltern mit einem Kind. Sie setzten sich auf eine nahe Bank, packten die Tüten eines weltbekannten Fast-Food-Restaurants aus und begannen zu futtern. Fritten und Burger. Unentwegt schoben sie die Pommes-Stäbchen in sich hinein, dazu tranken sie mit Strohhalmen Cola aus Pappbechern. Alle waren zu dick. Auch das Kind, das schon auf dem Weg zur Fettsucht war - die dritte oder vierte Fast-Food-Generation. Der Vater entsorgte den Plastikmüll in der Abfalltonne. Sogleich kehrten sie ins Auto zurück und fuhren davon. War das der Ausflug ins Grüne?

Dem immer stärker anschwellenden Autoverkehr in Richtung Ottawa konnten wir durch einen Abzweig auf die andere Seite des Flusses entkommen. Auf den letzten Kilometern zu unserem Zielort Shawville erfasste uns das erste Gewitter auf unserer Tour. Zwei lange zuckende Blitze durchschnitten rechts neben uns die Regenfront.

Ich gab ein rasantes Tempo vor, weil der Himmel mit seinen Quellwolken ein Gewitter ankündigte. Vor Gewittern habe ich seit meiner Kindheit große Angst. Diese Angst beruht auf einem frühkindliches Schlüsselerlebnis, das mich mein Leben lang begleitet hat. Nass werden stört mich dagegen nicht weiter. Ich bin kein Stück Seife, das sich im Regen abnutzt.
Auf den letzten fünf Kilometern zuckten gefährlich wirkende Blitze vom Himmel, denen ein krachendes Donnern folgte. Wir fuhren, was die Kondition hergab. In meinen Schuhen spürte ich das kalte Regenwasser. Da endlich: das ersehnte Motel. Nach einem heißen Bad sah die Welt schon besser aus.

Wir peilten die Hauptstadt Ottawa an, die wir ursprünglich umfahren wollten, folgten dann aber einer Empfehlung und schwenkten auf einen Radweg ein. Wir fanden den Radweg, der uns schlängelnd durch die Eichenwälder am Fluss der Hauptstadt näher brachte. Der Weg war glatt, asphaltiert, mit einer Mittellinie. Ein echter Genuss. Wir mussten uns aber in den engen Kurven im Tempo zurücknehmen.

Einige Radler fragten wir nach der richtigen Brücke hinüber auf die andere Seite zur City. Dort sollte der Radweg am Fluss weiterführen. Direkt über uns ragten der erhabene historische Baukomplex des Parlamentes und andere monumentale Bauwerke auf. Wieder kamen wir weiter als geplant, denn in einer Stadt mit siebentausend Einwohnern gab es keine Unterkunft. Als wir endlich eine Herberge gefunden hatten, waren wir schon auf dem halben Weg nach Montreal. Den Hunger hatten wir an diesem Tag mit Erdbeeren gestillt. Einen ganzen Korb voll hatte Jutta an einem Erdbeerfeld eingekauft, vollreif und süß. Sollten wir uns den kurzen Rest der Strecke bis Montreal für einen Tag vornehmen? Ich muss zugeben, dass mich das reizte, denn dann würden wir am Nationalfeiertag dort angekommen.

Einer ruhigen, uns von der Karte unbekannten Teerstraße folgten wir bis Dorion, zu den Flussbrücken vor den Toren Montreals. Als wir drüben waren und zur Uferstraße kamen, musste ich erkennen, dass ich mich mit den Entfernungen und der Zeit verschätzt hatte. Dass es 180 Kilometer werden sollten, konnte ich jedoch noch nicht ahnen. Wir tauchten in den Feiertagstrubel ein, mussten einige Male absteigen und kamen nur langsam voran. Dabei ließen wir uns von der heiteren Feiertagsstimmung einfangen. Zuhauf wehten die roten Kanadafahnen mit dem Ahornblatt. Ein langer Fahrzeugkonvoi mit jungen Leuten kam uns hupend entgegen, alle schwenkten die Kanadafahnen in allen Größen. Uns erstaunte das, denn viele Frankokanadier hissen angeblich lieber die eigene Separatistenfahne, die von Quebec. Wir ließen uns Zeit, machten Mittagsrast und beobachteten das Straßentreiben. In Ottawa, der Regierungshauptstadt, soll es noch viel turbulenter zugehen, hatten wir erfahren. Ist das auch Ausdruck trotziger Selbstbehauptung gegenüber dem großen Bruder USA mit seiner neun Mal größeren Wirtschaftskraft?

So viele Radler wie an diesem Feiertag in Montreal hatten wir bisher nur in Vietnam gesehen. Dieser Tag ist der ›Moving-Day‹. Und wir waren mittendrin auf den Radwegen zwischen ehrgeizig voranstürmenden Rennradlern und gemütlichen Gelegenheitsfahrern. Der Weg führte entlang nobler Wohnviertel am Ufer des breiten Lorenzstromes.

»Hier wohnt das Geld«, rief ich meiner Jutta zu und deutete auf eines der noblen Schlösser.

Es war ein vom Motorenlärm ungestörter Radlergenuss. Immer noch waren wir am Lake St. Louis unterwegs. Wir sahen nur Wasser zu unserer Rechten. Da musste es zur ersten Brücke noch sehr weit sein und der Pond Champlain, den wir zu fahren hatten, war noch viel weiter. Wieder half uns der Wind von hinten.

Es wurde ein sehr schönes Raderlebnis, als wir so ohne lästigen Autoverkehr auf gut ausgebauten Radwegen durch die Großstadt Montreal fuhren. Wir querten drei Brücken. Zunächst auf eine Insel, zu der wir uns durchfragen mussten. Dann folgte die so genannte Eisbrücke, die im Abstand von fünfzig Metern zur Autobrücke den Radfahrern vorbehalten war. Sie ist fast drei Kilometer lang.

Als wir drüben waren, mussten wir auf der staubigen Straße einer schmalen Inselzunge einige Kilometer nach Norden zur nächsten Brücke fahren. Jutta trat mächtig in die Pedale, denn vor uns baute sich eine bedrohliche Wolkenwand auf. Endgültig auf der anderen Seite angekommen, trafen wir auf einen hilfsbereiten Radfahrer. Er schickte seine Frau zu ›McDonalds‹ und fuhr voraus, kreuz und quer bis zu einem Radweg. Als er sich verabschiedete, waren die Regenwolken schon ziemlich nah. Da werden wir kaum entkommen, dachte ich, und wenn wir noch so schnell strampeln.

An einer kleinen Brücke brach das Unwetter los und fegte mich fast vom Rad. Jutta reagierte schnell und fuhr einen Hauseingang an. Ich war schon klitschnass, als ich dort ankam. Die Hausbesitzerin bat uns herein und brachte uns Handtücher. Unsere Räder und die Packtaschen waren dem prasselnden Regen schutzlos ausgeliefert. Wir vertrauten auf unsere wasserdichten Ortlieb-Taschen und wurden nicht enttäuscht. Während einer Regenpause riskierten wir das Weiterfahren.

»Da rechts ist eine Autowerkstatt, da arbeitet ein Mann. Frag ihn doch bitte, wo es nach Carignan geht und wie weit es noch ist«, bat ich Gerhard. »Ich mag nicht mehr, ich will endlich angekommen sein.«
Der Radcomputer zeigte 168 Kilometer und ich wusste nicht genau, wann wir nun endlich den Ort erreichen würden, in dem Gerhards Verwandte lebten. Mein Mann bat den Werkstattbesitzer, telefonieren zu dürfen.
Nach zehn Minuten verkündete er: »Die Verwandten holen uns ab. Wir sollen warten, in fünfzehn Minuten sind sie hier.«
Ich muss meinem Mann wohl sehr Leid getan haben. Es war nicht so, dass ich nicht mehr konnte. Mich plagte die Ungewissheit, wie weit es tatsächlich noch war. Die mentale Einstellung zur Distanz war gefragt.
Die Verwandten kamen, nahmen uns die schweren Packtaschen ab und lotsten uns zu ihrem Haus. Christa Lang, die Kusine von Gerhard, die hier seit 35 Jahren mit ihrem Mann Sigi lebt, hat sich ein schönes Zuhause geschaffen. Sie machte uns ein heißes Wannenbad, deckte den Tisch und versorgte uns mit original Münchner Weißwürsten und einem guten Bier. Weiß der Himmel, wo sie das gekauft hatte. Es erwarteten uns acht Tage voller Entspannung und Ruhe, bevor wir nach Marokko weiterflogen. Ein Verwöhnprogramm, das wir uns verdient hatten ...

Mit eigener Kraft vom fernen Vancouver Island bis hierher nach Montreal, unserem Ziel auf diesem Kontinent: Das war ein schönes Gefühl der Freude und Genugtuung. Diese fünftausend Kilometer quer durch das Land hatten uns mehr gegeben, als wir erwarten konnten. Zwei Monate lang waren wir im frühen Frühling geradelt, der zu Hause so schnell vorüber geht.

KAPITEL ELF

Schau mir in die Augen, Kleines

Schon im Flieger hatte ich in meinem Gehirn recherchiert: Was weiß ich über Marokko? Eigentlich nicht viel. Mit Marokko verband ich marokkanische Apfelsinen, Gastarbeiter in Deutschland und ein spannendes Buch, das ›Der Tuareg‹ heißt.

»Casablanca! Schau mir in die Augen, Kleines«, rief meine Jutta aus, als wir am frühen Morgen über das weite Häusermeer einschwebten. Sie hatte eine lebhafte Erinnerung an den legendären Film mit Humphrey Bogart. Es war ein geradezu komfortabler Direktflug, der uns in eine ganz andere Welt brachte und wir waren erneut voller gespannter Neugier darauf. Es war nur eine leichte Nervosität, eigentlich mehr Gelassenheit erfahrener Weltenbummler, das Warten auf unser Gepäck. Die Räder kamen in großen Abständen über das Gepäckband, zwischen den riesigen Koffern der mitgereisten Marokkaner. Da mussten wir ganz schnell zugreifen.

»Na also, das war doch gar nicht aufregend«, rief ich meiner Frau zu. »Schau mir in die Augen, Kleines.«

»Damals in Kasachstan, als ich Hepatitis hatte, hast du diesen Satz fast täglich zu mir gesagt«, erinnerte sich meine Frau.

»Ja, lang, sehr lang hat es gedauert, bis das Gelb in deinen Augen endlich verschwunden war.« Und freudig setzte ich hinzu: »Lass dich anschauen: Du bist gesund, deine Augen glänzen. Casablanca ruft, Marokko ruft.«

Übermütig durften wir jedoch nicht werden. Hier war niemand, der auf uns wartete, dem wir uns anvertrauen konnten. Und wir hatten eine Sprachbarriere zu überwinden, denn hier wird Französisch gesprochen und da konnten wir nicht mithalten. Wir mussten deshalb aber nicht in Panik geraten. Diese Großstadt, die ja nur eine Durchgangsstation nach Marrakesch sein sollte, war überraschend freundlich und einladend. Und wie so oft auf unserer Reise trafen wir auf ehrliche und hilfsbereite Menschen. Ich zählte die eingetauschten Dirham, unsere 23. Währung. Dann machten wir uns auf in die Altstadt.

Wir ließen uns einfangen und voll in Anspruch nehmen vom turbulenten Treiben der arabischen Welt. Da waren sie wieder: die kleinen Läden, die unzähligen Straßenverkäufer, die alles Erdenkliche anboten. Die Straßenküchen und Gewürzstände schickten ihre Duftmischungen herüber. Gerüche weckten Erinnerungen an die zurückliegenden Monate in Asien und wir fühlten uns wohl. Durch die offene, spontane Freundlichkeit, die heitere Gelassenheit, die wir in Australien und Amerika so oft vermisst hatten, wurden diese Eindrücke wieder lebendig. Auch die Sprachbarriere war nicht unüberwindlich. Die Marokkaner sind Sprachtalente, das sollten wir in den nächsten Wochen noch oft erfahren.

Die deutsche Floskel ›Alles klar‹ war dabei noch der einfachste Sympathieausdruck. Später, weiter drüben in den Bergen, erzählte uns ein Berber, er lerne im Eigenunterricht Deutsch wegen der Ähnlichkeit mit der Berbersprache und nannte uns einige Beispiele der Aussprache. Sehr oft wurden wir mit Händedruck angesprochen: »Welcome to Marocco.«

Diese Begrüßung im eigenen Land hatten wir schon so oft erfahren. Ob im Iran, der Türkei oder auch hier. »Wer kommt bei uns schon auf die Idee, einen Ausländer mit ›Willkommen in Deutschland‹ zu begrüßen?«, fragte Jutta, als wir uns über die Gastfreundschaft der Marokkaner unterhielten.

Die Männer trugen ihre Kaftane mit passenden Kappen oder Turbanen. Ein buntes Bild. Die Toleranz gegenüber der Kleiderordnung scheint in diesem Land hoch zu sein. Jeder trägt, was er will.

Wir schlenderten durch den Souk, die Altstadt, und wollten so viel wie möglich an Eindrücken mitnehmen. Marrakesch sei noch viel interessanter, war uns gesagt worden, und umso höher waren auch unsere Erwartungen.

Labyrinth in Marrakesch

Jeder Tag brachte neue Überraschungen, gottlob meist gute. Ein klimatisierter Bus nahm uns auf. Unsere Räder wurden sorgsam verstaut. Mit Radlerblick schauten wir aus dem Fenster: Wie könnten wir da fahren, gab es einen Randstreifen? Nach den grünen Wochen in Nordamerika und Kanada hatten wir wieder die braune Grundfarbe der trockenen Felder um uns. Die flachen Lehmhäuser im gleichen Braun-

und Gelbton. Diese Farben würden auch in den nächsten Wochen vorherrschen. Um so eindrucksvoller dann die überraschend auftauchenden grünen Oasen.

Als wir in Marrakesch ausgeladen wurden, hatten wir die imposante sechs Meter hohe Lehmmauer und eines der großen Tore zur Altstadt vor Augen. »Das passt ja gut«, entfuhr es mir, »und heiß ist es auch.«

Doch das durfte uns nicht überraschen. Ein selbst ernannter Fremdenführer wollte uns gleich nach der Ankunft in ein abgelegenes und überteuertes Hotel lotsen. Aber nicht mit uns! Hier muss man selbst suchen, sonst wird es teurer. Das sind eben die Gepflogenheiten an touristisch attraktiven Plätzen.

Wie in allen islamischen Ländern ist auch in Marokko der Tourismus nach dem 11. September stark zurückgegangen. Die wenigen Deutschen, die noch kamen, flogen in die Strandghettos von Agadir, wo sie sich sicherer fühlten. Individualtouristen waren meist Franzosen. Sie bevorzugten mehr die kühlen Frühjahrsmonate.

Am nächsten Tag leisteten wir uns eine Pferdekutsche, zur Freude des Kutschers. Der ›Square‹, der große Platz in der Altstadt, war abends der Anziehungspunkt. Aus allen Seitenstraßen strömten die Leute herbei und umringten die Gaukler und Straßenmusikanten. Zum Essen wurde an lange Tische mitten auf dem Platz geladen. Wir konnten einem quicklebendigen Mann nicht widerstehen, der uns in perfektem Deutsch einen Platz anbot. Er hatte fünf Jahre in Deutschland gelebt, sagte er und schon war er wieder weg, um andere Kunden zu fischen. »Fünf Sprachen spreche ich«, hatte er uns noch zugerufen.

Ich schaute und schaute, viel mehr auf die Menschen als auf das Essen: die vielen markanten Gesichter, die Farbenpracht und die Vielfalt der Kleidung. Das waren herausfordernde Fotomotive. Doch die Marokkaner ließen sich nicht gern fotografieren. Vor allem Frauen lehnten das entschieden ab.

Zu Fuß wollten wir durch die Altstadt zu unserem Hotel. Dass man sich im Labyrinth der Altstadt verirren konnte, hatten wir schon erfahren. Doch ich vertraute auf meinen Stadtplan, der uns aber kläglich im Stich ließ. Dreißig Minuten irrten wir durch das Labyrinth der engen Straßen. Stimmte die Richtung noch? Ein Mann wies in die entgegengesetzte Richtung. Dort gabelten sich die Gassen erneut. Also wohin?

Als wir so durch die Altstadt liefen, erstaunten uns die vielen kleinen Läden und Reparaturbetriebe, die nicht auf den Fremdenverkehr ausgerichtet waren. Hier lebten und wohnten die Menschen noch wie vor fünfzig oder vielleicht sogar hundert Jahren. An die Neuzeit erinnerten nur die dreisten Moped- und Autofahrer, die im Gewirr der eilenden Menschen ihre Durchfahrt erzwangen. Dazwischen Radfahrer, die im Slalomkurs schneller vorankommen wollten.

Ich wurde langsam nervös. Längst müssten wir doch an einem der vielen markanten Tore angekommen sein! Meine Jutta drückte ihre Verunsicherung lautstark aus.

Ein Mann in ärmlicher Kleidung fragte uns in schlechtem Englisch, was wir suchen. »Wir wollen auf die andere Seite der Stadtmauer, in die Neustadt«, antwortete Gerhard. Der Frager lächelte und entblößte sein lückenhaftes Gebiss.

»Coming«, forderte er uns auf.

In flottem Tempo folgten wir ihm; vorbei an hunderten von kleinen Läden. Ich konnte alles nur schemenhaft wahrnehmen, denn wir wollten den Mann nicht aus den Augen verlieren. Wir bogen mal rechts, mal links ab und drängten uns durch die Menschenmenge. Ab und zu zwängten sich Taxis oder Handkarren durch das Gewühl. Es war ein Labyrinth. Mir wurde heiß, ich fühlte meinen Puls am Hals schlagen.

»Seit einer halben Stunde laufen wir diesem Unbekannten hinterher. Ich habe Angst«, rief ich. Endlich erreichten wir eines der Stadttore. Wir waren verblüfft: Gleich gegenüber lag unser Hotel.

Natürlich forderte der Fremde ein Trinkgeld ein.

Von Marrakesch aus führt die Straße in die Berge hinauf auf 2200 Meter. Diese Gewalttour wollten wir uns nicht antun. Noch hatten wir die Zeitumstellung und den krassen Klimawechsel zu verkraften. Es war ein Gebot der Vernunft, wenigstens ein Teilstück mit dem Bus zu fahren.

Meine Jutta setzte sich durch: »Wir fahren bis Quarzazate.«

Unsere spärliche Karte zeigte den Weg dahin mit vielen Windungen. Nach dreißig Kilometern begann der Berganstieg. Uns eröffneten sich grandiose Ausblicke über grüne enge Hochtäler, zur Hangseite Oliven- und Dattelbäume, bergwärts steil ansteigend Stein- und Geröllhalden.

Ich sah ungesicherte Felsbrocken an der Abbruchkante liegen. Bei Regen konnte da einiges herunterkommen!

Vor dem windungsreichen letzten Passanstieg legte der Bus einen kurzen Halt ein. Jutta las es an meinen Augen ab: »Nein, das müssen wir nicht haben. Du kriegst noch genug Pässe zum Klettern.«

Sie hatte ja Recht. Und doch war es schade, dass wir nicht wenigstens die Abfahrt auf unseren Rädern hinunterrollen konnten. Der Bus kroch zwar auch recht langsam bergauf und bergab, uns als Radfahrer kam es dennoch zu schnell vor. Das Naturerlebnis auf dem Rad wäre viel tiefer gegangen.

In Quarzazate begann die Straße der Kasbahs: 320 Kilometer bis Er Rachidia, eine Wüstenstadt am Rand der Sahara. Kasbahs sind trutzige Festungen, mit dicken Lehmmauern und schmalen, verwinkelten Gängen. Damit kontrollierten die Berberfürsten die alte Karawanenstraße durch die Wüste.

Bei der Ankunft in Quarzazate empfing uns die heiße Luft der Sahara. Die Straßen wirkten wie ausgestorben. In den wenigen Hotels musste ich das Personal aus dem Nachmittagsschlaf wecken. Wir wählten ein bescheidenes Hotelzimmer mit Klimaanlage. Doch die versagte total und schickte uns nur noch mehr Heißluft herein. Wir schmorten im eigenen Saft und schliefen schlecht. Jutta erklärte am nächsten Morgen: »Mir geht es nicht gut, ich habe Steine im Magen, aber hier können wir nicht bleiben.«

Das war eine unangenehm lange Nacht. Ich war müde, konnte aber keinen Schlaf finden. Jede Seite war unbequem. Da versagten auch meine homöopathischen Mittel. Stündlich sah ich auf die Uhr. Gegen vier Uhr fiel ich in einen kurzen Schlaf. Eine Stunde später holte mich der Wecker aus einem Traum in die Realität. Zum Frühstück gab es einen Rest Müsli, ein Stück Kuchen und eine Tasse Kaffee. Um halb sieben saßen wir auf unseren Rädern. Die Luft war klar.

Unsere Augen mussten sich erst an die rotbraunen Lehmhäuser und Lehmmauern gewöhnen. Nur die geteerte schwarze Straße hob sich als Kontrast ab. Eine unendliche Weite empfing uns. Wüstenlandschaft bis zum Horizont, so weit meine Augen sehen konnten. Es war beängstigend und beklemmend für mich. So viel Einsamkeit. Ich kam mir auf einmal so klein vor. Unbegreiflich, dass Menschen freiwillig hier leben und sich damit abgefunden haben. Siebenunddreißig Kilometer entfernt lag das nächste Dorf. Kaum vorstellbar für mich.

Hier leben verschiedene Stämme der Berber. Im Verlauf der kommenden Tage machten wir die Erfahrung, dass wir nicht allein in der Wüste waren. Wir sahen Hirten, die ihre Schafe oder Ziegen hüteten, Frauen, die mit Mulis in die unendliche Weite gingen. Steinchen am Weg dienten als Markierung. Wir sahen keine Hütten und so fragten wir uns: Hinter welchem Hügel oder Berg wohnen sie?
Bei einem kurzen Radstopp kam ein Mann auf mich zu, gab mir die Hand und sagte: »Salaam aleikum.«
Das erstaunte mich schon. Bisher hatte ich in den islamischen Ländern beobachtet, dass ein Mann einer Frau niemals die Hand gab. Frauen wurden in der Öffentlichkeit in den Hintergrund gedrängt.

Die Hitze war noch erträglich, als wir Skoura erreichten. Ich war entschlossen, eine Unterkunft zu suchen, auch wenn es noch früh am Tag war. Ich sorgte mich um meine Frau. Wenn sie selbst sagt, es geht ihr nicht gut, dann ist es auch so. Ihr Puls war unter Belastung beängstigend angestiegen und lag zwanzig Schläge höher als meiner.

Ja, es gebe ein Hotel, hörten wir. Aber wir sahen kein Hinweisschild. Ein Mopedfahrer kam zu uns. Er war der Hotelbesitzer und wollte vorausfahren. Auf einem Sandweg sollten wir ihm einen Kilometer folgen. Aber bei diesen Streckenangaben waren wir schon misstrauisch. Unsere Räder versanken schier im Sand und Jutta rief aus: »Nein, das machen wir nicht.«

Also weiter. Zwei weitere Flaschen Wasser bunkerten wir noch, bevor wir den Ort verließen. Es war lebensnotwendig, in der trockenen Heißluft viel zu trinken. Oft mussten wir zum Verschnaufen und Trinken anhalten. Ein Sendemast auf einer Anhöhe zeigte den höchsten Punkt in der Umgebung an. Das sollte also die Passhöhe sein. Einige hundert Meter waren wir geklettert, als wir keuchend oben ankamen. Da stand plötzlich vor uns in dieser menschenleeren Gegend eine junge Frau mit einem Kind. Von hinten kam ein Mann dazu. Alle winkten uns einladend herbei. Meine Jutta war in solchen Situationen normalerweise sehr misstrauisch. Jetzt glühte ihr Gesicht, beide waren wir erschöpft und brauchten Erholung. Also bog sie ein, ohne zu zögern.

Wir schoben unsere Räder durch die Tür und saßen wenig später auf einem Teppich im Kreis der Familie. Der Mann lebte hier im Auftrag der Maroc Telecom mit seiner Frau und sieben Kindern. Er packte Erinnerungsfotos aus. In leidlichem Englisch redete er unablässig auf meine Frau ein. Ich nahm das eher amüsiert zur Kenntnis, meiner Jutta war das dagegen gar nicht geheuer. Er hatte ein breites, wenig einnehmendes Gesicht. Unter seiner Hakennase blitzten aus dem Mund einige Goldzähne hervor.

Die junge Frau, die dabeisaß, war die älteste Tochter, die Mutter war offenbar auf Arbeit. Links von mir schaute der kleinste Bub selig zu mir herauf und als ich ihm über das Wuschelhaar strich, lehnte er sein Köpfchen schüchtern an meine Schulter. Wir sollten zum Schlafen bleiben. Der Hausherr führte uns in die Küche. Einige Blicke meiner Frau reichten aus: »Nein, wir fahren.«

Ein Gewitter in der Wüste

Die einsame Wüstenlandschaft nahm uns auf. In der Ferne tauchten Hügelkuppen auf. Runde elliptische Steine lagen obenauf - wie von einer Riesenhand aus Jux dort platziert.

Es war nicht weit zur nächsten Stadt. »Du willst weiter«, argwöhnte meine Frau, als wir zu einer kurzen Rast anhielten. Wir mussten wieder hoch, um von der Oasenstadt auf die Wüstenebene zu kommen. Doch jetzt blies uns ein starker Wind entgegen, der zwar kühlte, aber gegen den wir ankämpfen mussten. Würden wir noch 35 Kilometer schaffen?

Nach einer kurzen Rast wollten wir wieder aufsteigen, warteten aber einen von hinten kommenden Lastwagen ab. Der fuhr aber nicht vorbei, sondern hielt direkt vor uns an. Zwei Männer kamen heraus. Einer klappte die hintere Ladeklappe herunter. Der schwere Laster war bis weit über die Bordkante hinaus mit Zementsäcken beladen. Da sollten wir hinauf. »Das geht doch nicht«, sagte ich und winkte ab.

Doch die beiden hievten all unsere Habe hinauf. Wir kletterten dazu. Ich setzte mich rücklings auf einen Zementsack. Dabei hielt ich die Räder, aber noch mehr mich selbst an ihnen fest und spreizte die Beine, um in der Kurvenfahrt etwas Halt zu finden. Unsicher saß ich da und sehnte das Ende der Fahrt herbei. War das mehr Abenteuer als auf dem Rad? Jutta stand währenddessen um mich zitternd in dem schmalen Spalt zwischen den gestapelten Säcken und der Bordwand. Uns donnerte der Wind in den Ohren und die Fahrt kam uns unerträglich lang vor.

Wir erreichten einen Vorort und das Fahrzeug hielt im Windschatten eines kleinen Hauses. Da erfasste mich plötzlich ein Heißluftschwall. Es war, als ob ich an ein offenes Feuer geraten wäre: die gefürchtete Heißluft der Sahara.

In der Stadt selbst war es zum Glück nicht mehr so heiß. Wir landeten in einer Kasbah. Am unscheinbar wirkenden Straßeneingang begrüßte uns der Besitzer als einzige Gäste an diesem Tag und winkte aufmunternd, als wir uns etwas zögerlich mit den Rädern durch einen schmalen, von Lehmmauern eingeengten Korridor zwängten. Nach hinten öffnete sich ein großer Hof mit einem Schattendach an der Seite für das Restaurant. Jetzt erst konnten wir den imposanten, trutzigen Lehmbau mit den kleinen Fenstern und den oberen Begrenzungszacken richtig betrachten.

Über einen hohen Vorraum wurden wir durch eine niedrige, knarzende Holztür in unser Zimmer geleitet. Nein, es war eher ein düsteres Verlies. Nur wenig Licht kam durch die schmalen Fenster.

»So sehr viel kühler ist es hier drin gar nicht«, wunderte ich mich und deutete auf die an der Fensteröffnung erkennbare dicke Lehmmauer.

»Hast du das gehört?«, unterbrach mich Jutta. »Das donnerte doch. Gibt es hier Gewitter?«

Wie zur Bestätigung zuckte ein Blitz in der engen Fensteröffnung. So wurden wir Zeugen eines außergewöhnlichen Naturereignisses, wie wir es in der Wüste nie erwartet hätten. Regenschwangere, dunkle Wolken brauten sich unter Donnergrollen über uns zusammen. Noch wollte ich einfach nicht glauben, dass viel Regen niederkommen konnte, als auch schon das Unwetter losbrach. Im heftigen Wind prasselte der Regen nieder: ein richtiger Wolkenbruch. Im Nu sammelte sich im Innenhof braune Brühe. Es gab keinen Ablauf, überall staute sich das Wasser.

Noch am nächsten Tag durchquerten wir Überschwemmungsgebiete. Die nahe, touristisch interessante Todra-Schlucht war schon an der Einfahrt von Geröll und Wasser durchzogen. Der uns empfohlene Abstecher erübrigte sich also.

Die kleinen Oasenstädte, die wir durchfuhren, strotzten vor sattem Grün und das inmitten der Wüstenlandschaft, einfach faszinierend! Wir sahen Feigen, Oliven, Pappeln und Palmen. Kleinbauern hatten sich Parzellen mit Mais oder Gemüse angelegt. Im Schatten vor den Häusern saßen die Männer und Frauen in der typischen Hocke, so als ob sie auf etwas warteten. Oder sie dösten nur einfach vor sich hin.

Frauen und Männer trugen zum Schutz gegen die heiße Sonne ihre hellen oder dunklen Kleider mit Kapuze. Ihre Gesichter hatten tiefe

Furchen und waren von der Sonne braun gegerbt. In ihren dunklen Augen lag ein fiebriger Glanz. Trotzdem strahlten sie Gelassenheit aus. Alles wirkte so homogen. Die Häuser und die Mauern hoben sich farblich nicht von der Erde ab. Selbst die Spatzen hatten die Erdfarbe angenommen.

Er Rachidia sei eine der heißesten Städte Marokkos, ›very hot‹. In zwei Tagen wollten wir dort sein. Doch wieder einmal wurden wir von unseren Rädern weiter getragen als geplant. Jutta fühlte sich besser. Wir hatten in den ersten Stunden eine euphorische Phase, fuhren durch zwei Dörfer, wurden überschwänglich gegrüßt und winkten und riefen übermütig zurück.

Wovon lebten diese Leute hier? Es gab kaum Arbeitsplätze in dieser verlassenen Gegend. Es seien die im Ausland arbeitenden Männer, die Geld nach Hause schicken. Davon leben ganz Familienverbände, hörten wir später. Die Alten sind in die Familie integriert und müssen nicht darben.

Die kahle Wüste schreckte uns nicht mehr. Dass es da auch menschliches Leben gab, konnten wir als Radfahrer eher entdecken als ein Autofahrer. Wir sahen junge Männer, die auf Mountainbikes in die Einsamkeit hinausradelten. Auf der anderen Seite trabte ein Esel mit seinem Herrn in die Dürre. Dort musste es irgendwo in einer Senke menschliche Behausungen geben. Mich beeindruckte immer aufs Neue, unter welch dürftigen Bedingungen Menschen der Natur ein Dasein abtrotzen. Da saß ein Mann ohne Kopfbedeckung in der Sonne. Vor sich hatte er einige Melonen und eine Waage am Straßenrand aufgebaut. Etwas weiter hinten stand sein Esel mit gesenktem Kopf. Der Verkäufer schnitt uns eine Melone auf und ich gab ihm meine letzten Münzen. Er nickte zufrieden. Wir sahen uns um, rundherum war nichts außer einsamer Wüste.

Einige Kilometer weiter hatten wir plötzlich Kamele und eine Herde schwarzer Schafe neben uns. Zum Fressen hatten sie nur ein wenig stacheliges Buschwerk. Wir stoppten und ich holte meine Kamera heraus. Ich stand einem jungen Mann gegenüber. Der Wanderhirte war martialisch gekleidet. Sein effektvoll gewundener Turban betonte die auf mich eindrucksvoll wirkende Erscheinung, er hatte ruhige, aber durchdringende Augen. Zögernd ging er auf mich zu, hielt die Hand auf und wiederholte oft ein Wort, das ich nicht verstand. Ich wollte ihm etwas geben, besaß aber nur noch große Geldscheine. Gleich in der Nähe hatte

Jutta bei einer verhüllten Frau angehalten und einen Apfel und eine Orange aus ihrem Proviantkorb herausgeklaubt.

Nach 76 Kilometern erreichten wir Goulmima, ein kleines Städtchen an einer Straßengabelung. Wir hatten die Wahl: in einer bescheidenen Herberge in der Hitze zu schmoren oder in der Hoffnung auf ein gekühltes Zimmer in Er Rachidia weiterzuradeln. Meine Jutta gab das Zeichen zur Weiterfahrt.

Doch wir hatten eine sehr harte Phase gewählt. Unbarmherzig brannte die Sonne, oft mussten wir vom Rad. Würde das Wasser ausreichen? Immer wieder tranken wir, wenn der Mund klebte. Ich fragte mich dabei, ob es uns denn wirklich vergönnt sein würde, ohne größere Pannen oder gesundheitliche Blessuren nach Hause zu kommen? Jutta klagte nicht, aber sie stöhnte: »Ich kann nicht mehr. Halte da vorn am Baum an.« Der erste Schatten spendende Baum nach dreihundert Kilometern.

Stille umgab uns, während wir verschnauften. Nur der Wind, der diesmal aus allen Richtungen zu kommen schien, erzeugte einen singenden Ton im Baum. Mental hatten wir uns auf die größere Entfernung eingestellt, und wir wollten sie schaffen. Ob die Kräfte reichten, fragten wir uns in solchen Situationen nie.

Es waren nur noch zwanzig Kilometer, als mich wieder ein heißer Luftschwall traf. Hatten wir zu viel riskiert? Notfalls blieb uns noch die Hoffnung auf ein Auto.

Doch wir kamen trotz Hitze und der langen Strecke ohne Autohilfe in Er Rachidia an. Das uns empfohlene Hotel bot kein klimatisiertes Zimmer. Im Gegenteil: Es war unerträglich heiß. Doch wir mussten nach diesen Strapazen dringend einen Ruhetag einlegen. Der Hotelinhaber kümmerte sich rührend um uns, die Hitze konnte er aber nicht lindern.

Am Abend erwachte das Leben in der Stadt. Wir saßen an der Straße zum Essen und beobachteten die Menschen. Dabei gewannen wir den Eindruck, dass alle ihr Festtagsgewand zum Abendbummel angelegt hatten. Faszinierend war die Farbenpracht der unterschiedlichen Trachten verschiedener Berberstämme. Auch die Frauen schlenderten in bunten Gewändern. Einige ältere Frauen waren verschleiert.

Am Abend gingen wir zum Einkaufen und Essen in die Stadt. Gerhard sah viele Dinge mit den Augen eines Fotografen. So fand er das Gesicht einer verschleierten Frau als Motiv. Sie bettelte um Geld. Unklugerweise gab er ihr zuerst das Geld, und schon huschte sie davon.
Ein gebrechlicher Alter, der fast blind und gehbehindert war, hielt die Hand auf. Dieses Mal war mein Gerhard klüger. Er holte seine Kamera heraus. Als der Alte sie sah, konnte er auf einmal flott gehen und eilte davon.

Atlasberge ohne Ende

Der nächste Abschnitt sollte uns mit einem Schwenk nach Norden aus der Wüste herausführen, hinauf ins Atlasgebirge. Schon am ersten Pass mussten wir des Öfteren absteigen. Ich tröstete uns damit, dass wir ja viel Zeit hatten. Der weitere Weg führte uns in ein Flusstal zu den Oasen der Gorge du Ziz. An einer Brücke lehnte ein Mann. Wir sahen ihm an, dass er nichts anderes vorhatte, als einfach da zu stehen. Er ließ sich gern fotografieren und lud uns zu sich nach Hause ein.

Einladungen dieser Art bekamen wir in diesen Tagen vermehrt. Vor einem imposanten großen Gehöft stehend, winkte uns eine Frau heran. Neugierig, wie ich bin, wollte ich schon mal hineinschauen. Doch Jutta trieb mich an: »Wir müssen weiter. Es wird immer heißer!«

Der erste große Pass mit fast zweitausend Metern erwartete uns. Über kahle Höhen krochen wir hinauf und hinter dem Berg wieder hinab in eine Hochebene auf 1400 Meter.

Das Städtchen Midelt, ein Zentrum für Mineralienabbau, kreuzten wir in unserem Erinnerungskalender groß an. An einem Berghang leuchtete das Schild ›Hotel Bougafer‹. Der Hotel- und Restaurantbesitzer war ein außerordentlich aktiver Mann. Er zeigte uns seine wertvolle Mineraliensammlung und entpuppte sich als absoluter Experte auf diesem Gebiet. Im Restaurant hatte er viele Gäste, ein gutes Zeichen. Seine Frau kochte für uns. »So gutes Kuskus werden wir vielleicht nie wieder essen«, bemerkte ich.

Zum Abschied schenkte er uns zwei Fossilien, die Jutta in ihrem Gepäck verstaute. Sie war großzügiger als ich, wenn es darum ging, ihrem ohnehin schon schweren Gepäck noch einige Souvenirs hinzuzuladen.

Die Straße nach Azrou war gut ausgebaut. Sie führte durch eine grandiose Bergwelt. So wurde es ein anstrengender Tag für uns. Wir mussten auf 2178 Meter hoch. Breite Bergrücken bauten sich vor uns auf. Das war aber noch nicht der Pass. Die Straße führte hinüber. Eine Sperrschranke für den Winter kündigte den eigentlichen Pass an. Wir hatten Fels zu beiden Seiten; dann wieder, je weiter wir hochkamen, grüne Oasen. Die kahlen, gelben Hügel verschwanden und wir kamen in eine grüne, regenreiche Bergzone. Wohltuend war der kühlende Wind. Unter einer mächtigen Zeder machten wir Rast und konnten es kaum glauben: So imposante Bäume auf dieser Höhe!

Doch wir mussten weiter, kein Meter wurde uns geschenkt. Endlich war das Schild ›2178 Meter‹ zu sehen. Wir erreichten ein Hochtal, ohne dabei viel Höhe zu verlieren. Rinder und Schafe grasten dort, dazwischen lagen die eindrucksvollen, schwarzen Jurten der nomadisierenden Bergbauern.

Ein etwa zehnjähriger Junge bat um Essen und Trinken. Ich füllte für ihn Wasser aus meiner vollen Flasche in eine leere. Dazu gab ich ihm einen Apfel. Gerhard wollte den Jungen fotografieren und ging auf ihn zu. Da umklammerte er die Flasche aus Angst, wir könnten sie ihm wieder fortnehmen. Er tat uns unglaublich Leid.
»Das ist ein Königreich der Armen«, sagte ich zu meinem Mann.

Wir glaubten bald in Azrou zu sein, doch das war ein Irrtum. Immer neue Anstiege bauten sich vor uns auf und der Wind blies uns heftig ins Gesicht. Beide mussten wir wieder unsere ganze Zähigkeit einsetzen, um da hinaufzukommen. Wir trauten unseren Augen kaum, als sich vor uns ein richtig dichter Wald auftat, mit Zedern, Pinien, Wacholder und Fichten. Dann erst rollten wir die zehn Kilometer hinunter nach Azrou.

Die Stadt liegt am Hang. Wir schoben unsere Räder einen steilen Berg zu einem empfohlenen Hotel hoch, vergebens, wie sich herausstellte. Der Empfangschef der alten Burg, die schon bessere Zeiten gesehen hatte, war kühl und wollte unsere Räder ins Freie verbannen.

Weiter unten wurden wir fündig. »Ist das was für zwei Tage?«, wollte ich nach einer gemeinsamen Besichtigung des bescheidenen, aber dennoch behaglichen Zimmers wissen. Jutta nickte zustimmend. Wir setzten uns in die schattige Laube vor dem Haus und gönnten uns erst einmal ein Bier. Ich konnte es zuerst gar nicht glauben, dass wir hier wirklich Bier bekommen konnten, hier im Moslem-Land Marokko.

Wir labten uns an frischen Früchten aus einem üppigen Angebot. Das Beste waren die Zuckermelonen. Die marokkanischen Gerichte mit Kuskus und Brouchette schmeckten uns auch. Kuskus besteht aus gekochtem Weizengrieß und Getreide, das mit Safran und Marsala gewürzt wird. Es ist wahlweise mit Gemüse oder Fleisch zu haben. Brouchette wird in einem Tonteller mit zylindrischem Deckel auf offenem Feuer gekocht: geschnittene Kartoffeln, Gemüse mit und ohne Fleisch, ebenfalls mit Safran gewürzt, und Fleischspieß. Marokkanischer Salat besteht aus klein gewürfelten Tomaten mit Zwiebeln und Oliven.

In Azrou wollte ich wieder einmal meine Kontoauszüge und die Kreditkartenabrechnungen bei meiner Bank abfragen. Auf meine Frage, ob ich hier ein Fax aus Deutschland empfangen könne, nickte der Hotelbesitzer stolz mit dem Kopf. Selbstverständlich war das in einem kleinen familienbetriebenen Hotel wie diesem nicht.

Ein Bericht für unsere Homepage war auch fällig. Das war wie immer richtig aufregend. Einige Stunden brauchte ich gewöhnlich für die Handnotizen. Wenn wir dann einen Internet-Anschluss gefunden hatten, wurde es meist sehr eng. Hastig tippte ich mit der in meiner Jugend erlernten Zehn-Finger-Methode den Bericht, gespickt mit einigen Schreibfehlern. Zur Verunsicherung trugen auch die unterschiedlichen Tastaturbelegungen in einigen Ländern bei. Manchmal waren die Buchstaben auf den Tasten abgegriffen und unleserlich, oder einige Tasten blieben hängen. Wenn ich dann schließlich alles getippt hatte und der Inhaber bereits nervös auf die Uhr schaute, weil er seinen Laden dicht machen wollte, musste das alles noch unserem Webmaster gemailt werden. Das überließ ich meiner Frau. Ich wagte erst dann erleichtert aufzuatmen, wenn ich die Bestätigung auf dem Display unter ›Gesendet‹ sehen konnte und den Ausdruck des Berichtes in Händen hatte - für alle Fälle!

Das Atlas-Gebirge erstreckt sich bis hinauf zum Nordzipfel Marokkos, zur Straße von Gibraltar. Eine zerklüftete Bergregion mit tiefen Tälern. Wir wussten das. Auch unsere dürftige Straßenkarte zeigte viele Windungen, was auf Berge schließen ließ. Wie oft würden wir noch hochklettern müssen, bevor wir zum Mittelmeer hinabrollen konnten? Zunächst jedoch war es eine uns kaum fordernde Genusstour nach Meknes.

Unsere Eindrücke von dieser geschäftigen Stadt waren eher ernüchternd. Im Drei-Sterne-Hotel empfing uns die steife Atmosphäre, die offenbar untrennbar mit diesen schon etwas gehobenen Herbergen verbunden ist. Die Gäste stiegen im Fahrstuhl zu und schauten mit eisiger Miene an uns vorbei. Lärm war uns wirklich zuwider, aber die Stille der Hotelhalle und der flüsternde Umgangston wirkten beklemmend. An der Rezeption musste ich mein erprobtes Ritual der Überzeugungskraft aufwenden, bis wir nach langem Hin und Her die Räder mit auf das Zimmer nehmen durften. Störende Töne drangen vom Swimmingpool herauf. Die weltweit globalisierte Jugendmusik mit dem stupiden ›Wummwumm‹ verkündete mit hoher Lautstärke als Markenzeichen: Wir sind ein modernes Hotel.

Wir mussten nicht weit aus der Stadt hinaus und hatten im Morgenlicht die schönsten Stunden vor uns: säumende Eukalyptusbäume, einige Meter hohe Kakteenzäune mit vollreifen Früchten, breite Felder mit Weinreben und reifenden Trauben. Ausgelassen rief ich meiner Jutta zu: »Frau, du musst mich heil nach Hause bringen.«

»Na klar«, kam es laut und überzeugend zurück. »Ich will ja auch nicht auf der Strecke bleiben.«

Wir freuten uns darauf, den marokkanischen Rotwein zu kosten. Doch es sollte nicht sein, das Alkoholverbot des Koran erschwerte uns diesen Genuss. Alkoholische Getränke gab es nur in sehr wenigen, lizenzierten Geschäften und Restaurants. Auf die Erzeugnisse der Tabakfelder, die uns eine Weile begleiteten, konnten wir freilich verzichten. Als Wegzehrung dienten an diesem Tag gelbe Honigmelonen und frisch gepresster Orangensaft vom Straßenrand. Die vollreifen, gelben Melonen leuchteten von den Feldern herüber und wurden von den Händlern an der Straße angeboten. Mit Strohballen von den Stoppelfeldern hatten sie Schatten spendende Verkaufsstände aufgebaut. Die gelben Strohballen Ton in Ton mit dem kräftigen Gelb der Melonen wirkten außerordentlich einladend.

Die Getreidefelder waren abgeerntet. Gedroschen wurde offenbar mit unterschiedlichen Methoden. Wir sahen eine stationäre Dreschmaschine am Straßenrand, die viel Staub verbreitete. Später sah ich, wie zwei Esel im Kreis über das geschnittene Getreide geführt wurden - eine etwas langsamere Art, die Körner vom Stroh zu trennen.

Die Esel gehörten zur Landschaft und wurden zur Fortbewegung gebraucht. Darauf saßen Frauen in Tracht mit breitkrempigen Hüten, die mit bunten Bändern verziert waren. Nicht nur in der Kleidung, auch vom Aussehen her waren es andere Menschen als auf der anderen, der Sahara-Seite der hohen Pässe. Wir meinten, einen spanischen Einfluss zu erkennen. Zur Landschaft passten auch die Ziegen und Schafhirten mit ihren anspruchslosen Reittieren im kargen, dürren Gras. Einige Hirten machten mit der Hand zum Mund ihren Wunsch nach einer Zigarette deutlich, den wir aber nicht erfüllen konnten. Kaktusfrüchte wurden uns meist von Kindern angeboten. Die Frucht wurde an Ort und Stelle gegessen. Der Anbieter öffnete sie und man brauchte nur das Fruchtfleisch herauszufingern.

Am Beginn einer Abfahrt, die uns in weitem Bogen in eine trockene Region hinunterführte, wollten uns einige Kinder heftig fuchtelnd zum Anhalten bewegen. Wir erzwangen die Durchfahrt. Ich hielt jedoch etwas weiter unten an, um einen Buben dabei zu beobachten, wie er die Kaktusfrüchte erntete. Da kam auch schon die ganze Horde der halbstarken Burschen angerannt. Mit dieser übermütigen Meute wollten wir uns nicht einlassen und suchten das Weite, zumal keine weiteren Erwachsenen in der Nähe waren.

Ich hatte von Steine werfenden Kindern gelesen. Ängstliche Leute könnten daraus den Schluss ziehen, nicht mit dem Rad durch Marokko zu fahren. Wir waren diesbezüglich unbesorgt. Nur ein einziges Mal klimperte ein Steinchen in meinen Speichen. Ein Bub hatte es eher zaghaft herübergeworfen, ohne mich damit irritieren zu können. Hundertfach winkten und riefen uns Kinder freudig zu und waren auch bei ihrem Broterwerb nicht aufdringlich. Kleine Buben standen als Händler hinter ihrem Warenangebot, zogen mit Zigarettenschachteln umher und boten sich als Schuhputzer an.

Die ganze Tagesetappe wäre eigentlich wieder ein Raderlebnis für zwei Tage gewesen. Doch wir fanden keine Unterkunft und trafen nur auf Melonenhändler und Hirten. So mussten wir weiter und hatten erneut harte Stunden vor uns. Wasser, viel Wasser brauchten wir für den beginnenden Berg in der Mittagshitze. Geduldig und ergeben kurbelten wir bergauf. Es war ja nicht das erste Mal, dass wir ein weites Ziel ansteuerten.

Noch neun Kilometer waren es bis Quarzane. Wir hielten erschöpft an, um für die letzten zwei Kilometer durchzuschnaufen, die ansteigend vor uns lagen und zu der in die Flanken eines Berges hineingebauten Stadt führten. Dort waren zu dieser heißen Tageszeit nur einzelne Menschen auf der Straße. Um so herzlicher war jedoch die Begrüßung und Hilfestellung bei der Hotelsuche. Da überzog mich eine wohlige Gänsehaut. In dem kleinen bescheidenen Hotel kochte die Mutter für uns und die Söhne trugen das Essen auf der Dachterrasse auf. Wir saßen im Abendlicht und hatten die ansteigenden Häuserzeilen mit den schmalen Gassen vor Augen.

Nur 75 Kilometer sollten es am nächsten Tag werden. Deswegen wollten wir etwas später losfahren. Wir vermuteten eine harmlose Strecke. Doch das war ein Täuschung. Vielleicht lag es auch an der hohen Vortagsbelastung, dass wir uns diesmal so plagten. Die Hitze hatte zugenommen. Wir kamen an eine Kreuzung mit einem Abbiegeschild nach Chechauen, unserem Tagesziel. Bis dahin war mir noch nicht bewusst, dass unser Ziel eine Bergstadt war, die aber noch viel höher lag. Es war ein steiles Bergan. Jutta stöhnte: »Ich kann nicht mehr und ich will nicht mehr, wir müssen ein Auto anhalten.«

Gemeinsam hielten wir die Hände heraus und siehe da, wenn die Not am größten ... ein Kleinbus hielt. Ich vermutete, dass darin allenfalls Platz für ein Rad war. Jutta und ihr Rad waren dank helfender Hände schnell verstaut und sie winkte mir zum Zusteigen. Doch ich war schon auf meinem Rad und kurbelte los.

Nur sieben Kilometer, dachte ich. Gleich da oben um die Ecke wird der Berg zu Ende sein. Es kam anders, wie so oft, die Serpentinen wollten einfach nicht enden. Die Sonne brannte unbarmherzig auf mich nieder, die Zunge klebte am Gaumen und den letzten Schluck Wasser hatten wir uns schon weit unten geteilt. Mein Kopf glühte und bei einem Puls von über 150 musste ich absteigen, bevor die Sternchen vor den Augen tanzten. Nach einer kurzen Pause fuhr ich im kleinen Gang weiter. Ich war am Limit und musste zurückstecken. Erstmals hatte ich meine Frau nicht in meiner Nähe und gleich verspürte ich ein Gefühl des Verlorenseins. Doch ich wusste ja, am Ortseingang würde sie sehnlichst auf mich warten. Dann erreichte ich endlich den Sattel und konnte ein Stück abfahren. Da stand meine Geliebte, mit heftig winkenden Armen, nicht zu übersehen.

Ein Busfahrer hatte ihr zuvor mein Ankommen gestenreich angekündigt. Sie machte mir einen leichten Vorwurf: Ich hätte noch Platz im Bus gehabt. An diesem Abend war ich in einem schlappen Zustand, wie nach einem überstandenen ›Ironman‹-Wettkampf.

Chechauen empfanden wir als Juwel einer Bergstadt. Die gekalkten Häuserzeilen stiegen steil an in die Hänge der imposant aufragenden beiden Bergspitzen. Weit oben lag die Altstadt, steile Straßen, Gässchen und Treppen führten hinauf. In engen Kavernen saßen Händler und Handwerker, Schneider an der Nähmaschine, Schreinereien auf engstem Raum, alles blieb einsehbar. Das war richtiges Handwerk, keine touristische Schau. Die Stadt ist für Besucher sehr attraktiv, und doch verfälschte der Tourismus nicht das Stadtbild. Individualtouristen und auffallend viele Backpacker, die jungen Leute mit dem schmalen Geldbeutel, waren hier unterwegs.

Am Abend wurde es lebhaft auf dem malerischen Platz in der Medina, der Altstadt. Die Moschee war das dominanteste Bauwerk am großen Platz. Die Rufe der Muezzine und die nach außen dringenden Gebete, die in die Moschee drängenden Gläubigen, die am Eingang so schnell ihre Galoschen abstreiften, die Männer mit den verschiedenfarbigen Kaftanen, die älteren samt übergezogenen Kapuzen als Hitzeschutz, die Frauen in ihren farbigen langen Gewändern, all das gehörte zu diesem Platz. Ich hatte noch lange das malerische Bild vor Augen, als die Gläubigen im Abendlicht in ihren prächtigen Gewändern die Freitreppe der Moschee herunterkamen.

Wir aßen vorzüglich: Kuskus, Brouchette, Suppen, Salate, und wurden so eifrig und freundlich bedient wie selten zuvor. Das Essen war so billig, dass wir es kaum glauben konnten. Uns wunderte nicht einmal mehr, dass wir Deutsch angesprochen wurden.

»Wie werden wir erst von Marokko schwärmen, wenn wir wieder im nüchternen Europa sind«, sagte ich und Jutta nickte. Beide hatten wir uns an diesem rastlosen Ruhetag gut erholt.

Im ersten Morgengrauen brachen wir zum letzten Tag in diesem Land auf. Erst kilometerlang in langen Serpentinen hinab, dann mussten wir wieder hoch. Doch die Morgenfrische half uns dabei. Wir bestaunten die malerischen Bergkämme und idyllischen Dörfer um uns. Irgendwo nicht weit voraus mussten wir im immer schmaler werdenden Nordzipfel des Landes ankommen. Die schnellen Autos der im Ausland arbeitenden

Marokkaner mehrten sich und wurden zunehmend lästiger. Wir kamen nach langen Abfahrten auf Meereshöhe an und hatten die große Stadt Tetouan vor Augen.

»Das ist schon europäischer Autolärm«, bemerkte Jutta, als wir am Randstreifen anhielten. Schon bald hatten wir zur Rechten das Mittelmeer mit azurblauem Wasser im Blick. Auffallend wenig Strandurlauber waren zu sehen. Würden sich die Badegäste drüben an den spanischen Stränden umso mehr drängeln? Ein oder zwei Strandtage hätten wir uns leisten können. Doch es war noch früh am Tag und so fuhren wir kurzerhand zur Grenze. Noch einmal, ein allerletztes Mal, der Bürokratismus der Grenzkontrolle, dann waren wir im Euroland - allerdings auf afrikanischem Boden.

Gerhard übernahm das Anstehen. In einem Pulk von Menschen drängelte er sich zum Abfertigungsschalter vor. Straßenhändler verkauften die eigentlich kostenlosen Formulare.
»Das wäre ja noch schöner, die Formulare zu bezahlen«, sagte mein Mann und forderte sie bei dem Beamten ein. Ich stand bei den Rädern etwas abseits. Gerhard wirkte zeitweise gestresst. Die Prozedur des Grenzübergangs dauerte eine Stunde.

Nach Europa war es nur ein Katzensprung. Wir wurden mit unseren Rädern auf einen Fußgängersteg zur Fähre gewiesen. Auf dem Schiff gab es leider keinen Zugang zum offenen Deck. So konnten wir den berühmten Felsen von Gibraltar nur durch die verschleierte Scheibe sehen.

KAPITEL ZWÖLF

Zurück nach Europa

Noch dreitausend Kilometer - das war fast nichts. Kein trennendes Meer lag mehr zwischen uns und der Heimat; vielleicht noch sechs Wochen bis Feldafing. Wir waren in Europa angekommen.

Auch schon in diesem unteren Zipfel fielen uns die Wohlstandsbäuche auf und die Frauen zeigten gewagt viel Fleisch. Geradezu befremdlich wirkten die bauchfrei tragenden jungen Frauen auf uns, von denen manche schon zu dick für eine solche Mode waren. Abgesehen davon ging es in Andalusien nüchtern und geschäftlich zu. An die hiesigen Öffnungszeiten mussten wir uns erst gewöhnen. Viele Läden waren nachmittags geschlossen. Erst gegen acht Uhr abends, wenn die Sonne nicht mehr erbarmungslos brannte, ließ es sich im Freien aushalten. Dann wurde es munter und lebendig auf den Straßen und in den Lokalen.

Sommerliches Andalusien

Früh am Morgen war es noch angenehm ruhig und kühl. Wir rollten entspannt dahin, durch Alleen von Eukalyptusbäumen, vorbei an Feldern, auf denen sich Störche die Beine vertraten. Das Land war flach und wir fragten uns schon, wo die Berge waren. Nach einer Stunde konnten wir im Dunst einige Umrisse erkennen. »Very mountainous«, sehr bergig sei die Sierra Bermeia, hatte uns ein Mitarbeiter im Fremdenbüro gesagt, aber wie hoch würde uns die Straße führen?

Hätten wir die Reliefkarte, die wir einige Tage später in der Hand hielten, vorher zu Gesicht bekommen, hätten wir uns mental darauf vorbereitet oder einfach einen weniger bergigen Weg gesucht. So aber fuhren wir unbekümmert hinauf in weit geschwungenen Kurven, nicht zu steil, aber beständig ansteigend. Wieder mussten wir nach einem Blick voraus deprimiert erkennen, dass oben, ganz oben am Gipfel Autos fuhren. Es waren unendliche Steigungen und bei der allmählich einsetzenden Hitze strengte das Fahren immer mehr an. In den ersten Stunden plagte uns die hohe Luftfeuchtigkeit. Unsere Schaltgriffe waren glitschig geworden und der Schweiß troff nicht nur von den Händen.

Ich kam eigentlich ganz gut mit dem Bergfahren zurecht. Drücken und Ziehen, einen runden Tritt mit den Schuhen im Klick. Das brachte mir die beste Kraftübertragung. Doch mit diesen Höhen hatten wir beide nicht gerechnet. Es war, als ob uns die immer neuen, noch höheren Bergrücken höhnisch angrinsten und uns drohten: Ihr seid noch lange nicht zu Hause.

Mein Gerhard war wieder einmal gut drauf. Ich spürte einen leichten Ärger in mir und rief ihm hinterher: »Du mit deiner widerlichen Vitalität. Halte bitte mal an, ich kann nicht mehr.«
Nach einigen kurzen Abfahrten hinab in malerische Bergdörfer führte die Straße erneut nach oben zu den Bergflanken und über Sättel zu den nächsten Bergen. Ich hatte die Plackerei satt. In dieser Situation hätte ich am liebsten mein Rad in die Ecke gestellt und wäre mit einem Bus weitergefahren. Gerhard versuchte mich zu besänftigen. »Wir haben Zeit. Verschnauf' erst einmal.«
»Nein, Gerhard, wir haben keine Zeit. Es wird immer heißer. Wir müssen es schaffen.«

Bis zu unserem Zielort Ronda waren es noch neunzehn Kilometer. Doch diese abgelegene Bergstraße hatte es in sich. Noch mal waren 450 Höhenmeter zu bezwingen. Die Berghänge fielen zur rechten Seite steil ab. Tief unten konnten wir kleine Dörfer erkennen. Vor uns tauchte ein Verkehrsschild auf: ›15 km Baustelle‹. Auch das noch. Zeitweise zweifelten wir, ob wir zwischen Schotter, Baustellenfahrzeugen und Baggern durchkommen würden.

Durch aufwändige Felsabtragungen, Durchbrüche und Stützbauwerke wurde die Straße auf das EU-Maß erweitert. Eine für den Durchgangsverkehr völlig ungeeignete, windungsreiche Bergstraße, die allenfalls einmal den Anliegern in den kleinen Bergdörfern dienen könnte.

Ronda ist eine Touristenhochburg. Über die Autobahn kamen Kurzausflügler von den Badestränden um Marbella hinauf. Die weit ausgelegte Fußgängerzone war auch am Nachmittag sehr belebt. Im Westen begrenzt ein steiler Felsabbruch die Altstadt. Dort bieten sich spektakuläre Ausblicke in die Tiefe und die Ferne an. Eine weitere Attraktion ist die Stierkampfarena. Vor mehr als 250 Jahren erbaut, ist sie eine der berühmtesten in ganz Spanien. Wir sahen einen Stierkampf im Fernsehen und waren uns einig: Die Mutproben bei den Rodeos in Amerika bewundern wir mehr. In den Rodeoarenen bleibt der Stier Sieger, für die Rodeoreiter zählen die Sekunden auf dem bockenden

Tier. In der spanischen Arena hat der Stier dagegen keine Chance. Er wird gequält und vorgeführt als plumper Muskelkoloss, der vergebens das rote Tuch aufspießen will. Bis ihm der elegante Torero gezielt den Todesstoß versetzt, unter dem er langsam zusammenbricht.

Es war noch heißer geworden. Im Radio wurde eine Rekordhitze für den Abend von einundvierzig Grad verkündet. Und die Hitzewelle hielt an.

In den nächsten Tagen gewannen wir wieder einen ganz anderen Eindruck von Andalusien. Wir radelten auf einer ruhigen Nebenstraße. So konnten wir entspannt die Landschaft betrachten; Stoppelfelder, sattgrüne Blätter, zwischen denen gelbe Melonen hervorblitzten, dazwischen schwarze Flächen abgebrannten Strohs. Von den Sonnenblumen waren nicht mehr viele Blüten zu sehen. Die meisten hatten unter dem Gewicht der reifen Kerne schon ihre Köpfe gesenkt. Die Agrarflächen waren geprägt von der Trockenheit eines heißen Sommers.

Einige Kilometer vor Cordoba setzten wir uns im Schatten eines Hauses auf den Randstein und tranken unser letztes Wasser.

Auf den Spuren Don Quichotes

Am Abend unseres Ruhetages war es sehr spät geworden. Kurz vor Mitternacht, als wir unserer Herberge zustrebten, wies die digitale Temperaturanzeige 38 Grad aus. In der Dämmerung am nächsten Morgen noch immer 33. Am Vortag hatten wir auf einem anderen Temperaturmesser eine große digitale ›46‹ entdeckt, etwas später im Schatten waren es nur drei Grad weniger. Heiße Luft strömte in diesen Wochen aus Marokko und der Sahara hinauf, überzog weite Teile Europas und ließ die Menschen unter lähmender Hitze stöhnen. Die fürsorglichen Empfehlungen der Ärzte für heiße Tage lauten: die Sonne meiden, kühle Räume aufsuchen, nicht anstrengen und viel trinken! Für Senioren nahe der Mittsiebziger gilt das natürlich umso mehr. Die sollten zur Kontrolle regelmäßig den Arzt aufsuchen und vielleicht auch vorbeugend Kreislauf stützende Medikamente nehmen.

Wir warfen uns in die Sättel. Um aus der Senke Cordobas bergan voranzukommen, würden wir uns heftig bewegen müssen. Das konnten wir nur wagen, weil wir schon so viele Hitzetage überstanden hatten. Wir tranken in den folgenden Tagen viel: jeder von uns acht Liter täglich.

Die uns umgebende Landschaft war nicht einladend, eher entmutigend, vor allem wenn wir zu den kahlen, ausgedörrten Hügeln hinaufsahen. Es waren auch keine Menschen zu sehen, keine Ziegen- und Schafherden im dürren, hohen Gras, keine Melonenhändler, keine bunt gewandeten Frauen auf den so gutmütig dreinschauenden und ergeben trabenden Eseln, keine Leute, die uns freudig zuriefen. Da konnte schon Sehnsucht nach Marokko aufkommen. Auch die weitflächigen Plantagen mit dem gedeckten Grün wirkten monoton. Nur die Olivenbäume hielten der Trockenheit stand.

Am nächsten Tag kam es wieder knüppeldick. Das Gelände glich einer Achterbahn: Ein Auf und Ab in zahllosen Kurven. Wir hatten zuvor einen Passanten befragt und der hatte geantwortet: »Todo plano, alles flach.« Das bestätigte uns in unserer Meinung, dass wir der Auskunft eines Autofahrers nicht unbedingt trauen durften.
Zum krönenden Abschluss dieser Tagestour mussten wir achthundert Höhenmeter auf zehn Kilometer hochkurbeln. Und das bei einer Affenhitze von dreiundvierzig Grad. Wir mussten öfter absteigen.
»Ich schaffe es heute nicht«, jammerte ich. »Nein, es geht wirklich nicht.« Völlig hilflos sah mich Gerhard an und sagte kein Wort. Mich packte die blanke Verzweiflung. Ich versuchte mich mental noch einmal zu motivieren, denn wir mussten die letzten zwanzig Kilometer schaffen, das konnte mir ja niemand abnehmen.

Die ›Hostals‹ in den kleinen Dörfern boten einen kaum erwarteten Komfort. Da legten wir uns erst mal einige Stunden zum Schlafen nieder. Einmal wollten wir nachmittags um fünf Uhr zum Einkaufen gehen, vergebens. Erst wenn die Sonne hinter den Dächern der schmalen Häuschen verschwand, regte sich Leben im Dorf, und die Leute kamen aus dem kühlen Inneren durch die niedrigen Türen, stellten die Stühle vor das Haus und hielten Ausschau. Erst dann hatten wir eine Chance, einen kleinen Laden zu finden. Wenn das Schließgitter geöffnet war, mussten wir nur noch durch den Perlenvorhang schlüpfen. Das Angebot war nicht üppig. Frisches Obst war auch nicht zu haben.

Die Sonne erhitzte die Luft schon am frühen Morgen um neun Uhr auf fast vierzig Grad Celsius. Im Quartier angekommen, legte sich mein Mann als erstes in voller Montur aufs Bett. Gerade noch, dass er seinen

Radhelm abnahm. Ich trieb ihn wieder hoch.
»Zieh dir wenigstens die Sonnenbrille ab«, forderte ich ihn auf.
Kurz darauf schlief er ein.

Auf unserem Nordostkurs erreichten wir mit Ciudad Real die Hochebene der La Mancha, die wir in ihrer ganzen Ausdehnung von mehr als dreihundert Kilometern durchqueren wollten. Die La Mancha ist untrennbar mit Don Quichote verbunden, dem tragikomischen spindeldürren Ritter, der mit seinem Gaul Rosinante und seinem Kumpel Sancho Pansa gegen Windmühlenflügel kämpfte. Ja, viele Abbildungen der Helden waren vorzugsweise auf schwarzem Blech und auf Hausgemälden zu sehen; die beiden auf ihren Reittieren sitzend, dem Gaul und dem Esel.

Für den Tourismus wird eine Romantik beschrieben, die es in der Realität allerdings nicht mehr gibt. Nicht ein lebendes Pferd, auch keinen Esel konnten wir auf der langen Wegstrecke entdecken. Kein Bauerngehöft war zu sehen, nur einige dem Verfall preisgegebene Bauernkaten, weit drüben in großen Abständen die riesigen Hallen der agrarischen Großbetriebe. Sieht so die Zukunft unserer europäischen Agrarwirtschaft aus?

Charakteristisch war das großflächige Weinanbaugebiet, es soll weltweit das größte zusammenhängende sein. Die Rebstöcke standen exakt in Linie bis zum Horizont. Sie waren nicht an Pfählen hochgebunden, sondern selbsttragend, seitlich ausladend, etwa einen Meter hoch. Wohltuend für das Auge leuchteten Sonnenblumen, die Köpfe mit den Blütenkränzen aufrecht der Sonne zugewandt, noch nicht dürr wie im südlichen Andalusien.

Oben auf einigen Hügelkämmen konnten wir noch wenige der von den Abbildungen her bekannten Windmühlen entdecken, typisch und romantisierend für das Auge war eigentlich nur der markante hohe Kubus mit dem runden Spitzdach. Die Flügel, soweit noch dran, waren unscheinbar klein, rotierten nicht und wurden nur für Touristen als Blickfang erhalten. Der Fortschritt des modernen Industriezeitalters hatte die Flügel längst lahm gelegt, was dem unerschrockenen Don Quichote nicht gelingen konnte.

Ich sah einen Vergleich mit diesem Ritter von der traurigen Gestalt: Kämpften wir beide auf unseren Drahteseln nicht auch einen hoffnungslosen Kampf gegen die Motorfahrzeuge? Im hoch entwickelten Europa suchten wir der Autoflut auf ausgeklügelten Nebenstraßen auszuweichen. Auch den radlerfeindlichen Verkehrsmoloch Madrid, auf den die Autobahnen wie in einem Spinnennetz sternförmig zulaufen, mussten wir unbedingt meiden. Die Flucht vor dem Verkehr erforderte einige Umwege und bescherte uns Berge. Den Motoren konnten wir trotzdem nicht entgehen. Nahezu alle der von uns befahrenen Nebenstraßen waren zu breiten Rennstrecken ausgebaut, führten kreuzungsfrei an Städten vorbei und luden zum Rasen ein. Und die Spanier rasten nach deutschem Autobahnvorbild.

Dass wir uns auf dem Randstreifen nicht unbedingt sicher fühlen durften, wurde uns eines Morgens verdeutlicht. Wir fuhren auf einen umgestürzten Kleinlaster zu. Vor dem völlig demolierten Fahrzeug stand seine Fahrerin, sichtlich benommen und unter Schock, aber - für uns ein kleines Wunder - nur mit leichten Kratzern. Jutta holte ihr Handy heraus und ließ sie telefonieren. Mit unseren bescheidenen Spanischkenntnissen und über ihre erklärenden Handbewegungen konnten wir herausfinden, dass sie einem entgegenkommenden Auto ausweichen wollte, dessen Fahrer offenbar eingeschlafen war. Meine Frau umarmte und tröstete sie. Wir fuhren erst weiter, als andere Autos angehalten hatten. Wenig später kamen uns zwei Polizisten auf ihren Motorrädern entgegen. Eine Stunde zuvor waren die beiden noch im höchsten Renntempo und tiefer Kurvenlage an uns vorbei gedonnert.

Wie inspiriert von professionellen Motorradrennen rauschte später noch eine ganze Horde von Motorradfahrern auf tosenden Maschinen an uns vorbei. Da gehen einem ergrauten alten Fernradler so einige Gedanken durch den Kopf. Hat die Temposucht der Auto- und Motorfahrer etwa mit einer Fehlsteuerung im menschlichen Gehirn zu tun? Dass der menschliche Körper zur Fortbewegung aus eigener Körperkraft geschaffen ist, scheint vergessen. Die Gliedmaßen können nur verkümmern, wenn sie nur noch für das Gaspedal und zum Lenkerhalten benutzt werden. Vielleicht gibt die medienwirksame Tour de France, die wir leider nur in kurzen Ausschnitten im Fernsehen verfolgen konnten, neue Anstöße, selbst aktiven Sport zu treiben und den Profis nicht nur zuzuschauen. Nach unseren Eindrücken bewegt sich in den entwickelten Industriestaaten nur eine kleine Minderheit der Menschen körperlich aktiv. Der Motorisierungs- und Geschwindigkeitswahn grassiert weltweit.

Eine mit Kopfstein gepflasterte Straße führte uns über eine Steigung von etwa dreizehn Prozent in die Altstadt von Alcazar. Viel zu steil, um mit den Rädern hochzufahren. Das Metall für die Klickpedale unter meinen Schuhen brachte mich beim Schieben zum Rutschen. Nur mit Mühe kam ich voran.

Die Altstadt war geprägt von einer mächtigen Kathedrale, die ein Museum für Touristen war. Ein erdiger, muffiger Geruch erfüllte den ganzen riesigen Raum. Die Altäre wirkten unnahbar, Distanz ausdrückend.

Die Suche nach einer Unterkunft gestaltete sich an diesem Abend etwas schwieriger als sonst. Zwei Herbergen hatten keine Unterstellmöglichkeit für unsere Räder, eine war geschlossen. Es blieb nur das einzige Hotel der Stadt. Gerhard fand den Hotelpreis zu hoch. Spontan sagte ich: »Komm, ich schenk' dir die Nacht.«

Er nahm die Zweideutigkeit auf.

»Oh, das will aber was heißen«, neckte er mich. Das Hotel hatte den Namen ›Casanova‹, was zu dieser Situation passte.

Vor der nächsten Stadt überquerten wir die Berge der Sierra de Cuenca, wo wir vom kahlen Hochland kommend Pinienwälder fanden, die angenehme Wohlgerüche verbreiten. Viel Schweiß vergossen wir und mussten danach trachten, vor dem frühen Nachmittag ein Ziel zu erreichen. Mit großem Respekt, aber auch mit Sorge sahen wir frühmorgens den Sonnenball viel zu schnell hochsteigen, umgeben von einem Strahlenkranz in orangen Farbtönen.

Nach einigen hundert Kilometern, es werden seit Cordoba etwa fünfhundert gewesen sein, gelangten wir nach Cuenca - und lebten immer noch. Zum Dank dafür beteten wir in der Kathedrale.

Die Altstadt dieser Provinzhauptstadt steigt zwischen engen Gassen auf einem schmalen Bergrücken nach oben, nach beiden Seiten steil abfallend mit grandiosen Ausblicken zu bizarren Felsformationen auf der anderen Talseite. Gab es einen anderen Grund als die Sicherheit der Naturbarrieren vor angreifenden Feinden, die Mühsal der steilen Wege auf sich zu nehmen? War das der Grund, die Stadt auf dem Berg zu errichten? Die wenigsten Besucher kommen zu Fuß hoch, Verkehrsschilder weisen zum Autoweg. Auch uns wurde der Bus empfohlen. Es war aber nicht mühsam, die alten Hausfassaden, die Tore, Fenster und offenen Hauseingänge betrachtend, langsam hinaufzuklettern. Für Autos unserer Moderne, die sich ihre Vorfahrt fordernd erzwingen, sind die engen Gassen nicht gebaut.

Weiter oben öffnet ein Tor den Platz der Altstadt und der Besucher wird in den Bann geschlagen von der im Sonnenlicht glänzenden Fassade der mit dicken Außenmauern breit angelegten Kathedrale. Im Innern dieses mächtigen Gotteshauses mit den vielen Altären im Rundgang gingen meine Blicke oft nach oben zu den mutigen selbsttragenden Gewölben über den hohen Stützpfeilern.

In der Autoflut

Sehr weit war es noch zur spanischen Nordostecke, wo wir die Küstenstraße nach Südfrankreich erreichen wollten. Der Ruhetag hatte neue Kräfte geweckt. Als wir nach fast 150 Kilometern die Bergstadt Teruel vor uns sahen, ich beim letzten Trinkstopp meine Jutta befriedigt anschaute und ihr ein großes Kompliment machte, erwiderte sie eher ärgerlich: »Du musst halt immer deinen Kopf durchsetzen. Gib es doch zu, du wolltest heute unbedingt bis Teruel kommen.«

»Das stimmt nicht«, wehrte ich mich, »ich habe heute früh nicht geglaubt, dass wir so weit kommen.«

Da war auch ein Pass dazwischen, doch die letzten 35 Kilometer führten uns durch ein grünes Flusstal, angenehm zu fahren, wohltuend für das Auge. Dort hatten wir Schatten spendende Bäume um uns. Nach oben bauten sich bizarr aufgeschichtete rotbraune erodierte Felswülste auf.

Als wir am Abend durch die Altstadt schlenderten, spürten wir doch die Müdigkeit eines anstrengenden Tages. »Und immer wieder diese Anstiege!«, riefen wir uns scherzhaft zu, beim allerletzten Hochsteigen des Tages über eine enge Steintreppe hinauf zu der engen, aber urigen Kemenate des in einer schmalen Gasse gelegenen Hostals.

Jeder Tag, ja jede Stunde hielt Überraschungen für uns bereit. Hinüber zum Ebro vor dem Mündungsdelta hatten wir flaches Land erwartet. Es war jedoch eine zerklüftete Berglandschaft, von der aus wir in die Tiefe zum Rückstau des Stromes schauen konnten. Die windungsreiche Bergstraße war kaum befahren. So war es noch unheimlicher, als wir in die Spuren eines Waldflächenbrandes hineinfuhren, wo nur schwarze kahle Baumstümpfe zu beiden Seiten aufragten.

Brandgeruch stieg in unsere Nasen. Der Brandherd ließ nicht lange auf sich warten. Großflächig waren Wiesen und Olivenplantagen niedergebrannt. An einigen Stellen stieg noch Rauch auf. An einer anderen loderte Feuer. Wir spürten die Hitze der verbrannten Erde. Ich beschleunigte mein Tempo: Nichts wie weg!

Dann kam der abrupte Bruch, es war vorbei mit den leeren Straßen. Die Verkehrsschilder verwiesen auf Autobahnen. Wir suchten nach einer auf unserer Karte ausgewiesenen Nebenstraße nach Manresa. Die gab es zunächst noch, doch auch da donnerten die Fahrzeuge im Autobahntempo an uns vorbei. Die Straße endete mit einer Einmündung in die Autobahn und wir stoppten ratlos vor dem unübersehbaren Verbotsschild für Radfahrer. Wir hatten keine Chance, auf eine andere Straße abzuzweigen. Radfahrer wurden rücksichtslos ausgesperrt. Das sollten wir noch einige Male erfahren. Wir mussten hinauf auf den Randstreifen der Autobahn; mindestens bis zur nächsten Ausfahrt.

Und weil ein Unglück selten allein kommt, blockierte meine Schaltung. Offensichtlich war das Schaltseil verschlissen. Mit dem großen Gang trat ich 25 Kilometer lang hart in die Pedale. Wir mussten schließlich eine Stadt erreichen. Meine Beinmuskeln beschwerten sich am Abend mit stechenden Krämpfen. Ziemlich hilflos war ich den stärker werdenden Schmerzen ausgeliefert. Wieder einmal half mir meine Frau.

In dem Städtchen Mollerussa gab es zwar einen Radladen, doch der war über das verlängerte Wochenende bis Montagabend geschlossen. Ein hilfsbereiter Mann äußerte sich skeptisch. Wir müssten damit rechnen, dass der Laden einige Tage länger zu bleibe. Wider Willen stiegen wir für siebzig Kilometer in einen Zug. Der Beamte im idyllisch ruhigen Bahnhof war sehr freundlich und half uns beim Einladen unserer bepackten Räder in die fast leeren Abteile.

Die Zugreise verlief höchst komfortabel, ohne Aufpreis fuhren wir nach Manresa, wo eine Skulptur von Salvador Dali am Stadteingang steht. In Gedanken versunken saß ich später im Hotel auf dem Bett und spürte erstmalig die Vorfreude auf mein Zuhause.
»Was ist los mit dir?«, wollte Gerhard wissen.
Mir kullerten die Tränen. Er tröstete mich und nahm mich in den Arm. Eine Tagestour von hundert Kilometern trennte uns von Frankreich.

Im Radladen trafen wir frühmorgens auf zwei junge Männer, die genug Zeit hatten. Vom Rohloff-Schaltsystem hatten sie, wie schon erwartet, keine Ahnung. Dreieinhalb ungewisse Stunden dauerte es, bis die Schaltung mit dem neuen Zugseil wieder funktionierte. Im Nachhinein wuchs die Achtung vor dem cleveren Vietnamesen, der es allein viel schneller geschafft und selbst mit den winzig kleinen Madenschrauben kein Problem hatte. Die beiden Spanier mussten erst einmal eine halbe Stunde nach dem passenden Schlüssel suchen.

Am liebsten wollten sie uns während der Montage fortschicken, doch wir blieben und verfolgten die einzelnen Arbeitsschritte. Am Ende mussten wir noch ergänzend mithelfen. Nun wissen auch wir endlich genauer darüber Bescheid, wie die Zugseile montiert werden.

Das Stadtbild von Manresa war enttäuschend. Die einladenden Plätze und Flanierstraßen lagen in der Neustadt. In den Gassen der Altstadt fiel der Putz von den rußgeschwärzten, verwahrlosten Mietskasernen. Mächtig, vom Glanz und der Macht der Kirche zeugend, erhob sich darüber die Basilika. Zur Messe hatte sich ein kleines Häuflein Gläubiger versammelt. Die architektonisch interessanten und berühmten Sakralbauten sind heute mehr Museen als Gotteshäuser. Unbewusst hatte ich das Bild vor Augen, wie in Chechouen die Muslime in die überfüllte Moschee drängten.

Nur durch Zufall hatten wir erfahren, dass die von uns geplante Bergstrecke über Vic nach Girona, mit der wir Barcelona umgehen wollten, zur Autopista hochgestuft worden war und damit für uns verboten. Uns blieb nur der Vorortzug ins nahe Barcelona. Oder wir hätten in die Hochregion der Pyrenäen nach Norden ausweichen müssen. So kamen wir früher als vorgesehen zum Mittelmeer.

Da musste ich natürlich ins Wasser. Eine Stunde im Kraulstil - der ›Ironman‹ ließ grüßen. Die Armkraft war vernachlässigt, es gab viel nachzuholen.

Jetzt, so kurz vor dem Ziel, wo wir zuversichtlich sein durften, gesund und ohne Blessuren heimzukommen, keimte in mir eine Hoffnung auf, mit 75 Jahren im Sommer des nächsten Jahres noch einen ›Ironman‹-Wettkampf zu wagen. Das Trainingspensum bis zu zwanzig Wochenstunden für die drei Sportarten würde mich nicht schrecken. Auf unserer Radreise hatten wir eine höhere Ausdauerbelastung. Ich schob diese kühnen Gedanken schnell wieder weit nach hinten. Erst mal zu Hause ankommen. Dort wartete viel Arbeit und der Winter mit dem Skilanglauf auf uns.

Von nun an war der Autoflut nicht mehr zu entkommen. Unsere letzte Station in Spanien war Figueres, wo wir uns vom Motorenlärm des Tages in der Fußgängerzone der Altstadt erholten und noch einmal köstlich speisten, verfeinert mit einer Flasche Rotwein. Zur Selbstversorgung hatte Jutta regelmäßig einige Scheiben luftgetrockneten Schinken und Oliven eingekauft, eine spanische Delikatesse.

Ganz oben auf dem Grenzhügel zu Frankreich gab es ein Einkaufsparadies. Wir trauten unseren Augen nicht, als wir die mit Einkaufstaschen hastenden Menschen sahen. Wir konnten uns diesen Trubel nur mit dem Preisgefälle zwischen den beiden Ländern erklären. Und alle waren mit dem Auto gekommen. Wo wir auch hinschauten, auf Parkplätzen, zwischen den Läden, jeder Meter war mit Autos zugeparkt.

Erstmals auf unserer langen Radreise erlebten wir einen richtigen, ausgewachsenen, acht Kilometer langen Autostau. Wir konnten uns auf diesem Abschnitt ergötzen, denn wir rollten ziemlich ungeschoren die vielen Serpentinen hinab in die französische Tiefebene.

Nun erst waren wir richtig angekommen im hoch entwickelten Mitteleuropa, mit der für das Wirtschaftswachstum so aussagefähigen Motorisierungsdichte, wo im Vergleich zu den USA, Kanada oder Australien einige hundert Millionen Menschen ziemlich zusammengepfercht leben, wo die Stau-Erlebnisse zum Urlaub und dem Alltag gehören.

Im Korridor zwischen den Pyrenäen und dem Mittelmeer drängten sich Durchgangsverkehr und Urlauber. Die Großstadtdurchfahrten Perpignan, Narbonne, Beziers, Montpellier und Nimes schafften wir erstaunlich locker. Auf einer der unvermeidlichen Schnellstraßen waren wir Nutznießer eines Unfalls. Ein schwerer Lastzug war in einer Kurve umgestürzt. Einsichtige Polizisten ließen uns in den gesperrten Streckenabschnitt einfahren, so gewannen wir einige Zeit, bis die Fahrzeuge wieder angedonnert kamen.

Dann kamen wir auch noch in den ›Genuss‹, in kurzen Abständen zweimal am knappen Straßenrand die Schläuche in der Mittagshitze wechseln zu dürfen. Inzwischen waren wir längst eingespielt und es ging viel schneller als früher.

Am frühen Morgen sind wir auf einer schmalen Landzunge am Mittelmeer entlanggefahren. Hier standen kilometerlang Wohnwagen und Zelte am Strand. Einige Menschen lagen einfach nur in ihren Schlafsäcken im Sand, was zumindest romantisch aussah.
»Hast du die jungen Leute im Auto gesehen? Mir wäre das zu unbequem«, sagte ich.
»Im Wohnwagen wird es auch nicht besonders komfortabel sein, weil der sich über den Tag bei der Hitze richtig aufheizt«, erwiderte Gerhard. »Da sitze ich doch lieber auf meinem Rad, mit mexikanischer ›Aircondition‹«, alberte mein Mann. Er meinte natürlich den beim Fahren entstehenden Gegenwind.
Es vergingen keine zehn Minuten und ich brüllte hinter meinem Mann her: »Fahre rechts, du bist kein Auto!«
Es war nicht das erste Mal. Während der gesamten Tour hatte er die Neigung, nah der Straßenmitte zu fahren. Wir mussten sehr aufmerksam sein. Mein Blick ging im Wechsel von meinem Mann, der vor mir fuhr, nach hinten in den Rückspiegel oder auf die Straße, wo oftmals noch Glassplitter von Autounfällen lagen.

Inzwischen waren wir schon auf Nordkurs ins Rhônetal eingeschwenkt. Die kleinen typischen Weindörfer der Côte du Rhône und die Platanenalleen versöhnten uns. Im Städtchen Bagnols, einer alten Stadt mit echt französischem Charme, machten wir für zwei Tage Halt.

Verfrühte Heimkehr

Was trieb uns an in diesen Tagen, als wir zu unserer eigenen Verblüffung erkannten, dass wir unserem Zeitplan weit, weit voraus waren? Das prickelnde Gefühl, in wenigen Wochen anzukommen? Das war es wohl. Jutta zählte bereits die Tage.

»Fahr nicht so schnell, wir haben so viel Zeit«, rief ich ihr einige Male zu. Beinah wie ein Pferd, das den heimischen Stall wittert, trat sie in die Pedale. In Valence stimmte sie nur zögernd zu, erneut einen Ruhetag einzulegen.

»Das sind die Alpen«, rief ich, als im Dunst die ersten Bergrücken erkennbar wurden und wir uns Grenoble näherten. Der 28. August sollte der letzte heiße Tag werden, wie wir zwei Tage später feststellten. Der extrem heiße Sommer, der uns wochenlang so viel abverlangt hatte, verabschiedete sich von einem Tag zum nächsten.

Am Abend ging ein heftiges Gewitter mit ergiebigem Regen nieder. Jetzt erklärten sich meine Kopfschmerzen. Mit dem Gewitter folgte ein Temperatursturz von 38 auf 19 Grad. Der Regen dauerte noch den ganzen nächsten Tag. Nach einem Ruhetag fuhren wir bei kühlen sechzehn Grad auf einem Bergrücken entlang, umgeben von einem herrlichen Panorama.
Ich ließ meinen Blick in die Ferne schweifen. Idyllisch lagen da die Bergdörfer. Wälder zeigten die ersten vorzeitigen Gelbverfärbungen der Blätter. Wir beide spürten den Herbst förmlich kommen. Die ersten Herbstzeitlosen sah ich auch: ein untrügliches Zeichen, dass der Sommer vorbei war.

Auf unserem Ostkurs waren wir meist gegen die aufsteigende Sonne gefahren. Viele Monate lang hatten wir ihre Mittagshitze gefürchtet und nun suchten wir ihre wärmenden Strahlen! Über uns hingen dräuende Regenwolken. Es war kühl, die Straßen nass. Von frisch gepflügten Feldern nahmen wir den Erdgeruch auf, die Hochwälder zwischen den grünen Wiesenmatten unter dem hellbraunen Fels hatten schon eine leichte Herbstfärbung angenommen. Uns überkam ein herbstliches, angenehmes und Melancholie erzeugendes Gefühl, ein Gefühl von Ankommen und Heimkehr. Befreit von der lähmenden Hitze konnten wir nun auch die in den Reisemonaten aufgebaute körperliche Fitness voll entfalten. Es fiel uns leicht, die folgenden Berge und Passhöhen zu erklimmen. Und dann schauten wir im hellen Sonnenlicht hinunter auf eine große Ansammlung von Häusern.

»Ist das wahr, das ist Genf?«, platzte es aus mir heraus. »Jetzt fahren wir nur noch abwärts.«

Lange fuhren wir im mäßig fallenden Gelände hinab, dreißig oder fünfzig Minuten. Ich war ziemlich ausgefroren, als wir in der Ebene ankamen und zog mir eine warme Jacke über. Meine Jutta hatte schon früher vorgesorgt. Wir wollten zum westlichen unteren Seeufer. Die Schweiz war das 26. Gastland mit der 23. Währung auf unserer Reise.

Auskünfte kamen natürlich immer noch auf Französisch und sehr wortreich. Ich verstand nur ›à gauche‹ für links und ›à droite‹ für rechts. Solch fehlende Sprachkenntnisse hatten uns die Kommunikation auf der Reise schon sehr erschwert.

Wir orientierten uns mehr an der Himmelsrichtung, Nordost, das musste zum See führen. Und als ich hinter einer Parklandschaft die blitzenden Wellenkämme des Sees entdeckte, hatten wir auch schon das Schild für den markierten Radweg vor Augen, der von hier bis zum Bodensee führt. Die Schweiz ist sicher eines der wenigen Länder der Welt mit einem durchgängig markierten Radwegenetz. Wir wählten Route Nummer eins bis Lausanne und Route Nummer fünf durch das Mittelland. Mit echter Schweizer Gründlichkeit sind die Radwege ausgesucht und markiert, meiden den Autoverkehr und vermitteln schöne Landschaftserlebnisse. Schmale Asphaltwege führten uns am See entlang. Dann querte die Route hügeliges Bauernland, vorbei an blühenden Bauerngärten vor stattlichen Hofgebäuden mit den charakteristisch gewölbten Giebelvorsprüngen.

Man muss Zeit mitbringen für die schweizerischen Radwege und wir hatten sie. Gemächlich bummelten wir dahin und schauten belustigt auf die Wegweiser, wenn sie scharf nach links oder rechts wiesen, über schmale Wirtschaftswege, wo wir einige Male für die Traktoren der Bauern Platz machen mussten, über Schotterwege in eine Auenlandschaft, durch Obstplantagen mit erntereif leuchtenden Äpfeln. Den Mundraub beschränkten wir auf drei Äpfel, denn die Bauern boten auch Obst zur Selbstbedienung an. Das Geld dafür wird einfach in eine Box geworfen.

Die Trauben in den Rebhängen waren ausgereift und leuchteten in einem Süße versprechenden, beinah durchsichtigen Gelb. In diesen Tagen sollte die Weinlese beginnen. Bauern sahen wir nicht viele, dafür umso mehr Radler. Nicht die Rennradler wie in Frankreich, die im bunten Renndress vorbeispurten und häufig den Eindruck vermittelten, sie befänden sich im Wettkampf, sondern Tourenradler mit leichtem oder schwererem Gepäck. Alle erwiderten unsere Grüße.

»Bonjour.«

»Bonjour.«

Und als uns ein Radler mit heller Stimme »Grüezi mitanand«, zurief, wussten wir, dass wir den deutschen Sprachraum erreicht hatten.

Wir rollten durch kleine Dörfer mit alten, herausgeputzten Fachwerkhäusern. Die geweißten Wände bildeten einen Kontrast zu den rotbraunen oder schwarzen Stützbalken. In den Bauerngärten blühten prächtige Tagetes, Cosmea, Gladiolen und Astern. Im Sonnenschein erschienen die Farben noch intensiver. Eine Frau jätete Unkraut

in ihrem Vorgarten. Ich rief ihr zu: »Die Blumen brauchen viel Liebe.« Lächelnd nickte sie.
Gerhard erinnerte sich an seinen Deutschlandlauf vor fünfzehn Jahren. Es waren eintausend Kilometer von der Ostsee bis Mittenwald. »Damals hatte ich die gleichen emotionalen Empfindungen wie heute. Es war dieselbe Jahreszeit.«
Noch einmal stieg mir der wohlige Duft von blühendem Klee in die Nase. Wir bogen um die Ecke eines Hauses. Hier roch es nach verbranntem Horn. Ich versuchte, den Geruch zuzuordnen, dann wusste ich es: Über dem Torbogen las ich ›Pferderanch‹.

In Grenchen erwartete uns mein Cousin Walter mit seiner Frau Dorli. Oft hatten Jutta und ich in den zurückliegenden Monaten von diesem Treffen gesprochen. Wir wären fast zu Hause, wenn wir dort ankämen. Und nun waren wir tatsächlich da!

Es gab auch ein herzliches Wiedersehen, denn uns verbindet wegen vieler gemeinsamer Erlebnisse eine starke Freundschaft. Ich dachte zum Beispiel an unsere gemeinsame Radtour über einige Alpenpässe vor genau zweiundfünfzig Jahren. Das war schon deshalb so aufregend und einprägend, weil sich mit einem Visum für mich erstmals die damals noch gesperrten Grenzen des Nachkriegsdeutschlands öffneten. Bald darauf hatte ich meine Familie gegründet, die für viele Jahre den Vorrang vor meinen ehrgeizigen sportlichen Plänen hatte. Das Fernweh ist mir aus dieser Zeit jedoch geblieben.

Mit Biel und Grenchen verbinden mich tiefe Erinnerungen an den Hundert-Kilometer-Lauf von Biel. Ein nächtlicher Start bei heftigem Gewitterregen, durch knietiefes Wasser einer überschwemmten Unterführung, Blitz und Donner als Begleitung mit Momentaufnahmen der steinigen Wege vor uns, das Eintauchen in dunkle Wälder, die sich wie schwarze Wände vor uns aufbauten, die irrlichternden Taschenlampen, schließlich das Anlaufen nach dem letzten Trinkstopp bei ›Kilometer 92‹ mit dem beglückenden Gefühl, dass du durchlaufen wirst ohne Gehpausen, und schließlich die Euphorie, der Adrenalinausstoß, als ich mit lehmverkrusteten Beinen ins Ziel preschte.

Bei meinem zehnten Start hatte ich Jutta an meiner Seite.

»Wir müssen wieder laufen lernen«, sagte ich aufmunternd zu meiner Frau. Gemeinsam trabten wir in den nahen Wald.

»Das ist ja so ähnlich wie damals, als ich mit dem Laufen angefangen habe.«

»Wie lange ist das her?«, wollte Jutta wissen.

»33 Jahre. Erst gestern habe ich darüber nachgedacht, wie der Ausdauersport mein Leben verändert hat. Seit ich laufe, brauchte ich nie mehr einen Doktor. Du kennst ja meine Geschichte: Mein Sohn Peter war in der Schule als talentierter Läufer entdeckt worden. ›Du musst mit mir trainieren‹, erklärte er seinem zweiundvierzigjährigen Papa eines Tages. Es dauerte nicht lange, dann begann er mich zu trainieren und betreute mich bei meinem ersten Bahnlauf. Peter machte das Laufen zwei Jahre später keinen Spaß mehr, mir dafür um so mehr. Ich trainierte regelmäßig und stieg in das Wettkampfgeschehen ein. Erst waren es Volksläufe, doch schon bald schielte ich auf einen Marathon, hatte jedoch einen Riesenrespekt vor der langen Strecke. Nach meinem ersten plagte mich ein fürchterlicher Muskelkater. Wann hast du das Laufen für dich entdeckt?«

»Ich war neununddreißig. Bevor ich damit begann, wusste ich nur, wie man das Wort ›Sport‹ schreibt, aber nicht, wie man ihn macht. Eine Freundin hatte mich animiert. Dreimal in der Woche habe ich dann mit einer Laufgruppe trainiert.«

»Und dein erster Marathon?«

»Den lief ich schon nach einem Jahr.«

Angekommen daheim

»Endlich wieder aufs Rad«, rief ich, als wir unsere Pferde erneut gesattelt und die Brems- und Schaltfunktionen geprüft hatten. Jutta deutete mit skeptischem Blick auf den Mantel ihres Hinterrades.

»Ob wir damit noch heimkommen?«

Die Ausbuchtung des Mantels, den wir mit dem Reifenheber einige Wochen zuvor leicht beschädigt hatten, war deutlich zu erkennen. An der Felge wurde das Gewebe sichtbar.

»Ich meine, da hat sich nichts verändert. Nur noch fünfhundert Kilometer muss er aushalten«, erwiderte ich.

»Ja, es wird Zeit, dass die Reise zu Ende geht«, sagte Jutta. »Seit Hanoi fahren wir diese Reifen. Das hätte ich nicht für möglich gehalten. Jetzt sind sie endlich abgefahren, ausgebeult und mürbe.«

»Hoffen wir das Beste«, riefen wir uns zu, als wir uns im Sattel zurechtrückten und loskurbelten.

Wir bestaunten die gischtenden Wassermassen des Rheinfalls, folgten dem Fluss auf schmalen Uferstraßen und machten Rast in der historischen Innenstadt von Stein am Rhein. Diese frühherbstlich angenehm warmen Tage waren optimal zum Radfahren. Es waren sicher einige hundert Radfahrer, die in unser Blickfeld kamen, Ausflügler in Gruppen, Tourenradler mit Gepäck und sportlich ambitionierte Rennradler. Der Radweg durch die Rebhänge und Obstplantagen mit den Ausblicken zum Untersee und der Halbinsel Reichenau war eine Genussstrecke, locker und leicht kamen wir voran.

Ist der Radsport im Aufwind? Wir würden uns darüber freuen.

»Wir sind am Schwäbischen Meer«, rief ich laut und deutete hinüber zur weiten, glänzenden Fläche des Bodensees.

»Wollen wir nicht den See umrunden?«, rief ich herausfordernd aus.

»Du kannst mal wieder nicht genug kriegen«, kam es zurück und dabei blieb es.

Auf der Fähre nach Friedrichshafen ließen wir uns den Wind um die Ohren blasen und hielten Ausschau nach ›Old Germany‹.

Ein Wiedersehen gab es mit Hermann Philipp aus Ravensburg, den wir in Usbekistan getroffen hatten, und mit unseren Freunden Sigi und Hubert. Zu fünft radelten wir zunächst nach Ravensburg und kehrten eine Stunde später kurz in Huberts Haus ein. Dann steuerten wir unser Tagesziel, den Bauernhof von Wilma und Franz Rupp, an. Die Packtaschen wurden mit dem Auto vorausgefahren. In ausgelassener Stimmung starteten wir zu dritt. Hubert, der in seiner Jugend Radrennfahrer war, und wir beide. Das musste ja Wettkampfinstinkte wecken.

»Wir fahren ins Allgäu und da gibt es bekanntlich viele Hügel«, hörte ich Huberts warnende Stimme.

Im Gegenwind wechselten wir uns beide beim Windschattenfahren ab, Jutta hängte sich clever hinten dran, als wir beide zum Renntempo aufdrehten. Hubert war im Skilanglauf ein harter Konkurrent von mir. Beide haben wir gehörigen Respekt voreinander. Doch uns verbindet Freundschaft und jeder gönnt dem anderen seine Erfolge. Es war ein ganz neues, anregendes, um nicht zu sagen berauschendes Raderlebnis, befreit von der Last unserer schweren Taschen, die wir über fünf Kontinente geschleppt hatten. Der Gegenwind störte mich nicht, als ich in Front ging. Ich war richtig heiß auf den ersten langen Berganstieg. Hubert blieb dran. Respekt! Auch noch am zweiten und dritten. Dann aber blieb er zurück und musste schließlich vor einer Kuppe vom Rad. Er war ausgepowert und leer.

Später tröstete ich ihn: »Mensch Hubert, du hast weniger trainiert, und wir beide sind in Hochform.«

»Dass du schneller bist, kann ich voll akzeptieren«, resümierte er leicht geknickt. »Aber dass mich auch deine Jutta abgehängt hat, drückt schon auf meine Moral.«

Noch einmal ging mir die Reise durch den Kopf. Es war so unwahr für mich, ich konnte es selbst nicht glauben. 23 000 Kilometer geradelt zu sein, 120 000 Höhenmeter überwunden und das ohne große Blessuren. Retrospektiv betrachtet war die Zeit so schnell vergangen. Meine Sehnsucht nach Feldafing war am größten, je weiter wir von daheim entfernt waren. Jetzt waren wir der Heimat so nahe. Ich konnte es noch gar nicht begreifen. Sollte ich glücklich oder traurig sein, dass diese Welt erfahrende Tour fast zu Ende war?

Auf dem Bauernhof erwarteten uns weitere Freunde mit einem herzlichen Empfang. In der milden Abendsonne stießen wir mit Sekt auf unsere Rückkehr an.

Das Wiedersehen mit Wilma, Franz und ihrer Familie war einzigartig schön. Sie hatten noch weitere Freunde eingeladen, mit denen wir auch bekannt sind. Es war ein tolles Fest. Bei Kaffee und viel selbstgebackenem Kuchen erzählten wir von unserer Reise.

Am nächsten Tag führte mich Wilma auf den Speicher. Dort lagen einige hundert Pakete. Zusammen mit ihrer Tochter sammelt sie Kleider und Gebrauchsgüter für bedürftige Menschen im Ural. Das Packen und Deklarieren der Pakete erfordert viel Zeit, denn diese uneigennützigen Hilfsaktionen werden von der Bürokratie der russischen Zollbehörden zunehmend erschwert.

»Wenigstens einmal noch wollen wir hinüber in den Ural. Aber nur, wenn du dabei bist, Gerhard«, erklärte Wilma mit ihrer festen, Willensstärke ausdrückenden Stimme.

Ich sollte unbedingt wieder eine Reise organisieren in unsere ganz persönlichen Partnerstädte Slatoust und Novouralsk, wo wir alle, aber insbesondere Franz und Wilma, von vielen Freunden sehnlichst erwartet werden. Und ich nahm mir vor, den Kampf mit der Bürokratie wieder aufzunehmen oder zumindest zu versuchen, den von mir initiierten, aber nach zwei Jahren von einer Einreisesperre gestoppten Schüleraustausch mit Schulen der gesperrten Stadt Novouralsk wiederzubeleben.

Nach drei Tagen im Kreis unserer guten Freunde setzten wir unsere Ankunft auf Raten fort. Wir fanden ruhige Nebenstraßen durch das Allgäu. Die Sonne schmeichelte, es war wieder die reinste Freude.

»Dieses satte Grün, da geht mir das Herz auf«, schwärmte Jutta, als wir auf einer Anhöhe anhielten und unsere Blicke über die offene Landschaft der Wiesen und Weiden schweifen ließen.

Vor uns lagen einige Kühe wiederkäuend im Gras und blinzelten gelassen in die Sonne. Als wir nach Peißenberg hinabrollten, waren wir schon fast daheim. Aber unsere Ankunft war ja erst für den nächsten Tag geplant.

Wie weit war es noch bis Feldafing! Erst auf der Fahrt wurde mir klar, wie bergig das Allgäu ist. Da hatten wir am Abend schnell siebenhundert Höhenmeter beieinander, aber es war auch wunderschön. Dieses satte Grün der Wiesen und die einmalige Landschaft wurden durch den Sonnenschein noch unterstrichen. Das war Landidylle pur. Ohne Hektik radelten wir in Richtung Heimat.

Der Landgasthof Paterzell, in dem wir unsere letzte Nacht auf Reisen verbrachten, liegt idyllisch an einem Wiesenhang. Im späten Sonnenlicht speisten wir auf der Terrasse. Wir stießen mit schäumendem Weißbier an, schauten uns glücklich und zufrieden in die Augen und ließen die Reise Revue passieren.

»War sie eigentlich ein Abenteuer?«, begann ich. »Wir waren nie persönlich gefährdet, am wenigsten in den islamischen Ländern. Vielleicht werden viele sogar enttäuscht sein, wenn wir nichts von gefährlichen, dramatischen Ereignissen zu erzählen haben.«

»Na ja, ein Abenteuer war das wohl, die ganze Reise war ein Abenteuer«, warf Jutta ein.

»Wenn du die Gefahren auf der Straße meinst, stimme ich dir zu.«

»Und die körperlichen Anstrengungen und Strapazen, die wir zuvor gar nicht abschätzen konnten! Das war auch ein Abenteuer«, fuhr Jutta fort.

»Ich bin so glücklich, dass wir gesund angekommen sind. Diese Gewissheit zu haben, ist doch das schönste Erlebnis«, sinnierte ich.

»Ja, mein Liebster, ich bin auch glücklich darüber. Wie oft habe ich um dich gezittert.«

»Ja. Wie oft hast du mir zugerufen ›Fahr rechts‹. Mir hat das immer gut getan, sozusagen als Ausdruck deiner Fürsorge«, gab ich zurück.

»Mein lieber Mann, du bist auch oft leichtsinnig gewesen. Deine schnellen Abfahrten! Ich war immer verdammt froh, wenn wir unten ankamen.«

»Unsere Schutzengel haben uns eben nicht im Stich gelassen. Du bist die Statistikerin. Was ist denn so zusammengekommen, mein Schatz?«

»232 Tage sind wir geradelt, im Durchschnitt waren es in etwa hundert Kilometer am Tag.« Jutta blätterte in ihrem Tagebuch. »Ich habe ein Durchschnittstempo von achtzehn bis neunzehn Stundenkilometern. Du hattest viel weniger geplant, siebzig Kilometer am Tag und viel mehr Ruhetage.« » Zu den geradelten 23000 Kilometern kommen noch 6000 Bahn- und Buskilometer«, ergänzte ich.

Nach einem Blick zur abtauchenden Sonne sagte ich fragend:

»Wie viele Stunden sind wir wohl im Regen gefahren? Sag nichts, ich weiß die Antwort schon. Es waren nicht mehr als zehn. Von 1400 Stunden, die wir im Sattel gesessen haben, nur zehn Regenstunden an fünf Tagen, das hätten wir uns doch nicht träumen lassen! Und wir wissen auch, dass wir morgen bei Sonnenschein ankommen. Wie haben wir das verdient?«

»Ich weiß nicht, wahrscheinlich haben wir das schon verdient«, antwortete Jutta. »Dafür sind wir unzählige Stunden gegen den Wind gefahren. Es waren sehr viele, und sie waren härter als der Regen. Und wie hat uns die Hitze zugesetzt? Wie oft haben wir die Räder und unsere Taschen die Treppen hochgeschleppt, bevor wir nach dem Ausschnaufen sagen konnten: ›Wieder einmal angekommen‹? Und wie oft habe ich das Frühstück gemacht? Du hast dich immer bedienen lassen, mein Mann.«

Da hatte sie einen wunden Punkt angesprochen und ich versuchte charmant, die Kurve zu kriegen.

»Meine liebe Frau, ich habe das als sichtbaren Ausdruck deiner Liebe empfunden. Du hast auch meine Unterhosen gewaschen«, ergänzte ich.

»Alles aus Liebe, schau mal an«, stellte meine Frau fest. »Und aus Liebe zu dir bin ich auch mitgefahren.«

Rechtzeitig kamen wir in Andechs am Heiligen Berg an, der so viele Besucher anlockt. Viele Radler und Freunde waren dorthin gekommen, um uns auf dem letzten Stück unseres langen Weges zu begleiten. Selbst unser Bürgermeister Sontheim war dabei! Gemeinsam radelten wir auf den uns so vertrauten, heimischen Wegen.

»Der schönste Augenblick unserer Reise ist für mich, wenn ich in Feldafing um die Ecke biege.« Das hat Jutta oft gesagt, drüben in Asien, Australien oder Amerika, wo unser Ziel noch so unendlich weit weg lag. Und jetzt bogen wir ab nach Feldafing, zum Empfangsfest im Gasthof Pölt, wo der Landrat Frey und eine Fangemeinde auf uns warteten. Wir umarmten gerührt unsere Kinder, unsere Verwandten und engen Freunde. Alle, die gekommen waren, wollten wir einzeln begrüßen. Ob uns das in der Aufregung gelungen ist, weiß ich gar nicht mehr genau.

Unsere Freunde Axel Brümmer und Peter Glöckner, die so fest an das Gelingen unserer Weltreise geglaubt hatten, waren auch da; in Begleitung zweier exotisch aussehender Frauen aus dem Amazonasgebiet Brasiliens, die uns und das Publikum mit heißen Sambatänzen überraschten.

Als letzte verließen wir das Fest. Wir wollten nur noch nach Hause.

»Gerhard«, rief ich, »weißt du, was jetzt kommt?«
Er wusste es! Es war für mich der schönste Augenblick der Reise: Ich bog in Feldafing um die Ecke. Das war meine Devise für diese Tour. Dieser Augenblick war nun in Erfüllung gegangen.

Ohne Licht und erst spät in der Nacht kamen wir vor unserer Haustür an. Nun waren wir wirklich daheim. Wir standen vor vier Willkommensschildern. Daheim, endlich daheim. Am Ziel unserer Reise. Aber waren wir damit wirklich angekommen?

Mit unseren Gedanken und in unseren Träumen werden wir noch lange auf unserer Reise sein. Das erzeugt schon Wehmut und ein klein wenig Sehnsucht. Die vielen herzlichen Begegnungen mit den Menschen gingen am tiefsten. Wie viele waren es, die uns freudig zugerufen und unsere Hände geschüttelt hatten? Wie viele, die uns geholfen haben und helfen wollten? Waren es hunderte? Nein, tausende müssen es gewesen sein; Kinder, Studenten, Frauen und Männer aus allen Gesellschaftsschichten.

Allen diesen Menschen haben wir deshalb unser Buch gewidmet.

Epilog

Dieses Buch haben wir auf der Reise geschrieben. Die Aufzeichnungen mit unseren Worten entsprangen unseren unmittelbaren Eindrücken, Empfindungen und Emotionen. An dieser Authentizität wollten wir auch zu Hause beim Straffen und Verfeinern in Zusammenarbeit mit den Lektoren nicht viel verändern lassen. Es fiel uns nicht leicht, auf die eine oder andere Episode zu verzichten. Wir wollten uns aber auch nicht zu viel Gedanken darüber machen, ob der sportliche Teil zu breit angelegt ist oder zu kurz kommt, ob der Leser etwa da und dort eine ausführlichere Schilderung erwartet hätte oder wir zu weit ausgeholt haben. So war sie eben, unsere Reise.

Sie war phasenweise anstrengend, nicht wegen unseres hohen Alters, nein, wir haben uns als Leistungssportler eben selbst viel abverlangt. Auch deswegen, weil wir es vorzogen, für die Nacht ein Dach über dem Kopf zu haben. Dafür waren halt oft größere Entfernungen zu überwinden. So konnten wir auch beweisen, dass ein Fernradler nicht unbedingt jede Nacht ins Zelt kriechen muss.

Wir hatten unsere Radtour um die Welt gründlich vorbereitet und dabei versucht, Risiken, Gefahren und körperliche Belastungen abzuwägen. Keinesfalls wollten wir die vom Autoverkehr ausgehenden Belästigungen und Gefahren unterschätzen. Für die Routenwahl war das ein wichtiger Gesichtspunkt.

Zeitweise haben wir dann auch im Motorenlärm gezittert und gebangt, sahen uns bedroht von Motorfahrzeugen aller Art, den Feinden der Radfahrer. Dass dies unsere Reise jedoch weit weniger beeinträchtigen konnte als befürchtet, war eine der positiven Überraschungen für uns. Über sehr weite Strecken war der Autoverkehr gut zu ertragen, oder wir hatten einen breiten Randstreifen zur Verfügung. Wir denken auch dankbar an die vielen rücksichtsvollen Autofahrer. Viele haben uns anerkennend und aufmunternd gegrüßt.

»Der Verkehr, die Gewalt, Überfälle, Diebstähle und die weitgehende Verarmung in vielen Ländern werden in den nächsten Jahren das Radfahren sehr schwierig und unangenehm machen, ...also beste Voraussetzungen für Gauner, Diebe und Banditen.«

Das hat ein berufsmäßiger Abenteurer und Weltradler vor zehn Jahren in seinem Buch geschrieben. Gottlob erfüllen sich nicht alle düsteren Prophezeiungen. Oder grenzt es etwa an ein Wunder, wenn wir behaupten können, dass wir auf unserer Reise durch 26 Länder keine Spur von Kriminalität entdecken konnten.

In den armen Ländern trafen wir nicht auf Gauner, Diebe und Banditen, sondern ausschließlich auf freundliche, hilfsbereite und ehrliche Menschen. Der Respekt erzeugende Altersbonus mag uns geholfen haben. Wir hatten jedoch nie den Eindruck, möglichen Gefährdungen aus dem Weg gehen zu müssen.

Die Menschen kamen mit wohlwollendem Interesse und heiterer Gelassenheit auf uns zu und wir meinten oftmals erkennen zu können, dass sie zufrieden waren mit dem was sie hatten und anstrebten für ihre bescheidenen Bedürfnisse.

Wohin sollen sie sich »entwickeln«, die Armen in den Entwicklungsländern, haben wir uns manchmal gefragt? Zu Egoismus und der Gier nach materiellen Gütern als Ausdruck des Wohlstandes nach den Maßstäben der »entwickelten« Industriestaaten, wo die Alten keinen Platz mehr in den Familien haben? Könnte es nicht sein, dass sie dabei ihre unbekümmerte Heiterkeit verlieren.

Wir waren der Natur und den Menschen nah. Unsere Highlights lagen an der Straße, die körperlichen Anstrengungen waren der Schlüssel zu einer aufregenden Erlebniswelt, die wir uns nur mit dem Fahrrad erschließen konnten. Mit dem Mut zum Unbekannten erspürten wir einen Hauch von Abenteuer.

Mit begieriger Neugierde sind wir in fremde Länder eingereist, wo uns andere Kulturen, andere Menschen mit ihren Lebensweisen und uns fremden Sprachen, und bisher nicht gekannte klimatische Bedingungen erwarteten.

Das alles hat uns nicht geängstigt, schon gar nicht die Ungewissheit, wo wir des Nachts unser Haupt hinlegen werden. Die Herbergssuche hat uns vielmehr zunehmend Spaß gemacht, und das Schleppen unserer schweren Taschen und das sichere Verstauen unserer Räder waren uns nicht mehr lästig, das war lockere Routine geworden. Das alles machte die Reise zum Genuss, gab uns ein herrliches Gefühl von Freiheit und Unabhängigkeit. Unsere Leser wollen wir ein wenig teilhaben lassen an unserem Höhenflug, an der Bewährung unserer Partnerschaft auf einer langen Reise.

Wir haben erfahren, dass es nie zu spät ist, sich kühne Träume zu erfüllen, sein Leben aktiver zu gestalten, den Alltagstrott wenigstens zeitweise zu verlassen, um aufregende Herausforderungen anzunehmen, neues zu suchen und zu erleben.

Vielleicht kann dies eine Anregung für unsere Leser sein.

Jutta und Gerhard

Nachwort zur zweiten Auflage

Wir waren eher skeptisch, meine Frau und ich, als unser Buch in einem von Neuerscheinungen überschwemmten Buchmarkt herauskam. Wer wird unser Buch kaufen? Dabei dachten wir auch daran, dass es nach unserer Rückkehr von unserer Reise unter großem Zeitdruck entstanden war und wir im Nachhinein Einiges für verbesserungswürdig erachteten.

Nun ist die erste Auflage nach nur sieben Monaten nahezu verkauft. Das hat nicht nur unsere Verleger total überrascht. Uns beide beeindruckt die Nachfrage nach unsren Reiseerlebnissen sehr. Wir haben Kontakte zu etlichen interessierten Lesern und unsere Homepage hat immer noch regen Zuspruch aus aller Welt. Einige Besucher aus den Reiseländern hatten wir zu Gast, unter anderem eine junge Bulgarin, die dabei ist, unser Buch für ihre Eltern in ihre Sprache zu übersetzen. Mit der reizenden jungen Bankangestellten aus Usbekistan wollen wir gemeinsam Weihnachten feiern.

Mit regem Interesse beobachten wir anhand von Medienberichten die Entwicklung in unseren Reiseländern. Und schon einige Male haben wir spontan erklärt: Da sollten wir noch mal hin.

Zu unserem Buch hörten wir viel Lob mit Äußerungen: »Ich bin begeistert, habe um Euch gezittert und gebangt« oder: »spannend geschrieben, ich war dabei!«

Gab es auch Enttäuschungen? Ist zu viel von uns beiden die Rede, zuviel Emotionen rund um unsere Partnerschaft. – Wir dürfen aber doch auch in unserem Alter noch verliebt sein! – Unsere Körpererlebnisse bei den sportlichen Leistungen? Wir versuchten, damit eine Antwort zugeben auf die uns oft gestellte Frage: Wie konntet ihr das in eurem Alter schaffen?

Haben andere Leser vertiefte Betrachtungen über Geschichte und Kultur, vielleicht auch ausführlichere Aussagen zu gesellschaftlichen, politischen und ökonomischen Fragen erwartet?

Ich war schon versucht, mich kritischer und umfänglicher als in unserem Buch geschehen zu einigen dieser Themen zu äußern. In Absprache mit unseren Verlegern haben wir darauf verzichtet, die dem Wandel unterliegenden Themen breiter zu behandeln.

Wir wollten auch kein als Reisebegleiter geeignetes Handbuch schreiben. Unsere ganz persönlichen Erlebnisse sollten im Vordergrund stehen.

Sind wir nach der Rückkehr in ein Loch gefallen, wie das andere Weltradler enttäuschend empfunden haben? Nein, uns empfing ja unser heimeliges

Zuhause, sorgsam gehütet und gepflegt und die Monate danach waren ausgefüllt mit dem Verarbeiten unserer Erlebnisse. Das hat uns an Schreibtisch und Computer gebunden, der Sport kam zu kurz.

Als die Wintermonate herannahten, mussten wir deshalb schweren Herzens die Einladungen zu Trainingswochen für den Skilanglauf ausschlagen. Im neuen Jahr durften wir dann endlich auf unseren schmalen Brettern im Neuschnee gleiten und waren richtig glücklich. Glücklich zum Auftakt der dann doch recht aktiven ›Wintersaison‹, die im März zum Höhepunkt führte, den Senioren-Weltmeisterschaften, den ›Masters‹ in Lillehammer mit drei Silber-medaillen für mich als Ausbeute.

Die Wochen verstrichen viel zu schnell in den Frühsommer hinein, zum Fixpunkt 20. Juni; in Texas wollte ich mich für den Ironman Hawaii qualifizieren. Es gibt keine Wunder im Sport, schon gar nicht beim Ironman. Doch ich empfand es so, als ich von Beifall überschüttet in der Streckenbestzeit von 6 Stunden 53 Minuten ins Ziel sprintete. Meine beiden Konkurrenten in der Altersklasse 75 und älter, die Kalifornier Ken Nash und Loren Leonard, diese beiden erfahrenen Ironmänner, vor denen ich so viel Respekt hatte, konnte ich weit hinter mir lassen.

Schon zwei Wochen später war ich wieder am Start, zur Ironman-Volldistanz beim ›Challenge‹ in Roth. Meine Frau machte mir Vorwürfe: »Das ist doch ein Wahnsinn, nach dieser strapaziösen Flugreise, mit sieben Stunden Zeitverschiebung und Klimawechsel.« Weinend verabschiedete sie mich zum Schwimmstart. Da übertrug sich ein Anflug von Angst auf mich, als ich in der Morgendämmerung das drohend schwarze Wasser des Kanals vor mir sah. Viel zu kalt für einen Senior jenseits der 75, für nahezu vier Kilometer. Geschah ein zweites Wunder? Ich kam ans Ufer, verschont von Krämpfen, behauptete mich auf dem Rad gegen starken Wind und den mörderischen Marathon bewältigte ich im Laufschritt weitaus schneller als fünf Jahre zuvor.

Die Uhr tickt schon wieder, und der Trainingsdruck wächst. Der Countdown für den Ironman Hawaii am 16. Oktober 2004 läuft. Der Gipfel Hawaii, den so viele von den 50.000 weltweiten Ironmännern in diesem Jahr anstreben, der aber nur 1.500 qualifizierten Sportlern vorbehalten ist, könnte für mich ein glanzvoller Abschied vom Wettkampfsport sein.

»Was haben Sie als nächstes vor?«, werden wir von Journalisten gefragt, nicht: »Wann hören Sie endlich auf damit?«

Wir haben noch viel vor. Es muss kein weiterer Ironman sein: Skilanglauf, unsre Freunde im Ural wollen wir besuchen, Juttas erster Triathlon nach überstandener Meniskusoperation, Vorträge, und ein Buch über meinen Leistungssport im hohen Alter will ich noch schreiben.

Ist das eine ungesunde Hetzerei, angetrieben vom Leistungs-Ehrgeiz? Es gibt Augenblicke, da empfinden wir beide das auch so. Doch versuchen wir, uns ein gesundes Wechselspiel zu gönnen: die Natur genießen, viel lesen, entspannen, in den Erholungsphasen und auch mal die Seele baumeln lassen, um dann wieder energisch all das anzugehen, was wir uns vorgenommen haben, wie wir meinen mit einem ›gesunden‹ Stress, den wir dann in Training und Wettkampf entladen.

Wie schnell verstreichen die Tage, Wochen und Monate, vor allem, wenn es auf ein selbst gesetztes Ziel zugeht?

Bei einer Fernreise ist das ganz anders. Wie beglückt waren wir nach jedem ereignisreichen Tag, wieder ein winziges Stück weiter auf dem langen Weg, jeder Tag ein Geschenk. Wir konnten uns voll den Reiseanforderungen und Erlebnissen hingeben, entlastet von den heimischen Alltagsaufgaben, vor denen es kein Entrinnen gibt. In Gedanken daran komme ich ins Träumen. Das darf ich doch, träumen davon, noch einmal für eine lange Reise aufs Rad zu steigen, am liebsten noch einmal ganz herum, oder wenigsten für einige Monate. Noch verweigert sich meine Frau. Immerhin hat sie jedoch für Südamerika schon Zustimmung signalisiert.

Wie lange können die das noch machen, werden sich manche Leser fragen. Das frage ich mich auch. Wenn Sie, liebe Leser, sich dafür interessieren, was aus uns beiden geworden ist, schauen Sie auf unsere Homepage www.128ontour.com. Sie wird hoffentlich noch einige Jahre aktualisiert.

Im August 2004 Gerhard

Dank

Zu allererst danke ich meiner Frau, dass sie mitgekommen ist. Sie hätte mich nicht alleine ziehen lassen. Wir beide brauchten einander, jeder in der Verantwortung für den anderen.

Gerhard

Wenn wir in der Rückschau nur angenehme Erinnerungen vor Augen haben, die geradezu Wehmut nach dem Erlebten auslösen, dann haben wir das all den vielen Menschen zu verdanken, die uns geholfen und wohlwollend begleitet haben.

Schon in der frühen Vorbereitung haben Axel und Peter an das Gelingen unseres kühnen Vorhabens geglaubt. Als sie sich spontan als Verleger unseres geplanten Buches angeboten haben, hat uns das sehr ermutigt.

Sehr viele gute Wünsche wurden uns auf die Reise mitgegeben und viele Freunde, Bekannte und uns Unbekannte haben unsere Reise im Internet interessiert und wohlwollend begleitet. Das war Ansporn für uns.

Auch wenn wir uns auf der Reise autark gerüstet fühlten, hatten wir doch jeden Tag Hilfe nötig, bei der Suche nach den richtigen Wegen, nach Herbergen, nach Essen und Trinken und für die Überwindung der Sprachbarrieren. Die Hilfe wurde uns im Übermaß zuteil. Als Lohn für körperliche Anstrengungen haben wir die herzlichen persönlichen Zuwendungen empfunden. Darüber zu berichten, war uns ein wichtiges Anliegen. Ein besonderer Dank geht an die Freunde und Verwandten, die uns als Gäste aufgenommen haben, an die deutschen Botschaften und Kulturinstitute, auch wenn wir darüber nicht ausführlich berichtet haben.

Stellvertretend für alle, die uns in der fernen Heimat und nach der Rückkehr geholfen haben, nennen wir Axel, Peter, Sabine, Ronny, Susanne und Gitti sowie Jani und Peter Hinz-Rosin.

Dieses Buch soll ein Dankeschön an alle sein, die unsere Reise mit Zuneigung begleitet haben.

Jutta und Gerhard

VERLAG WELTSICHTEN

Axel Brümmer und Peter Glöckner stiegen nach dem Fall der Berliner Mauer auf ihre Fahrräder und umrundeten die Welt. Nach über fünf Jahren kehrten sie mit einmaligen Erfahrungen wieder zurück und gründeten den Verlag WELTSICHTEN. Ihre beeindrukkenden Erlebnisse geben sie in Büchern und Dia-Shows an ein großes Publikum weiter.

Doch sie geben auch anderen Reisenden die Möglichkeit, ihre Erlebnisse und Eindrücke zu publizieren: in Büchern genauso wie beim alljährlich stattfindenden THÜRINGER DIA-FESTIVAL.

www.weltsichten.de

Thomas Sbampato & Petra Ketelsen

Nanooks Traum
Abenteuer eines kleinen Schlittenhundes

Der kleine Alaskan Husky Nanook entdeckt die grosse Welt des Hundeschlittenrennens. Auf einer Schlittenhundefarm erzählt ihm Old-Ben, ein routinierter Rennhund, vom längsten Hundeschlittenrennen der Welt. Faszinierende Fotos unterstreichen auf eindrucksvolle Weise die Entdeckungstour Nanooks und die Abenteuer Old-Bens.

Kinder-Bildband
24x21 cm, 74 Seiten, 41 farbige Abbildungen

ISBN 3-934996-05-1

Peter Hinz-Rosin & Dirk Rohrbach

Der Letzte Häuptling

»Sie mögen uns getötet haben, aber unsere Lebensweise wird niemals sterben«, sagt Leonard Little Finger. Er ist Nachfahre des Sioux-Häuptlings Big Foot. Als er in Dakota zufällig auf Peter Hinz-Rosin und Dirk Rohrbach trifft, bittet er sie, ihn auf einer abenteuerlichen Reise in die Vergangenheit zu begleiten. Für die beiden Photojournalisten wird es die Begegnung mit einem stolzen Volk auf der Suche nach seinen Wurzeln ...

Die Reise beginnt am Wounded Knee, wo im Dezember 1890 rund 300 indianische Männer, Frauen und Kinder von der weißen Armee regelrecht massakriert wurden. Bis heute gilt dieses Gemetzel offiziell als das Ende der Indianer-Kriege. Jedes Jahr im Dezember, bei Temperaturen von bis zu -50 Grad, erinnern die Sioux mit einem Gedenkritt durch die eisige Prärie an die Opfer des Massakers.

Der Letzte Häuptling folgt diesen Reitern und spannt damit einen Bogen von den historischen Ereignissen 1890 bis in die Gegenwart, wo die große Büffelnation von einst unter erbärmlichen Bedingungen in kargen Reservaten dahinvegetiert.

Peter Hinz-Rosin und Dirk Rohrbach berichten aber auch vom ungebrochenen Stolz der Sioux. Und so ist *Der Letzte Häuptling* weit mehr als die ergreifende Dokumentation des Überlebenskampfes eines Volkes. Es ist eine poetische Hommage an die Bedeutung von Traditionen, die zeigt, wie wichtig es ist, sich seiner Herkunft zu erinnern und sich auf seine Wurzeln zu besinnen.

Bildband, 24x26 cm, 160 Seiten (2x 16 Seiten Farbteil), Schutzumschlag
154 Abbildungen (39 Farbe, 115 s/w Duplex)
ISBN 3-934996-08-6

Dirk Bleyer · Tanja Bloser

Masuren

Eine Reise ins Herz Mitteleuropas. Dort, wo Gott, ermüdet von der Erschaffung der Welt, seine letzten Perlen ausstreute, liegt Masuren, so erzählt die Sage.

Seit mehreren Jahren bereist der bekannte Leicafotograf und Diareferent Dirk Bleyer das alte Ostpreußen. Seine Bild-Reise führt von Thorn aus, über Danzig und Königsberg nach Masuren, dem Land der „dunklen Wälder und kristallklaren Seen". Masuren ist für ihn mehr als nur bezaubernde Landschaftskulisse. Die Begegnung mit Ostpreußen führt mitten in ein langes Kapitel deutscher Geschichte, zu eintausendjährigem Kulturerbe und wird zu einer Reise ins lebendige Herz Mitteleuropas.

Mit eindrucksvollen Bildern, die durch begleitende Texte von Tanja Bloser zu weiterem Leben erwachen, gelingt es ihm, das Wesen dieser einzigartigen Region festzuhalten und so manche Erinnerung zu wecken.

Bildband, 84 Seiten, 111 Illustrationen

ISBN 3-934996-02-7

Axel Brümmer & Peter Glöckner

auf Marco Polos Spuren
Mit dem Fahrrad von Venedig nach Peking

Marco Polos „Die Beschreibung der Welt“ fasziniert und inspiriert seit Jahrhunderten Entdecker aus aller Welt.

Peter Glöckner und Axel Brümmer werden mit den Reisebeschreibungen des Venezianers groß. Ihr Fernweh ist auch nach ihrer fünf Jahre dauernden Weltumradlung über 80.000 Kilometer und durch sechzig Länder noch nicht gestillt.

Immer mehr reift der Gedanke, den Spuren Marco Polos von Venedig nach Peking zu folgen. Die achtmonatige Tour wird zu einer Reise ins Ungewisse. Wie an einer Perlenkette reihen sich die Krisenherde der Gegenwart an der Strecke auf: Naher Osten, Kurdistan, Iran, Mittelasien, Afghanistan, China.

Das „Reich der Mitte“ war fünf Jahre zuvor für sie zum Albtraum geworden. Hat sich dort, wo sie eingesperrt, gedemütigt, bespitzelt und bedrängt wurden, etwas geändert?

Und vor allem: Würden sie es überhaupt bis China schaffen?

Reiseerzählung
320 Seiten mit vierfarbigen Abbildungen,
Format 13,4 x 21,5 cm

ISBN 3-934996-03-5

Axel Brümmer & Peter Glöckner

Weltsichten

Fünf Jahre mit dem Fahrrad unterwegs

Mit dem Fahrrad um die Welt. Peter Glöckner und Axel Brümmer erfüllen sich diesen Traum. Einen Tag vor der Währungsunion starten sie im Sommer 1990, noch als DDR-Bürger, zu einer Reise, die sie erst nach fünf Jahren ins wiedervereinigte Deutschland zurückführt. Auf ihrer Tour über fünf Kontinente und durch rund 60 Länder legen sie mehr als 80000 Kilometer zurück. Sie erleben eine tiefe Freundschaft. Unterwegs begegnen ihnen hilfsbereite Eingeborene und gönnerhafte Millionäre. Andererseits sind sengende Hitze und mörderische Kälte, Krankheiten und Bürokratie zu überwinden.

Reiseerzählung
245 Seiten mit vierfarbigen Abbildungen
Format 13,4 x 21,5 cm

ISBN 3-934996-00-0

Zweiter Teil

Start 1. Januar 2003

Vietnam:
Hanoi – Vinh – Hue – DaNang
PLayCu – BuonThuot – Thai Nin
(nahe Saigon)

Kambodscha:
PhnomPen – Kampong Cham – Siemrab – Angkor – Sisophon

Thailand:
Bangkok – HuaHin – Chumphon – SuratThani – Nakhon Si Thammarat – HatJay

Malaysia:
Alor Setar – Sungai Petani – Kelang – Port Dicksen – Johor Baharu – Singapur

Australien:
Perth – Northam – Coolgardie – Norseman – Nullarbor – Ceduna – Port Augusta
Claire – Adelaide

Fidschi

Kanada–USA:
Vancouver – Hope – Meritt – Keremeos – Osoyoos – Grand Forks (BC)